资助信息：本书受西南财经大学2022年度研究生"中央高枝……（精品教材培育项目）与西南财经大学公共管理学院"双一流……项目"科教融合的高层次国家急需公共管理人才培养体系建设"的资助

中国非营利组织管理
理论与实践

Theory and Practice of Non-profit
Organization Management in China

冯 华◎主 编
刘黄娟◎副主编

西南财经大学出版社

中国·成都

图书在版编目(CIP)数据

中国非营利组织管理理论与实践/冯华主编;刘黄娟副主编.--成都:
西南财经大学出版社,2024.6.
ISBN 978-7-5504-6250-2

Ⅰ.C912.21
中国国家版本馆 CIP 数据核字第 2024SZ1343 号

中国非营利组织管理理论与实践

ZHONGGUO FEIYINGLI ZUZHI GUANLI LILUN YU SHIJIAN

主　编　冯　华

副主编　刘黄娟

策划编辑:金欣蕾

责任编辑:王青杰

责任校对:高小田

封面设计:墨创文化

责任印制:朱曼丽

出版发行	西南财经大学出版社(四川省成都市光华村街55号)
网　　址	http://cbs.swufe.edu.cn
电子邮件	bookcj@swufe.edu.cn
邮政编码	610074
电　　话	028-87353785
照　　排	四川胜翔数码印务设计有限公司
印　　刷	四川煤田地质制图印务有限责任公司
成品尺寸	185 mm×260 mm
印　　张	19.625
字　　数	517 千字
版　　次	2024 年 6 月第 1 版
印　　次	2024 年 6 月第 1 次印刷
书　　号	ISBN 978-7-5504-6250-2
定　　价	45.00 元

前　言

- -

　　本教材是西南财经大学 2022 年度研究生"中央高校教育教学改革专项"中的精品教材培育项目，致力于为读者提供一本兼具理论性与实践性的中国化的非营利组织管理入门教材。本教材概述了非营利组织的基本概念与相关学术理论，在此基础上，结合中国国情、非营利组织发展的最新特征和实践案例，对中国非营利组织管理的理论与实践进行了系统论述。

　　本教材博采众长，在梳理了管理学、政治学、社会学等领域的非营利组织经典与最新研究成果的基础上，结合中国非营利组织的管理实践，尝试向读者展现活跃的本土化的非营利组织的新发展、新现象。

　　本教材拟面向公共管理、行政管理、社会学、社会工作的研究生与本科生。相比已有相关教材，本教材包括三个方面的特征与内容。①具有整体性与系统性，旨在构建成体系的非营利组织认知框架。涵盖从理论、法律法规、内部治理、领导与决策、战略规划、人力资源管理、财务管理、营销管理、项目管理、评估、问责与公信力建设的知识体系。②具有中国化与本土化特色，立足中国后疫情时代的现实需要，结合党和国家对第三次分配与公益慈善事业的重组布局与近年来我国在法律法规与政策实践领域的新动向。③具有实践性与应用性的统一，教材中的案例和文献均为近几年的非营利组织领域前沿、最新数据和探索经验的总结。

　　本教材特色与创新可以归纳为"三新"。第一，知识方面的新的增量呈现。对非营利组织的基础知识进行了较为系统全面的介绍，结合近年来我国非营利组织发展与改革的实践及未来发展趋势，介绍其法律框架、运转机制和管理内容；帮助读者认识非营利组织在中国社会治理体系中的地位与作用。第二，应用方面的新的经验加工。结合非营利组织领域的最新研究成果，运用专业的理论知识分析中国非营利组织发展历程及其在中国社会治理中的作用；引用参与中国社会治理的优秀社会组织案例，用专业术语讲述中国社会治理实践经验；关注近年来非营利组织领域的法规建设与创新实践，在中国社会治理实践经验中介绍与分析中国问题。第三，价值层面的新的审视再出发。将习近平新时代中国特色社会主义思想有机融入全书，落实立德树人根本任务，强化育人立意和价值导向。

党的十八大以来，习近平总书记多次就发展慈善事业、发挥慈善作用作出重要论述。党的十九大报告中 5 次使用了"社会组织"一词，对社会组织建设及其作用高度重视。党的二十大报告强调，要引导、支持有意愿有能力的企业、社会组织和个人积极参与公益慈善事业。党的二十大报告中多处提到了与公益慈善相关的内容，报告还明确了很多公益慈善力量可以且应该积极参与的具体领域和事项。

就在本书交付出版社之际，2023 年 12 月 29 日，第十四届全国人民代表大会常务委员会第七次会议通过了全国人民代表大会常务委员会关于修改《中华人民共和国慈善法》（以下简称《慈善法》）的决定，修订后的《慈善法》将于 2024 年 9 月 5 日实施。修订《慈善法》，是贯彻落实习近平总书记关于发展慈善事业的重要论述和党中央有关决策部署的重要举措，也是根据实践发展情况对相关法律制度作出的修改完善，体现了慈善立法修法坚决贯彻落实党中央决策部署，不断与时俱进、完善发展；为新时代慈善事业发展提供坚实法治保障。在未来，公益慈善力量在以中国式现代化全面推进中华民族伟大复兴过程中，有其不可替代的重要作用，将会拥有大机遇、大空间、大舞台，也将大有作为，能作出更多、更大的贡献。

在此中国非营利组织的发展大环境中，编者时常因慈善公益领域中国政府积极探索、学人学术思考火花、公益前辈开荒拓土、公益伙伴实践创新而感动与赞叹，为教材文字的容量有限而取舍艰难。可以说，作为结合非营利组织管理的现实与实践素材，本教材的中国化、本土化的努力只是一个开始。

感谢邓莹莹、黄璐蓉、刘岩、欧阳珺、俏丽盼·叶尔兰、唐凡懿、杨静逸、禹鸽、周杨、张敏、赵嘉莹等同学在本书编写过程中给予的大力支持。

编者
2024 年 1 月

目　录

1

中国非营利组织管理理论与实践

3

中国非营利组织管理理论与实践

1　导论

1.1　概念解析

1.1.1　非营利组织的定义

"非营利组织"这一概念是英文"non‐profit organization"的汉译，缩写为"NPO"①。此概念最早出现在美国，是指在美国社会中符合《国内税收法典》（Internal Revenue Code）第 501（c）3 条的规定，从而获得税务减免待遇的组织。相似概念如：非政府组织（NGO, nongovernmental organization）、慈善组织（charitable sector）、志愿者组织（voluntary sector）、第三部门（the third sector）、公民社会（civil society）、免税组织（tax-exempt sector）、独立部门（independent sector）等。

如果强调与政府及企业的差异，非营利组织就是"第三部门""社团组织""中介组织""社会中间层"；如果强调与国家或政府组织的差异，非营利组织就是"非政府组织""民间组织""公民社会"或"市民社会组织"；如果强调与经济组织的差异，非营利组织就是"免税组织""独立部门"；如果强调组织的某种功能或属性，非营利组织就是"公益组织""慈善组织""行业组织""志愿者组织""准单位组织""类行政组织"。

20 世纪 70 年代末，非营利组织的概念开始流行起来，并于 20 世纪 90 年代末成为全球通用的主流概念②。于 2021 年 1 月生效的《中华人民共和国民法典》（以下简称《民法典》）第三章第三节规定：为公益目的或者其他非营利目的成立，不向出资人、设立人或者会员分配所取得利润的法人，为非营利法人。非营利法人包括事业单位、社会团体、基金会、社会服务机构等。非营利组织作为一种组织形态，其在人类历史的早期就已经存在。但是，作为 20 世纪后半期发挥重要作用的社会政治现象，有其独特内涵。从不同的角度可以对 NPO 做不同的界定。

一是从财务管理角度。首先是关于非营利组织的资金来源。联合国国民收入统计系统规定：收入主要不是来自以市场价格出售的商品和服务，而是来自其成员缴

① 康晓光. 非营利组织管理［M］. 2 版. 北京：中国人民大学出版社，2020.
② 朱珊珊. 我国非营利组织现状分析及其发展问题探讨［D］. 太原：山西大学，2007.

纳的会费和社会捐款的社会组织即视为NPO①。其次是禁止分配限制。非营利组织
应具备以下四条性质：无营利动机；无个人拥有组织的权益股份或所有权；组织的
权益或所有权不得任意出售或交换；通常都不可以任何方式给予资金捐助者或赞助
人财务上的收益。一个组织如果是非营利组织，那么就不能把扣除成本后的净收入
分配给机构的建立者、捐助者、机构成员。最后是免税。各国对非营利组织的税收
政策有各自不同的法律规定，一般通过各国的税法和组织管理法来加以规定，是否
具有免税资格取决于NPO的活动及其收入的类别。如在美国，非营利身份是获得免
税资格的一个先决条件，任何组织在成立后都不能自动获得免税资格，必须符合美
国国内收入署（IRS）的相关要求，并向IRS提出免税申请。美国税法典第501条
中有28个条款对各类组织免征所得税，凡是符合该条款的即被定义为NPO。非营
利组织的税收优惠主要包括所得税和财产税减免、捐赠者的税收抵扣、获得政府和
其他组织的资助等。非营利组织需要缴纳的是"无关活动收入税"，即不属于公共
利益的部分。如非营利学校的学杂费、公共科研费是免税的，但是横向科研经费、
校舍出租费、投资等就需要和营利部门一样交税。

二是从组织特征角度。首先是排他角度。在学术界有一种被广泛认可的看法，
即非营利组织是政府和私营企业之外社会组织的统称，如果一个组织不是政府组织
也不是企业组织，那么就可以归纳为非营利组织。其次是目的功能。如果该机构的
目的是促进"公共利益"或"特定公益事业"，我们就视其为NPO。这是一种比较
抽象的界定，各国法律均规定非营利组织是指不以营利为目的，并且其收入不得用
于分发给成员的社会组织。最后是组织性质。美国研究非营利组织的专家约翰·霍
普金斯大学的莱斯特·萨拉蒙教授指出：凡是满足组织性、民间性、非营利性、自
治性和自愿性这5个条件的组织就算是NPO。

非营利组织不同于企业或公司等市场组织，它们是不以营利为目的的组织，它
们的利润不能用于分红。非营利不同于非盈利，"营"是经营、寻求的意思，"非营
利组织"强调组织的运作不以谋利为目的，但并不禁止其经营或取得"盈利"。非
营利组织是指独立于政府之外，不以营利为目的，旨在为社会提供公益性和互益性
的产品和服务的组织②。也有学者将非营利组织定义为：组织的设立和经营不以营
利为目的，且净盈余不得分配，由志愿人员组成，实行自我管理的、独立的、公共
或民间性质的组织团体③。

经过对学者研究的总结，非营利组织的含义可分为以下几种：一是广义的理解，
认为非营利组织是不同于政府和企业的第三方社会组织；二是狭义层面的理解，认
为非营利组织不以营利作为目的，不带有政治和宗教色彩；三是介于两者之间，将
一些基层的社会组织及团体纳入其中；四是从发展史来理解，非营利组织的前身是
国际社会人道救援组织，主要目的是解决贫困国家的生存和生活问题④。

① 罗辉. 非营利组织管理 [M]. 北京：北京大学出版社，2018.
② 陈钊，王雪红，刘悦欣，等. 浅析我国非营利组织的筹资问题 [J]. 现代商业，2019（16）：107-110.
③ 黄波，吴乐珍，古小华. 非营利组织管理 [M]. 北京：中国经济出版社，2008.
④ 邵青. 国际援助中的公民社会组织：凯尔国际研究 [D]. 北京：外交学院，2016.

非营利组织这一概念对应的组织形式在不同的国家和地区有不同的称呼，如"非政府组织""志愿组织""慈善组织""公益组织""免税组织""民间组织""社会组织"等。萨拉蒙恰当地指出："每一种称呼都至少会部分地误导着人们的视线，但同时，每一称呼又反映了该领域的某一方面的性质。"[①] 除了称呼繁多不一之外，非营利组织的内涵和外延的界定也是五花八门。但目前最常见的非营利组织定义法有："剩余法""特征法""功能法""法律界定法"。

一是剩余法。剩余法是界定非营利组织最流行的方法，这种方法认为现代社会存在三种组织：政府组织、商业组织或营利组织，剩余的组织就是非营利组织[②]。也就是说，既不是政府机构，又不是商业组织的组织，即非营利组织或非政府组织。这种分类方法构成了"三部门理论"的基础。"三部门理论"认为，现代社会是由三大部门组成的，第一部门由政府构成，第二部门由商业组织构成，第三部门由非营利组织构成。剩余法的优点是简易，缺点是过于空洞，既未能确切地指出非营利组织的属性，也未能界定它与其他组织的本质差异。

二是特征法。特征法通过确定非营利组织的一系列特征对其进行定义。萨拉蒙根据组织的结构和运作方式，提出非营利组织的五个基本特征[③]：①正规性，强调要有正式的规章制度、组织结构、经常性活动及法人身份；②民间性，强调非营利组织不是政府的一部分，但非营利组织可以接受政府的资助；③非利润分配性，强调非营利组织不是为其拥有者积累利润；④自治性，强调非营利组织能够自主地选择自己的活动；⑤志愿性，强调非营利组织无论是实际开展活动，还是在管理组织事务中均有显著的志愿参与。海曼指出非营利组织的四个特征：一是成员致力于某些公益目标；二是经费不依赖官方；三是首要目标不在于获得最大利润；四是成员可以自由地随时退出[④]。特征法易于把握非营利组织的本质特征，但适用范围有限。

三是功能法。功能法强调，只要它发挥了非营利组织应有的社会功能，那么就可以认定它是一个非营利组织，不必追究它是否具有正规性、非政府性、非营利性、自治性、志愿性、合法免税权利。功能法抓住了非营利组织的功能性特征，适用于发展中国家和转型中的国家，但是此种方法无法把握非营利组织的组织结构、行为方式等特征。

四是法律界定法[⑤]。各国政府管理部门针对非营利组织制定了操作性定义。《民法典》规定："为公益目的或者其他非营利目的成立，不向出资人、设立人或者会员分配所取得利润的法人，为非营利法人"。非营利法人包括事业单位、社会团体、基金会、社会服务机构等。《中华人民共和国慈善法》（以下简称《慈善法》）则将慈善组织定义为"依法成立、符合本法规定，以面向社会开展慈善活动为宗旨的非

① 李亚平，于海. 第三领域的兴起：西方志愿工作及志愿组织理论文选 [M]. 上海：复旦大学出版社，1998：31.

② 朱珊珊. 我国非营利组织现状分析及其发展问题探讨 [D]. 太原：山西大学，2007.

③ 王世强. 非营利组织管理 [M]. 北京：首都经济贸易大学出版社，2018.

④ 耿长娟. 从志愿失灵到新治理：萨拉蒙的非营利组织理论 [M]. 北京：中国社会科学出版社，2019.

⑤ 李晓明. 国内外非营利组织研究述评 [J]. 西北大学学报（哲学社会科学版），2007（5）：147-153.

营利性组织"。慈善组织可以采取社会团体、基金会、社会服务机构等组织形式。社会团体、基金会、社会服务机构共同构成了中国非营利组织的主体。

我国对非营利组织的定义目前还存在许多争论，一般认为，非营利组织一般包括社会团体、基金会和民办非企业单位，此外，还包括在城市和农村按居民居住地区设立的居民群众自我教育、自我管理、自我服务的基层群众性自治组织，即城市居民委员会和农村村民委员会。在实践上这些组织统称为社会组织，传统的事业单位因有较多争议而作为独立的研究对象。

但总的来说，非营利组织可以定义为：不以营利为目的、以志愿机制提供服务、主要开展各种志愿性的公益或互益活动的社会组织。不以营利为目的，所获收益不能用于投资收益进行分配，换句话说，其产权是模糊产权并且不具有收益权；以志愿机制提供服务，而不是通过强制方式，这就区别于政府组织；从事公益或互益活动，提供的是公共产品而不是私人产品，这就区别于企业组织。

 知识拓展

中华慈善总会

中华慈善总会成立于 1994 年，是新中国首家以"中华""慈善"命名，经中国政府批准依法注册登记，由热心慈善事业的公民、法人及其他社会组织志愿参加的全国性非营利公益社会团体。其宗旨为"发扬人道主义精神，弘扬中华民族传统美德，为发展慈善事业，传播慈善文化，帮助困难群众和个人，开展多种形式的慈善活动"。

中华慈善总会成立至今，广泛动员社会各界爱心力量，多方筹措慈善款物，实施慈善项目，开展慈善活动，在紧急救援、扶贫济困、安老助孤、医疗救助、助学支教等多个领域成效卓著，业已形成一个遍布全国、规模庞大的慈善援助网络。截至 2021 年年底，共募集慈善款物价值达 1 400 多亿元，使数以千万计困难群众得到不同形式的救助，成为推动国家慈善事业发展的一支重要力量。近年来，中华慈善总会重点推出全国性慈善项目"幸福家园"村社互助工程和"善济病困"工程，为助力乡村振兴、参与社会治理、推进共同富裕做出了积极贡献。

中华慈善总会始终坚持严格的业务管理与信息公开制度，社会公信力持久稳步提升，连续被民政部评为"全国先进社会组织"，自 2008 年起连续三次获评全国"AAAAA 级基金会"称号。中华慈善总会始终坚持"广结善缘、奉献社会、服务行业"的立会原则，截至 2021 年年底，已拥有全国各地 460 余个会员单位及个人会员，成为中国慈善事业名副其实的枢纽型慈善组织。中华慈善总会不断加强对外联络工作，与港澳台地区和海外众多公益慈善机构建立良好的合作关系，共同实施了多项合作项目，得到国际社会的广泛认同，业已成为联系海内外华人和国际友人，共同促进中国慈善事业稳步健康发展的一个枢纽型慈善组织。

资料来源：中华慈善总会官网，http://www.chinacharityfederation.org

中国非营利组织管理理论与实践

1.1.2　非营利组织的特征

美国约翰·霍普金斯大学教授莱斯特·M.萨拉蒙在1981年采用"结构-运作式"的建构方式，将非营利组织的基本特征归纳为五个方面：组织性、民间性、非营利性、自治性、志愿性[①]。这五个特征是非营利组织区别于政府和企业的根本属性。

1.1.2.1　组织性

组织性是指非营利组织必须是有一定制度化的正式组织[②]。一是非营利组织具备正式组织的基本特征，这些特征包括明确的使命和宗旨、组织目标、组织结构、组织制度、负责人、员工队伍、办公场所等。二是其建立经过国家法律许可，要求非营利组织获得了合法地位，具有法人资格，才能以法人身份进行社会活动和订立合同。

1.1.2.2　民间性

民间性是指非营利组织不是政府或其附属机构，而是非政府性的组织，组织的决策和行为不受政府机构的控制，即体制上独立于政府，既不是政府的一部分，又不受制于政府，也称为"非政府性"[③]。非营利组织与政府机构的差异主要体现在以下几个方面：一是在决策体制上不同于政府，非营利组织是自主决策和自治管理的独立实体。二是在治理结构上不同于政府，非营利组织一般不采取集中领导的等级式体制。三是在运作机制上不同于政府，非营利组织是在共同价值观基础上，通过协商、说服和提供服务的方式去赢得生存空间。

1.1.2.3　非营利性

非营利性是非营利组织的首要特征，也是最显著的特征，这是非营利组织区别于企业等营利性组织的根本属性[④]。非营利性的特征要求非营利组织：①不以营利为目的；②不能进行剩余收入的分配；③不得将组织的资产以任何形式转变为私人资产。

1.1.2.4　自治性

自治性是指非营利组织具有自主决策权，独立承担和管理它们的内部事务，包括章程的制定和修改、业务范围的确立、人事任免等问题都由非营利组织依法自行决定[⑤]。同时，在接受监督时，除了受政府和其他监管主体的监督以外，非营利组织不受其他任何机构的控制，政府和企业等都不能干涉其依据法律和章程开展的活动。

① SALAMONL M, ANHEIERH K. The emerging non profit sector: an overview [M]. Manchester: Manchester University Press, 1995: 1-10.

② 萨拉蒙. 全球公民社会：非营利组织部门视界 [M]. 贾西津，等译. 北京：社会科学文献出版社，2002: 3.

③ 黄波，吴乐珍，古小华. 非营利组织管理 [M]. 北京：中国经济出版社，2008.

④ 朱珊珊. 我国非营利组织现状分析及其发展问题探讨 [D]. 太原：山西大学，2007.

⑤ 耿长娟. 从志愿失灵到新治理：萨拉蒙的非营利组织理论 [M]. 北京：中国社会科学出版社，2019.

1.1.2.5 志愿性

志愿性，即人们参加非营利组织都是自愿的，甚至有一些人参加非营利组织的活动是不求回报的，这是非营利组织极具特色的一个属性①。志愿性是非营利组织开展活动的内驱力②。这一特征是政府部门和企业所不具备的，是非营利组织的宝贵资源。志愿性强调非营利组织的活动具有以下三个方面的内容：一是以志愿精神和利他主义为内在驱动力，而不是以经济收益或利润作为驱动力。二是组织的活动主要来自志愿劳动。三是组织的资金主要来自志愿捐赠。

综上，非营利组织的特征可概括为组织性、民间性、非营利性、自治性、志愿性。其中，非营利性是其根本属性。

 知识拓展

非营利组织：妇联

中国八大人民团体：妇联、工会、共青团、科协、青联、侨联、台联、工商联。

妇联成立于1949年，建立初期的定位为负有政治使命的群众组织（反帝反封，解放妇女、维护妇女儿童权利）。发展时期政治功能和维权职能并重。文化大革命时期瘫痪。1978年后重建，1988年第六次全国妇联代表大会上，提出服务对象是"全国各族各界妇女"，凸显群众性、社会性，大会确认"代表和维护妇女权益，促进男女平等的基本职能"，提出广大妇女"自尊、自信、自立、自强"的方针。1995年，中国举办第四次世界妇女大会，"非政府"概念被引入中国。第四次世界妇女大会后妇联的非政府组织身份得到认定，妇联开始转型。2008年，全国第十次妇女大会上进一步要求各级妇联突出维权，大力实施"妇女儿童权益维护行动"，此后为适应新的形势，增设妇女权益部、信访处等部门。历史上妇联是党实施群众路线的工具，是政府社会职能的延伸。行政性和民间性是一对对立与统一的矛盾体。行政性会给民间性带来一定的负面影响（政府代言人，影响妇联的代表性和群众基础），但同时行政性会给民间性组织带来一定的资源和制度保障。

资料来源：中华全国妇女联合会官网，https://www.women.org.cn

1.1.3 非营利组织的功能

1.1.3.1 弥补政府不足，提供公共服务

非营利组织是提供公共服务的重要力量，它们在提供公共服务方面具有专业性，能够弥补政府在公共服务中的不足，接受政府委托提供部分社会服务③。在公共服务方面，有相当部分的教育服务、医疗服务、法律服务、文化服务是由非营利组织

---

① 黄波，吴乐珍，古小华. 非营利组织管理［M］. 北京：中国经济出版社，2008.
② 王世强. 非营利组织管理［M］. 北京：首都经济贸易大学出版社，2018.
③ 康晓光. 非营利组织管理［M］. 2版. 北京：中国人民大学出版社，2020.

提供的①。同时,非营利组织有利于促进政府职能的转变:在我国政府职能转变过程中,原来由政府承担的大量社会和经济管理职能,一部分交给企业去自主做出决策,另一部分则退给社会去"自治"。近年来非营利组织承接了大量政府转移的社会事务,活动范围涉及环境保护、科研、教育、卫生、文化与休闲、慈善救助、扶贫、就业与职业培训、中介、社区发展以及宗教活动等诸多方面。非营利组织的发展促使政府从直接的、微观的管理转变为间接的、宏观的监督管理,推动了政府行为的现代化②。

1.1.3.2 促进社会和谐,增强道德观念

大多数非营利组织是从事公益事业的,以促进公共利益为目的,而这一目标的实现有利于增强社会成员对社会的认同感,能够聚合和表达某种程度上的社会公共利益,协调和处理个人、企业、社会和政府相互之间的关系,培养民众形成某种共同的道德观念和价值观念③。非营利组织通过服务弱势人群、协调各方关系,能够起到缓和社会矛盾、维护社会稳定的作用④。非营利组织在社会上积极倡导社会道德观念,比如传播中华传统文化、弘扬雷锋精神、进行家风家训教育与革命主题教育等,能够规范社会群体的意识和行为,提升公民的道德水平。

1.1.3.3 表达利益诉求,推动决策民主

非营利组织广泛联系各个社会阶层,可在政府与公民之间、政府与社会之间、政府与企业之间搭建沟通了解的平台,发挥"上令下达、下情上传"的桥梁纽带作用。非营利组织能够主动参与公共事务的管理,正如有些组织利用专家资源和媒体渠道,参与政策的前期调研、方案咨询、社会宣传等,充分地反映其所代表团体的共同利益,推动了政府决策的民主化进程,推动政治健康发展⑤。与此同时,非营利组织在促进社会基层民众组织的发展过程中,通过制定组织活动的章程、规则并要求成员遵守等活动,通过组织与组织之间、成员与成员之间的相互交流、合作、协商等活动,使社会成员逐渐养成协商、合作、参与、妥协等契约观念、法治观念、秩序观念,启发民众的参与意识,提高民众的参与能力,鼓励民众的自立、自主和自尊⑥。

1.1.3.4 发展文化事业,繁荣文化生活

非营利组织尤其是文化领域的组织,在发展文化事业、繁荣文化生活方面起到了重要作用⑦。部分非营利组织打造了一批文艺精品和品牌,推动了文化产业的发展,为广大人民群众送去了丰富多彩的各类文化节目。

---

① 王名. 非营利组织的社会功能及其分类 [J]. 学术月刊, 2006 (9): 8-11.
② 黄波, 吴乐珍, 古小华. 非营利组织管理 [M]. 北京: 中国经济出版社, 2008.
③ 同②.
④ 王世强. 非营利组织管理 [M]. 北京: 首都经济贸易大学出版社, 2018.
⑤ 邓正来, 亚历山大. 国家与市民社会: 一种社会理论的研究路径 [M]. 上海: 上海人民出版社, 2006: 27.
⑥ 同②.
⑦ 郑崇选. 文化类非营利组织培育与现代公共文化服务体系建设 [J]. 上海文化, 2014 (12): 11-21.

1.1.3.5　协调行业关系，促进行业发展

行业协会作为非营利组织的一种重要形式，发挥着行业自律、服务、协调和监督的功能，也是政府的参谋和助手。行业协会在规范市场秩序、维护行业声誉、树立行业形象、开展行业自律、推进品牌战略、参与行业标准制定、调解贸易纠纷等方面发挥着重要作用，是市场经济体系中不可或缺的力量。

1.1.3.6　舒缓就业压力，促进经济发展

非营利组织是第三产业的一个重要组成部分，非营利组织自身健康快速的发展能够有效促进第三产业的发展。随着第三产业的快速发展，非营利组织在职能分化中越来越显示出它的独立性[①]。作为第三产业的非营利组织的充分发展能够为社会提供大量就业机会，成为缓解就业压力、促进经济发展的一支不可忽视的力量[②]。非营利组织能够为残疾人、低收入者等弱势群体提供就业岗位、技术培训与职业介绍服务，帮助解决就业困难人群的就业问题。

 知识拓展

社会组织助力就业大有可为

自 2022 年 7 月民政部联合教育部、人力资源社会保障部印发《关于推动社会组织进一步助力高校毕业生等群体就业工作的通知》以来，社会组织助力就业工作开展得如火如荼。目前，该项工作取得了哪些成效？还有哪些方面需要改进提升？中国社会组织促进会专访了中国就业促进会副会长王喆。

中国民政：您如何看待这一年社会组织助力就业工作的开展情况？

王喆：在我国，拉动就业不仅要依靠经济发展来推动产业及企业主体创造和扩大就业岗位，也要依靠教育、卫生、科技等社会事业，特别是社区建设、公益事业的发展来开发更多的就业岗位。社会组织伴随着经济的发展，在数量大幅增加的同时，也创造了不少就业机会，成为吸纳就业、助力就业的重要阵地。有关数据显示，从 2007 年到 2022 年，全国社会组织数量从 39.7 万个增长到约 89.2 万个；截至 2022 年底，社会组织吸纳就业人数超过 1 100 万人，占全国总就业人口的比重约 1.4%。其中，城乡基层社会组织达到 69 万家，吸纳就业 810 万人。可见社会组织在促就业方面的贡献和作用。

从一年多来的实践看，社会组织在稳定就业方面发挥了积极作用。一方面，很多社会组织进一步挖掘自身潜力，拓宽就业岗位；有的积极开展线上培训，为失业人员再就业创造条件。另一方面，很多社会组织通过动员会员特别是会员企业积极承担社会责任，并宣传推广地方和企业促进就业的有效经验和创新做法，为助力就业大局稳定发挥了积极作用。

资料来源：中国社会组织促进会官网，https://www.chinanpo.org.cn/ds/23103acee3.html

---

① 黄波，吴乐珍，古小华. 非营利组织管理 [M]. 北京：中国经济出版社，2008.
② 朱珊珊. 我国非营利组织现状分析及其发展问题探讨 [D]. 太原：山西大学，2007.

中国非营利组织管理理论与实践

1.2　非营利组织的类型

1.2.1　分类标准

美国约翰·霍普金斯大学非营利组织研究中心根据产业划分的方法，提出了 ICNPO 分类标准。此标准将非营利组织分为 12 个大类和 24 个小类[①]。其中，12 个大类分别为文化与休闲、教育与科学研究、卫生、社会服务、环境、发展与住房、法律与政治、慈善中介与志愿行为鼓励、国际活动、宗教组织、专业协会或工会及其他[②]。英国学者克拉克（Clark）基于非政府组织从事活动的类型划分了 6 大类，包括救济和福利机构、技术革新组织、承包公共服务组织、大众发展机构、"草根"发展组织、请愿团体和网络[③]。

我国主要的分类方式如下：

1.2.1.1　根据服务对象的不同进行划分

王名根据服务对象的不同，将组织分为公益型非营利组织和互益型非营利组织[④]。

（1）公益型非营利性组织以整个社会为服务对象，从事公益或者慈善事业，所得收入或组织财产不得分配给组织成员，如各类教会、社会福利组织和提供服务的组织等。

（2）互益型非营利组织以组织成员为服务对象，以为了成员之间的友善和睦与相互扶助为目的，是公益、慈善宗教以外的组织，同样，组织的剩余金额与财产也不得进行分配，如住宅管理委员会、各类社交团体、合作社等。

1.2.1.2　根据组织的性质和职能进行划分

郭国庆按照非营利组织的性质和职能，将我国的非营利组织分为 7 类[⑤]：

（1）教育、研究组织，指从幼儿园开始，到小学、中学、大学的教育机构和各种专门的科学研究院所等科研机构。

（2）医疗保健组织，指各种医院、医疗康复中心、保健中心等医疗保健机构。

（3）学术、文化组织，主要指各种学术学会及各种文化馆、博物馆、图书馆等。

（4）群众、团体组织，主要指共青团组织、工会组织、妇联组织以及同学会、同乡会、校友会等。

（5）慈善基金组织，指各种以慈善救助活动为主的基金会、慈善会等。如中国慈善总会、宋庆龄基金会、中国青少年发展基金会、北大荒基金会等。

9

① 周恩毅. 非营利组织管理概论 [M]. 西安：西北工业大学出版社，2014：165.
② 王名. 非营利组织的社会功能及其分类 [J]. 学术月刊，2006 (9)：8-11.
③ 彭国甫. 非营利组织管理研究 [M]. 长沙：湖南人民出版社，2005：10.
④ 王名. 非营利组织管理概论 [M]. 北京：中国人民大学出版社，2002.
⑤ 郭国庆. 现代非营利组织研究 [M]. 北京：首都师范大学出版社，2001.

（6）协会、联合组织，主要指各个不同行业和同行业者的协会、联合会，如中国工业经济协会、中国服装设计协会等。

（7）其他组织，指绿色环境保护组织、保护植物组织等其他组织。

1.2.1.3　其他分类

王颖根据组织的形成过程、领导层的产生、主要领导的身份和经费来源，将我国非政府组织分为三类，即官办型、半官半民型和民办型①。康晓光根据"起源"将我国非政府组织也分为三类，即自上而下型、自下而上型和外部输入型。

1.2.1.4　官方分类

从政府管理的视角，我国非营利组织分为三类：社会团体、民办非企业单位和基金会。随着我国非营利组织的发展，与之配套的相关法律法规也得以不断建立健全，如《社会团体登记管理条例》是旨在保障公民的结社自由，维护社会团体的合法权益，加强对社会团体的登记管理，促进社会主义物质文明、精神文明建设而制定的条例；《民办非企业单位登记管理暂行条例》是为了规范民办非企业单位的登记管理，保障民办非企业单位的合法权益，促进社会主义物质文明、精神文明建设而制定的；《基金会管理条例》是为了规范基金会的组织和活动，维护基金会、捐赠人和受益人的合法权益，促进社会力量参与公益事业，从而制定本条例。

非营利组织按照不同标准及侧重点有多种不同的分类方式，但我国最权威且广泛使用的方式是将其分为社会团体、社会服务机构和基金会，下文将会对其进行详细介绍。

 知识拓展

非营利组织和非政府组织、第三部门、志愿者组织、草根组织、公民社会组织、民间组织、公益组织、慈善组织、中介组织等组织之间的关系

从本质上来说，非营利组织和这些组织之间不存在本质的差别，只是由于侧重点不同而称谓不同而已。

1. 非政府组织侧重和政府的区别，强调它们既不是政府机构也不是其附属机构，是独立于政府体系之外的一种组织。而非营利组织侧重和企业的区别，强调这些组织不是企业，不以营利为目的，是独立于市场体系之外的一种组织。

2. 第三部门是相对于政府和市场而言的，强调它们与政府、市场是平行的第三体系。

3. 志愿者组织强调这些组织的运作在很大程度上依靠志愿者在时间、精力和资金上的投入，强调非营利组织的志愿性。

4. 民间组织主要是我国政府对非营利组织的称谓，我国民政部门内设立有民间组织管理机构。

5. 公益组织主要强调了组织的目的，即该组织的存在不是为了私利，而是为了公共利益。

① 王颖，折晓叶，孙耀炳. 社会中间层：改革与中国的社团组织 [M]. 北京：中国改革出版社，1993：30.

6. 公民社会从社会关系讲，与非营利组织相比，它的外延更为广泛，这一概念包括若干基本要素：一个公共权威之外的私人活动空间（市场、家庭、社团等）；由私人活动逐渐产生公共领域；一个外在且独立于国家的社会，一个具有高度自主性的社会等。

7. 慈善组织侧重于强调组织的资金来源于私人的慈善性捐助，而非政府的财政拨款。

8. 中介组织强调这些组织处于政府、市场与社会之间，是联结政府、市场与社会的各种中间组织，既有营利中介组织也有非营利中介组织。

9. 草根组织特指非营利组织中那些扎根于城乡社区的基层民众组织，侧重于发展中国家的基层组织。

资料来源：宋晨枫，等. 非营利组织管理学习指导［M］. 北京：中国经济出版社，2008.

1.2.2　社会团体

按照 2018 年 8 月民政部发布的《社会组织登记管理条例（征求意见稿）》中对"社会团体"的界定：社会团体，是指中国公民自愿组成，为实现会员共同意愿，按照其章程开展活动的非营利法人。社会团体是建立在一定社会关系基础上的会员制组织，会员包括个人会员和单位会员两类。在非营利组织中，除了基金会以外其他以"会"字命名的组织（如协会、联合会、研究会、学会、联谊会等）都属于社会团体的范畴。因此，社会团体可定义为：自然人、法人或者其他组织自愿组成，为实现成员的共同意愿，按照章程开展活动的非营利性社会组织。

这一概念包括以下几个方面的要素：一是组织主体，一般而言，社会团体的组织主体是自然人、法人或其他组织，主要指具有中国籍的公民，非中国公民不能组成社会团体。但在实际操作过程中也有一些例外，非中国公民也可以组建特殊的社会团体，如外国商会。二是组织目的，任何社会团体的产生都有其最初的产生原因：有的是由于共同的生活或工作兴趣组建起来的，如桥牌协会、登山协会；有的是由于共同的职业特点而组建起来的，如律师协会、注册会计师协会；有的是因共同的私人利益组建起来的，如服装协会、广告协会；有的是因公共利益组建起来的，如志愿者协会；有的是根据政党组织和政府组织的需要组建起来的，服务于政党组织、社会公众，如共青团、妇联等人民团体。三是组织原则，社会团体依据国家法律法规进行注册登记并受相关法律法规的约束和规范；社会团体的成员按照自愿、平等的原则参加社会团体，行使相同权利并履行相应义务。四是组织架构，社会团体都有阐明组织宗旨、活动范围、组织机构、终止程序的章程。五是组织性质，社会团体是以提供社会服务为导向的非营利组织。

社会团体可分为行业性社团、学术性社团、专业性社团和联合性社团。行业性社团是指由同行业的企事业单位自愿组成，从事某一行业的管理、协调或服务，旨在促进行业发展，规范行业秩序的经济性社会团体。此类社会团体一般为经济团体，又可细分为农业类社团、工业类社团、商业类社团等。学术性社团是指由同一学科、同一专业或研究领域的专家、学者、科研工作者等自愿组成,经过民政部门核准,依法注册登记,为促进自然科学、人文社会科学、交叉科学教学研究的深入,以普及科学知识,培养人才,促进科学、社会经济的可持续发展,维护自身合法权益而开展活动的团体。其可划分为自然科学类社团、社会科学社团、自然科学与社会科学的交叉科学类社团。专业性社团是指相同领域的法人组织和专业人士围绕专业技术和专业资金开展专业活动,提高专业能力,维护自身合法权益而组成的为经济社会服务的社会团体。联合性社团是指相同领域或不同领域的法人组织或个人为了共同的兴趣、爱好、利益进行横向交流而自愿组成的社会团体,可分为联谊类社会团体和联合类社会团体两种。

 知识拓展

中国作家协会

中国作家协会简称中国作协,是中国共产党领导的中国各民族作家自愿结合的专业性人民团体,是党和政府联系广大作家、文学工作者的桥梁和纽带,是繁荣文学事业、加强社会主义精神文明建设的重要社会力量。

中国作家协会的前身是中华全国文学工作者协会(简称全国文协),1949年7月23日在北平成立。1953年10月,全国文协正式更名为中国作家协会。

中国作家协会是一个独立的、中央一级的全国性人民团体,荟萃了我国文学界的优秀人才。其主要任务是:组织作家学习马列主义、毛泽东思想、邓小平理论和"三个代表"重要思想,树立科学发展观,学习党的方针政策,践行社会主义荣辱观;组织文学评奖,对优秀的创作成果和创作人才,给予表彰和奖励;进行文学理论研究,组织开展健康说理的文学评论和实事求是的文学批评;发现和培养各民族文学创作、评论、编辑、翻译的新生力量,促进各民族文学的发展;增进同港、澳、台地区和海外侨胞中作家的联系;推进中外文学交流,代表中国作家参加国际文学活动;反映作家的意见和要求,依据宪法和法律的规定,维护会员的合法权益等。

中国作家协会内设办公厅、人事部、创作联络部、对外联络部等职能部门和机关党委及创作研究部,分别负责协调机关工作和会务组织工作;组织作家深入生活,联系各团体会员和文学团体,组织文学评奖和进行会员会籍管理;进行人事管理;安排中外作家双边互访、进行文学交流;负责机关党的建设等。

资料来源:中国作家协会官网,http://www.chinawriter.com.cn/zxjg/zxjj.shtml

1.2.3 社会服务机构

2016年颁布的《中华人民共和国慈善法》将"民办非企业单位"改为"社会服务机构"。社会服务机构指由国家、社会团体或个人举办的,通过社会福利从业人员,为特定的、有需要的服务对象提供专业服务的非营利组织。民办非企业单位是指企业事业单位、社会团体和其他社会力量以及公民个人利用非国有资产举办的,从事非营利性社会服务活动的社会组织。民办非企业单位是实体性机构，非营利性的民办学校、民办医院、民办养老院、民办博物馆都属于民办非企业单位。

民办非企业单位的领域类型可分为：教育事业、卫生事业、文化事业、科技事业、体育事业、劳动事业、民政事业、社会中介服务业、法律服务业等①。民办非企业单位在不同领域的具体例子如下：①教育事业如民办幼儿园，民办小学、中学、学校、学院、大学，民办专修学院或学校，民办培训学校或中心等；②卫生事业如民办门诊部（所）、医院，民办康复、保健、卫生、疗养院（所）等；③文化事业如民办艺术表演团体、文化馆、图书馆（室）、博物馆（院）、美术馆、画院、名人纪念馆、收藏馆、艺术研究院（所）等；④科技事业如民办科学研究院，民办科技传播或普及中心、科技服务中心、技术评估所等；⑤体育事业如民办体育俱乐部，民办体育场、馆、院、社、学校等；⑥劳动事业如民办职业培训学校或中心，民办职业介绍所等；⑦民政事业如民办福利院、敬老院、托老所、老年公寓，民办婚姻介绍所，民办社区服务中心（站）等；⑧社会中介服务业如民办评估咨询服务中心（所）、民办信息咨询调查中心（所）及民办人才交流中心等；⑨法律服务业如法律科技企业、法律生态服务公司、替代性法律服务提供商和创新模式律所②。

 知识拓展

中国紫檀博物馆

中国紫檀博物馆是由全国政协委员、香港富华国际集团主席、美国萨凡那艺术设计学院荣誉人文博士、校董会副主席陈丽华女士投资逾两亿元人民币兴建的，是北京市向新中国成立50周年献礼的重点工程。中国紫檀博物馆是中国首家规模最大，集收藏研究、陈列展示紫檀艺术，鉴赏中国传统古典家具的专题类民办（私立）博物馆于一体，填补了中国博物馆界的一项空白。

多年来，中国紫檀博物馆秉承"继承、发展、创新"的经营理念，在传承与弘扬中国传统家具艺术方面默默耕耘，并使之发扬光大。正是因为陈丽华馆长的远见卓识，从而使得濒临失传的紫檀雕刻工艺得到抢救、保护和创新。2011年9月，中国紫檀博物馆申报的"紫檀雕刻技艺"被国务院列入第三批国家级非物质文化遗产名录。2012年，中国紫檀博物馆又被北京市政府定为北京市非物质文化遗产生产性保护示范基地。

为更好地在海外传播中国传统紫檀文化，中国紫檀博物馆先后在美国、日本、韩国、马来西亚等国家和地区举办了以"紫檀的奥秘"为主题的巡展，向世界介绍了中国，展示了中国传统的古典家具文化，受到了当地各界人士的推崇和认同。同时，中国紫檀博物馆还以另一种形式构架起东西方文化交流的桥梁，包括北京

---

①　李健，荣幸，孙莹."以人为中心"的社会组织分类支持体系重构［J］. 中国行政管理，2021（2）：47-52.

②　王世强. 非营利组织管理［M］. 北京：首都经济贸易大学出版社，2018.

13

故宫博物院、德国德累斯顿国家艺术收藏馆、美国史密森博物学院、法国香波堡、日本九州国立博物馆在内的几家世界级博物馆都收藏有中国紫檀博物馆的大型紫檀艺术珍品。时任中国文化部副部长、故宫博物院院长郑欣淼盛赞这一创举为中国传统文化走向世界做出了重要贡献。

资料来源：中国紫檀博物馆官网，http://www.redsandalwood.com/

1.2.4 基金会

根据 2004 年 2 月 4 日国务院第 38 次常务会议通过的《基金会管理条例》，基金会被定义为利用自然人、法人或者其他组织捐赠的财产，以从事公益事业为目的，按照本条例规定成立的非营利法人。在非营利组织的三种类型中，虽然基金会的数量最少，但其募集和掌握的资金量大，社会影响力较大。基金会分为面向公众募捐的公募基金会和不得面向公众募捐的非公募基金会。公募基金会按照募捐的地域范围，分为全国性公募基金会和地方性公募基金会。对于公募性基金会而言，资源获得来自公众的自愿性捐赠，不具有财政机制的强制性和市场机制的交易性，而是由公众的捐赠意愿来决定的。非公募基金会，类似于国外的企业基金会、家族基金会，主要由特定的群体出资发起，也仅在小圈子里定向筹募善款。两种基金会并无优劣之分。一般来说，一些具有社会创新、实验性的公益项目，以非公募基金会为依托更佳；而扶贫、济困、救灾等领域，则更适宜公募基金会发动公众参与。不过，由于公募基金会公共性强、涉及面广，我国政府对公募基金会的审批管理更为严格。

公募基金会和非公募基金会主要有以下八个方面的区别：

（1）募捐对象不同。公募基金会可以直接面向公众募捐，非公募基金会不直接面向公众募捐。

（2）募捐活动的地域范围不同。公募基金会分为全国性公募基金会和地方性公募基金会，全国性公募基金会的公开募捐活动可以在全国范围内开展，地方性公募基金会的公开募捐活动只能在登记注册地开展。

（3）注册金额要求不同（单位：人民币）。全国性公募基金会不低于 800 万元，地方性的不低于 400 万元；非公募基金会不低于 200 万元即可。

（4）登记管理机关不同。公募基金会：全国性公募基金会由民政部民间组织管理局负责登记；地方性公募基金会由省（自治区、直辖市）人民政府民政部门登记。非公募基金会：省（自治区、直辖市）及以上的人民政府民政部门都可以登记。

（5）名称要求不同。全国性公募基金会应当在名称中使用"中国""中华""全国""国家"等字样，但非公募基金会不得使用上述字样。公募基金会的字号不得使用自然人姓名、法人或者其他组织的名称或者字号，而非公募基金会在符合规定的前提下，字号可以使用自然人姓名、法人或者其他组织的名称或者字号。

（6）近亲属关系人员在理事会任职的规定不同。用私人财产设立的非公募基金会，相互间有近亲属关系的基金会理事，总数不得超过理事总人数的 1/3；其他基金会，具有近亲属关系的不得同时在理事会任职。

（7）每年用于章程规定的公益事业支出占比不同。公募基金会不得低于上一年总收入的70%，非公募基金会不得低于上一年基金余额的8%。

（8）接受社会监督的力度不同。在信息披露方面，公募基金会负有更重的义务。公募基金会组织募捐活动，应当公布募得资金后拟开展的公益活动和资金的详细使用计划。在募捐活动持续期间内，应当及时公布募捐活动所取得的收入和用于开展公益活动的成本支出情况。募捐活动结束后，应当公布募捐活动取得的总收入及其使用情况。非公募基金会由于不存在公开募捐活动，因此信息披露要求相对较低。

总的来说，社会团体、社会服务机构、基金会构成了中国非营利组织的主体。社会团体、社会服务机构、基金会这三者的共同特征是：①该组织不以营利为宗旨和目的；②资源提供者向该组织投入资源不得取得经济回报；③资源提供者不享有该组织的所有权①。虽然基金会、社会团体和社会服务机构都属于非营利组织，都可以申请获得慈善组织身份、申请公开募捐资格、依法享受税收优惠等。

但是社会团体、社会服务机构、基金会这三者也存在区别，主要体现在：①作用上各具侧重点，社会服务机构常以公益项目运作能力见长，社会团体擅长管理培育志愿者队伍，基金会则是筹资。②相关法律规定的设置条件不同，这三类组织形式在注册资金、发起人数量、慈善活动年度支出和管理费用、公益性捐赠税前扣除资格取得等多方面存在差别。③结构存在差异，社会服务机构是从事经常性、连续性服务的实体性社会组织，实体性是其有别于社会团体的一个基本特征，而社会团体是指由公民自愿组成的会员制的组织，其组织结构具有松散性，活动具有不定期性。④绩效评估指标设置方面存在差异，如对公益类社会团体的评估主要侧重社团在社会公益领域的工作绩效，对学术类社会团体的评估则主要关注组织在学术活动、咨询交流等领域的绩效，对行业协会商会的评估侧重行业服务与反映行业诉求，而对基金会的评估则重点关注社会捐赠、公益活动以及项目运行中的绩效②。

 知识拓展

中国宋庆龄基金会

中国宋庆龄基金会（China Soong Ching Ling Foundation，SCLF）兼具群团组织和公益慈善机构双重属性。为纪念国家名誉主席宋庆龄，继承和发扬她的未竟事业，在邓小平同志的倡导下，宋庆龄基金会于1982年5月成立；2005年9月，经第五届理事大会审议通过，更名为中国宋庆龄基金会。中国宋庆龄基金会的宗旨是：继承和发扬宋庆龄毕生致力的增进国际友好，维护世界和平；开展两岸交流，促进祖国统一；关注民族未来，发展少儿事业。

①　康晓光. 非营利组织管理［M］. 2版. 北京：中国人民大学出版社，2020.
②　徐家良. 2014年度社会组织评估工作的突破与困境：《中国社会组织评估发展报告（2015）》评析［J］. 中国社会组织，2016（3）：29-32.

中国宋庆龄基金会主要任务是:

(一) 弘扬孙中山、宋庆龄伟大思想和崇高精神,深入挖掘其丰富内涵和时代价值;

(二) 联络孙中山、宋庆龄亲友后代等,广聚人才和智力资源,促进海内外中华儿女大团结,形成共同致力中华民族伟大复兴的强大力量;

(三) 推动构建人类命运共同体,深化对外民间友好合作,扩大同国外政要、知名人士、友好组织的联系与交往,促进中外人文交流,推动文明交流互鉴,讲好中国故事,发挥拓展民间外交的重要平台作用;

(四) 促进祖国和平统一,坚持和完善"一国两制",推动与港、澳、台地区多领域、多层次的交流与合作,推动两岸共同弘扬中华文化,促进两岸同胞心灵契合,发挥推动祖国和平统一的重要桥梁作用;

(五) 落实立德树人根本任务,助力青少年成长成才,组织开展有益于青少年健康成长、有益于妇幼福利事业发展等相关业务与活动,发挥发展青少年事业的重要力量作用;

(六) 发展公益慈善事业,依法依规募集基金,用好善款,服务社会发展,增进民生福祉,发挥促进公益慈善事业的重要团体作用。

资料来源: 中国宋庆龄基金会官网, https://www.sclf.org

1.3 中国非营利组织发展变迁

1.3.1 中国非营利组织发展历程

以 1949 年新中国成立为界线,我国非营利组织的演进历程可以分为两大阶段:新中国成立前的阶段和新中国成立后的阶段。

1.3.1.1 新中国成立前的非营利组织发展

(1) 非营利组织初具雏形(1900 年以前)。我国非营利组织的发展并非始自今日,而是有着悠久的历史。中国优秀传统文化历来就有慈善、助人、互助的精神内涵,民间结社和民间公益活动源远流长。如先秦的"会党""社会""社邑";春秋战国时期的民间结社;东汉时期的"朋党""五斗米道""太平道";魏晋南北朝时期的诗文社;隋唐时期的"同年会""怡老会""行会";两宋时期的"慈幼局""慈幼庄""文社""合会";明末时期的"善堂";清末时期的"会党""公所"。同时,学人结社得到进一步发展,出现了各种学会,比如"湘学会""圣学会""南学会"[1]。这些早期民间组织虽不能称为现代意义上的非营利组织,却是我国非营利组织的雏形。

(2) 非营利组织的萌芽发育(20 世纪初至 1949 年)。到了近代,中国逐渐沦为

---

[1] 中国非营利组织的起源和历史发展 [J]. 大社会, 2015 (Z2): 66-67.

被各种势力合力瓜分、相互争夺的半殖民地半封建社会，其间中国社会出现了大量的民间非营利组织。第一类是行业协会，包括各种"会馆""行会"等，它们是由传统的手工业者、早期的工商业者等组成维护群体利益和行业秩序的民间非营利组织。第二类是互助组织与慈善组织，包括各种"互助会""合作社""协会""慈善堂""育婴堂"等。第三类是学术性组织，包括各种"学会""研究会""学社""协会"等。第四类是政治性组织，如学联、工会、妇联、青年团等革命性社团。第五类是文艺性组织，如各种剧团、剧社、文工团、棋会、画社等。

1911年中华民国成立后，全国出现了一波结社浪潮。1919年五四运动后，我国的民间结社运动开始兴起。20世纪20年代初，大城市中出现了一些青年团体、学会、文学俱乐部和互助合作社等组织。1932年，国民政府公布《修正民众团体组织方案》，这是中国第一部关于非营利组织的专门法律规范。1942年2月，国民政府颁布《非常时期人民团体组织法》，规定社团必须在政府进行登记。1942年4月，中共领导的陕甘宁边区政府颁布《陕甘宁边区民众团体组织纲要》和《陕甘宁边区民众团体登记办法》。由于当时的社会动荡、战事频发，国民政府的救灾救济能力不足，大量的救济工作只能由慈善组织承担。在众多的民间慈善救济机构中，影响较大的有中国红十字会、中华慈幼协会、战时儿童保育协会、香山慈幼院、华洋义赈会等。

1.3.1.2　新中国成立后的非营利组织发展

1949年新中国成立后，我国非营利组织的发展趋势可分为：曲折发展阶段、停滞阶段、复苏发展阶段和迅猛发展阶段[①]。

（1）非营利组织的曲折发展阶段（1949—1965年）。新中国成立初期，我国政府对社团进行了清理和整顿，国家取缔了会党组织、反动政治团体、带有封建色彩的组织和部分宗教性的社团。1950年9月，政务院第52次政务会议通过《社会团体登记暂行办法》（以下简称《办法》）。1951年3月，内务部制定《社会团体登记暂行办法实施细则》（以下简称《细则》）。根据《办法》和《细则》，各级政府对旧社会遗留下来的各种社会团体进行了整顿，一部分封建组织和反动组织依据新的法律规定而加以取缔，其中包括会党组织和反动政治团体，也包括一些带有浓厚封建色彩的互助组织和慈善组织，以及部分宗教性民间组织。还有一部分民间组织在中国共产党依据社会主义原则的引导下逐渐政治化，其中一些政治倾向明显、被定义为"民主党派"的团体从民间组织范畴当中脱离出来，转化为政党组织，如民盟、九三学社等。自此，非政治性开始成为中国民间组织一个鲜明而重要的特征。1954年，我国颁布《中华人民共和国宪法》，规定：中华人民共和国公民有言论、出版、集会、结社、游行、示威的自由。中国社会团体的生存空间得以进一步拓展，社会组织发展速度逐渐加快。

经过这次整顿，中国社会团体在20世纪50年代到60年代中期经历了一个较为迅速的发展时期，我国非营利组织在数量上有了较大增长。据统计，1965年全国性

---

①　王世强. 非营利组织管理［M］. 北京：首都经济贸易大学出版社，2018.

社会团体由新中国成立初期的 44 个增加到近 100 个；地方性社会团体发展到 6 000 多个。当时的非营利组织以政府发起的社团为主，在党的领导下开展工作，主要服务于工人、青年、妇女、华侨等群体。

（2）非营利组织的停滞阶段（1966—1977 年）。1966—1976 年我国的民主与法治遭到了比较严重的破坏，对社会团体向健康、法制方向的发展产生了一定的负面影响①。社团的发展陷入了瘫痪、扭曲和停滞状态，社会团体登记工作停顿，几乎所有社团都停止了活动。而港澳台地区的非营利组织仍有序发展，如 1966 年 4 月，中国台湾慈济佛教功德会（简称"慈济"）由证严法师在花莲创立；1968 年 11 月，中国香港公益金成立；1976 年，中国香港乐施会成立。

（3）非营利组织的复苏发展阶段（1978—1997 年）。改革开放以后，我国经济基础和上层建筑都在各自的轨道上稳步发展。政府不再强制干预市场，市场向着自由化方向发展，有自主性。改革开放使我国的社会生活发生了翻天覆地的变化，这种变化很快反映到民间组织的发展上来，社会兼容性越来越强，非营利组织不断增加②。这一阶段非营利组织的总体特点是：非营利组织的数量迅速增加、独立性明显增强、活动领域扩大，对非营利组织的管理日益规范③。20 世纪 80 年代初期，大量的非营利组织开始涌现，比如慈善组织、服务性组织、中介组织、行业组织等，这些组织覆盖的领域非常广泛。在整个 20 世纪 80 年代，社会团体的数量增长呈现出空前的势头。有数据显示，20 世纪 80 年代社会团体的数量空前增长。至 1989 年，全国性社团 1 600 多个，是 1978 年的 16 倍；地方性社团达到 20 万个，是 1978 年的 33 倍④。其中，最为典型的有：1981 年 7 月，中国儿童少年基金会成立；1982 年 5 月，中国宋庆龄基金会成立；1987 年 6 月，中国人口福利基金会成立；1988 年 12 月，中国妇女发展基金会成立；1989 年 3 月，中国青少年发展基金会成立；1989 年 3 月，中国扶贫基金会成立。

与此同时，非营利组织法律法规体系发展迅速：1988 年，国务院批准民政部设立社团管理司，实现了对社会团体的归口管理；同年，国务院制定了第一部专门规范中国民间组织登记管理的行政法规《基金会管理办法》；1989 年 6 月，为了促进国际贸易和经济技术交往，加强对外国商会的管理，保障其合法权益，国务院颁布《外国商会管理暂行规定》；1989 年 10 月，为保障公民的结社自由，保障社会团体的合法权益，加强对社会团体的管理，发挥社会团体在社会主义建设中的积极作用，国务院颁布《社会团体登记管理条例》等。随着社会主义社会建设和社会主义法治建设的恢复，到 1989 年，我国全国性社会团体的数量达到 1 800 个左右，比 1966 年以前增长了 16 倍。

---

① 张海蓉，任白剑，林文浩. 我国非营利组织发展历程及其存在的问题分析 [J]. 经济研究导刊，2019（16）：184-185.

② 黄冬林. 我国非营利组织参与社会救助的困境及化解途径：以中华慈善总会为例 [D]. 武汉：武汉科技大学，2020.

③ 同①.

④ 张志杰. 中国公民社会研究 [M]. 沈阳：沈阳出版社，2015.

20 世纪 90 年代初期，中国非营利组织的发展速度放缓。1990 年 6 月，国务院办公厅转发民政部《关于清理整顿社会团体的请示》，在全国开展清理整顿社会团体工作，中国非营利组织的发展速度呈一定趋势地减缓。经济体制的转轨和政府职能的转变为民间组织的发展提供了较为宽广的空间。1992 年邓小平南方谈话后，经过一段时间的调整，我国的社会团体发展在 20 世纪 90 年代中期出现一个新的高潮：90 年代中期，政府鼓励社会资本进入公共事业领域，"民办非企业单位"大量出现；1993 年 4 月，中华环境保护基金会成立；1994 年 3 月，"自然之友"成立；1995 年 9 月，我国承办联合国第四次世界妇女大会，引入 NGO 概念；1995 年 10 月，中国光彩事业促进会成立；1996 年，"北京地球村"成立；1997 年 4 月，国务院办公厅转发民政部《关于清理整顿社会团体的意见》，对民间组织进行了第二次清理整顿；1997 年 10 月，党的十五大报告提出"要培育和发展社会中介组织"。

（4）非营利组织的迅猛发展阶段（1998 年至今）。20 世纪 90 年代后，我国建立社会主义市场经济体制，国家更加注重对外开放和市场自由[1]。在此阶段，非营利组织得以迅速发展，一方面，国家非常重视非营利组织的发展，开始不断加强整顿工作[2]。1990 年，民政部开始对非营利组织进行整顿，整顿的目标主要是一些未经批准的社会团体，政府依法将其解散，对于那些"挂羊头卖狗肉"的社会团体，政府予以严肃处理，并取缔其资格。另一方面，非营利组织的群众基础得以巩固，在民间有较好的发展。

随着民间组织的大量涌现，国家又根据需要调整、公布了一系列法规条例，使中国的民间组织管理逐步走向法治化轨道。此外，由于我国社会主义初级阶段的特殊国情，这一阶段非营利组织的发展呈现出一定的特点：一是数量日益增多，实力不断增强；二是独立性和自主性逐步增强，但大量的非营利组织还很难真正成为独立于政府的自治组织，尤其是进入法律登记体系的非营利组织，许多还保留着政府或事业单位的色彩，而一些具有独立性的社会自发组织，其生存空间仍然受限；三是与政府合作成为潮流[3]。此外，这一阶段非营利组织管理和社会监管机制仍不健全，存在非营利组织的营利行为，影响其社会公信度。但总的来说，这一历史时期非营利组织的发展体现在以下四个方面：

一是党和政府政策方面的重视。党和政府越来越意识到社会组织在社会主义建设过程中的重要意义和积极作用，社会组织的地位和认可度得以不断提高：党的十六届四中全会提出"社会建设""社会管理体制创新"；党的十六届六中全会提出"支持社会组织参与社会管理和公共服务"；党的十七大提出"加强社会组织建设与管理"；党的十八大提出"加快形成政社分开、权责明确、依法自治的现代社会组织体制"；党的十九大提出"统筹推进政党协商、人大协商、政府协商、政协协商、人民团体协商、基层协商以及社会组织协商"。

---

① 黄冬林. 我国非营利组织参与社会救助的困境及化解途径 [D]. 武汉：武汉科技大学，2020.
② 张冉. 非营利组织管理 [M]. 北京：北京大学出版社，2014.
③ 王世强. 非营利组织管理 [M]. 北京：首都经济贸易大学出版社，2018.

二是法治建设方面的规范。如表1.1所示，自1993年起，我国非营利组织的立法进程加快：1993年，民政部和公安部颁布《社会团体印章管理规定》；1998年国务院修订《社会团体登记管理条例》，颁布《民办非企业单位登记管理暂行条例》；1999年6月全国人大常务委员会第十次会议通过《中华人民共和国公益事业捐赠法》，并于同年9月1日起施行；2002年12月全国人大常务委员会第三十一次会议通过《中华人民共和国民办教育事业促进法》，并于2003年9月1日起施行；2004年3月，国务院颁布《基金会管理条例》；2016年，国务院颁布《中华人民共和国慈善法》《中华人民共和国境外非政府组织境内活动管理法》；2017年3月，国务院颁布《中华人民共和国民法总则》，将法人分为营利法人、非营利法人、特别法人三类，非营利法人包括事业单位、社会团体、基金会、社会服务机构等；2021年1月施行的《中华人民共和国民法典》继续沿用这一表述；2021年民政部印发《"十四五"社会组织发展规划》，明确了"十四五"时期社会组织发展的总体要求、主要任务和保障措施，为进一步规范社会组织登记管理、推动我国社会组织高质量发展做出系统安排。

中国非营利组织管理理论与实践

表1.1　我国非营利组织相关法律条例

1993 年	《社会团体印章管理规定》
1998 年	《社会团体登记管理条例》 《民办非企业单位登记管理暂行条例》
1999 年	《中华人民共和国公益事业捐赠法》
2002 年	《中华人民共和国民办教育事业促进法》
2004 年	《基金会管理条例》 《中华人民共和国慈善法》 《民间非营利组织会计制度》
2005 年	《民办非企业单位年度检查办法》
2006 年	《基金会信息公布办法》 《基金会年度检查办法》
2010 年	《社会组织评估管理办法》 《社会组织登记档案管理办法》 《社会团体分支机构、代表机构登记办法》（根据2010年12月27日《民政部关于废止、修改部分规章的决定》修订） 《社会团体印章管理规定》（根据2010年12月27日《民政部关于废止、修改部分规章的决定》修订）
2013 年	《关于政府向社会力量购买服务的指导意见》
2014 年	《党政机关、事业单位和社会组织网上名称管理暂行办法》

表1.1(续)

2016 年	《中华人民共和国境外非政府组织境内活动管理法》 《社会团体登记管理条例》(根据 2016 年 2 月 6 日 《国务院关于修改部分行政法规的决定》修订) 《社会组织登记管理机关受理投诉举报办法(试行)》 《慈善组织认定办法》 《慈善组织公开募捐管理办法》
2017 年	《中华人民共和国民法总则》 《社会组织抽查暂行办法》 《志愿服务条例》
2018 年	《企业所得税法》(2018 年第二次修正) 《个人所得税法》(2018 年第七次修正) 《社会组织信用信息管理办法》 《"互联网+社会组织(社会工作、志愿服务)"行动方案(2018—2020 年)》 《民政部直管社会组织重大事项报告管理暂行办法》
2019 年	《2019 年中央财政支持社会组织参与社会服务项目实施方案》
2020 年	《〈民间非营利组织会计制度〉若干问题的解释》 《培育发展社区社会组织专项行动方案(2021—2023 年)》
2021 年	《中华人民共和国民法典》 《社会组织登记管理机关行政处罚程序规定》 《全国性社会组织评估管理规定》 《"十四五"社会组织发展规划》 《2021 年中央财政支持社会组织参与社会服务项目实施方案》
2022 年	《2022 年中央财政支持社会组织参与社会服务项目实施方案》
2023 年	《2023 年中央财政支持社会组织参与社会服务项目实施方案》

21

三是管理体制改革方面的优化。我国持续推进登记制度改革,不断优化行政审批流程,提高审批效率:1998 年 6 月,国务院批准民政部"社会团体管理司"更名为"民间组织管理局";2000 年,撤销国家经贸委管理的 9 个委管国家局,其有关行政职能并入国家经贸委,相应组建 10 个综合性行业协会;2013 年,《国务院机构改革和职能转变方案》中明确提出"行业协会商会类、科技类、公益慈善类、城乡社区服务类社会组织"成立时可以直接登记;2013 年 9 月,国务院办公厅印发《关于政府向社会力量购买服务的指导意见》。

四是非营利组织自身方面的完善。我国非营利组织的规模逐渐扩大,内部治理结构、运作机制也逐渐规范化,自身发展非常迅速:2007 年 3 月,友成企业家扶贫基金会成立,是国内首家由中国的著名企业家发起,以构建以人为本的和谐社会为目标、以参与式资助为主要运作模式的创新型非公募基金会;2007 年 4 月,李连杰创立壹基金,专注于灾害救助、儿童关怀与发展、公益支持与创新三大领域;2007 年 5 月,南都公益基金会成立,始终坚持"支持民间公益"的使命,积极建设公益行业生态,推动优秀公益项目和公益组织发展,致力于为中国公益行业发展提供公共品，带动民间的社会创新；2008年5月，汶川地震发生后，奔赴一线参与救灾的非营利组织有300多家，介入的志愿者达到300万人；同年8月，北京奥运会期间，志愿者为奥运会的成功举办做出重要贡献；2011年邓飞发起"免费午餐"项目；2012年"中国慈展会"在深圳举办；2013年4月，中国慈善联合会成立。

1.3.2　中国非营利组织发展现状

1.3.2.1　我国非营利组织的规模现状

根据民政部发布的《2022年民政事业发展统计公报》，截至2022年年底，全国共有社会组织89.1万个，比上年下降1.2%，其中社会团体370 093个，基金会9 319个，民办非企业单位511 855个；吸纳社会各类人员就业1 108.3万人，比上年增长0.8%；全国共有经常性社会捐赠工作站、点和慈善超市1.5万个（其中：慈善超市3 680个），全国社会组织捐赠收入1 085.3亿元；全国备案慈善信托948单，慈善信托合同规模44.0亿元[①]。

我国现有的非营利组织的活动领域多种多样。调查显示，我国非营利组织的活动领域主要分布在环境保护领域、扶贫领域、社会服务领域、社会保障领域和教育领域等方面，尤其是社会服务领域，主要表现在慈善救助、公益服务、社区发展等方面；其中，在环境保护领域中，从20世纪80年代我国就出现了一批非营利组织，如中国环境科学会、中华环保基金会、绿色和平、世界自然保护基金等。我国环境保护的非营利组织大体集中在五个方面：自然生态的保护、资源保护、动物保护、污染治理、对污染受害者的救助。扶贫发展如中国乡村发展志愿服务促进会，通过充分发挥社团组织的作用、聚合中国社会扶贫的资源和力量，建立健全社会扶贫志愿服务平台，弘扬扶贫志愿服务精神，发展扶贫志愿服务事业。权益保护如中国消费者协会，指的是对公民消费活动中正当权益的保护。社区服务日益成为非营利组织关注的重要领域，无论是在农村社区还是在城市社区，都有越来越多的非营利组织在提供各种服务。

此外，在市场经济条件下，经济活动不仅要依靠企业，其中有许多地方也要依靠各种形式的中介性非营利组织，我们称之为经济中介组织。经济中介组织主要划分为三类：第一类是各种形式的行会、商会、企业家协会等主要由经营者组成的经济中介组织；第二类是各种形式的工会等主要由劳动者组成的经济中介组织；第三类主要是如律师事务所、会计师事务所、审计师事务所等专业性的经济中介组织。同时，慈善救济古而有之，中国历史上有许多关于乐善好施的记载，比如有一些"有良心的资本家"斥资兴办的各种形式的社会慈善与救济组织，如育婴堂、慈善堂、救济会等。智库研究，也称思想库，即智囊机构、智囊团，是指由专家组成的多学科的，为决策者在处理社会、经济、科技、军事、外交等各方面问题时进行出谋划策，提出最佳理论、策略、方法、思想等的公共研究机构。全球数千家的智库

---

① 民政部，2022年民政事业发展统计公报，https://www.mca.gov.cn/n156/n2679/c1662004999979995221/attr/306352.pdf.

绝大部分是非营利性的，如兰德公司、布鲁金斯学会等。另外，专门开展专业领域研究交流的各种研究会、学会等也是非营利组织的主要活动领域①。

格局方面，呈现多元化趋势。非营利组织一般以专业化、职业化的公共形象，活动在社会生活的方方面面。其活动领域、组织规模、服务对象等都具有特殊性和对应性，各种非营利组织的存在构成了当下公共服务事业的多元化格局②。由于其非政府性、非营利属性更能代表多种群体的利益，丰富了社会不同群体参与到社会公共事业的渠道，大大提升了群众对公共事业的满意程度，在一定意义上强化了公众的参与意识和团结互助的精神，加强了全社会范围内对非营利组织和其他社会公益团体的关注程度。

1.3.2.2 我国非营利组织的区域现状

社会的文化氛围、经济水平、需求程度等在不同程度上影响了我国非营利组织在不同地区的发展速度。根据《社会组织蓝皮书：中国社会组织报告（2023）》的数据，以社会组织中的重要组成部分——社会团体为例，2022 年，东部沿海地区社会团体数量在 31 个省（自治区、直辖市）中保持领先状态。其中，广东省、江苏省、浙江省、山东省、福建省数量水平较高，广东省、江苏省、浙江省社会团体数量水平在 31 个省（自治区、直辖市）中位居前三，分别为 32 318 个、30 804 个和26 342 个。2022 年，北京、上海的社会团体数量分别为 4 346 个和 4 295 个，相较于广东、江苏、浙江等东部沿海发达地区，仍有较大发展潜力。报告认为，北京、上海的社会团体数量排名靠后主要受地域面积、人口数量等客观因素的影响。在中西部地区，四川省社会团体拥有量较大，在 31 个省（自治区、直辖市）中列第五位，数量为 20 813 个③。纵向比较来看，截至 2022 年年底，我国部级非营利组织有2 302 个，省级非营利组织有 53 540 个，市级非营利组织有 156 301 个，县级非营利组织有 679 124 个④。由此可见，我国非营利组织多数属于县级级别，省级和市级级别较均衡。

1.3.2.3 我国非营利组织的筹资现状

2021 年慈善资源总量为 4 469 亿元，其中社会捐赠总量为 1 468 亿元，志愿者服务贡献价值折现为 1 954 亿元，彩票公益金筹集额为 1 047 亿元。2022 年度测算慈善资源总量为 4 505 亿元，其中社会捐赠总量测算为 1 400 亿元，志愿者服务贡献价值折现为 1 915 亿元，彩票公益金筹集额为 1 190 亿元。从捐赠主体来看，2021年企业捐赠占比在 70%以上，从企业属性来看，国有企业和民营企业是捐赠的中流砥柱。网络捐赠借助互联网平台的泛在可及特性，动员社会捐赠相对便利有效。2021 年通过互联网募捐信息平台筹集到的捐赠为 100 亿元，比 2020 年度的 82 亿元有所增长。纵观 2013 年至 2021 年网络捐赠的变化，从少数互联网平台自发助力公

① 罗辉. 非营利组织管理 ［M］. 北京：北京大学出版社，2018.
② 代昕. 非营利组织的发展困境与突围 ［J］. 价值工程，2018，37（6）：232-233.
③ 黄晓勇. 社会组织蓝皮书：中国社会组织报告（2023）［M］. 北京：社会科学文献出版社，2023.
④ 民政部. 2022 年民政事业发展统计公报 ［EB/OL］. https://www.mca.gov.cn/n156/n2679/c1662004999799995221/attr/306352.pdf.

益募捐到法定互联网募捐信息平台多元发力，社会募捐量从 2.4 亿元发展到 100 亿元，充分体现了数字化社会带来的募捐行为和捐赠行为变革①。

总的来说，中国非营利组织经过多年发展，产生了巨大的社会效益。非营利组织承担了以往应该由政府承担的社会公用事业或者社会福利事业的责任，将闲置资源重新进行了优化组合，建立双方甚至多方的连接桥梁，将一些行业或者部门的剩余资源向偏远的非中心地区输送，一定程度上解决了公共财政资金对于公共产品供应不足的问题，也缓解了政府单一全面负担社会公共事业与福利事业的压力。非营利组织的出现有利于公共事业服务的良性运转，优化资源配置，同时促进了政府角色的转化。这样势必会在社会公益项目上带来巨大的社会效益，并且在促进社会和谐、维护社会稳定方面产生积极意义。但取得一定发展成果的同时，中国非营利组织也面临不少困境亟须突破。

1.3.2.4 我国非营利组织发展的困境

美国约翰·霍普金斯大学教授莱斯特·M. 萨拉蒙关于非营利组织的基本观点是非营利组织在政府财政支持减少的条件下所发生的结构性变化以及市场化倾向，他明确提出了"志愿失灵"的概念，指出其不足之处、应用价值以及非营利组织在发展过程中所存在的危机趋势。萨拉蒙的理论成果对于我国非营利组织的研究与管理具有借鉴意义。非营利组织在发挥重要作用的同时，其组织内部也存在一定程度的局限性，即存在"志愿失灵"的问题②。

非营利组织是独立于政府与企业之外的第三大组织，近年来发展迅速，涉及的领域非常广泛，有环境、医疗、卫生、文化等多个领域，它在运用社会资源方面占据了相当大的比重，同时，在提供公共服务方面，也发挥着不可估量的作用。但是，我国非营利组织在急速发展的同时，不可避免地存在很多问题③。

（1）资金筹集困难。我国非营利组织普遍面临资金不足的困难，这也导致了人才流失严重、服务水平低下和创新能力不足等问题④。即使非营利组织获得了政府购买服务资金或社会捐赠，其中通常不包含专职人员工资和行政办公经费，导致非营利组织缺乏维持自身运作的经费。非营利组织基于其公益性、非政府性和非营利性等特征，决定了它的资金来源渠道相对较窄。它不能像政府那样拥有强制的资源聚集能力，难以整合资源进行统筹支配。现阶段，相当一部分非营利组织的起步资金较少，通常是由社会中一部分热心公益的爱心人士发起，致力于某一项公共事业，因此大部分非营利组织的资金来源依赖于外部捐赠，而这部分资金难以保持其连续性，使得资金衔接能力差，导致一部分非营利组织难以持久存在，长此以往会严重阻碍非营利组织的规模扩张与可持续发展。

① 杨团，朱健刚. 中国慈善发展报告 2023 ［M］. 北京：社会科学文献出版社，2023：24-44.
② 虞维华. 从"志愿失灵"到危机：萨拉蒙非营利组织研究疏议 ［J］. 行政论坛，2006（2）：91-95.
③ 陈钊，王雪红，刘悦欣，等. 浅析我国非营利组织的筹资问题 ［J］. 现代商业，2019（16）：107-110.
④ 张海蓉，任白剑，林文浩. 我国非营利组织发展历程及其存在的问题分析 ［J］. 经济研究导刊，2019（16）：184-185.

（2）发展不平衡。鉴于我国经济发展的地域性差异，非营利组织的发展也存在东西、城乡之间不均衡的现状①。由于社会资源在地域、行业之间同样存在差异的现象，致力于不同活动领域的非营利组织也存在不平衡，这无疑对非营利组织的长远发展带来了巨大阻力。此外，种类繁多的非营利组织所涉及的公益领域不尽相同，这导致不同领域的非营利组织的社会关注程度也参差不齐，一些致力于社会关注程度更高的公益领域的非营利组织更容易获得社会捐款和媒体曝光度，对其今后的发展十分有利；相反，其他一些不太有社会关注度和媒体曝光度较低的非营利组织在发展上可能会受到影响。

（3）社会公信力不足。发展状况良好的非营利组织凭借自己的诚信和服务更易赢得社会各界的信任，这种信任会对其发展产生积极影响，这种影响力包括公信力、信誉、良好的形象等。公信力是非营利组织汲取社会资源的重要影响因素。非营利组织公信力主要依靠两个方面：一是来自组织外部的监督制约，二是来自组织内部的自我监督。但是，目前我国非营利组织发展还处于初始阶段的条件下，对于非营利组织的监督机制还很不完善。一方面，政府对非营利组织的监督能力有限；另一方面，社会对民间的监督又处于相对缺位的状况②。如内部存在鱼龙混杂、良莠不齐的问题，不少组织是"挂羊头卖狗肉"，一些非营利组织的自我问责意识不强，信息不透明、财务管理混乱、违规开展业务、组织管理者存在腐败行为、内部管理松散的问题较为突出③。在我国，一些非营利组织缺乏社会公信力，主要表现为资金监管不到位，内部监管杂乱无章，官办色彩浓厚等。非营利组织的社会公信力的缺失不仅会影响到其可持续发展，也会对整个行业队伍产生不利影响。

（4）法律制度不完善。首先，民间对于非营利组织的定位还不够明确，国家对非营利组织的立法工作也相对滞后，层次不高，所以到目前为止还没有一部全面规范而又专门的法律，立法层次低，非营利组织从成立、登记到税收管理基本只能依据《社会团体登记管理条例》④。其次，在立法内容上出现倒置，即不是先有社会团体权利、义务方面的实体性规范和实现权利、义务方面的程序性规范，而是把登记成立的规范放在母法前面⑤。加之，现存法律对非营利组织的各个方面加以限制，使其从成立到竞争到规模都受政策的约束，使得一些民间非营利组织的成立条件十分苛刻、设立程序也比较烦琐；还在行政管理上采用登记和注册的双重管理体制，给非营利组织带来了沉重负担；有关的民事法律也比较混乱，遇到问题不能有效解决，存在明显的法律漏洞。再加上评估制度、财务制度、问责制度等方面法律法规的缺乏，法律体系不健全问题严重阻碍了非营利组织的运行与发展。

（5）信息披露不规范。我国非营利组织公信力的提高需要非营利组织公开自己

---

① 孙利荣. 我国非营利组织的发展困境及对策研究［J］. 中共山西省直机关党校学报，2012（1）：49-51.

② 黄波，吴乐珍，古小华. 非营利组织管理［M］. 北京：中国经济出版社，2008.

③ 代昕. 非营利组织的发展困境与突围［J］. 价值工程，2018，37（6）：232-233.

④ 陈钊，王雪红，刘悦欣，等. 浅析我国非营利组织的筹资问题［J］. 现代商业，2019（16）：107-110.

⑤ 黄波，吴乐珍，古小华. 非营利组织管理［M］. 北京：中国经济出版社，2008.

的信息，只有完整的信息披露才能保证非营利组织的公开性。信息公开是慈善基金会赖以生存和发展的根本保障，也是慈善事业合法性的重要来源①。非营利组织进行信息公开，通过信息披露，向大众介绍自己、宣传自己和监督自己，有利于提高社会的认可度，易于资金的筹集。当前，我国非营利组织在网上公开信息不够规范和完整。造成非营利组织信息披露不透明的原因主要有两点：一是非营利组织不愿意进行信息披露。由于我国非营利组织的资金水平有限，以及个别大型项目的运作能力较差，例如将指定资金用于非项目用途，此时的信息公开会降低组织的公信力，不利于组织自身的发展。二是非营利组织没有足够的能力进行筹资信息公开。由于非营利组织的非营利性特点，进行非营利组织会计和财务管理工作的人才有限，水平不够，无法为信息使用者提供更多的组织筹资信息。

（6）缺乏高素质专业人才。非营利组织对高素质人才的吸引力不足，面临着人才流失的困境。非营利组织的运作往往是依赖创始人或个别"精英"的能力，缺乏有经验的中层管理者，基层工作人员的能力更加欠缺②。在我国，非营利组织的专职人员规模一般不是很大，很多人业务能力也不强，没有固定的人才输送渠道，许多管理者来自政府机构，志愿者也多为无业人员或者离退休人员，非营利组织的运作很大程度上需要依靠志愿者开展活动。因此，如何有效地利用人力资源以及引进"新鲜血液"是当前非营利组织在人才建设方面面临的重大问题。

（7）管理体制不顺畅，内部治理不完善。随着市场经济的深化，与国际社会接轨以及中国民间社会自身的发展，这种"双重管理体制"也愈加显示出其局限性。在现行双重管理体制的约束下，越来越多的非营利组织被排除在政府的管理体制之外，游离于社会之中，将形成非营利组织监督中一个不断膨胀的死角③。此外，我国非营利组织的内部治理缺乏规范性，组织结构、规章制度不完善，没有建立规范的决策机制、议事规则、激励机制、监督机制、财务机制。非营利组织的制度建设如理事会、监事会机制不健全，内部制衡往往流于形式，导致其宗旨、使命难以真正实现。有一部分非营利组织缺少甚至没有财务管理制度，还有一部分即使存在制度的约束，但仍不按照组织的宗旨运行。很多非营利组织的治理结构形同虚设，少数管理者独断专行，对重大决策不经商议直接下决定。再加上有些非营利组织各自为政，每个组织的内部结构和参与方式不尽相同又缺乏信任，因此导致资源浪费、运作效率低。

通过了解中国非营利组织的发展历程及发展现状，不难看出，中国非营利组织经过长期发展，成果显著的同时也存在许多现实问题需要解决，这也是中国非营利组织未来需要继续努力改进的方向。

---

① 桑壮，陶泽，程文浩. 捐赠网络与基金会信息公开：基于社会网络方法的实证研究 [J]. 中国非营利评论，2019，24（2）：138-161.
② 张雪. 我国非营利组织（NPO）公信力问题研究 [D]. 大连：东北财经大学，2013.
③ 黄波，吴乐珍，古小华. 非营利组织管理 [M]. 北京：中国经济出版社，2008.

1.4 中国非营利组织法律法规概要

1.4.1 注册登记管理制度

以社会团体的发起、筹备、成立为例，我国非营利组织登记管理制度主要包括：总则，管辖，成立登记，变更登记、注销登记，监督管理，罚则等。《社会团体登记管理条例》于 1998 年 10 月 25 日发布，并于 2016 年修订。

1.4.1.1 总则

本条例所称社会团体，是指中国公民自愿组成，为实现会员共同意愿，按照其章程开展活动的非营利性社会组织。国家机关以外的组织可以作为单位会员加入社会团体。社会团体必须遵守宪法、法律、法规和国家政策，不得反对宪法确定的基本原则，不得危害国家的统一、安全和民族的团结，不得损害国家利益、社会公共利益以及其他组织和公民的合法权益，不得违背社会道德风尚，不得从事营利性经营活动。

下列团体不属于本条例规定的登记范围：①参加中国人民政治协商会议的人民团体；②由国务院机构编制管理机关核定，并经国务院批准免于登记的团体；③机关、团体、企业事业单位内部经本单位批准成立、在本单位内部活动的团体。

1.4.1.2 管辖

全国性的社会团体，由国务院的登记管理机关负责登记管理；地方性的社会团体，由所在地人民政府的登记管理机关负责登记管理；跨行政区域的社会团体，由所跨行政区域的共同上一级人民政府的登记管理机关负责登记管理。登记管理机关、业务主管单位与其管辖的社会团体的住所不在一地的，可以委托社会团体住所地的登记管理机关、业务主管单位负责委托范围内的监督管理工作。

1.4.1.3 成立登记

申请成立社会团体，应当经其业务主管单位审查同意，由发起人向登记管理机关申请登记。筹备期间不得开展筹备以外的活动。

成立社会团体应具备以下条件：①有 50 个以上的个人会员或者 30 个以上的单位会员；个人会员和单位会员混合组成的，总数不少于 50 个；②有规范的名称和相应的组织机构；③有固定的住所；④有与其业务活动相适应的专职工作人员；⑤有必要的注册资金；⑥有合法的资产和经费来源，全国性的社会团体有 10 万元以上活动资金，地方性的社会团体和跨行政区域的社会团体有 3 万元以上活动资金；⑦有独立承担民事责任的能力。

社会团体的名称应当符合法律、法规的规定，不得违背社会道德风尚。社会团体的名称应当与其业务范围、成员分布、活动地域相一致，准确反映其特征。全国性的社会团体的名称冠以"中国""全国""中华"等字样的，应当按照国家有关规定经过批准，地方性的社会团体的名称不得冠以"中国""全国""中华"等字样。

1.4.1.4　变更登记、注销登记

社会团体的登记事项需要变更的，应当自业务主管单位审查同意之日起 30 日内，向登记管理机关申请变更登记。社会团体修改章程，应当自业务主管单位审查同意之日起 30 日内，报登记管理机关核准。社会团体有下列情形之一的，应当在业务主管单位审查同意后，向登记管理机关申请注销登记：①完成社会团体章程规定的宗旨的；②自行解散的；③分立、合并的；④由于其他原因终止的。社会团体在办理注销登记前，应当在业务主管单位及其他有关机关的指导下，成立清算组织，完成清算工作。清算期间，社会团体不得开展清算以外的活动。社会团体应当自清算结束之日起 15 日内向登记管理机关办理注销登记。办理注销登记，应当提交法定代表人签署的注销登记申请书、业务主管单位的审查文件和清算报告书。登记管理机关准予注销登记的，发给注销证明文件，收缴该社会团体的登记证书、印章和财务凭证。社会团体处分注销后的剩余财产，按照国家有关规定办理。社会团体成立、注销或者变更名称、住所、法定代表人，由登记管理机关予以公告。

1.4.1.5　监督管理

社会团体受到登记管理机关和业务主管单位的监督管理。登记管理机关履行下列监督管理职责：①负责社会团体的成立、变更、注销的登记；②对社会团体实施年度检查；③对社会团体违反本条例的问题进行监督检查，对社会团体违反本条例的行为给予行政处罚。

业务主管单位履行下列监督管理职责：①负责社会团体成立登记、变更登记、注销登记前的审查；②监督、指导社会团体遵守宪法、法律、法规和国家政策，依据其章程开展活动；③负责社会团体年度检查的初审；④协助登记管理机关和其他有关部门查处社会团体的违法行为；⑤会同有关机关指导社会团体的清算事宜。业务主管单位履行前款规定的职责，不得向社会团体收取费用。

1.4.1.6　罚则

社会团体在申请登记时弄虚作假，骗取登记的，或者自取得社会团体法人登记证书之日起 1 年未开展活动的，由登记管理机关予以撤销登记。社会团体有下列情形之一的，由登记管理机关给予警告，责令改正，可以限期停止活动，并可以责令撤换直接负责的主管人员；情节严重的，予以撤销登记；构成犯罪的，依法追究刑事责任：①涂改、出租、出借社会团体法人登记证书，或者出租、出借社会团体印章的；②超出章程规定的宗旨和业务范围进行活动的；③拒不接受或者不按照规定接受监督检查的；④不按照规定办理变更登记的；⑤违反规定设立分支机构、代表机构，或者对分支机构、代表机构疏于管理，造成严重后果的；⑥从事营利性的经营活动的；⑦侵占、私分、挪用社会团体资产或者所接受的捐赠、资助的；⑧违反国家有关规定收取费用、筹集资金或者接受、使用捐赠、资助的。前款规定的行为有违法经营额或者违法所得的，予以没收，可以并处违法经营额 1 倍以上 3 倍以下或者违法所得 3 倍以上 5 倍以下的罚款。

1.4.2 税收管理制度

根据国家税务总局《税务登记管理办法》的相关规定，非营利组织的税收管理体制主要包括纳税税种以及减免税优惠政策两个方面。

1.4.2.1 非营利组织主要纳税税种

非营利组织需缴纳的税种包括增值税、城市维护建设税、城镇土地使用税、房产税、印花税、契税、企业所得税等十余种，其中，企业所得税、增值税、关税是最重要的三个税种。

（1）企业所得税。根据2018年通过的《中华人民共和国企业所得税法》（以下简称《企业所得税法》），企业所得税纳税人包括企业和其他取得收入的组织，非营利组织属于后者。按照新的法律规定，非营利组织企业所得税征税范围包括货物销售收入、提供劳务收入、转让财产收入、股息红利等权益性投资收益、利息收入、租金收入、特许权使用费收入、接受捐赠收入、其他收入。非营利组织的所得税税率为25%。

（2）增值税。《中华人民共和国增值税暂行条例》（以下简称《增值税暂行条例》）规定，增值税的税基应为应税货物或劳务的增值额，但是在实际操作过程中，一般按照销售额进行计算。增值税税率有13%、9%、6%等。

（3）关税。《中华人民共和国进出口关税条例》（以下简称《进出口关税条例》）规定，根据相应税目不同，进出口货物关税税率存在差异，进出口税设有最惠国税率、协定税率、特惠税率和普通税率四种。

1.4.2.2 非营利组织税收优惠

（1）针对非营利组织的减免税优惠。非营利组织税收优惠主要包括所得税、流转税和其他税种的优惠政策。①所得税优惠。《企业所得税法》及其实施条例规定，符合条件的非营利组织收入（不包括营利性收入）享有税收优惠（国务院财政、税务主管部门另有规定的除外）。②流转税优惠。流转税主要包括增值税、消费税、关税。以增值税和关税为例：《增值税暂行条例》及财政部发布的相关实施细则规定，社会团体如果从事增值税的应税活动就应该按照法律规定缴纳增值税。关税方面，《慈善法》规定，境外捐赠用于慈善活动的物资，依法减征或者免征进口关税和进口环节关税，同时，非营利组织进口货物用于自身消费或公益事业时，在关税上也享有一定优惠。

（2）针对捐赠主体的减免税优惠[1]。根据主体不同可区分为企业和个人减免税优惠：①企业。《企业所得税法》规定，企业发生的公益性捐赠支出，在年度利润总额12%以内的部分，准予在计算应纳税所得额时扣除；超过年度利润总额12%的部分，准予结转后三年内在计算应纳税所得额时扣除。②个人。根据《慈善法》，个人捐赠财产用于慈善活动的，依法享有税收优惠，《中华人民共和国个人所得税法》及其实施条例规定，个人用于公益、救济性捐赠的，在年度应纳税所得额30%范围内准予扣除。

---

① 许捷. 我国非营利组织税收制度分析与建议［J］. 税务研究，2007（6）：24-27.

知识拓展

捐赠收入是否需要缴税?

2009 年 6 月 19 日,一份《中国青少年发展基金会等 5 家基金会就 2008 年度企业所得税汇算清缴延期进行的紧急请示》(以下简称《请示》) 针对国家税务总局近期向基金会组织征收企业所得税的问题,包括中国青少年发展基金会、中国扶贫基金会、中国儿童少年基金会、南都公益基金会和友成企业家扶贫基金会等在内的 5 家基金会联名上书,提出反对意见。《请示》称:"近期,税务局各分管所正在进行 2008 年度企业所得税汇算清缴工作,要求我们 5 家基金会把捐赠收入并入应税所得计缴 2008 年度企业所得税,待非营利的资格认定下来以后再将相应税款予以返还。我们共同认为,此举是不妥的,如此操作将产生严重不良后果。"

2009 年 3 月 10 日出台的《财政部国家税务总局民政部关于公益性捐赠税前扣除有关问题的通知》(以下简称《通知》),该《通知》一大值得关注的变化是:将捐赠人用于公益事业的捐赠支出在年度总额利润准予扣除的所得税额度,从原先规定的 3% 提高到了 12%,不过,这一《通知》对公益事业单位接受捐赠人资金的管理标准以及对基金会的税收优惠政策却没有提及。

资料来源:五大基金会联名上书:捐赠收入不应缴税,中国发展门户网,http://cn.chinagate.cn/society/2009-06/24/content_18004458.htm

1.4.3 监督管理制度

我国非营利组织监督管理体制主要包括财务部门的监督及社会公众的监督。

1.4.3.1 财务部门的监督

我国政府对非营利组织的财务管理体制主要包括财务审计、收入管理、支出管理、财务清算四个方面。

(1) 财务审计。社会组织应当接受税务、会计主管部门和审计机关依法实施的税务、会计和审计监督,此外,社会组织在更新换届及变更法人代表时应当进行财务审计。

(2) 收入管理。非营利性是非营利组织的根本属性,针对非营利组织募捐管理、会费管理、收费管理、票据管理制定相关法律法规,严格规范非营利组织从事的活动。

(3) 支出管理。非营利组织的受赠财产支出比例应符合相关法律规定。根据《慈善法》,慈善组织中具有公开募捐资格的基金会开展慈善活动的年度支出,不得低于上一年总收入的 70% 或者前三年收入平均数额的 70%,年度管理费用不得超出当年总支出的 70%。

(4) 财务清算。社会组织终止前应进行清算,清算期间不得开展清算以外的活动。

1.4.3.2 社会公众的监督

我国政府规定非营利组织主要通过信息公开、年度检查、违法行为处罚和重大事项报告四个方面接受社会公众的监督。

（1）信息公开。《慈善法》规定，慈善组织和慈善信托的受托人应当在统一的信息平台发布慈善信息，并对信息的真实性负责。《慈善组织信息公开办法》及《社会组织信用信息管理办法》则对非营利组织信息公开的内容、时间要求、奖惩措施等进行了更为全面的规定。此外，民政部建立的"中国社会组织公共服务平台""中国慈善信息平台"等平台，提供信息查询服务的同时面向社会公开慈善信息，做到信息公开透明，便于接受社会公众的监督。

（2）年度检查。社会组织须在每年向登记管理机关呈递上一年度的工作报告，并向社会公开。

（3）违法行为处罚。社会组织违反相关法律规定的，由登记管理机关责令改正，情节严重的可依法吊销其法人登记证书。

（4）重大事项报告。社会组织发生变更或者开展重大活动都须分别向业务主管单位及登记管理机关上报。

非营利组织管理是相对于政府管理和企业管理而言的，与其他学科一样它有自己特定的研究对象。然而由于这门学科是在多学科研究的基础上发展起来的，因此具有鲜明的交叉性和综合性。

 知识拓展

郭美美事件

2011年6月21日，新浪微博上一个名叫"郭美美baby"的网友自称是一位"住大别墅，开玛莎拉蒂"的20岁女孩，其认证身份为"中国红十字会商业总经理"。根据警方的调查和郭美美本人的供述：她以及她的资金来源都与中国红十字会毫无关系。中国红十字会没有"红十字商会"机构，也未设有"商业总经理"的职位，更没有"郭美美"其人。

2011年7月，监察部、中国社科院社会学所、北京刘安元律师事务所、中国商业联合会和中国红十字会总会（以下简称"总会"）相关人员组成联合调查组，对商业系统红十字会（以下简称"商红会"）的有关问题进行了调查。总会认真听取了联合调查组的调查结果及建议，慎重研究，现将相关处理情况通报如下：

1.调查结果证实，商红会中不存在"红十字商会"这一机构，没有设立"红十字会商业总经理"这一职务；郭美美与中国红十字会总会及商红会没有任何关系，其炫耀的财富与红十字会、公众捐款及项目资金没有任何关系。

2.商红会自成立后没有按照《中国红十字会章程》的要求，召开会员代表大会，没有理事会、常务理事会等领导机构，不符合行业红十字会的基本组织要求；没有建立完善的财务、合同与项目管理制度，内部管理混乱；部分负责人利用其双重身份，在项目运作中存在关联交易，严重违反公益组织的基本原则。经商中国商业联合会同意，决定撤销商业系统红十字会，并将依据法律法规对遗留问题进行相应处理。

3. 总会认识到，总会在对行业红十字会的组织建设、制度建设和业务开展方面，疏于管理，监管不力；在红十字品牌的使用和保护方面，管理不严，措施不力；在及时全面、真实准确地向社会公布捐赠款物使用情况、满足社会公众的知情权方面需要进一步加强。在此，我们对所有的批评与建议表示感谢，并希望以此为契机，推进改革，重新塑造社会公信力，确保中国红十字事业的健康发展：一是加快红十字会的体制机制改革。要加强对地方红会和行业红会的业务指导、工作督查和财务监督；建立社会监督委员会，邀请社会各界人士对红十字会的社会捐赠款物使用、资助项目等进行监督，及时回应社会关切，接受社会监督。二是运用现代科技手段，建立明确的信息公开工作流程和制度。建立全国统一的红十字会系统信息平台，根据及时准确、方便获取、规范有序的原则，做好公众捐赠款物的信息公开工作，保障捐赠人和社会公众的知情权、监督权。三是加强红十字品牌管理。严格红十字标识、名称的使用范围，在积极鼓励社会各界参与红十字事业发展的同时，建立相应的道德准则，确保合作机构的政策和行为与红十字事业的使命不相矛盾。四是加强反腐倡廉，抓住捐赠款物和招标采购等关键风险点，真正实现捐赠款物公开，财务管理透明；招标采购公开，分配使用透明。

资料来源：人民网，2013年4月份新闻人物盘点：郭美美，http://politics.people.com.cn/n/2013/0608/c70731-21794138-2.html

本章小结

本章重点阐述了非营利组织的基本概念。通过本章的学习，学生应该明确非营利组织的基本含义，了解非营利组织的分类标准，以及社会团体、社会服务机构、基金会的相关概念及这三者的异同，了解非营利组织的发展历程和发展现状，掌握中国非营利组织法律法规概要。

关键词

非营利组织　结构-运作式　非营利性　志愿失灵　分类标准　政府管理视角　社会团体　社会服务机构　基金会　注册登记管理制度　税收管理制度　监督管理制度

思考题

1. 什么是非营利组织？

2. 简述非营利组织的特征。

3. 非营利组织的功能包括哪些内容？

4. 非营利组织有哪些分类标准？

5. 如何从政府管理视角对非营利组织进行分类？

6. 什么是社会团体？什么是社会服务机构？什么是基金会？三者有何区别和联系？

7. 中国非营利组织的发展历程包括哪几个阶段？

8. 可以从哪几个方面来概述中国非营利组织发展现状？

9. 中国非营利组织法律法规体系包括哪些内容？

10. 应从哪些方面阐释注册登记管理制度、税收管理制度和监督管理制度的具体内容？

拓展阅读

[1] 李健，荣幸，孙莹."以人为中心"的社会组织分类支持体系重构 [J].中国行政管理，2021（2）：47-52.

[2] 徐家良.2014年度社会组织评估工作的突破与困境：《中国社会组织评估发展报告（2015）》评析 [J].中国社会组织，2016（3）：29-32.

[3] 黄晓勇.社会组织蓝皮书：中国社会组织报告（2023）[M].北京：社会科学文献出版社，2023.

[4] 杨团，朱健刚.中国慈善发展报告2023 [M].北京：社会科学文献出版社，2023.

2　中国非营利组织的理论基础

学术界主要通过两个视角来考察非营利组织，第一是政治社会学视角，第二是公共管理学视角。其中，政治社会学视角主要考察非营利组织与民主的关系问题，研讨非营利组织与公民社会构建的内在联系。而公共管理学视角主要探讨非营利组织实施公共管理的技术与方法、进行公共项目绩效的管理等，即更多地从公共服务的供给方面阐述非营利组织，这又涉及非营利组织与政府和企业的关系问题。

2.1　政治社会学视角相关理论

政治社会学对非营利组织的解读主要从多元主义、法团主义、公民社会、行政吸纳社会几种理论入手，阐释非营利组织与民主制度，特别是与民主化的关系[①]。

2.1.1　多元主义理论

多元主义理论兴起于 16、17 世纪的欧洲，主要发展于 20 世纪 50 年代，以美国政治学家罗伯特·达尔（Robert Alan Dah）为主要代表人物。多元主义随着人们对宽容的逐渐接受而产生[②]。正如美国学者萨托利界定说："多元主义以宽容为前提，多样性和异见都是价值，它们使个人以及他们的政体和社会变得丰富多彩。"这种承认多样性的多元主义观念是近代社会的产物，自此，多元主义作为西方的一种政治思想开始得到发展。

关于多元主义的定义，《布莱克威尔政治学百科全书》解释："多元主义是这样一种意识形态，它不接受任何一种单一的价值作为理想，但其本身以多重的方式起作用。"[③] 多元主义假定，权力的分布是分散的、非单一集团控制的，社会中包含许多在利益和价值方面相互冲突的群体，它们由个体组成，个人通过参加群体集中利益从而影响政策。在竞争性的政治市场之中，各种群体依据自己的资源即支持力获得影响力[④]。多元主义适用于不同的信仰和社会领域，根据其适用性大致可以将其

------

① 康晓光. 非营利组织管理［M］. 2 版. 北京：中国人民大学出版社，2020.
② 晓林. 当代西方多元主义理论和政治现象评析［J］. 当代世界与社会主义，2001（3）：30-36，56.
③ 米勒，波格丹诺. 布莱克维尔政治学百科全书［M］. 邓正来，译. 北京：中国政法大学出版社，2002：535.
④ 张静. 法团主义［M］. 北京：中国社会科学出版社，1998：3.

分为三个不同的层次，即文化的（或信仰的）、社会的和政治的三个层次，它们分别尊重信仰文化的多样性、社会的差异以及政治上的"权力的多样化"。但西方国家主要是从政治多元主义的意义上，关注西方的政治思想和民主制度如何表达和平衡多元意识和多元利益的冲突，其核心内容有以下三点：

首先，多元主义关注国家与社会的关系。多元主义认为，社会与国家应该是分立的，市民社会是一个自主活动的领域。社会中的权力是多元的、分散的，不同的社会群体通过组织社团参与选举竞争来表达自己的利益诉求，影响国家的政治决策①。多元主义这种"社会中心论"的理念在西方社会，特别是在美国，对现实的政治运作具有主导性的影响力，是西方政治思想的主流。多元主义主张公民的权利和自由是处在首要地位的。因此其强调，为了避免国家的干涉，公民应该有正式的、制度化的自由保障，国家与社会之间应该保持距离。也就是说，多元主义主张社会先于国家产生，外在于国家，是一个具有独特运作逻辑的自主和独立的领域②。这就决定了在多元社会中，各种利益集团是社会中重要的权力中心和权力源泉③。这些利益集团为吸引公民的注意力而相互竞争，同时也提供各种追求、实施与服从权力的场所。总之，一个多元社会就是达尔所言的"多元统治"，众多利益集团在国家提供的框架内争夺权力和讨价还价，最后形成一种竞争性的平衡。

其次，多元主义关注社会中的个人或团体的关系。其倡导按照自愿与契约原则活动，建立起与国家相对的、非政治的、自主的活动领域，通过社会自我管制达成相互联系并依存的整合秩序，以防止国家对社会自由的干预。在多元主义的政治设计中，"多元"主要就是指多重利益集团。多元主义注重对民主社会的实证性观察，他们观察后发现，政治权力并不是由等级式的精英把持的，而是由社会中众多代表不同利益的集团通过竞争来获得的。这些竞争性的利益集团包括商业组织、工会、政党、妇女机构、宗教组织等。它们在社会中广泛存在，一个行业、一个领域可能存在多个利益集团，不同的利益集团代表不同的利益，并由该集团代表公民参与政治竞争④。多元主义的规则之一是，公民为了取得他们的各种权利，有权建立相对独立的社团或组织，包括独立的政党和利益集团⑤。基于此，公民组织应该积极关切和参与社会事务，并形成和政府团体对等的监督力量。伴随着非营利组织的发展，它们将会捍卫社会相对于国家的独立性，明确国家与社会之间的边界，使社会中自发组织的多元利益和价值群体与政府之间形成权力平衡，制约国家的权力，使社会政策的制定不仅是国家意志的表现，而且是社会利益集团利益表达和相互竞争的结果。

---

① 张静. 法团主义 [M]. 北京：中国社会科学出版社，1998：3.
② 孔媛媛. 十九大关于国家与社会关系研究的新思路 [J]. 天水行政学院学报，2018，19 (5)：21-25.
③ 高奇琦. 欧盟民主赤字的争论：国家主义与多元主义的二元分析 [J]. 世界经济与政治，2010 (5)：80-101，158.
④ 郭道久. 对抗性竞争与协商合作：多元主义与合作主义的利益集团观比较 [J]. 教学与研究，2006 (8)：71-76.
⑤ 达尔. 多元主义民主的困境：自治与控制 [M]. 周军华，译. 长春：吉林人民出版社：2006：11.

最后，多元主义是多重价值理想的集合。"多元主义是这样一种意识形态，它不接受任何一种单一的价值作为理想。但其本身以多重的方式起作用。"① 由于社会的日益复杂化，多样性对当代社会造成了复杂的影响。人们因不同的社会角色、实践、生活领域和形式而分别有自己对善等价值观概念的不同看法，加之不同的宗教和道德准则、不同的种族和文化，这些都使人们面对相互竞争的价值观念和义务。这种多元性渗透到了现代社会之中，在促进了人们生活丰富的同时，也迫使人们在对立的义务、目标、原则和价值观之间做出选择。在当代西方，人们强烈意识到了在意识形态、种族、性别、宗教和忠诚等方面的对立中存在的紧张关系。塞缪尔·亨廷顿对这一挑战进行了著名的总结，即"文明的冲突"。

在上述基础之上，多元主义理论存在两个假设内容：一是社会存在各种各样的利益集团；二是权力资源呈现高度分散化状态。有研究认为，多元主义理论提供的是一幅类似于竞争性市场的图景②。在多元主义视野下，国家与社会趋向交融与整合状态，国家与社会的统一性逐渐得到关注，国家与社会日渐步入分工、合作、监督、制衡的关系架构，治理与善治成了一种新型的国家与社会之间的关系，这便给非营利组织的发展提供了机会。多元主义者认为，最好的政治制度就是能够保护自由结社的权利以及能够调和不同集团之间利益冲突的制度。社会是一个充满利害冲突的场所，个人从来就属于许多不同的利益集团，而且其成员身份和忠诚对象也是交叉的、相互冲突的。只有自由的最大化才能保证个人在多重利益集团之间做出适当的选择。加之，与法团主义不同的是，多元主义强调社团数量的非限制性和自由竞争的重要性③。因此，多元主义模型强调政府与非营利组织双方对抗与博弈的一面④，认为非营利组织是深入政治领域并对其进行民主控制的机制，正是因为非营利组织与政府的博弈对抗，推动了社会民主的加速发展。

 知识拓展

文明的冲突——希波战争

希腊作为人类文明古国之一，历史上爆发过多次战争。公元前 492 年开始，这里爆发了世界历史上第一次欧亚两洲大规模国际战争——希腊、波斯战争。这场战争前后持续了将近半个世纪，结果是希腊城邦国家和制度得以幸存下来，而波斯帝国却一蹶不振。古希腊，由于地形的限制，每一个城邦小国都以"天下"自居，雅典、斯巴达这两个城邦发展迅速。随着各城邦人口的增多，希腊人开始

---

① 米勒，波格丹诺. 布莱克维尔政治学百科全书 [M]. 邓正来，译. 北京：中国政法大学出版社，2002.

② 景跃进. 比较视野中的多元主义、精英主义与法团主义：一种在分歧中寻求逻辑结构的尝试 [J]. 江苏行政学院学报，2003（4）：81-87.

③ 杨岳，许昀. 自律、竞争与监管：美、加非营利组织管理制度考察 [J]. 学会，2007（2）：30-33.

④ 翁士洪. 从补缺式模式到定制式模式：非营利组织参与公共服务供给体制的战略转型 [J]. 行政论坛，2017，24（5）：30-37.

向沿海地区移民和殖民，同时，由于本邦粮食生产有限，夺取敌人的庄稼就成了经常性的作战目标。因此，各城邦国家经常发生战争。而波斯是古代西亚一个奴隶制国家，它是通过征服而发展起来的大帝国。到大流士统治时期（前522—前486），波斯已成为世界古代史上第一个横跨欧、亚、非三洲的大帝国。波斯军队的主要成分是骑兵和弓箭手，有若干个拥有1万人的师团。

公元前490年春，大流士一世派达提斯和阿塔非尼斯率军约5万（包括近400艘战船）第二次远征希腊。首先攻占并破坏了埃雷特里亚城，继而南进，在距雅典城东北约40千米的马拉松平原登陆。面对强敌，雅典政府一面紧急动员全体雅典公民赴马拉松应战；一面派遣长跑健将腓力庇得星夜奔往斯巴达求援。他在两天内跑了150千米，于9月9日到达斯巴达。斯巴达人虽然同意出兵，但声称只有等待月亮圆了才能出兵援助。这样，反波斯入侵的任务就完全落在雅典身上。9月12日晨，马拉松会战开始。希腊步兵占据有利地形，主力分置于两翼，趁波斯军大部分骑兵尚未赶到会战地点，伴作正面进攻。波斯军依仗兵力优势，取中央突破战术。希腊中军且战且退，波斯军步步进逼。希腊军突然发起两翼攻击，其长枪密集方阵攻势凌厉，波斯军抵挡不住，仓皇后撤。希腊军乘胜追击，波斯军溃败，退至海上回国。此役，希腊军歼敌6 400人，缴获一批舰船，自身损失不足200人。马拉松会战成为古代战争史上以少胜多的范例之一。雅典人获胜后，又立即派腓力庇得从马拉松奔回雅典去报喜。他一下子跑了42千米又195米，到达雅典城时，已经精疲力竭，只喊了声"高兴吧，我们胜利了！"就倒地而死了。后世为了纪念马拉松战役和腓力庇得，就举行同样距离的长跑竞赛，并定名为马拉松长跑。在经历了马拉松战役、温泉关战役和萨拉米湾战役，波斯军第三次远征失败后，以雅典为首的希腊联军乘胜反攻。公元前449年，雅典派全权代表卡里阿斯赴波斯首都苏萨谈判并签订了《卡里阿斯和约》。希波战争至此结束，雅典成为爱琴海地区霸主。

英国富勒在《西洋世界军事史》中说"随着这一战，我们也就站在了西方世界的门槛上面，在这个世界之内，希腊人的智慧为后来的诸国，奠定了立国的基础。在历史上，再没有比这两个会战更伟大的，它们好像是两根擎天柱，负起支持整个西方历史的责任。"

资料来源：赵艳哲. 东西两大古文明的碰撞：希波战争［J］. 兰台世界，2014（S1）：153-154.

2.1.2 法团主义理论

法团主义理论有着悠久的历史渊源，具体可以追溯到古希腊和古罗马的传统，而中世纪的天主教思想、社会有机体论以及民族主义观念也对现代法团主义观念的形成有重要影响[①]。人们普遍认为，法团主义发源于近代欧洲斯堪的纳维亚地区的

[①] 张静. 法团主义［M］. 北京：中国社会科学出版社，1998：127-147.

权威主义政体。这一术语来自 19 世纪末 20 世纪初以拒绝自由主义与社会主义理论为前提的社会思潮。它一方面谴责资本主义的个人主义和竞争，另一方面批评阶级冲突及其导致的社会主义运动。法团主义者认为，阶级和谐与有机统一对社会是必不可少的。第二次世界大战时期，这个概念被用来描述墨索里尼时期的意大利这样的法西斯类型的政体，于是有人认为，法团主义与当时的独裁体制有关，因而"名声"欠佳①。

法团主义还可以叫作"社团主义"，作为一种完整的理论体系（一种结构学说）兴起于 20 世纪 70 年代。法团主义之所以在 19 世纪中叶兴起，是为了处理大转型中出现的总体性危机或失范问题，以便为现代社会秩序确立新的道德基础。一般认为，20 世纪 70 年代末的菲利普·C. 史密特（Philippe C. Schmitter）将法团主义与制度建构联系起来，使得法团主义也再次进入国家建构理论的视野。因此在对法团主义的介绍上，一般会引用史密特的定义和概述。史密特认为："这个利益代表系统包括组织化的、责任明确、非竞争的、层级分明的功能单位及结构安排，它得到了国家的认可，并被授权给予本领域内的绝对代表地位。但作为交换，国家会在一定程度上控制它们的需求表达、领袖选择等。"② 简言之，法团主义被定义为一种利益代表的体制，意指社会的各个构成单位被纳入国家承认或认证的制度化部门中，国家赋予各利益集团在各自领域内的垄断权，同时国家可以对它们进行一定程度上的控制③。法团主义者强调整合不同利益集团参与政府决策，法团主义理论有利于打破政府和社会的零和博弈关系，代之以国家与社会相互增权。

依据国家与利益集团的关系特征，可将法团主义分为"国家法团主义"与"自由法团主义"。在"国家法团主义"模式中，利益集团的设立是国家的特许行为，这些组织作为国家和经济生产者之间的中介体而存在，具有限制后者独立组织活动的替代功能，其主要作用与其说是利益代表，不如说是国家限制社会的一种手段。"自由法团主义"一般是发达国家利益集团垄断权力日益增长的一种"自然"结果，国家对这种垄断权力表示默认，并通过各种正式和非正式的渠道将利益集团吸纳进体制④。

在法团主义看来，国家—社会之间的互动关系并不是国家对抗社会，而是国家整合社会，进而构成了一个统一和谐的整体。社会组织与其说是与国家相对抗的市民社会的表现，还不如说是国家主导之下的利益代表组织，是协调整合组织成员利益与政府政策的中介⑤。由此可以看出，法团主义主要包含以下几点特征：

（1）国家和社会共同参与公共事务。法团主义认为，多元主义不能解决社会整合问题，而国家与社会相互融合的法团组织才是理想的社会团结纽带。法团主义能

① 康晓光. 非营利组织管理 [M]. 2 版. 北京：中国人民大学出版社，2020：164.
② 张静. 法团主义 [M]. 北京：中国社会科学出版社，1998：23.
③ SCHMITTER P C. Still the Century of Corporatism? [J]. The review of politics，1974，36（1）：85-131.
④ 同②.
⑤ 颜文京. 调整国家与社会关系的第三种模式：试论组合主义 [J]. 政治学研究，1999（2）：85-93.

够通过社会、国家的融合更好地培养公民的社会责任感，这是实现社会团结的心理基础①。因此，法团主义主张，国家作为总体利益的代表，会在尊重社会以及各种组织独立性的前提之下积极地介入社会生活，此种介入更多的是对后者的活动进行协调与引导，为他们创造适宜发展的环境并提供政策、资金等一系列所需资源。而社会或是各种组织则会积极参与到国家公共事务之中去。

（2）政府与社会进行政治交换和利益合作。法团主义作为一种通过社团把组织化的社会利益与国家的决策结构相连接的制度安排，国家与社会的界限在此种情况之下并不明确：法团主义的中心任务是将社会利益组织的诉求等集中和传达到国家决策体制中去，因而它代表着国家与社会的一种结构联系。国家与垄断的利益集团之间建立起了一种制度化的协商、合作关系，一方面是国家让渡出了部分公共权力，允许这些利益集团进入公共政策的决策过程，并对相关的政策提出意见；另一方面则是作为政治交换，利益集团有义务使达成一致的公共政策在其占有垄断地位的领域内得到有效的贯彻。结果是国家与社会双方在社会结构中的相互地位及行为呈现互动的状态，即它们相互创造并且互为结果。

（3）政府和社会存在相互制约。史密特认为法团主义作为一种利益代表系统，其作用是将公民社会中的组织化利益联合到国家的决策结构中，建立起国家与社会功能组织之间的常规性互动体系。"这个利益代表系统由一些组织化的功能单位构成，它们被组合进一个有明确责任（义务）的、数量限定的、非竞争性的、有层级秩序的、功能分化的结构安排之中。它们得到国家的认可，被授权给予本领域内的绝对代表地位。作为交换，它们的需求表达、领袖选择、组织支持等方面受到国家的一定控制。"②

（4）社会利益集团具有垄断性和官僚特征。法团主义强调社会组织具有官僚化的集中趋势。作为这种趋势的结果，某一领域的利益由数量有限的、具有垄断性的特定组织团体表达，它们在政策制定过程中扮演了特殊的角色。另外，在内部关系中，这些组织具有官僚制的层次特征。成员的资格具有一定的限定性或强制性。在法团主义下，社会团体应是成员主要的利益诉求渠道，并能对成员进行较高程度的纪律控制。

法团主义作为学者研究政府与非营利组织关系的基本视角之一，强调政府会通过各种制度化和非制度化的措施强化自身对非营利组织的控制，以利用非营利组织去实现自身的政策目标，政府和非营利组织之间是主导—依附的关系。安戈和陈佩华通过对我国工会和商会两类社会团体的研究，提出政府和社团之间的关系属于国家法团主义③，即政府在社团组建方面发挥重要作用，其目的在于使社团成为潜在

① 陈家建. 法团主义与当代中国社会［J］. 社会学研究，2010（2）：30-43，243.
② Schmitter P C. Still the Century of Corporatism？［J］. The review of politics，1974，36（1）：85-131.
③ UNGER J，CHAN A. China，Corporatism，and the East Asian Model［J］. The Australia Journal of Chinese Affairs，1995，33（1）：29-53.

的政策工具，并且保证公民社会不能独立于国家之外进行有效运作①。皮尔逊（Pearson）则将我国商会这些民间团体和政府的关系称为"社会主义法团主义"，即民间团体既有被国家控制的一面，又表现出一定的自主性②。概而言之，在国家与社会关系转型中，法团主义能保证政府在放权的同时，也将组织化利益纳入可控的轨道，发挥社会团体利益协调作用，保证政策贯彻落实，从而造就"强国家-强社会"的国家与社会关系模式。

💡 知识拓展

法团主义与中国文化

从比较的角度来看，中国文化与法团主义的思想背景有诸多相似之处。中国文化是一种以和谐为主导价值的文化，它特别强调人类生命的和谐。在这一和谐世界观之下，人们追求的理想是"大同之世"——"大道之行也，天下为公，选贤与能，讲信修睦。故人不独亲其亲，不独子其子，使老有所终，壮有所用，幼有所长，矜、寡、孤、独、废、疾者皆有所养。男有分，女有归。货恶其弃于地也，不必藏于己；力恶其不出于身也，不必为己"（《礼运》）。从人们对大同之世的描述中可以发现，中国文化中洋溢着一种深沉的博爱精神——"故人不独亲其亲，不独子其子，使老有所终，壮有所用，幼有所长，矜、寡、孤、独、废、疾者皆有所养"。另外，在人与人、个人与集体、个人与社会的关系上，中国历史上的主流文化——儒家文化强调"尽其在我"的人伦观。儒家文化认为，解决人与人之间、人与社会之间矛盾和冲突的关键在于，个人必须尽到自己的义务，在必要时为了他人、集体、国家或社会的利益甚至还须做出一定程度的牺牲。这些思想与欧洲天主教教义主张的博爱精神和牺牲精神有诸多契合之处。

与此同时，中国文化里面还包含着丰富的有机论思想，这也与法团主义的思想不谋而合。"中国人的宇宙论是一种有机过程论""整个宇宙的所有组织部分都属于一个有机整体，它们都作为参与者在一个自发地自我生成的生命过程中相互作用"。这种有机论强调"和"，"和"就是"以他平他"，即各种不同事物的配合与协调。事物相杂，协调配合，用长补短，才能产生最好的效果。现实中，整个社会就是一个由礼治、仁爱规范的有机结构体系，君臣、父子、夫妇各有其位，秩序分明，层次严谨；修身、齐家、治国、平天下就是一个由小到大、环环相扣的有机系统。

历史文化的契合把我们的目光引向法团主义理论。作为一种特别关注结构变迁的理论体系，法团主义认为，在经济与社会结构变迁的形势下，国家应发挥积极作用，尊重社会分工的客观事实，以组织化的功能团体为单元对社会力量进行

---

① UNGER J. 中国的社会团体、公民社会和国家组合主义：有争议的领域 [J]. 开放时代，2009（11）：133-140.

② PEARSON M M. The Janus face of business associations in China：Socialist Corporatism in foreign enterprises [J]. The Australian Jornal of Chinese Affairs，1994，31（1）：25-46.

重新整合，构建有序的利益表达、利益聚合、利益传输及利益配置方式，避免因过度竞争造成"胜者全得"的、显失公平的利益格局。从这个意义上说，尽管法团主义产生于欧洲资本主义社会，但其独特的理论主张和视野，也可以适用于中国问题的研究。

　　资料来源：刘为民. 法团主义与中国政治转型的新视角［J］. 理论与改革，2005（4）：5-8.

2.1.3　公民社会理论

　　"公民社会"从词源上最早可以追溯到古希腊罗马时期，其由亚里士多德提出，在这一时期的"公民社会"往往在政治社会的概念上被指代为与野蛮社会相对应的"城市文明体"，具有强烈的道德判断色彩①。17—20世纪，又经霍布斯、洛克到黑格尔再到哈贝马斯的发展，其内涵经历了由对处于自然状态的文明社会的探究，到与政治社会相分离之后的经济和社会领域的探讨，再到排除国家与市场领域之外的社会领域的演进过程②。直至进入20世纪之后，西方公民社会理论的发展又经历了两次高潮。第一次是在20世纪30年代，以意大利马克思主义理论家葛兰西为代表。第二次是20世纪80年代末至今，以德国学者哈贝马斯、美国学者柯亨、阿拉托和阿伦特、英国学者基恩等人为代表。在这两次讨论中，公民社会的概念已经发生了改变：已经由主要从经济的角度规定公民社会转移到主要从文化的角度规定公民社会，即由把公民社会看作经济活动领域转移到把它看作一个文化批判的领域，看作一个构建公共理性和生成公共伦理的社会空间③。另外，还有不少学者倾向于把公民社会看作私人自治组织的联合体或是由这一联合体所进行的社会运动，换句话说，他们更重视公民社会的组织化和制度化特征。

　　作为政治社会学的解析性概念的"公民社会"主要是在社会组织方式上的使用，它是一种分析性定义④。泰勒对公民社会的界定具有一定的典型性，其对公民社会的界定主要存在三重含义：其一，在最低限度的意义上，公民社会存在于有自由社团之处，而不是处于国家的监护之下；其二，在较强的意义上，只有在作为整体的社会中，能够通过独立于国家监护之外的社团来组织自身并协调自身行为之处，市民社会才存在；其三，作为第二种意义的替代或补充，只要各式各样的社团的整体能够有效地决定或影响国家政策的进程，我们便可称之为公民社会⑤。"公民社会"与西方国家的政治、历史和文化传统紧密相连。近年来，中国理论界也逐渐兴起关于在国内培育公民社会的理论探讨和实证研究，使得"公民社会"这一概念成为一股重要的社会政治思潮，在众多领域特别是我国非营利组织领域得到较为广泛的应用。纵观公民社会理论的发展，就西方学者已有共识观点来看，公民社会的结

---

① 米勒，波格丹诺. 布莱克维尔政治学百科全书［M］. 邓正来，译. 北京：中国政法大学出版社，2002.
② 耿长娟. 从志愿失灵到新治理：萨拉蒙的非营利组织理论［M］. 北京：中国社会科学出版社，2019.
③ 周国文."公民社会"概念溯源及研究述评［J］. 哲学动态，2006（3）：58-66.
④ 同③.
⑤ 罗辉. 非营利组织管理［M］. 北京：北京大学出版社，2018.

构性要素主要有以下四个①：

（1）私人领域。私人领域指私人自主从事商品生产和交换的经济活动的领域。其中市场机制和私人产权构成这种私人领域的两大要素。它们保证个人能够自主地从事经济活动和追求私人利益。

（2）志愿性社团。志愿性社团不建立在血缘或地缘联系的基础之上，成员的加入或退出是自愿的、不以营利为目的的。团体成员基于利益或信仰自愿结成的社团，是一种非政府的、非营利的社团组织。

（3）公共领域。哈贝马斯认为，公共领域是介于私人领域和公共权威之间的一个领域，是一种非官方的公共领域，它是各种公众聚会场所的总称。公众在这一领域对公共权威及其政策和其他共同关心的问题做出评判。

（4）社会运动。西方左翼学者一般都把社会运动或新社会运动看作公民社会中一个非常重要的结构性要素。其他公民社会论者不太强调这个因素。

同时，公民社会不仅包括上述的四个结构性要素，还包括与之互为表里、相互支持的基本价值或原则，后者构成公民社会之文化特征。其主要包括：个人主义、多元主义、公开性和开放性、参与性、法治原则②。

（1）个人主义。个人主义的假设一直是公民社会理论的基石。它假定个人是社会生活的基本单位，公民社会和国家都是为了保护和增进个人的权利和利益而存在的。

（2）多元主义。它要求个人生活方式的多样化、社团组织的多样性、思想的多元化。维系这种多元主义的是提倡宽容和妥协的文化。

（3）公开性和开放性。政务活动的公开化和公共领域的开放性是公众在公共领域进行讨论和进行政治参与的前提条件，因此当代公民社会论者无不坚持公开性和开放性的原则。

（4）参与性。它强调公民参与社会政治生活和制约国家权力，是公民社会理论的一个重要内容。

（5）法治原则。公民社会论者强调要从法律上保障公民社会与国家的分离，在三分法的情况下还要保障它同经济系统的分离。他们认为倡导法治原则的目的是划定国家行动的界线，反对国家随意干预公民社会内部事务，从而保证公民社会成为一个真正自主的领域。

非营利组织作为现代公民社会的基础，其产生根源于国家与社会关系的分离，因此，可以说非营利组织理论的发展与公民社会理论的发展是紧密相连的。随着公民社会理论的不断发展，公民社会理论家开始转向从政治社会学的角度对作为一个社会实体的公民社会进行实证的研究，而第三部门研究者也开始关注诸如非政府组织或非营利部门的作用及其与国家和市场的关系等更加一般的理论问题，双方开始找到理论的契合点。公民社会理论和第三部门研究的关系也因此越来越密切，这两

① 何增科. 公民社会与第三部门研究引论 [J]. 马克思主义与现实，2000（1）：27-32.

② 米勒，波格丹诺. 布莱克维尔政治学百科全书 [M]. 邓正来，译. 北京：中国政法大学出版社，2002.

种研究出现了合流的趋势①。

同时，公民社会理论的发展试图跳出二元对立的框架，找到国家与社会勾连的基础，各种社会团体被认为是恰当的选择②。正如哈贝马斯指出"市民社会的核心机制是由非国家和非经济组织在自愿基础上组成的"③，这些组织的功能与使命在于"通过两个相互依赖而且同时发生的过程，来维系并重新界定市民社会与国家的界限：一个过程是社会平等与自由的扩展，另一个是国家的重建与民主化"④。

 知识拓展

微博公益

微博公益可以理解为由志愿性社团利用微博制造舆论，引起社会关注和轰动，从而推动公益事业的发展。私人领域、公共领域、志愿性社团、社会运动作为公民社会的基本结构要素，它们之间是相辅相成的。微博作为一个开放的公共平台，具有去权威性、草根性、参与性，网民可以在其中自由发表言论、交换意见，因此微博具备公共领域的基本特征。微博公益平台建构了一个开放、透明、互动的公益空间，不仅拓展了公益事业，也通过微博平台的传播优势加深了网民对公益的关注度和对社会事务的参与热情。

以微博公益项目"免费午餐"为例，"免费午餐"是由原《凤凰周刊》新闻记者邓飞于2011年4月2日发起的，同时集合了数家媒体机构和中国社会福利基金会的力量。该公益项目倡议每天捐赠3元，为贫困学童提供免费午餐。在该公益项目官方微博@免费午餐发布的照片中，广大网民看到了贫困山区留守儿童真实的生活环境，并对如何改善贫困学童饮食、加强贫困山区教育投入、城乡二元发展体制等问题进行讨论。在马伊琍、伊能静等明星微博的宣传带动下，该活动的影响力不断扩大，越来越多的个人及企业参与到其中，"免费午餐"的经费不断增多且来源逐渐稳定。截至2019年年底，该公益项目已累计超过9亿笔捐赠，近6亿元善款。这场由民间公益组织发起，通过微博平台进行传播的公益活动，既有效传播了公益精神，也促进了民意的自由表达，激发了公众的民主参与，很好地诠释了微博作为一个公共领域对公民社会的建构所起到的作用。

资料来源：何玮. 公民社会视域下的微博公益传播［J］. 新闻传播，2021（3）：51-52.

2.1.4　行政吸纳社会理论

改革开放以来，我国社会的深度转型以及利益的多元分化重塑了当代中国国家与社会的关系。一方面，我国社会治理体制依据中国实践不断变迁并进行重构，另

①　何增科. 公民社会与第三部门研究引论［J］. 马克思主义与现实，2000（1）：27-32.

②　郁建兴，吴宇. 中国民间组织的兴起与国家：社会关系理论的转型［J］. 人文杂志，2003（4）：142-148.

③　哈贝马斯. 公共领域的结构转型［M］. 曹卫东，等译. 上海：学林出版社，1999：129.

④　John Keane，Democracy and Civil Society，Verso，London/NewYork，1988：14.

一方面，宏观视角之下国家与社会的关系进行变化与调整，加之中国现时正积极展开具有复杂性、动态性、多样性及过程性特征的治理创新①。在这一现实要求下，以往关于国家与社会关系的理论日益不合时宜，难以对新时代国家与社会关系的现实状态做出全面解析。

特别是在我国社会治理重心不断下移的过程中，国家与社会及其各自的代理方都在发生调整，这就对国家与社会关系研究形成了巨大挑战。由于社会是动态的，那么动态的、流变的、过程性视角的引入就成为必然。这就需要将国家与社会关系的变化与调整放置于具体的场域和空间中进行观测与分析。为此，一些学者进行了富有创造性的论述，从中观层面、过程性维度提出"吸纳"这一极富洞察力的分析概念。比如康晓光提出的"行政吸纳社会"这一理论就是在新时代下对国家与社会关系进行的更深一层次的具体阐述。

"行政吸纳社会"是一种特定的国家与社会关系模式。"行政"，既指"政府"或"国家"，也指"政府"或"国家"的"行为"。在此种理论之中，"社会"不是指一般意义上的"社会"，而是指"公民社会""公共领域""法团主义"所指称的那种社会。而"吸纳"意味着政府通过自己的一系列努力使得"公民社会""法团主义"之类的社会领域的结构无法出现②。具体的，"行政吸纳社会"是指国家通过控制、替代、优先满足强者利益等方式，实现与社会的相互融合而非对立；是政府适应内外环境变化，追求自身利益最大化的结果。

从国家与社会的权力分配格局来看，在这一体制中，政府处于支配地位，而社会处于从属地位，缺乏独立性、自主性、自治性。这一体制的外部政治环境是权威主义政体，政治空间有限开放，国民拥有有限的结社自由。而经济领域的制度结构属于资本主义经济体制，即市场是资源配置的主导机制，存在强大的私人企业制度、无产阶级化及发达的劳动力市场。国民的个人和家庭生活拥有较为充分的自由。海外势力对第三部门的发展影响巨大。中产阶层构成了第三部门最主要的行动者③。

政府凭借自己的优势地位，针对第三部门的双重属性（挑战权威主义和提供社会服务），制定并实施"限制与发展并重"的两手策略。其根本目的是"为我所用"（既利用第三部门的服务能力，又限制其挑战潜力）④。

在行政吸纳社会体制中，存在大量的第三部门，类型高度多元化，行为方式也高度多元化。但是，对抗性的、暴烈的、破坏性的行为方式极为少见。非营利组织的社会和政治功能主要是提供广义的社会服务，而不是倡导和干政。第三部门危及权威主义政体的可能性受到了有效的控制，而提供社会服务的功能得到了有效发挥⑤。

---

① 侯利文. 行政吸纳社会：国家渗透与居委会行政化 [J]. 深圳大学学报（人文社会科学版），2019（2）：112-121.

② 康晓光，韩恒. 行政吸纳社会：当前中国大陆国家与社会关系再研究 [J]. Social sciences in China. 2007（2）：116-128.

③ 康晓光. 非营利组织管理 [M]. 2 版. 北京：中国人民大学出版社，2020：166.

④ 同③.

⑤ 同③.

　　"行政吸纳社会"的核心机制主要有以下三点：一是控制，即控制被统治者运用"非政府方式"挑战政府权威；二是功能替代，即通过拓展行政机制满足被统治者的利益要求；三是优先满足强者利益。在这里，政府是"控制""功能替代"和"优先顺序"的决定者和实施者。显然，"控制"是为了防止社会组织挑战政府权威，是为了继续垄断政治权力。而"功能替代"是通过实施"延续""发展""放任"等策略，发育出"可控的"社会组织体系，并利用它们满足社会的需求，消除"自治的"社会组织存在的必要性，从功能上替代那些"自治的"社会组织，进而避免社会领域中出现独立于政府的社会组织，最终达到消除挑战势力和满足社会需求的双重目的。可以说，"功能替代"是一种更为精巧的有效手段，通过主动回应来自社会的需求，从功能上"替代"被统治者的"自治"诉求，从而达到"通过替代实现控制"的目的。"优先满足强者利益"既是一种巩固统治联盟的手段，也是一种高效率的控制手段，它可以利用最小的让步，最大限度地化解来自政府之外的挑战力量。通过同时运用这三种策略，政府不但赢得了权威政体的稳定，也赢得了经济和社会的发展①。

　　在"行政吸纳社会"核心机制运行基础上，在政府与社会双方互动的过程中政府始终是占主导地位的，并且始终保持着务实和积极学习的态度，能够理性地运用自身的权力和占据优势地位去追求自己的目标。政府不仅有愿望还有能力去主导整个吸纳过程。"行政吸纳社会"强调的不是国家与社会的分离，更不是国家与社会的对立，而是国家与社会的融合。最终，国家采取"社会的方式"进入社会，但进入社会的国家已经不同于"纯粹的国家"，国家拥有了"社会的身份""社会的理念""社会的工作方式"，以及"社会的资源"，而"社会的方式"又深深地打上了"国家的烙印"，国家对社会组织的干预和影响无所不在。显然，这不同于来自西方的市民社会、法团主义、公共领域等社会结构。凭借行政吸纳社会这种方式，国家充分动员了体制内和体制外的资源，实现了自身利益最大化，从而构建了"行政吸纳社会"的体制。

　　行政吸纳社会强调非营利组织的补缺模式，强调出现政府失灵后，由非营利组织充当补缺角色。但因为政府对非营利组织领域的陌生与"畏惧"，甚至因为传统管理的惯性，使得政府对非营利组织的管理，表现出"功能替代""优先顺序"双重策略性管理与直接控制并行的鲜明特征。我国多数学者以此逻辑来分析中国的公共服务供给状况：有学者认为，中国自改革开放以来是以政府本位的行政理念作为公共服务的目标定位的，主要由非营利组织提供公共服务给特殊群体②，从而形成了我国社会特有的行政吸纳社会的非营利组织"补缺式"服务供给模式。

　　基于以上论述，总结行政吸纳社会逻辑关系见图2.1。

――――――――――――

　　① 康晓光，韩恒. 行政吸纳社会：当前中国大陆国家与社会关系再研究［J］. Social sciences in China，2007（2）：116-128.

　　② 翁士洪. 从补缺式模式到定制式模式：非营利组织参与公共服务供给体制的战略转型［J］. 行政论坛，2017，24（5）：30-37.

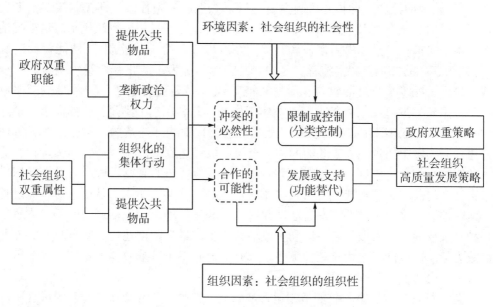

图 2.1　行政吸纳社会逻辑关系

资料来源：改编自康晓光. 非营利组织管理［M］. 2 版. 北京：中国人民大学出版社，2000：169.

 知识拓展

汶川地震中的"行政吸纳型合作"

行政吸纳型合作指在没有充分制度支撑的条件下，政府通过认可或者吸纳社会组织的危机救援，使其充当危机应对的角色补充。这是在我国危机救援阶段较凸显的合作类型，主要缘于两方面要素的支撑：

第一，社会组织具有的比较优势。①危机发生后较快的反应速度。汶川地震发生后，很多 NGO 迅速做出反应。中国红十字学会立即从成都备灾中心紧急调拨了帐篷、棉被等物资，同时要求各级红十字会以最快速度投入紧急救援中去。被调查组织中，14% 的组织立即采取了行动，73.2% 的组织在地震后 24 小时采取了行动。②社会组织的专业化服务有利于增强政府的依赖度。汶川地震后乐施会进入灾区，在派发救援物资前了解到女性对卫生巾的需求非常急切，于是迅速采购，并尽量安排女性工作人员派发，以避免受惠者感到尴尬；在青川救援的时候，考虑到穆斯林灾民对食品的特殊要求，购买了大量清真食品，通过伊斯兰教协会发放到两三万穆斯林手里。同时，社会组织大都是某一专业中的机构或团体，专业技能的覆盖性和互惠性组合有利于缓解公共危机服务供应不足等困局。③社会组织的资源筹措能力可缓解政府刚性财政资源约束。据统计，2008 年汶川地震发生后，中华慈善总会和中国红十字会等慈善团体作为和民政部同级的募捐机构，所接受捐款远远超过了后者，已逐步成为社会捐赠的主要渠道，展现出强大的动员能力和较高的绩效。

第二，社会组织采取了多元化争取合作与支持的策略。①以真诚声明和诚挚沟通增强信任。汶川地震发生后，社会组织发布联合声明"协助政府、只帮忙不添乱、发挥自己的比较优势"，这一理念的强调，与政府对社会组织的行为期望是相契合的。②以联合增强能力。汶川地震中"5·12"民间救助服务中心和四川地区救灾联合办公室成立，并进行了有效运作。2010年玉树地震救灾中，社会组织之间又采取了有效的合作行动："NGO备灾中心"与"四川'5·12'民间救助服务中心"联合成立了"4·14"玉树地震四川救援办公室，青海6家社会组织由江源发展促进会牵头成立了玉树地震民间行动小组等。③借力拓展组织的合法性。危机中的临时社会组织多因难觅合适挂靠单位而不具有"合法身份"，为顺利进入危机现场，借助与政府已有良好合作积累或高信任度的组织之力是常用的策略之一。

资料来源：王逸帅. 合作治理：危机事件中政府与社会组织新型关系的构建：以汶川地震危机应对实践为例［J］. 湖北社会科学，2012（12）：31-34.

2.2 公共管理学视角相关理论

从20世纪70年代开始，西方公共部门管理遇到严峻挑战，建构在韦伯官僚体系下的公共行政出现合法性危机。在一些发达国家，为了应对技术革新及全球化挑战，政府公共部门进行了重大变革。公共管理成为20世纪90年代公共部门管理的重要发展趋势。同时，随着公共管理主体多元化的发展，非营利组织逐渐成为公共组织体系的一个重要组成部分，也成为公共管理的重要主体之一。随着全球范围内新公共管理运动的兴起，以公共服务供给为视角的政府和非营利组织关系也成为学界讨论的热点。

2.2.1 市场失灵与政府失灵理论

一个国家的政治制度、经济制度、文化和历史以及第三部门的发育程度，都会影响其政府管理非营利组织的方式、范围和强度。在不同的国家，政府管理非营利组织的方式、范围、强度各不相同。其中，市场失灵与政府失灵理论视角下对非营利组织的阐释逐渐成为学者讨论的热点。

维斯博德（Weisbrod）最早从政府失灵和市场失灵的角度来解释非营利组织存在的原因，他采用了剩余分析的策略来论证非营利组织存在的必要性。市场失灵理论指出，市场机制不能有效提供公共产品。这一特点必然产生公共产品消费上的"免费搭车者"，也就是说没有人会主动地为公共产品付费。同时，私人组织会因提供公共物品可能导致个人利益或资源配置的损失而不愿进行投资，最终导致自由的市场机制无法有效供应公共产品，如英国哲学家大卫·休谟早在1740年指出的"公共的悲剧"就是对市场失灵理论的有力论证。加之，一般说来，市场虽然能促进经济效率的提高和生产力的发展，但不能自动带来社会分配结构的均衡和公正。市场调节本身不能保障充分就业，而失业现象更加剧了贫富悬殊，这对经济持续增长是个极大的威胁。更严重的是，过度的贫富分化"不仅削弱了社会的内聚力，而且培养了不公正，因而不可避免地破坏了维系社会的政治纽带。民众……进而可能要求发生激烈的政治、社会和经济的变动"①。基于以上内容，市场失灵理论认为政府、市场和非营利部门在满足个人物品的需求（包括私人物品和公共物品）方面存在相互替代性。概而言之，公共物品无法由个别消费者和生产者通过市场交易来提供，即会出现市场失灵。

所谓政府失灵是指政府受能力和意愿的影响而没有有效地实现政府职能并且超出公众可接受程度的一种政治现象，常表现为政府政策的低效率、政府工作机构的低效率以及政府的"寻租"活动②。市场失灵证明了政府干预的必要性，因此提供公共物品的任务应由政府来承担。政府本身在提供公共物品的过程中也存在一些问题和局限，这主要体现在以下几个方面③。

能力方面主要体现在两点。一是政府不具有满足每一个公民对公共物品的需求的能力。政府提供公共产品的决策是一种政治性的决策，倾向于反映代表社会大多数的"中间选民"的意愿。这样，政府在提供公共产品问题上就存在诸多条件的限制。政府提供的服务和公共产品一般是普惠的、统一的，有特别偏好的公众的需求无法得到满足，这就为非营利组织的生存和发展创造了空间。二是政府在提供公共物品方面存在浪费和低效率问题。政府行为受到一系列法律的约束，受到各种社会势力的牵制，而且作为一个庞大的科层机构，政府也难以摆脱官僚主义积弊的拖累，因而政府往往对新的社会需求和发展机会反应迟钝，显得保守，这可能导致政府在提供公共物品的过程中出现滥给和高成本、低效率甚至贪污腐败问题。

意愿方面主要体现为政府行为的失范，即政府有可能违背自己的宗旨而损害公众利益。政府由具体的官员组成，他们也是"理性的经济人"，同样也会为个人私利所左右，追求自身利益最大化，导致政府利益对公共利益的侵害，这也是公共选择理论认为的政府失灵的原因④。政府利益从范围上分为三部分：一是政府工作人员的个人利益，二是部门等小团体利益，三是整个政府的利益。政府利益从内容上分为政治利益和经济利益。政府最重要的利益是政治利益，经济利益只是其追求政治利益的必要前提和基本条件，而且追求政治利益比追求经济利益更接近公共利益。但是两者具有替代性和互补性，当制度不完善导致追求政治利益比经济利益收益与成本之比小时，政府官员就可能转而追求非法经济利益来弥补其政治利益的损失⑤。诺斯指出，在使统治者的租金最大化的所有权结构与降低交易费用和促进经济增长

---

① 奥斯特罗姆，菲尼，皮希特. 制度分析与发展的反思：问题与抉择 [M]. 王诚，等译. 北京：商务印书馆，1992.

② 王臻荣，常轶军. 政府失灵的又一种救治途径：一种不同于公共选择理论的分析 [J]. 中国行政管理，2008（1）：55-58.

③ 黄波，吴乐珍，古小华. 非营利组织管理 [M]. 北京：中国经济出版社，2008.

④ 同③.

⑤ MEYER C A. Step back as donors shift institution building from the public to the "private" sector [J]. World development, 1992, 20（8）：1115-1126.

的有效率体制之间，存在着持久的冲突①。也就是说，政府在主观方面对自身利益的追求侵害了公共利益，而且公民由于信息的不对称和"理性的无知"而对政府官员监督不力，导致政府实现公共利益的职能没有履行，出现政府失灵。

正因为政府的干预存在上述缺陷，所以让政府干预成为替代市场的主导力量，其结果只能导致"政府失灵"，用"失灵的政府"去干预"失灵的市场"必然是败上加败，使失灵的市场进一步失灵。但客观存在的市场失灵又需要政府的积极干预，"守夜人"似的"消极"政府同样无补于市场失灵，进而会造成不作为性政府失灵。因此，由于市场和政府的非零和关系，促使人们将目光投向二者之外的行为主体，对第三部门的关注就顺理成章地成为公共行政的一个共同主题②。在维斯博德的分析框架中，政府、市场和非营利部门是满足个人对于公共物品需求的相互替代性关系，非营利组织在捐赠人的资助和志愿者的无偿劳动以及政府的支持下得以存在③。"市场失灵"理论说明，政府在提供公共服务时比市场更有动力，但是"政府失灵"理论则说明，政府作为公共服务的提供者，不可避免地具有一定的局限性。如偏重大多数人的需要、具有规模上和专业上的局限，特别是效率较低，更关注短期目标等。正是由于市场失灵与政府失灵的存在，使得非营利组织的存在成为可能。

概而言之，"市场失灵"与"政府失灵"理论得出了非营利组织作为市场和政府之外的制度形式存在的必要性。政府和非营利组织在满足公众需求的背景下共同存在，是互补关系。但应注意的是，市场、政府失灵理论都暗含着政府与非营利组织之间的关系并不是平等的，非营利组织只是政府的补充，在提供公共物品方面，应该以政府为主导，以非营利组织为补充。

2.2.2 志愿失灵理论

非营利组织由于其志愿性、灵活性和非利润分配性等特征而受到人们的青睐和信任，但是传统非营利组织理论却忽略了非营利组织的失灵现象，也可称为非营利组织的异化问题。自20世纪80年代起，随着非营利组织规模的增长和从事活动范围的扩大，非营利组织的结构也发生了改变，其自身的矛盾和缺陷也逐渐显现出来。如同市场失灵和政府失灵一样，"志愿失灵"这一非营利组织的内在缺陷实际上也一直伴随着非营利组织的始终④。

非营利组织作为组织的一种，具有一般组织的问题与缺陷。非营利组织同样会出现低效率与偏离公益性等问题。同时，非营利组织因代表部分群体的利益，也有可能会异化为一种"利益集团"，因此也会出现公共选择理论中的集体行为的逻辑悖论。在"志愿失灵"的多种观点之中，萨拉蒙利用具体的数据，将宏观与微观层面的手段相结合，重新审视政府与非营利组织的角色与作用，从而论证了自己的观

49

① 诺斯. 经济史中的结构与变迁 [M]. 上海：三联书店，1994：25.
② 王晋. 第三部门：市场与政府的非零和产物：兼论我国第三部门的现状及发展趋势 [J]. 政治学研究，2004（3）：107-116.
③ WEISBROD B. A. To Profit or Not to Profit [M]. New York：Cambridge University Press, 1998：20-26.
④ 耿长娟. 从志愿失灵到新治理：萨拉蒙的非营利组织理论 [M]. 北京：中国社会科学出版社，2019：132.

点，超越了传统理论单纯依赖技术性措施来解决志愿失灵的现象。

在萨拉蒙看来，"志愿失灵"的情况包括四个方面的内容①：

（1）慈善不足。社会对慈善供给的需求大大超过了非营利组织的慈善供给，进而导致集体物品生产中固有的"搭便车"问题的出现。曼瑟尔·奥尔森的"集体行动逻辑"的隐喻模型对此进行了较为有力的解释，即公共物品供给中的边际效益递减对参与者持续的成本投入存在负向激励②。萨拉蒙认为只有当资助是非志愿的，例如税收，这些资源才会稳定而充足。

（2）慈善的特殊主义。非营利组织及其资助者经常集中在少数特定的次级人口群体，因而忽视了其他社会次级群体，不仅留下严重的缺口，也造成了资源浪费。

（3）慈善的家长式作风。这是指非营利组织对社区问题做出回应时，不可避免地将界定社区需求的权力授予那些控制着非营利组织最重要资源的人。只要私人慈善是志愿部门的主要支持，那些控制慈善资源的人就能决定该部门做什么、为谁服务，这会造成决策的非民主化与非透明化，而政府可以通过建立责任体系而不是用特权来部分减少慈善的家长式作风。

（4）慈善的业余主义。这是指非营利组织通常无法提供足够的报酬吸引专业人士加盟，而选择用业余的方法来处理公共服务中的问题。例如，照顾穷人、精神病患者以及未婚妈妈的责任往往被委托给好心的业余人士，他们的主要职责是道德劝诫和宗教指导，而不是医疗补助或就业训练。

总之，萨拉蒙的"志愿失灵"提出：非营利组织作为回应人类服务的机制，相比于政府与市场有着天然的积极性优势。但同时也存在自身固有的缺陷：例如，它不能产生足够的资源，容易受到特殊主义和小团体思想的影响，还经常表现出很大的业余性；缺乏专业的行动。随着规模的扩大，组织运作也会日益复杂起来，这样组织治理就会呈现出家长式的作风和官僚制的局限性，反应不够及时迅速，工作模式比较陈旧等。而政府在这些方面却刚好可以体现出优势，政府能够通过立法手段来获得足够的资源来发展慈善事业，克服慈善供给不足、特殊性和业余化等问题，并且通过民主政治程序来防止慈善服务方面的家长作风。但是，政府往往由于过度科层化而对社会需求反应迟缓。正是由于这种互补性，萨拉蒙提出了解决"志愿失灵"的有效路径：建立政府与非营利组织合作关系模式。在此种合作模式之中，萨拉蒙将政府的角色定位为资金的提供者，而非营利组织则是服务的实际提供者。具体来说就是，非营利组织通过采纳市场化和商业化的运作模式，实现服务供应的灵活性和创新性，学习企业的治理经验和模式。这样既可以避免官僚作风，也可以防止政府规模膨胀，节约公共开支，提高政府的合法性。而政府应以多数人的利益为前提，通过制度、规则和义务来纠正非营利组织的志愿失灵问题，促进非营利组织提供服务的持续性，保持非营利组织的自身优势，以实现非营利组织运作的最终目标③。

萨拉蒙的"志愿失灵"理论并不是把非营利组织的产生看作用于弥补政府作为

中国非营利组织管理理论与实践

---

① 萨拉蒙，谭静. 非营利部门的崛起 [J]. 马克思主义与现实，2002（3）：57-63.

② 奥尔森. 集体行动的逻辑 [M]. 上海：上海人民出版社，1995.

③ 田凯. 西方非营利组织理论述评 [J]. 中国行政管理，2003（6）：59-64.

提供公共物品机制存在固有的缺陷产生"政府失灵"的派生性制度，承认非营利组织的志愿失灵，并没有削弱非营利组织存在的必要性，萨拉蒙认为非营利组织的短处正好是政府的长处，而政府的短处正好是非营利组织的长处，只有在非营利组织提供服务不足的情况下，政府才需进一步发挥作用，如此相互依赖、取长补短①。即从一定意义上来说，非营利组织（NPO）、非政府组织（NGO）和其他志愿组织的存在是政府失灵和市场失灵相结合的产物，是作为公共物品提供者的市场和政府所具有的内在局限性的社会反映。事实上，政府与非营利组织有着本质上相似的公共目标，因而非营利组织是参加第三方治理体系的最自然的候选人。因此，志愿失灵现象的克服和消除需要政府、市场和非营利组织的合作共治，需要第三方治理的补位和突破②。

 知识拓展

"丽江妈妈"胡曼莉事件

　　20世纪90年代初胡曼莉因为收养孤儿而被其单位武钢集团树立为爱心典型，随后她于1992年在武汉正式注册了中国第一个民办孤儿院——中华绿荫儿童村。1998年，胡曼莉与美国妈妈联谊会会长张春华及云南丽江政府合作建立孤儿学校。学校教师和常务副校长由当时的丽江县（今丽江市）教委委派，胡曼莉负责筹钱来支持学校。与学校同期成立的善款接受和管理机构"丽江妈妈联谊会"，除了胡曼莉外，其余成员全部是政府工作人员。开学之后不久，学校混乱的账目引起了人们的关注。在张春华的推动下，丽江审计局于2006年对"丽江妈妈联谊会"的财务进行了审计，结论是"在管理使用各项捐款上，存在一些不规范的问题，有的违反了《中华人民共和国会计法》等法律法规的相关规定"。这次审计中，胡曼莉的丈夫段灿标提供了胡曼莉用孤儿名字开私人账户的证明文件、作假的票据证明等材料。张春华以善款使用违背捐款人意图为由将"丽江妈妈联谊会"告上法庭，从丽江中院到云南高院，张春华和她的"美国妈妈联谊会"两度获胜，法院责令丽江妈妈联谊会将未按照美国妈妈联谊会捐赠意愿使用的907 890元人民币如数返还。2007年2月14日，丽江市民政局做出对"丽江妈妈联谊会"给予撤销登记的行政处罚。

　　资料来源：甄茜.跨国调查"中国母亲"胡曼莉［N］.南方周末，2007-12-18.

2.2.3　多中心治理理论

　　"多中心"作为一个概念，其包含着一种审视政治、经济以及社会秩序的独特方法，是英国学者迈克尔·博兰尼在《自由的逻辑》一书中首先提出的词汇。博兰尼认为，自由社会的特征是公共自由的范围——由此个人主义可以实现其社会功能——而不是社会上无效的个人自由之程度。反之，极权主义并不欲毁灭私人自由，

---

①　黄波，吴乐珍，古小华.非营利组织管理［M］.北京：中国经济出版社，2008.

②　张康之.合作治理是社会治理变革的归宿［J］.社会科学研究，2012（3）：35-42.

而是拒绝所有对公共自由正当的辩护。在极权主义观念当中，独立的个人行动绝不会履行社会职能，而只能满足私人欲望，所有的公共责任悉由国家承担①。通过自发秩序活动的人们在解决管理问题时，不能通过共同性团体即统一集中指挥来完成。因为自发秩序中形成的工作任务是多中心的任务，而"多中心的任务，唯有靠相互调整的体系才能被社会管理"②。博兰尼开创了"多中心"理论分析万事万物的先河，但是，多中心的任务或者秩序是否适合人类的社会公共管理还需要实证的检验。对此做出实证贡献的是美国学者文森特·奥斯特罗姆和埃莉诺·奥斯特罗姆夫妇。

多中心治理理论致力于治理主体的多元性、权威性与多样性，它与一元或单中心行政秩序截然对立。它强调了政府、企业、非营利组织的多中心主体地位，它是对具体的事务进行分工与合作的有效安排。多中心理论的核心在于因地制宜，主张采用分级、分层、分段的多样性制度安排，主张政府、市场和社区间的协调与合作③。

从"多中心"与现代"治理"概念两个方面进行分析，可以对多中心治理的含义进行描述：多中心治理以自主治理为基础，允许多个权力中心或服务中心并存。相互合作给予公民更多的选择权和更好的服务，减少了"搭便车"行为，避免了"公地的悲剧"和"集体行动的困境"，从而扩展了治理的公共性④。也就是说，在公共领域存在另一只"看不见的手"，即在市场秩序与国家主权秩序之外的多中心秩序。

多中心意味着无中心，对应着单中心，反对权力的垄断与权力的集中化。多中心治理体制存在许多决策的中心，它们在形式上是相互独立的。那些在城市地区权力分散和管辖交叠的治理模式，在多中心理论看来实际上是一种充满竞争的、富有效率和活力的模式⑤。如果用传统的公共行政眼光来看这种形式上紊乱、重复的治理体系，必然认为它是低效率的。传统公共行政理论认为，提高效率需要强化层级节制，权责界限清晰，同一件事情必须交给一个部门完成。传统的治理方式可以看成是单中心治理，在多中心的治理机制中正需要借助多样化的权力和政府单位，以解决不同范围的公共治理问题。"在多中心体制中不同政府单位行使权力的本质差异极大。其中，一些具有一般目的的权力向一个社群提供内容广泛的公共服务，另一些是特殊目的的职权，它可能仅只提供例如灌溉或道路系统的运营和维护这类服务，这些政府单位的多样化功能意味着个人同时在几个政府单位中保有公民身份。"⑥ 同时，对于许多公共治理的问题来说，需要各种权力或政府各部门之间通过合作、协商、谈判而不是简单的行政规划和命令来解决，"多中心"这一术语正是概括了这样的交叠生产层次和多个领域政治互动中的治理智慧。因此，可以说多中心治理提供了一种认识公共管理问题的新知识，也解释了非营利组织在国家治理体

① 博兰尼. 自由的逻辑 [M]. 冯银江，译. 长春：吉林人民出版社，2002.

② 麦金尼斯. 多中心体制与地方公共经济 [M]. 毛寿龙，译. 上海：上海三联书店，2000.

③ 张克中. 公共治理之道：埃莉诺·奥斯特罗姆理论述评 [J]. 政治学研究，2009 (6)：83-93.

④ 孔繁斌. 多中心治理诠释：基于承认政治的视角 [J]. 南京大学学报（哲学·人文科学·社会科学），2007 (6)：31-37.

⑤ 王兴伦. 多中心治理：一种新的公共管理理论 [J]. 江苏行政学院学报，2005 (1)：96-100.

⑥ 奥斯特罗姆，施罗德，温. 制度激励与可持续发展：基础设施政策透视 [M]. 毛寿龙，译. 上海：上海三联书店，2000.

系中存在的必要性。

多中心治理理论尽管还不成熟，但在实践和各种理论的综合中，其大体框架已经形成，主要包括以下四个方面的内容：①多中心治理的主体是复合主体，包括政府、企业、非营利组织、公民组织、国际组织、利益团体等。②多中心治理的结构是网络型的。③多中心治理的目标是实现公民利益最大化和公民多样化的需求。④多中心治理的方式是"合作—竞争—合作"[1]。

同时，多中心的存在是具有普遍性的，在《多中心》一书之中，文特森·奥斯特罗姆论述了市场、司法、政治联盟、公共经济之中存在的多中心秩序，并论证了多中心秩序的普遍性，从而进一步地指出：在市场安排、司法领域、政治联盟等组织中存在的多中心，每一个都是公共服务经济中存在的必要前提条件[2]。此外，他还强调了文化、民情是多中心治理的外在条件。

"多中心"一词不仅是社会系统中公共物品的提供主体和公共事务的治理模式，还可体现为一种思维方式和价值观念[3]。第一，在治理的主体上，多中心意味着公共产品的多个供给者和公共事务的多个处理者，也即存在一个由来自不同领域和阶层的不同行为主体组成的错综复杂的网络（这个网络包括中央政府单位、各级地方政府、各种政府派生实体、各种非政府组织、各种私人机构及公民个人等）。第二，在治理的基础上，多中心的治理意味着在公共事务的处理和公共产品的供给上政府和社会的共同参与。第三，在治理的方式上，多中心意味着政府必须转变其自身的角色与任务。它反对政府对于公共事务的垄断，强调政府活动既要有正式的强制管理，也要有不同主体之间的协商、谈判，既要遵循正式的法规条文，同时也要接受所有行为参与主体都认可的非正式约定的约束[4]。

文森特·奥斯特罗姆以政府、市场、社会为基础提出的"多中心治理理论"，强调在治理公共事务时由政府、公民个人和私营部门三方共担责任和共享权力，一起参与治理使得在各方建立相互合作、相互依赖、相互协商的关系[5]。多中心治理的多元化主体有利于提升政策执行的规划力。多元化主体包括政府、企业、非营利组织、公民组织、国际组织、利益团体等，这样就把多元竞争机制引入公共物品的生产和提供过程中来。多中心治理系统为非营利组织圈和政府圈的作用发挥提供了平台，非营利组织参与形成的多中心治理模式打破了严密的纵向权力链，引入了竞争机制，建立了政府、市场和社会三维框架下的多中心治理模式，其既保证了"行政机制、市场机制、志愿机制"作用的有效发挥，又保证了这些机制的协同与合作[6]。

---

① 王志刚. 多中心治理理论的起源、发展与演变［J］. 东南大学学报（哲学社会科学版），2009，11（S2）：35-37.

② 麦金尼斯. 多中心体制与地方公共经济［M］. 毛寿龙，译. 上海：上海三联书店，2000：90.

③ 王飏. 多中心治理理论与和谐社会的构建［J］. 西北农林科技大学学报（社会科学版），2010（5）：96-99.

④ 吴志成. 西方治理理论述评［J］. 教学与研究，2004（6）：60-65.

⑤ 奥斯特罗姆. 美国公共行政的思想危机［M］. 毛寿龙，译. 上海：上海三联书店，1999.

⑥ 陈洪. 竞技体育发展方式转变的多中心治理路径［J］. 首都体育学院学报，2004（1）：3-6.

知识拓展

美国多中心治理解决水资源危机

美国的特区一般是为州法所授权，提供一项或几项特定服务，拥有充分的行政和财政自主权的政府单位。特区在州的法律中，有"区""当局""委员会"等名称。特区是根据州的法律而特定建立的"地方政府"，特区的组织和结构没有固定的模式，特区或者独立或者依赖于另一个政府单位，独立特区由公众选举产生的委员会管理。

加州西部盆地是位于洛杉矶大城市地区西部边缘的地下水盆地，提供每年3万英亩自然状态水的净产量。周边社区依赖盆地储藏的地下水而发展。长期过量的开采，到二战结束时，已经引起海水倒流，引发了水危机。人们认识到只有获得补充水源才能减少地下水的抽取，1947年通过投票成立了西部盆地市政水区(the West Basin Municipal Water District)，这是把整个盆地包括在一个公共实体内的手段，它是对原有的南加州大都市水区(the Metropolitan Water District of South California)的补充。诉讼和市政水区的建立都没有完全消除海水侵蚀问题。工程师们发现，设立地下淡水屏障阻止海水入侵在技术上是可行的，这件事是由洛杉矶县洪水控制管区(Los Angeles County Flood District)进行的，西部盆地水协会的成员起草了一项立法，在洛杉矶县洪水控制管区内形成一个与西部盆地边界大致相等的特殊利益地区，从该地区征收财产税来资助淡水屏障建设。但是，西部盆地的个体购买地表水、减少抽水和进行屏障建设，中央盆地的邻居却继续增加其水产量，地下水盆地的开发成本承担和其受益者之间并不对应。因此，应该进行行动协调。现存的机构（包括上面提到的三个水区）和水产业中的个体经过充分协商，起草了授权地方区域创建一个新的水区——地下水补充管区的立法，有着广泛的权力，为两个盆地维持着有效的管理体系。

水资源的管理是在包括上述的众多机构、自愿组织、个体间的广泛互动中进行的，这样形成了一个复杂的管理体系。这是一系列权利的调整和制度的安排，在水使用者中间进行了决策能力的实质性再安排。首要的问题不是行政机构如何去组织实施，而是行政机构是如何被组织的。

资料来源：刘海波，美国地方政府中的特区［J］.国家行政学院学报，2004（1）：88-89.

2.2.4 民营化理论

公共事业在西方一般称为"公共企业"，是指政府为了预防市场失灵，增进社会公平而建立的具有公益性和公共性的企业。在福利国家思想的指导下，西方各国普遍建立了以政府为主导的公共事业体系。随着社会的发展，人民需求的多样化，社会公众对公共事业的低效率、低质量和腐败怨声载道，特别是20世纪70年代滞胀危机的发生。这种"福利国家"模式面临着巨大的财政压力和社会危机。因此，欧美等国政府迫不得已寻求政府之外的市场化、社会化模式以走出公共事业治理的

中国非营利组织管理理论与实践

困境，以新自由主义为指导的民营化改革应运而生①。

"民营化"作为新公共管理范式最突出的特征之一，也是最主要的政策工具之一。广义的民营化指的是将此前由政府拥有或者实施的功能回归到私人领域的过程。而狭义的民营化强调政府将持有权益转让给私人企业，这是日本政府国有资产管理体制改革中提出的一个基本概念。

"民营化"的首创者是英国前首相撒切尔夫人，1979年，撒切尔夫人上台后，在英国掀起了大规模的民营化浪潮，而且"以铁一般的法律条款来贯彻实施"，并迅速扩展到整个资本主义世界，取得了巨大成功。新公共管理理论主张通过民营化等形式，把公共服务的生产和提供交由市场和社会力量来承担，政府的主要职能集中于拟定政策、建立适当的激励机制、监督合同执行等，引导它们为实现公共利益的目标服务②。通过民营化，西方各国在提高了公共服务的质量和效益的同时，减轻了政府财政负担，保证了经济增长的活力，实现了社会稳定，民营化似乎已经成为公共事业改革的不二法门。正如民营化大师E. S.萨瓦斯所言："民营化的发展方向已经不可逆转，民营化甚至已经成为一种新的公共哲学。"可以说，民营化已超越党派偏好或意识形态，成为一种务实的、得到广泛应用的治理方式和公共服务模式③。

民营化治理的路径主要表现为由各种社会力量处理公共事务。选择"集中控制"的利维坦政府治理路径，源自"信息准确""监督能力强""制裁有效可靠"以及"行政费用为零"等前提假设。但现实的公共治理实践证明其并不存在，甚至还因为某些政府部门及雇员的私利而导致腐败问题。为了实现"更小政府""成本收益比更高""减少对政府的依赖""更多商业机会""更好社会"等目标，萨瓦斯认为应该选择民营化治理路径，也即奥斯本等人提倡的企业家政府治理模式，或彼得斯提出的市场化治理模式④。萨瓦斯认为，政府规模不断膨胀，政府开支不断增长、政府雇员数目庞大、政府雇员收入高于私营部门雇员收入等因素，都会促使政府考虑民营化的问题。民营化不仅可以提高公共物品和服务供给质量，而且也是政府净化自身的一种方式。

毫无疑问，自民营化运动发轫至今，其基本的价值诉求一直指向经济、效率和效能，即"3E"（economy，efficiency and effectiveness）目标。一般来说，在营利性企业，以追求利润最大化为动力，实现"3E"目标成为组织生存和发展的根本需要，即使在营利性的政府企业，这种动机也能够较好地为社会所接受和认同。但是，对现有的公共事业来说，是无法将利润最大化作为组织使命的，它们只能在保障社会利益（公共利益）最优化的前提下，追求经济利益的最大化。换句话说，利润最大化不是公共事业的优先战略，而只是它们第二位的目标。不过，追求利润从来就

---

① 王海祥. 公共事业改革：中国走向民营化［J］. 北京工业大学学报（社会科学版），2009（5）：30-33，54.

② 胡澎. 日本"社区营造"论：从"市民参与"到"市民主体"［J］. 日本学刊，2013（3）：119-134，159-160.

③ 萨瓦斯. 民营化与公私部门的伙伴关系［M］. 周志忍，译. 北京：中国人民大学出版社，2002：15-341.

④ 彼得斯. 政府未来的治理模式［M］. 吴爱明，夏宏图，译. 北京：中国人民大学出版社，2002：23.

不是公共事业的"副产品"，而是内在地包含于公共事业的多元目标之中①。

民营化理论以公共选择理论为基础，与当代行政改革的主导理论——新公共管理潮流相契合，推进了非营利组织与政府之间关系的直接发展。公共选择学者认为，公共物品市场是一个很容易导致不完全竞争的市场，政府很容易形成垄断。政府限制市场机制的作用发挥，垄断公共物品和服务的生产与供应，会导致公共物品成本高昂却质量低劣，提供公共物品效率低下，并且有可能导致政府对公众的需求反应过于迟钝，甚至是缺乏回应。造成政府这种现状的原因并不是政府的工作人员懒惰或者是他们没有能力，而仅仅是因为资源在一个垄断的环境中运作，管理者缺乏激励，没有人同他们竞争，要改善政府供给公共物品的效率必须引入市场机制②。

民营化运动的兴起直接推动了西方20世纪80年代以来的新公共管理运动。"作为经济学观点的基本延展，新公共管理明显地与理性主义观点相联系……它尤其与公共选择理论有联系。"③ 因此，新公共管理成为公共选择理论的活体，公共选择理论不仅被公共管理理论所吸纳，而且在实践上演化出了一系列相关的具体措施。

概而言之，民营化理论认为，在社会公共服务领域引入非营利组织的一个重要原因就是使其与政府形成竞争关系，从而提高政府的效率，又改善社会公共服务的供给。相关学者认为，政府与非营利组织的竞争模式就是要让市场来承接原来应由政府负责提供公共物品与服务的职能。政府与非营利组织竞争是通过和部门活动或其他方式的责任转移，让非营利组织把一些政府和私营企业"不愿做，做不好，或不常做"的事承接过来，而政府在其中担负责任者角色。萨拉蒙将二者的合作看作一种资源流动，关注的是政府对非营利组织的资金支持和服务外包④。

 知识拓展

"PPP"模式

20世纪70年代以来，一些经济发展市场化程度较高的欧美国家兴起了公共服务民营化（privatization）的浪潮，通过大规模地运用私营部门的力量来满足公众需求。在各国基础设施的建设和运营过程中，PPP模式（pubilc private patnership）获得了广泛应用，这种模式既顺应了转变政府职能的呼声，提高了公共服务的供给效率，又保留了政府对关系国计民生的公共部门的控制权。20世纪80年代以后，英国首相撒切尔夫人和美国总统里根先后推行了激进的民营化运动。受英国的影响，许多西方工业化国家开始了民营化进程，而且很多东亚和拉美的发展中国家也步其后尘。在各国民营化的实践中，PPP遍地开花。PPP是指为了实现共同目标和互惠互利，公共部门与私营部门权力共享、共同经营、维护以及

① 陈国权，李院林. 公共事业民营化：前提与限度 [J]. 学术研究，2004（7）：81-86.
② 康晓光. 非营利组织管理 [M]. 2版. 北京：中国人民大学出版社，2020：173.
③ 登哈特 B，登哈特 V. 新公共服务：服务，而不是掌舵 [M]. 丁煌，译. 北京：中国人民大学出版社，2004：18.
④ 杨镪龙，许利平，帅明. 政府与非营利组织合作的新模式：从制度化协同走向联动嵌入模式 [J]. 国家行政学院学报，2010（3）：57-59.

信息共享而形成的合作关系。PPP 侧重于通过在政府部门和私营部门之间建立合作关系来为公众提供物有所值的基础设施和服务，并且在合作各方之间合理分配风险、收益。它不同于资产所有权发生转移的国有企业私有化，也不同于政府直接提供基础设施和公共服务的传统方式。它们之间的差异主要体现在五个方面：是否发生资产转移、政府角色、服务提供的方式、风险与收益的分配和各方关系性质等。

资料来源：周云圣. 公私合作模式（PPP）及其在我国的应用［D］. 大连：东北财经大学，2003.

2.2.5 资源依赖理论

资源依赖理论属于组织理论的重要分支，是研究组织与环境间的资源关系与相互依赖共生发展的趋势的重要理论之一，始于 20 世纪 40 年代末美国学者塞尔兹尼克对田纳西流域当局的研究[1]。从 20 世纪 70 年代以来被广泛应用于各个组织之间关系的研究，资源依赖理论的基本假设是组织无法生产自身所需要的所有资源[2]。因此组织必须在它所处的环境中获取生存所需的资源，而资源取得的形式可以通过交换、交易或权力的控制关系，组织在资源无法自足的情况下，必然会与环境中其他组织产生依赖关系。因此，组织的领导者必须赋予组织一种理性而有效的结构形式，以掌握环境中输入和输出的资源并通过"权力"的运作来影响和掌控组织的资源，以此策略来确保组织的生存。

资源依赖理论认为：①组织的成功取决于在市场上获得更多的网络和更大权力的结果；②组织愈减少对外部资源的依赖情境，其受到市场干扰和限制就愈小；③组织权力的来源基于资源的取得情形，因此组织必须和外部环境互动、交换或获取资源，以扩增组织的权力。费弗尔和萨兰奇科指出一个组织对另一个组织的依赖程度取决于三个决定性的因素：①资源对于组织生存的重要性；②组织内部或外部一个特定群体获得或处理资源使用的程度；③替代性资源的存在程度，即组织所需要的资源包括人员、资金、社会合法性、顾客，技术和物资投入等[3]。

组织间的依赖会随着组织所嵌入的网络结构调整发生变化。在这一过程中组织也可以借助资源交换行为本身来改善自身在依赖关系中的弱势地位。资源依赖理论为我们提供了分析政府与非营利组织相互关系的解释路径。资源依赖理论表明，政府不可能是万能的，其应当在公共服务中吸纳更多的民间组织力量（非营利组织）参与其中以提高公共服务的质量。政府未来的选择应该是推动与民间组织的公共服务合作，将民间组织的公共服务纳入政府整体公共服务的安排中，并为这一目标提

① SELZNICK P. TVA and the grass roots：a study in the sociology of formal organization［M］. Berkeley：University of California Press，1949.

② PFEFFER J，SALANCIK G R. The external control of organizations：A resource dependence perspective［M］. Stanford University Press，1978.

③ 汪锦军. 浙江政府与民间组织的互动机制：资源依赖理论的分析［J］. 浙江社会科学，2008（9）：31-37，124.

供合理的制度框架，提高民间组织公共服务的能力，为其提供与公共服务目标相一致的资金支持，从而构建一个政府与民间组织互动合作的框架①。很多学者用资源依赖理论对政府与非营利组织相互合作的内在逻辑做了很好的阐释。比如，Sungsook Cho 和 David F. Gillespie 在资源依赖理论的基础上，阐释了政府、非营利组织和服务接受者三者之间的资源流动和反馈过程，在该过程中，政府、非营利组织和服务接受者有各自的需求。服务接受者寻求服务，政府必须对公民的服务需求做出回应，而非营利组织由于资金的限制，无法完全满足公民的服务需求，于是非营利组织根据政府的要求，接受政府的资金，为公民提供相应的服务②。这种资源的相互依赖也表明，政府与非营利组织的合作可以形成相对稳定的结构③。

非营利组织的自主性非常重要。萨德尔根据对西方政府与非营利组织的观察认为，政府与非营利组织之间并不完全是单方面的顺从与服从的关系，而是由于它们都掌握着某种重要的资源才形成相互依赖关系④。

徐家良认为第三部门所需的组织内部资源主要是组织内部人员、物力、财力、能力等，外部资源包括关系资源（与政府关系、与市场关系、与社会组织关系）、项目资源、政策资源等⑤。根据非营利组织内外部资源需求，康晓光构建了非营利组织对政府依赖的七个方面的分析框架。这七个方面分别是：资金、组织体系、官方媒体、登记注册、活动许可、政府领导人资源、组织决策的机会与权利⑥。这七个方面涵盖了民间组织对政府依赖的各个方面，表明了这种依赖的复杂性和多元性。为了对资源需求做出反应，非营利组织可以采取积极的行动来对外部环境进行管理和控制，以减少其对外部环境的依赖⑦。一方面，非营利组织可以通过修正或控制等手段其他组织来维持自身独立，与其他组织建立联系；另一方面，非营利组织要权衡政府与非营利组织之间的关系问题，像交易成本理论一样，资源依赖理论主张采取一种更明确的实现管理动机的政治方法，在自主和生存之间进行权衡。

① 汪锦军. 浙江政府与民间组织的互动机制：资源依赖理论的分析 [J]. 浙江社会科学，2008（9）：31-37，124.

② SUNGSOOK C，DAVID F G. A conceptual exploring the dynamics of government-nonprofit service delivery [J]. Nonprofit and voluntary sector quarterly，2006，35（3）：493-509.

③ 汪锦军. 政府与非营利组织合作的条件：三层次的分析框架 [J]. 浙江社会科学，2012（11）：21-26，30，155.

④ SAIDEL J. Resource interdependence：the relationship between state agencies and nonprofit organizations [J]. Public administration review，1991，51（6）：543-553.

⑤ 徐家良. 第三部门资源困境与三圈互动：以秦巴山区七个组织为例 [J]. 中国第三部门研究，2012，3（1）：34-58.

⑥ 郑宽. NGO 与政府合作策略框架研究：基于对 18 家草根 NGO 的案例研究 [D]. 北京：中国人民大学，2008.

⑦ PFEFFER J，GERALD R S. The external control of organizations：a resource dependence perspective [M]. Stanford：Stanford University Press，1978.

知识拓展

范蠡卖马

范蠡是春秋时期著名的实业家。在还没有做官之前，他通过走访调查，发现了一个不错的商机：由于战乱不断，南方的吴越一带急需大量的战马；而北方的马匹不仅数量众多，而且还很便宜。如果能将北方的马匹运到吴越出售，肯定能赚不少钱。不过，最关键的还是运输问题。因为当时政局动荡、兵荒马乱，路上经常有凶残的强盗出没，弄不好就会落个人财两空的下场。正当范蠡一筹莫展的时候，他了解到，北方有一个很有实力的富商叫姜子盾。此人因为经常贩运麻布到吴越，早就花大价钱买通了沿途的强盗，所以他的商队一路都通畅无阻。于是，范蠡立即写了一张告示：范蠡新组建了一支马队，可以免费运送货物到吴越。姜子盾看到告示后，认为这是个好机会，于是就主动找到范蠡。很快两人就达成了运送麻布的协议。当姜子盾的麻布安全到达吴越后，范蠡转手就将马匹销售一空，赚了个盆满钵满。姜子盾这才恍然大悟，对范蠡佩服不已。范蠡巧妙地将贩卖马匹和贩运麻布结合到一起，最终实现了双赢的局面。很多时候，我们缺少的并不是资源本身，而是像范蠡那样懂得整合和利用资源、变不可能为可能的思维和谋略。

资料来源：秦洪. 范蠡卖马的启示［J］. 学习博览，2013（8）：71.

本章小结

本章分别从政治社会学与公共管理学两个视角考察了非营利组织，介绍并深入论述了学界最重要的几种国家与社会关系的核心思想。政治社会学视角主要考察非营利组织与民主的关系问题，介绍了多元主义、法团主义、公民社会理论、行政吸纳社会理论。公共管理学视角主要探讨非营利组织实施公共管理的技术与方法、进行公共项目绩效的管理等，即更多地从公共服务的供给方面阐述非营利组织，介绍了市场失灵理论、政府失灵理论、志愿失灵理论、多中心治理理论、民营化理论、资源依赖理论。

关键词

国家与社会关系　政府　非营利组织　多元主义　法团主义　公民社会　行政吸纳社会　市场失灵　政府失灵　志愿失灵　多中心治理　民营化　资源依赖

思考题

1. 学术界主要从哪些视角来考察政府与非营利组织之间的关系？它们考察的重点分别是什么？

2. 多元主义与法团主义分析非营利组织时有哪些异同？请简要论述。

3. 什么是国家与社会的关系？学术界形成了哪几种最主要的国家与社会关系模式？请简述每种模式的主要内容。

4. 如何理解"行政吸纳社会理论"与非营利组织的关系？

5. 依据市场失灵、政府失灵及志愿失灵理论，如何理解市场、政府与非营利组织之间的互补性？

6. 简述资源依赖理论的主要观点。

7. 简述中国非营利组织理论的现实意义。

8. 当前中国政府与非营利组织的关系有着怎样的特征？

拓展阅读

［1］张静. 法团主义［M］. 北京：中国社会科学出版社，1998.

［2］翁士洪. 从补缺式模式到定制式模式：非营利组织参与公共服务供给体制的战略转型［J］. 行政论坛，2017（5）：30-37.

［3］颜文京. 调整国家与社会关系的第三种模式：试论组合主义［J］. 政治学研究，1999（2）：85-93.

［4］陈家建. 法团主义与当代中国社会［J］. 社会学研究，2010，25（2）：30-43，243.

［5］康晓光，韩恒. 行政吸纳社会：当前中国大陆国家与社会关系再研究［J］. Social Sciences in China，2007（2）：116-128.

中国非营利组织管理理论与实践

3　中国非营利组织的内部治理

案例导入:

壹基金公益基金会的机构治理与组织架构

壹基金最早由李连杰先生于 2007 年创立,以"尽我所能、人人公益"为愿景,专注于灾害救助、儿童关怀与发展、公益支持与创新三大领域。2010 年 12 月,深圳壹基金公益基金会作为第一家民间公募基金会在深圳注册,是 5A 级社会组织,连续十年保持信息公开透明度满分,两度获得慈善领域政府最高奖"中华慈善奖",并获得"先进基层党组织""鹏城慈善 40 年致敬单位""深圳青年五四奖章"等荣誉。

1. 机构治理

壹基金是独立的法人机构,严格按照国家法律进行治理。理事会是壹基金最高决策机构,秘书处是壹基金日常执行机构,监事会是壹基金专职监督机构。三者为围绕"决策、执行、监督"的制衡机制,共同防范风险,通过制度建设,促进壹基金专业透明的稳健发展。

2. 组织架构

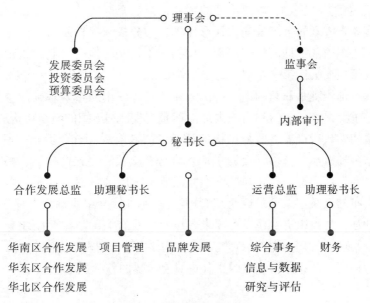

图 3.1　壹基金组织架构

资料来源:壹基金官方网站,https://onefoundation.cn/about/

3.1　非营利组织内部治理的内涵

3.1.1　非营利组织内部治理的含义

3.1.1.1　治理的概念

英文中的"治理"（governance）源自拉丁文和希腊语"Gubernare"，原意是控制（rule）、引导（guide）和操纵（steer），主要用于与国家公共事务相关的管理活动和政治活动。治理的基本含义是指在一个特定的范围内运用权威维持秩序，目的是在各种不同的制度关系中运用权力去引导、控制和规范公民的各种活动，以最大限度地增进公共利益。治理不同于管理，其区别主要表现为四个方面：①主体层面。主体是单一还是多元。②责任层面。责任的主要承担者是掌权者还是各主体。③民主层面。决策从掌权者的主观意愿出发还是基于民主。④管理手段层面。行政命令方式是管控还是更加关注引导和监管。

3.1.1.2　非营利组织的内部治理

非营利组织的治理分为内部治理与外部治理两部分。外部治理是指非营利组织与外部利益相关者的广泛关系，包括与政党、政府、企业的关系等。内部治理是指非营利组织围绕组织章程，在理事会、监事会、员工大会之间实现权责利合理分配，最终实现组织使命的各种机制、制度和关系的总称。

非营利组织内部治理包括四个层次：第一个层次是非营利组织内部治理的组织结构；第二个层次是非营利组织内部治理的结构形态，包括理事会、监事会、员工大会等，其相互关系决定了内部治理的绩效；第三个层次是非营利组织内部治理的模式，即实现责权利的合理分配，并形成集权、分权与授权的治理模式；第四个层次是非营利组织内部治理的机制层面，包括决策机制、执行机制、激励机制、监督机制等。本章主要关注第一个层次与第二个层次。

规范的内部治理是非营利组织科学运转和发挥作用的重要基础，也是组织防范化解风险的重要保障。非营利组织内部治理涵盖非营利组织的组织机构和活动准则，包括决策机构、执行机构、监督机构的科学设置和有效运作，会员（代表）大会、理事会、常务理事会、监事（会）的职权划分和会议程序，理事长、秘书长等负责人依规产生和行使职责，以及规范开展换届等。2016年8月中共中央办公厅、国务院办公厅发布的《关于改革社会组织管理制度 促进社会组织健康有序发展的意见》明确要求加强社会组织自身建设，要求各级政府及有关部门按照职能分工加强对社会组织内部治理的管理。内部治理与外部治理共同构成非营利组织高质量发展和作用发挥的一体两翼，在非营利组织工作中具有重要的基础性地位。

3.1.2　非营利组织内部治理的特点

3.1.2.1　非营利组织治理与管理的区别

（1）目标不同。虽然治理和管理的终极目标一致，即非营利组织治理基本目标的实现最终是为了实现组织的经营管理目标；但非营利组织治理的目标是为了实现权责的合理安排和制衡，非营利组织管理的目标是实现组织经营的目标，实现组织社会效益最大化。

（2）主体不同。非营利组织治理的主体是内部和外部利益相关者，包括会员、理事会成员、员工、志愿者、捐赠者、客户、公众等，他们参与非营利组织治理，维护各方利益；非营利组织管理的主体是经营者，主要是执行长（秘书长、总干事）和员工，他们针对秘书处日常管理问题进行日常决策。

（3）客体不同。非营利组织的资金来自会员会费、公众捐赠或政府财政，因此非营利组织的治理客体包括两个层次：一是在会员制的非营利组织中，会员大会对理事会的治理，或者在非会员制的非营利组织中，公众对理事会的治理；二是理事会对经理层（秘书处）的治理。非营利组织管理的客体是指非营利组织在服务、营销和人事等方面的具体管理活动。

（4）实施基础和稳定性不同。非营利组织治理通过内外部的显性、隐性契约来实现，其治理结构在较长的一段时间内会保持相对稳定；非营利组织管理主要通过行政权威的关系来实现，会随着市场和宏观政策的不断变化调整相应的管理方法和决策机制。

3.1.2.2　非营利组织内部治理的特点

（1）激励不相容。非营利组织的产出属于非市场产出，缺乏利润导向机制，且管理绩效不是基于可观察的标准，激励动力往往无法进行量化衡量。

（2）利益相关者具有开放性。相对于企业而言，非营利组织受到更广泛的利益相关者的关注，包括出资方、理事会、监事会、管理层、员工、志愿者、受益者、行业协会、政府、企业、社区、媒体等等。

（3）所有者缺位。对于非营利组织而言，出资人将财产交给受托人管理或处理，便失去了对其财产的占有、使用、收益、处分以及管理经营的权利；受托人取得该项财产的处分权，但财产处分后或经营管理中取得的收益要交付受益人；受益人可视为所有权的实际享有者，但是他也不享有完整的所有权。因此，非营利组织无法找到人格化的所有者，只能将其资产归结为法律上的法人所有。

（4）出资方与受益者的分离。非营利组织的出资方（捐助人）与受益者是分离的，而且捐助人一旦完成了捐助行为即丧失了其控制权，即非营利组织的所有权、控制权、经营权与受益权是分离的。

（5）竞争替代机制缺失。根据我国《社会团体登记管理条例》第 13 条的规定，当同一行政区域内已有业务范围相同或相似的社会团体时，登记机关可以认为没有必要而不予批准筹备社会团体。因此社团往往处于垄断地位，缺少竞争机制，需要建立更为完善的内部治理以保证组织的平稳运转。

知识拓展

民政部关于开展"僵尸型"社会组织专项整治行动的通知

民发〔2021〕63 号

符合下列情形之一的，纳入本次整治范围：

（一）连续未参加 2019 年度、2020 年度检查（年报）的社会组织；

（二）自取得登记证书之日起 1 年未开展活动的社会组织；

（三）自 2019 年 1 月 1 日以来，未按照章程规定的业务范围对外开展业务活动的社会组织；

（四）通过登记的住所、法定代表人等方式无法取得联系的社会组织。

资料来源：https://www.gov.cn/zhengce/zhengceku/2021-07/30/content_5628490.htm

3.2 非营利组织内部治理的组织结构

3.2.1 非营利组织结构的概念

非营利组织的内部治理是通过一定的组织结构来实现的，非营利组织的组织结构对于维持非营利组织的高效率至关重要。非营利组织结构是指非营利组织内部的各构成要素及其排列组合方式。非营利组织应根据组织目标和性质特征以及一定时期内组织所处的具体环境和各种影响因素来综合选择不同的组织结构模式。它包含两个层面的意思：一是非营利组织由哪些要素构成；二是非营利组织各构成要素间的排列组合关系。构成要素相似，组合方式不同，也会形成不同性质、不同运作效率的非营利组织。组织结构界定了对工作任务进行正式分解、组合、协调的方式。

非营利组织管理者在设计组织结构时，必须考虑六个关键问题：工作专门化、部门化、命令链、控制跨度、正规化、集权与分权①。

3.2.1.1 工作专门化

工作专门化（又叫劳动分工），是指把组织中的工作任务划分为单独工作单元的过程或程度。其核心内容是：每个人专门负责某一部分工作，而不是负责工作的全过程。工作专门化带来的效果是能够提高整体工作效率，对员工的技能要求降低，使得超越个人能力的工作可以完成。

3.2.1.2 部门化

工作专门化将工作分解成各个部分之后，还需要对它们进行组合，以便有效地协调那些相同的任务。对工作单元进行合并叫作部门化。部门化的方法通常有四种：

---

① 罗宾斯，库尔特. 管理学 [M]. 15 版. 刘刚，梁晗，程熙鎔，等译. 北京：中国人民大学出版社，2022：270-280.

中国非营利组织管理理论与实践

第一种是最常见的，根据职能进行合并、组合，即相同专业的人集中一起工作，可以提高管理效率，实现规模经济；第二种，根据产品或服务类型进行部门化，有利于提高产品或服务绩效的责任限制；第三种，按照地域进行部门化，即每一个地区形成一个部门，分片负责；第四种，也可以依据不同的顾客类型进行部门化。大型组织在进行部门化时会综合运用上述几种方法。

3.2.1.3　命令链

命令链是一种从组织最高层贯穿到最基层的不间断的职权线路，它明确指出谁要听从谁的指挥，谁要向谁负责。职权是指管理岗位中固有的发布命令的权力，并且人们预计这种命令会被遵从和执行。在组织的管理中，每位管理者都会被授予一定的职权。

3.2.1.4　控制跨度

控制跨度是指管理者可以有效地管理下属的规模。组织的层级和人员的规模受到控制跨度的影响，从而影响到组织的管理效率和人员成本。

3.2.1.5　正规化

正规化是指组织内部工作标准化的程度。工作的正规化程度越高，意味着从事该工作的人对于工作内容、时间、手段的自主权越低。在高度正规化的组织中，有详尽的工作流程，有大量的规章制度和明确的工作说明书。

3.2.1.6　集权与分权

在集权式组织中，全部决定都由高级管理者做出，基层管理者只负责执行高级管理者做出的决定。在分权式组织中，基层管理拥有决策的权力，高级管理者与基层管理者之间隔阂更少，有更多人参与到决策的过程当中。

3.2.2　非营利组织结构的基本类型

3.2.2.1　简单结构

所谓简单结构，是指低复杂性、低正规化和职权集中在一个人手中的一种扁平组织，通常只有两三个纵向层次，有一个松散的员工队伍，并且决策权集中于某一个人，表现出几乎没有什么结构。简单结构是小型非营利机构广泛采用的组织结构类型。由于结构简单，决策结构、信息结构和控制结构都表现出高度集中的特征。

简单结构的优点与缺点：①优点。反应快速、灵活、运营成本低、责任明确。如果机构的规模较小，或者外部环境比较简单而且经常变化，或者处于初建时期，那么简单结构就是最有效率的组织结构。规模小通常意味着工作量少、工作的重复性低、机构内部的非正式沟通更方便，也更有效。②缺点。简单结构仅仅适用于小型机构。随着机构规模的扩大，低正规化和高度集权的结构会使决策者承担的协调和决策工作量很快超过他个人的实际能力，简单结构变得越来越不适用，必然要开始走上工作专门化与部门化。

3.2.2.2 直线职能式结构

直线职能式结构是直线式结构和职能式结构的结合。

直线式结构是指在组织中权力从组织上层流向基层，组织中每一位主管人员对其下属有直接的命令权。一切权力集中在组织的最高层，行政命令按照垂直方向自上而下逐级传达；同一层次的机构和成员之间不发生任何领导关系，有关信息沿着垂直线上下传递。职能式结构是指在上级组织的领导下，按专业分工设置若干职能部门，各个职能部门直接对上级负责，并在其业务范围内对下级有指挥、协调、监督、控制的权力。采用职能分工实行专业化的管理办法来代替直线式的全能管理，在上层主管部门下设职能机构，把相应的管理职权交给这些职能部门。

直线职能式结构是以直线为基础，在会员大会或理事会之下设置相应的职能部门，分别从事相关的专业管理，作为该级行政主管的参谋，实行理事长统一指挥与职能部门参谋、指导相结合的组织结构形式。在设置横向职能机构的同时，又设置有最高层垂直领导的结构。它充分运用专业化分工原理，把管理职能和工作技能专业化为不同的部门，组织机构和部门设置不随工作性质和工作种类的变化而变化，不论承担什么样的工作，都先把工作按职能和技能专业化原则分解，再根据展开该项工作的固有程序依次在不同部门中操作、流转。按管理层次实行的纵向分工，按管理职能和工作技能专业化原则实行的横向分工，高度集中的决策结构、信息结构、控制结构，赋予直线职能制典型的金字塔式组织形态，并且使等级制成为它的基本组织原则。直线职能制适用于决策结构高度集中，决策权集中于最高领导手中，下级的任务仅仅是执行上级的决策、实现上级确定的目标的组织。

直线职能式结构的优点与缺点：①优点。综合了直线式和职能式两种结构形式的优点，既实行职能的分类，发挥专业人员的特点，又保证权力的集中、指挥的统一。②缺点。第一，随着组织机构规模不断扩大、管理层次逐渐增加、任务或目标日趋多样化、所面对的环境越来越复杂，机构内部信息传递的环节越来越多，需要处理的信息越来越复杂而且量越来越大，决策的难度和对决策者的要求也越来越高，其结果就是由最高决策者直接操纵的反馈控制的有效性和可靠性变得越来越不理想。因此，对规模较大、层次较多的机构来说，直线职能式结构并不是非常有效的组织结构。第二，这种结构形式由于各方面的关系更加复杂，容易产生各机构之间职责划分不明确的情况，造成组织机构内部的摩擦。第三，直线职能式结构不能为未来的最高决策者提供训练机会，部门经理了解的只是机构的一个狭窄的局部，不利于形成和发展把握全局的能力。

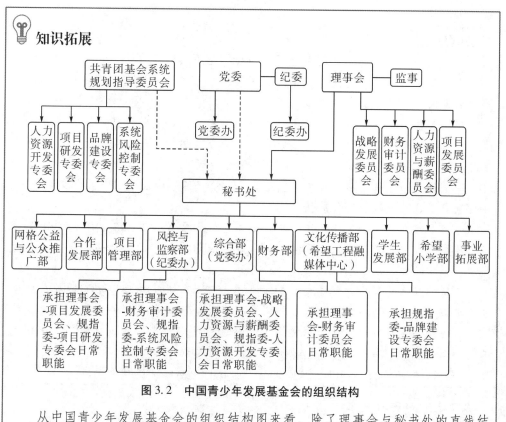

图 3.2　中国青少年发展基金会的组织结构

从中国青少年发展基金会的组织结构图来看，除了理事会与秘书处的直线结构，还将组织的职能部门划分为网络公益与公众推广部、合作发展部、项目管理部等 10 个部门，承担不同的职能，共同服务于整个组织。

资料来源：中国青少年发展基金会官网，https://www.cydf.org.cn/#/about/manage？type=4.

3.2.2.3　事业部式结构

事业部式结构又称为 M 形结构或多部门结构，是在组织的服务对象和活动领域等基础上把组织划分为若干事业部而组成的组织结构。非营利组织以某个产品、服务、项目、地区或顾客为依据，将相关的下属组织结合为一个相对独立的组织结构，这些相对独立单位通常表现为分支机构、专业委员会、工作委员会、专项基金管理委员会等。

事业部式适用于规模巨大的机构、产品或项目多元化程度高的机构、活动空间范围大的机构及外部环境复杂多变的机构。事业部式结构的优点和缺点：①优点。有助于发挥职能部门的参谋作用，有助于分支机构根据当地实际情况开展工作，提高效率；分支机构不是服从于职能部门而是服从于理事会，有助于提高决策的快速下达。②缺点。分支机构的增多带来管理幅度的增加，从而增加管理难度；分支机构有可能导致机构的重复设置，增大管理成本；分支机构也可能和职能部门产生分歧，从而增加协调成本。

67

知识拓展

中国交通运输协会的组织架构

　　中国交通运输协会（简称"中国交协"）秘书处负责协会日常运转工作，秘书处由办公室、工作部、科技部、培训部（培训中心）、人事处等部门组成。

　　中国交协下设包括运输与物流分会、多式联运分会、物流技术装备专业委员会、智慧物流专业委员会、驾驶培训分会、地方客运协作工作委员会、青年科技工作者工作委员会、新技术促进分会、快运分会等31个分支机构。

　　中国交协下设8个直属单位，包括北京华协交通咨询公司、中国交通年鉴社、中国航务周刊社及物流时代周刊等。

　　专家委员会是协会专业工作机构，由协会统一领导。专家委由交通运输与物流及相关专业具有较高学术水平和影响力的专家组成的专门委员会，服务协会相关专业技术工作。

　　标准化技术委员会（标委会）为协会专业工作机构，由协会统一领导。标委会主要职责为根据市场和创新需求，研究提出协会团体标准制修订规划、年度计划和标准体系建议；组织业内单位提出、修订、推广和应用团体标准，保障和提升协会团体标准水平，为协会团体标准工作提供技术支撑。

　　资料来源：中国交通运输协会官网，https://cctaw.cn/about/

3.2.2.4 矩阵式结构

　　矩阵式结构是一种由纵横两套系统交叉形成的复合组织结构。纵向是为完成某项专门任务而组成的项目系统，横向是非营利组织的职能系统。既按照专业化原则划分职能部门，据此获得专业化的经济效果，同时又设置了一系列项目组，每一个项目组负责一个项目，设一位领导，领导根据项目的需要从各个职能部门中抽调有关人员参加项目组。这样一来就将职能部门化和产品部门化的因素交织在了一起，因此称之为矩阵式结构。

　　矩阵式结构创造了双重领导关系，组织成员既接受职能部门的指挥，又接受项目负责人的统帅。矩阵式结构具有网络式的信息结构和决策结构。这种信息结构的特点是，各信息点之间的联系既有垂直方向，即上下级之间的纵向联系，也有水平方向，即项目组内的横向联系，形成纵横交错的信息传递网络。同时，其也具有分权与集权相结合的决策结构。根据决策中心应与信息中心重合的原理，网络式的信息结构可以支撑多中心决策结构，也就是说，每个矩阵组织单元都有成为决策中心的条件。矩阵式结构适用于需要集中各方面专业人员完成的工作项目或临时性任务。

　　矩阵式结构的优点和缺点：①优点。弹性大，要集中资源迅速完成重要任务；由于集中了各部门专业人才，可以促进新观点和新设想的产生；多部门组合，可促进相互沟通和协调、有利于部门之间的合作；双重晋升路径，使员工有更多的选择项，可促进部门的积极配合，提高项目管理的效率。②缺点。上级领导之间容易出现矛盾或推诿现象，使下级无所适从，导致指挥和协调上的困难；同时这种组织结构具有临时性的特点，任务完成后，临时抽调的工作人员还会回到原来的职能部门中去，容易导致人心不稳和责任心不强。

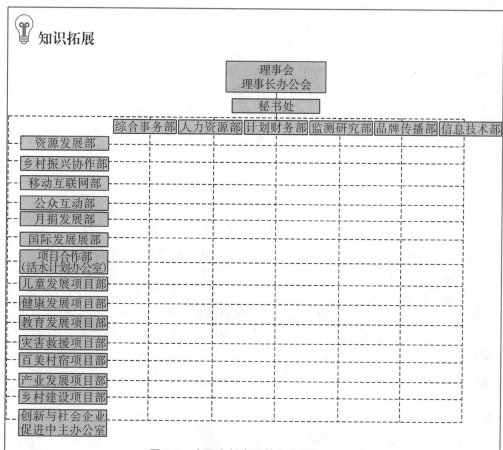

知识拓展

图 3.3　中国乡村发展基金会的组织架构

可以看到，中国乡村发展基金会由纵横两个系统组成，纵向的项目系统包括资源发展部、乡村振兴协作部等，横向的职能部门包括综合事务部、人力资源部等。这样的结构既有利于基金会整合整个组织资源完成任务，又有利于降低管理成本。

资料来源：中国乡村发展基金会官网，https://www.cfpa.org.cn/about/structure.aspx

3.2.2.5　团队式结构

团队式结构是指为了完成某项任务，而这项任务的完成需要多种技能和经验，于是通过选调组织中具有这方面素质和能力的人来组成一个团队，通过团队成员的共同努力来完成任务的一种组织形式。团队式结构的主要特征是打破部门界限，并把决策权下放到团队。当管理层运用工作团队作为协调组织活动的核心方式时，其组织结构为水平组织，这种结构形式要求员工既是通才又是专才。团队式结构的特点：①打破部门界限，并把决策权下放到团队成员，要求成员既全又专，团队负责活动的全部责任。②团队组织适合于组织中具有特定的期限和工作绩效标准的某些重要任务，或者任务是独特、不常见的，需要跨职能界限的专门技能。③团队作为对官僚结构的补充，既提高了标准化的效率，又增强了灵活性，是一种自我管理的团队。

团队式结构的优点和缺点：①优点。团队成员随着任务或者需求的变化而变动，这种弹性化的人力资源运用方式，可以迅速回应外在环境的变化与服务对象的需求，可以随时针对问题建立弹性化的组合，避免专业化分工所造成的僵化和协调困难。同时，决策的下放和完成任务的挑战性可以激发团队成员的成就感和责任心，为组织带来生机与活力。②缺点。团队组织在规模上有很大的限制，人数较多时彼此沟通较困难；团队的成功依赖领导人能够明确任务，团队成员具有高度的自律性以及成员间的有效沟通。

 知识拓展

助推乡村振兴 社会组织合力团再出发

据陕西社会组织服务中心负责人王娜介绍，238 家省级社会组织在省级社会组织助力脱贫攻坚合力团的基础上，重新调整组建成 12 个省级社会组织助力乡村振兴合力团，继续发挥规模较大、能力较强、统筹资源广泛的优势，与全省 11 个国家乡村振兴重点帮扶县和 15 个省级乡村振兴重点帮扶县形成"一对一""多对一"的帮扶关系，重点围绕产业振兴、组织振兴、人才振兴、消费帮扶等领域，全面助力乡村振兴战略的实施。每个合力团设立 1 个团长单位，负责统筹整合合力团社会组织资源，推动落实帮扶项目，协调、指导成员单位工作。省民政厅社会组织管理局委托陕西社会组织服务中心作为省级社会组织助力乡村振兴合力团联络站，协调指导各合力团开展帮扶调研和初步对接，发挥好枢纽、支持和服务作用。

自 2021 年 7 月省级社会组织助力乡村振兴合力团成立以来，共有 478 家省级社会组织积极加入，实施帮扶项目 242 个，投入资金 8 523 万元，取得阶段性成效。在省级合力团的带动引领下，各地组建市、县（区）级合力团 178 个，实施帮扶项目 718 个，1 586 家社会组织参与，与 43 个县（区）、130 个乡镇形成"一对一""多对一"的结对帮扶关系，带动全省 6 450 家社会组织积极参与乡村振兴，投入帮扶资金 3.57 亿元，30 余万群众受益，形成了省市县三级社会组织合力团带动引领、社会组织广泛参与的良好局面和品牌效应。

资料来源：民政部，https://www.mca.gov.cn/n152/n166/c1662004999979995283/content.html.

3.2.2.6　网络式结构

网络式结构是指一个组织通过承包合同等方式，把组织内部的一些业务交给外部的不同专业组织去完成，而总部只保留自身最关键的强项功能和为数有限的核心员工，其主要职责就是制定政策以及协调各承包商的关系的一种组织形式。采用网络式结构的机构把在其他情况下本该由自己来承担的许多职能，通过签订合同的方式委托给了独立的合作者，由合作者替自己完成这些职能。实际上，网络式的本质是把机构内部的分工协作转变成机构之间的市场交易。网络式结构并不是对所有的组织都适用，它更适用于需要较大灵活性的组织。

网络式结构的优点和缺点：①优点。网络式结构能够帮助机构及时吸收新的技能和知识，对千变万化的社会需求做出迅速的反应，轻而易举地扩展自己的业务规模、活动空间和活动领域，以较低的成本支撑自己的基础结构。②缺点。组织的工作依靠独立的承包商来完成，在某些方面缺乏可控性；如果一个重要的、不可替代的分包商脱离业务，将会使组织遭受重大损失；各分包商只是被委托负责自己的工作，而且关系网络系统各部分变化较快，缺乏长期被雇佣的观念，员工忠诚度较低。

3.2.2.7　无边界组织

所谓无边界组织，是指"不被各种预先设定的横向、纵向或外部边界所定义或限制的一种组织结构"①。无边界组织是相对于有边界组织而言的。有边界组织要保留边界，完全是为了保证组织的稳定与秩序。但无边界组织也需要稳定和呈现度，所以它绝不是要完全否定组织必有的控制手段，包括工作分析、岗位定级、职责权力等的设定，只是不能把它们僵化。所谓无边界组织是指边界不由某种预先设定的结构所限定或定义的组织结构。边界通常有横向、纵向和外部边界三种。横向边界是由工作专门化和部门化形成的，纵向边界是由组织层级所产生的，外部边界是组织与其顾客、供应商等之间形成的隔墙。

促使无边界组织出现并发展的最重要的动因是信息技术革命，"互联网革命"引发了一场广泛而深刻的"组织革命"。互联网改变了实体组织的运行逻辑和组织结构。互联网的运用大幅度降低了组织内部的沟通成本，管理幅度增大，层级减少，组织趋于扁平化；同时，网络型协作更加普及，决策方式也更加分散，人们的参与性更强。互联网所带来的更伟大的变革是创造虚拟组织。社交软件的出现是发生在互联网上的又一场伟大的组织革命。Facebook、微博、微信等社交网络，其本质是形式化的、通用的、开放的、人人可用的、触手可及的、简单的、免费的"组织"。互联网及虚拟组织，解除了个人对实体组织的依赖，个人不依靠实体组织也可以高效率地组织集体行动。

无边界组织的优点和缺点：①优点。无边界组织拥有高度的灵活性和快速的响应能力，能够跨越地域限制，有效地利用从任何地方挖掘到的人才。②缺点。无边界组织内部缺乏控制，难以保证产品的标准与计划的如期完成，无边界组织中沟通较为困难，互联网技术并不能完全取代面对面的交流。

3.2.3　非营利组织结构的设计

3.2.3.1　组织结构设计遵循的基本思路与原则

非营利组织结构的设计是非营利组织依据一定的理论和原则对非营利组织结构及其功能进行规划和确立的过程，通过对非营利组织的各个要素进行合理配置，协调各个机构、部门之间的职能，以达到组织高效运作的目标。

---

① 罗宾斯，库尔特. 管理学 [M]. 15 版. 刘刚，梁晗，程熙镕，等译. 北京：中国人民大学出版社，2022：293.

非营利组织结构设计的基本思路：首先，明确组织目标并确立相应的基本职能；其次，以职能细分和归类为依据，设置相应机构和相关职务；最后，将必要的职位和各种职务相对应，并按职位配置人员。

非营利组织治理结构的设计需要遵循如下原则：①任务与目标原则；②专业分工和协作原则；③有效管理幅度原则；④集权与分权相结合原则；⑤稳定性和适应性原则。

3.2.3.2 结构设计的影响因素

决定组织结构的主要因素包括战略、组织规模、技术特性、组织环境、组织发展阶段。

（1）战略。组织结构是帮助管理者实现组织目标的一种手段。组织目标由组织的总体战略决定，因此组织战略与组织结构之间存在密切关联。具体而言，组织结构应该服从组织战略。如果管理层针对组织战略做出重大调整，那么组织结构也应随之做出相应的变化，以适应和支持组织战略的变化。

（2）组织规模。组织规模是一个组织所拥有的人员数量以及这些人员之间的相互作用关系。一般而言，非营利组织的人数越多，组织规模越大，组织的标准化程度和规章制度的健全程度也就相应越高，专业化分工的程度也相应更细，分权化程度也就越高。

（3）技术特性。对技术进行区分的一个常用标准是常规化程度。所谓"常规化程度"是指技术是一种常规性活动，还是一种非常规性活动。前者以自动化和标准化的操作为特点，后者则是根据客户要求而专门定制的活动。常规性任务与部门化程度更高的组织结构有关。另外，常规性通常与操作规范手册、工作说明书，以及其他正规文件的存在有关。

（4）组织环境。非营利组织结构的复杂性、规范化和分权化程度与其所处环境有一定关系，组织环境不确定性越大，其组织结构的复杂程度越低；组织环境越平稳，不需要组织对环境做出快速反应，组织结构的规范化程度越高；组织环境越复杂，组织结构越趋于分权，通过决策部门化，才能对环境做出灵活反应。

（5）组织发展阶段。一般来说，组织的发展会经历生成、成长、成熟、衰退和再生五个阶段。

①生成阶段。组织的生成阶段也被称作创业阶段。由于规模较小，组织往往采用比较简单、机械的组织结构，权力集中在以创始人为代表的高层管理者手中。这一阶段，组织成长的动力在于创始人或团队的创造性，活动复杂性较低，对分权的需求和对管理规范性的要求也不高，但面临领导力风险。

②成长阶段。组织在成长阶段，一般发展速度较快。这一阶段，组织成长的关键在于决策的方向。随着规模的迅速扩大，原有机械式组织结构已经不能满足组织发展的需求，需要形成一种有机的组织结构，向中层、基层管理者授予更多决策权，组织的规范性提高。与此同时，容易出现沟通不畅、部门之间争权夺利的现象，组织面临各自为政的风险，因此需要对组织结构进行必要调整。

③成熟阶段。经过快速发展之后，组织进入成熟阶段，组织成长的动力在于授

权，组织结构呈现出规范化的特征；层级关系更加清晰；职能逐渐健全；内部沟通越来越正式化；规章制度更加完善。此时，组织需要在提高内部稳定性的同时，通过创新来扩大市场，通常采用的方法是单独成立研发部门，但在官僚制组织结构中，创新的范围受到限制，组织面临控制风险，即管理者需要通过授权来调动各部门的积极性，但又不能失去控制。

④衰退阶段。授权、规范化固然能够带来组织的成长，但同样会产生负面影响。主要表现在机构臃肿、人浮于事；沟通路径过长导致决策迟缓；过于强调程序和规范，形式主义蔓延；明知组织运行效率低，却无法推进改革。如果不能有效地加以应对，组织就会进入衰退阶段。这一阶段，组织成长的动力在于协调。

⑤再生阶段。组织进入衰退阶段后，如果不能适时调整组织结构、进行大刀阔斧的改革，可能面临灭亡的命运。多数情况下组织会努力地生存，寻求可持续发展，这就要求进行大胆变革；通过再集权排除阻力、推进改革；通过流程再造对原来过细的分工进行重新整合；有选择地退出部分业务，降低运行成本；通过扁平化，减少组织层级；采用矩阵式组织结构，提高沟通效率；加强与其他组织的合作，谋求共同发展等。这一阶段，组织成长的动力在于合作。

3.3　非营利组织内部治理的组织机制

3.3.1　非营利组织的章程

组织章程是组织活动的依据。非营利组织是靠使命维系在一起的，组织章程是非营利组织活动所必须遵循的"法律"。非营利组织的一切活动必须以组织章程为依据，不能出现违背组织章程的行为。组织章程的制定通常包括以下七个方面：

（1）对非营利组织名称、住所、业务主管单位、性质、使命、宗旨等所做的规定。这个部分通常称为总则。

（2）对非营利组织业务范围和职能的规定。这个部分通常要求非营利组织列出业务范围或提供服务的主要范围。

（3）对非营利组织机构如会员代表大会、理事会、常务理事会、监事会以及组织负责人等方面的规范。

（4）对非营利组织开办资金及经费来源等财务状况所做的规定。要标明注册资金多少，经费来源的构成情况及使用原则。

（5）对非营利组织章程修改的规范。章程修改一般需要经过组织权力机构同意后，报业务主管单位和民政部门备案。

（6）对非营利组织罚则的规范。对于非营利组织的违规和违法行为，章程中通常规定了对这些违规违法行为的罚则。

（7）对非营利组织程序终止和剩余财产的处理。非营利组织终止后，剩余财产需按国家有关规定用于与本组织宗旨相关的事业。

非营利组织的章程是其运作的规则，通过遵循这些规则，可以避免重新制定流程并且保持行动一致，从而最大限度地减少在流程中不公平或混淆的情况。

3.3.2 会员大会

根据《民法典》第九十一条的规定，社会团体法人应当设会员大会或者会员代表大会等权力机构。会员大会（或者会员代表大会）是最高权力机构。以福建省为例，会员数量在150个以下的，必须召开会员大会。会员数量在150个及其以上的，可以按一定比例在会员中选举代表组成会员代表大会，代行会员大会职权。召开会员大会（或会员代表大会）须有三分之二以上会员（会员代表）出席方可召开，其决议须经到会会员（会员代表）的二分之一以上同意方为有效。社会团体一般应于换届选举大会30日前，将审议通过后的换届选举材料和会议纪要（决议）报送审批或审核。有业务主管单位的社会团体报业务主管单位审批，无业务主管单位的社会团体报登记管理机关审核。会员代表大会、理事会（常务理事会）、监事会每届均为3至5年，具体届期由社会团体在章程中规定。因特殊情况需提前或延期换届的，须由理事会表决通过，其中有业务主管单位的，要报业务主管单位审查并经登记管理机关批准同意；无业务主管单位（含直接登记的社会团体和脱钩后的行业协会商会，下同）的，直接报请登记管理机关批准同意。社会团体延期换届最长不超过1年。

会员代表大会的主要职责是：①制定和修改章程；②选举和罢免理事、监事；③审议理事、监事会的工作报告和财务报告；④决定重大变更和终止事宜；⑤制定和修改会费标准；⑥决定其他重大事宜。

第十八条 会员代表大会须有 2/3 以上（含）的会员代表出席方能召开，其决议须经会员代表半数以上表决通过方能生效。对于修改章程、决定本学会终止等重大议案，须有 2/3 以上（含）会员代表表决通过方能生效。

第十九条 会员代表大会每届 4 年，因特殊情况需提前或延期换届的，须由理事会表决通过，报业务主管单位审查并经社团登记管理机关批准。延期换届最长不超过 1 年。

资料来源：中国计算机学会官网，CCF 章程节选，https://www.ccf.org.cn/About_CCF/CCF_Constitution/

3.3.3 理事会

理事会是非营利组织的决策核心和权力中枢，是非营利组织的掌舵人，对组织享有最大的控制权。在组织内部，理事会集决策者、监督者、协调者三个角色于一身。根据 BoardSource 发布的理事会使用指南，理事会职责包括：

（1）设定组织的使命和目的。理事会负责创建和审查使命宣言，并阐明实现使命的目标和方法。

（2）选择执行主任。执行主任向理事会报告，理事会有责任聘请以及在有正当理由的情况下开除执行主任。

（3）提供适当的财务监督。理事会在法律上有责任确保适当的财务控制措施到位。他们应该帮助制订年度预算并定期审查财务报表，以确保资源得到妥善利用。

（4）确保充足的资源。理事会有责任确保非营利组织拥有实现使命所需的资源。

（5）确保法律和道德的完整性并保持问责制。理事会应确保非营利组织遵守法律并符合道德标准。

（6）确保有效的组织规划。理事会应参与战略规划和监督战略目标的实现。

（7）招募和指导新理事会成员并评估理事会绩效。理事会负责其自身的运作和发展，并应评估其自身的绩效。

（8）提高组织的公共形象。理事会成员是非营利组织的代表。理事会应采取行动以吸引民众对该组织的支持。

（9）确定、监督和加强项目。理事会应定期对项目进行监督与审查，以确保它们有效并与使命保持一致。

（10）支持执行主任并评估他的表现。理事会应确保执行主任拥有有效的资源和专业支持，理事会应当评估执行主任的表现。

3.3.3.1 理事会的职能

简言之，理事会的职能可以概括为对内、对外两个方面。

对内职能包括：①决定组织的宗旨与目标。清楚地界定组织的宗旨、核心任务和要达到的主要目标，以及制定、运作的程序，并定时检查组织的规程及方案的内容是否与组织的宗旨一致。②决定组织的计划与发展。理事会要参与组织年度计划的制订，决定长期计划的基本方向，并监督计划的执行情况。③预算和财务监督。理事会要审核与批准预算，监督财务制度的执行。④招聘和解聘领导人。理事会要选拔组织的行政领导人如秘书长、总干事等，并定期评估和鉴定其工作绩效。

对外职能包括：①筹款。为组织筹款，寻找财源，使组织获得足够经费开展活动。②作为与外界沟通联系的桥梁。沟通联系政府、社区等其他部门，提高组织公信力，维护组织形象，为组织发展创造良好的外部条件。

尽管非营利组织理事会具有广泛的职能体系，但一些不属于理事会职责范围内的事情，理事会不应该涉足：组织的日常运转；雇佣除秘书长以外的职员；未与雇员商讨就制订详细的纲领性计划。

有研究表明，理事会治理能力与治理表现既能影响社会组织的财务指标，又显著影响其公共输出，同时制度环境能够显著调节理事会与组织绩效间的关系。在支持性制度环境中，理事会治理能力、治理表现对组织财务指标和公共输出影响效应被强化。在消极制度环境下，组织自身的成长韧性可能是一种重要的替代机制[1]。

3.3.3.2　理事会的规模

理事会理事人数应保持在何种规模才算合理？从治理的角度来考察，人数过多不仅可能影响理事会的监督职能，还会造成理事会成员沟通和协调上的困难，甚至会出现一定程度的机能障碍，从而对组织绩效产生负面影响。此外，理事会规模过大还会使理事会成员产生搭便车的动机。当然，理事会人数过少，同样难以使理事会发挥民主决策和监督职能。

我国《社会团体登记管理条例》和《民办非企业登记管理暂行条例》对理事会的人数未做明确的规定，但规定了有关议事规则，所以可以理解为应该采取由数人组成的理事会。《基金会管理条例》第二十条规定，基金会设理事会，理事为 5 人至 25 人。

非营利组织的理事会平均规模各不同。拥有较多预算和员工的非营利组织倾向于拥有更大的理事会，运营特别复杂的非营利组织也一样。理事会规模与理事会和非营利组织的有效性之间没有明确的关系。在决定理事会规模时，需要考虑的因素包括法定最低规模要求和理事会的工作性质，较小规模的理事会可能更容易安排会议和达到法定人数。他们可能更容易成为一个有凝聚力的单位，并且与理事会事务管理相关的成本更低。较大规模的理事会能够提供更广泛和更深入的经验和联系，但在确保所有理事会成员积极参与和了解组织情况方面会面临更大的挑战，特别是如果理事会在很大程度上依赖委员会来完成其大部分工作的时候。

3.3.3.3　理事会的构成

理事会通常经由选举产生，作为该组织决策和治理的最高权力机构。我国的非营利组织都必须成立理事会，包括基金会、社团和民办非企业单位。以基金会为例，它要求有更多的社会参与，要求在基金会领取报酬的理事不得超过理事总人数的 1/3，

---

① 叶仕华，何雪松. 理事会能够提升社会组织绩效？：基于全国 691 家社会服务类组织的实证研究 [J]. 公共行政评论，2021，14（1）：132-150，222.

2/3 以上的人要以志愿者的形式加入理事会。

理事会的成员构成因组织而异，通常情况下包括社会知名人士、资助者或受益者代表、资深专家等，有时也有政府机构的代表、退休官员或企业的代表等。确定理事会的成员组成可以考虑以下内容：

（1）理事会成员需要考虑其优秀的品德。因为他们身上肩负监督职能，是把守组织行为底线、风险控制的最后一道闸门。

（2）理事会成员必须具备一定的技能和知识领域。上述理事的职责暗含了理事会成员必须具备的技能和知识领域，具体来说包括：①非营利组织的托管职责；②组织计划；③金融会计；④资金募集；⑤人事管理；⑥法律事务尤其是涉及非营利组织的合作、合同与人事方面的法律事务；⑦公共关系。

（3）理事会成员来自不同的领域。理事会中的人口异质性可以促进对利益相关方的敏感性和创新性，拥有能够接触到各种资源和信息的理事会成员有利于让非营利组织抓住发展机会。通过与不同社区的联系，理事会成员可以监测非营利组织的看法和期望，并了解影响组织履行其使命能力的外部变化。

3.3.3.4　理事会的运行机制

组织的有效运行核心在于理事会治理的有效运行和理事会功能的正常运转，而理事会履行其职能的重要机制则是依赖理事会会议和委员会制度。

（1）理事会会议。理事会的运行机制从本质上说是民主决策机制，理事会承担的是集体责任，尽管不同理事承担不同的具体职责，但每个理事都应该对组织承担同等责任，任何人均不得凌驾于理事会之上。理事长是理事会选举的合法主席，他由理事会任命，有明确职责。理事任期由组织章程规定，但每届任期不得超过 5 年。理事任期届满，连选可以连任。理事长是基金会的法定代表人。基金会与社会团体的法定代表人具有唯一性，即不得同时担任其他基金会或社会团体的法定代表人。

理事长主要职责是为理事会服务，协调理事会中各成员的关系，确保所有重要的相关问题都在议事日程上，确保所有理事会成员在自身的领域发挥其积极性。整个理事会要共同分担责任，以保证理事会作为一个整体高效运行。

理事会要保证决策的科学性，适当的会议次数、合理的会议议程十分重要，《基金会管理条例》第二十一条规定，理事会每年至少召开 2 次会议。理事会会议须有 2/3 以上理事出席方能召开；理事会决议须经出席理事过半数通过方为有效。重要事项的决议，须经出席理事表决，2/3 以上通过方为有效。

理事会决策是一个充满分歧、磋商、妥协，形成统一认识的过程。理事会会议的目标是将不同的声音转化为共识，形成组织决策。理事会除讨论常规性组织重大事务外，只有影响组织发展的长期的或战略性的问题才应列入理事会讨论的议程。《基金会管理条例》第二十一条规定的重要事项包括：章程的修改；选举或者罢免理事长、副理事长、秘书长；章程规定的重大募捐、投资活动；基金会的分立、合并。

（2）委员会。当非营利组织达到一定规模后其运作变得越来越复杂，为提高理事会运行效率，促进理事会工作的专门化，提高理事间信息沟通和信息处理的有效性，在理事会内部设置若干委员会是强化理事会职能的发展趋势。采取委员会结构有许多优势：①它可划分工作量。②在理事会正式解决各种问题之前，委员会能促进赞成者和反对者进行非正式的讨论。③它可使组织把专家纳入商讨程序又无须进入理事会。④对未来的理事来说，组织可以通过委员会评估其责任心和绩效。一般而言，委员会成员大部分应该是理事会成员。理事会下常设的委员会有：执行委员会、财政委员会、发展委员会、提名委员会和计划委员会等。

在实证研究中，由于中国社会组织网的基金会年报所报告的数据可得性，研究者往往会使用三个维度作为衡量基金会内部治理的指标，包括基金会规模、理事会会议次数、理事会专业化程度。其中理事会规模以理事会人数衡量，理事会会议次数以基金会年度召开会议次数衡量，专业化程度则以理事会的专职成员数量衡量①。

 知识拓展

生命周期视角下非营利组织的董事会治理实践研究
——以 Q 社工机构为个案

　　文章通过对 2003 年成立的 Q 机构的历时研究，从组织生命周期视角描述分析 Q 机构董事会的治理实践与变化，发现机构董事会的功能以及权力格局都随着组织发展而变动。早期起到重要影响的董事被边缘化，影响力被削弱，导致新的权力格局形成。董事会理念发生重大变化，从之前强调服务的专业化转向强调服务的经济效益取向。该研究发现，董事会在实践中很难做到理性治理，决策往往存在妥协，尤其会受个别积极董事的理念影响。董事会在整个生命周期内呈现出均衡–冲突–均衡的发展历程。

　　资料来源：聂玉梅，顾东辉. 生命周期视角下非营利组织的董事会治理实践研究：以 Q 社工机构为个案［J］. 浙江工商大学学报，2019（3）：109-120.

3.3.4　监事会

3.3.4.1　监事会的职能

监事会是非营利组织的非必设机构。其基本职能是以出资人代表的身份监督理事和执行人员的经营活动，以财务活动为重点，确保理事及执行人员正确行使职权，纠正违反法律法规、组织章程及损害组织利益的行为。

非营利组织通常设置 3 名左右的监事，监事任期与理事任期相同，可以连任。为了保证公平公正，监事实行回避制度，理事、理事的近亲属不得在组织中担任监

中国非营利组织管理理论与实践

① 张毅，宋程成，马冉，等. 国家干预弱化，还是调适性转型：慈善基金会政治关联对财务绩效的影响［J］. 甘肃行政学院学报，2020（2）：89-97，61，127.

事。监事的产生方式有三种：①由主要捐赠人、业务主管单位分别选派；②登记管理机关根据需要选派；③通过选举产生。

根据我国《基金会管理条例》的规定，基金会设监事。监事任期与理事任期相同。理事、理事的近亲属和基金会财会人员不得兼任监事。监事依照章程规定的程序检查基金会财务和会计资料，监督理事会遵守法律和章程的情况。监事列席理事会会议，有权向理事会提出质询和建议，并应当向登记管理机关、业务主管单位以及税务、会计主管部门反映情况。具体来说，监事的基本职能如下：①检查组织的财务状况。监事会有权对组织的财务会计报表进行核查，由自己或聘请专业人员审核公司的财务会计报告，包括资产负债表、损益表、财产情况变化表及有关的会计资料和财务安排等。②对理事、管理人员职务活动中是否违反法律、法规或者组织章程的行为进行监督。③当理事、高层管理人员的行为损害法人的利益时，要求理事、高层管理人员予以纠正。

3.3.4.2　监事会工作的基本原则

一个组织的监督制度不能脱离本组织的情况而完全理性地建立起来，非营利组织的监事会在行使其职能时应遵循以下原则：

（1）独立性原则。独立性原则是指从制度上保证监事会完全独立于业务执行者，使监事会能站在客观、独立、公正的立场对组织决策者和执行者进行监督。监事会的独立性对监事会能否有效履行其监督职能起着决定性作用。独立性是监事会的灵魂，保持自身的独立性是监事会有效履行职权的基本前提。

（2）合理原则。监事会与其他内部机关的合理结构、监事会职权的合理配置、监督方式的合理运用是发挥监事会监督职能的重要条件。从非营利组织的治理结构中的职能来看，理事会与监事会分别行使组织决策职能和组织监督职能。监事会作为组织行为的矫正器，是组织正确运营的保障。由于理事会属于监事工作的监督对象，因而理事会和监事会是并行的，互不从属。理事会无权对监事职责范围内的工作进行干涉，也无权影响监事的产生和任免。监事会同样不能介入理事会的职责范围。理事会与监事会既相互制衡又相互协同，以确保非营利组织治理的有效性。

（3）适度原则。适度原则是指监事会监督权的行使，以不放纵监督对象的违法和滥用职权又不干扰其合法活动为原则，这是组织正常运转的客观要求。

（4）民主原则。民主原则在监事会制度中的含义表现为以下三种：①监事会成员的平等性与民主性。监事监督权的行使不应有权力大小的差别。②监事会活动程序的民主性。监事会的议事方式和表决程序应当贯彻民主原则，不能因为监事的资历、学历及其他原因在行使表决权上有差别。③监事会工作作风的民主性。监事会在行使职权时应当尊重理事和高层管理人员执行职务的合法权利。在监督检查过程中认真听取他们的说明、解释，而不应干扰和影响他们正常工作的运行。

知识拓展

中国社会福利基金会监事会工作制度

第五条监事会主要职责：

（1）根据《中国社会福利基金会章程》的规定，行使监督权；

（2）监事行使监督权的活动受法律保护，任何单位和个人不得干涉；

（3）依照章程规定的程序检查基金会财务和会计资料；

（4）监督理事会遵守法律和章程的情况；

（5）对基金会重点公益项目执行情况进行监督；有关部门应支持配合监事会工作；

（6）监事依规定列席驻会理事长办公会议，对理事长办公会议形成的重要决议进行监督；监事可列席秘书处办公会议，对秘书处办公会议做出的重要决定进行监督；

（7）监事列席理事会会议，有权向理事会提出质询和建议；

（8）监事应当定期或不定期将监督审核意见反馈给基金会理事长、秘书长；

（9）监事应当遵守有关法律法规和基金会章程，忠实履行职责。

资料来源：中国社会福利基金会网站，https://www.cswef.org/cswef/policy/detail/id/48.html

3.3.5 秘书长

非营利组织秘书处是理事会的执行机构，在理事会领导下开展日常工作。秘书处设秘书长一人，根据需要可以设副秘书长若干人，实行秘书长负责制。秘书长产生方式分为选举和聘任。选举即通过会员大会或理事会无记名投票选举产生。聘任即理事会聘请专门的工作人员任社团的秘书长。实行聘任制的秘书长，任期不受限制，不能担任法定代表人。聘用的秘书长均为专职人员，选举的秘书长如在组织需要时，能把主要精力放在秘书处工作上，也为专职。

在非营利组织中，理事会制度的有效推行和贯彻，有赖于一位优秀的秘书长（或称总干事）。秘书长是非营利组织领导的核心人物，是行政主管和日常负责人，理事会的职能是否能够有效发挥，在很大程度上取决于秘书长的作为。秘书长负责管理非营利组织日常工作，是组织核心人物，其主要职责有以下几个方面：

（1）主持开展日常工作，组织实施理事会决议；

（2）执行理事会制定的所有政策，担负并完成理事会赋予的工作目标和任务；

（3）负责制定和实施组织的核心工作计划，达成财务目标；

（4）在理事会的领导下建立、发展与支持客户互动、持续的合作关系；

（5）负责财务计划的制定和执行，确保财务收支正常，按照资助者、受益者、社区等的要求，合理分配经费，兼顾组织未来的发展；

（6）根据理事会关于资产运作的原则，具体承担资产管理的责任，实现资产运行安全和保值增值；

（7）培养和率领一支有能力、高效和专业化的管理队伍；

（8）培养形成能充分调动所有员工的积极性、勤奋努力、团结民主的组织氛围；

（9）负责与理事沟通，与理事长、常务副理事长配合，实现机构信息共享，为理事会决策提供支持；

（10）定期向理事会报告年度工作进展和财务计划的执行情况，以及为实施战略计划所采取的长期行动的进展情况，接受理事会和监事会的监督和检查。

💡 **知识拓展**

广州慧灵智障人士服务机构招聘秘书长的岗位职责

1. 带领团队实施慧灵的整体战略，完成理事会下达的年度筹资目标（1 000万元+）；

2. 制订可行的筹款计划与目标达成（同一时期保有不少于 5 个进行中的大小项目）；

3. 持续性维护和开拓资源，细水长流式为主，也有能力策划实施井喷式的资源计划；

4. 拓展多元的筹募资源渠道，建设和维护与政府、同行、企业、媒体、会员、客户等相关方的良好关系，增加慧灵基金会的亮点和知名度。

资料来源：前程无忧网站使用"慧灵"检索，https://jobs.51job.com/guangzhou-yxq/151772346.html？s=sou_sou_soulb&t=0_0&req=b6d94da7aa45b0dcee4d50800856c8f8&timestamp__1258=euGQ0Ke0xAxGEDBuP5GkGPpUBWq5x&alichlgref=https%3A%2F%2Fwe.51job.com%2F.

3.4　非营利组织党的建设

3.4.1　非营利组织党建的兴起

改革开放以来，我国社会管理体制发生了巨大的变化，各类社会组织在这一时期得到蓬勃发展。各类社会组织的出现不仅实现了社会利益的重构与聚合，也对中国共产党的组织建设和政治整合提出了新的要求。从 20 世纪 90 年代初开始，中国共产党开始在新型社会组织中持续推动党建工作，以不断提升基层党组织的覆盖面，巩固党的执政基础。

最早在中央文件中提到社会组织党建相关问题的是《中共中央关于加强党的建设几个重大问题的决定》（1994 年 9 月），其要求在社会组织日益增多的情况下，要从实际出发建立党的组织，开展党的活动。1996 年中共中央办公厅、国务院办公厅印发《关于加强社会团体和民办非企业单位管理工作的通知》，要求在社会团体和民办非企业单位中建立党组织。1998 年，中组部联合民政部下发《关于在社会团体中建立党组织有关问题的通知》，确立了社团党建的指导思想、目标任务和指导方针等号召在非政府组织中组建党的基层组织以扩大党的组织网络覆盖范围。2000 年，中共中央组织部印发《关于加强社会团体党的建设工作的意见》，明确要求健全社会团体党的组织、理顺不同层级党组织的隶属关系。2015年5月《中国共产党党组工作条例（试行）》颁布，第一次明确要求在社会组织中设立党组。2015年9月，中共中央办公厅印发《关于加强社会组织党的建设工作的意见（试行）》，明确指出"社会组织是我国社会主义现代化建设的重要力量，是党的工作和群众工作的重要阵地，是党的基层组织建设的重要领域"。2017年，党的十九大报告明确指出，"要以提升组织力为重点，突出政治功能，把企业、农村、机关、学校、科研院所、街道社区、社会组织等基层党组织建设成为宣传党的主张、贯彻党的决定、领导基层治理、团结动员群众、推动改革发展的坚强战斗堡垒"。2018年10月，中共中央办公厅印发《中国共产党支部工作条例（试行）》，要求各领域的党组织要结合实际，定位各自的重点任务，对社会组织领域的党组织工作作出了专门规定。

　　根据《中国共产党党内统计公报》的数据，2013年，27.5万个社会组织中，11.5万个已建立党组织，占41.9%，所占比例较上年增加6.8%；2014年，全国43.9万个社会组织中，18.4万个已建立党组织，占社会组织总数的41.9%；2015年，20.4万个社会组织建立了党组织，占41.5%，比上年增加2.0万个，社会组织党组织应建已建率达99.1%；2016年年底，全国28.9万个社会组织建立了党组织，占58.9%，比上年增加了8.5万个。到2017年年底，全国30.3万个社会组织已建立党组织，占社会组织总数的61.7%。截至2018年年底，26.5万个社会组织法人单位建立党组织。至2019年年底，社会组织基层党组织14.2万个。截至2022年12月31日，社会组织基层党组织17.9万个，基本实现应建尽建①。

 知识拓展

腾讯公益慈善基金会党支部正式成立

　　2021年5月20日，经中共腾讯科技（深圳）有限公司委员会批准，腾讯公益慈善基金会党支部正式成立。

　　党建工作是企业发展的重要驱动力，腾讯公司高度重视党建工作，结合企业自身的特点，做好新形势下的党建工作，在加强公司党员队伍的教育和管理、提高党员素质、严格党的组织生活等方面成绩卓然，充分发挥党员和群众的主动性和创造性，积极发展新党员，为社会培养优秀人才，也是公司保持健康发展和建设先进企业文化的内在需要。

　　腾讯公益慈善基金会党支部的成立得到了腾讯公司党委的高度重视和大力支持。党支部成立后，将认真落实"三会一课"制度，开展党员教育，做好党的方针政策的宣传工作，为全体员工提供精神指引和力量源泉，也为传递党的理念提供有力基础和条件。今后，基金会党支部将充分发挥战斗堡垒作用和党员先锋模范作用，加强自身建设，充分凝聚广大党员的力量，团结和组织群众，为自身规范、持续、健康发展提供坚强的组织保障。

　　资料来源：腾讯基金会官网，https://www.tencentfoundation.org/project/? id = 33&type = news&link = &buss_id = 1.

---

① 根据2021年《中国民政统计年鉴》与《中国共产党党内统计公报》整理汇总。

3.4.2　加强非营利组织党建的必要性与意义

3.4.2.1　加强非营利组织党建的必要性

（1）政治合法性。党本身就意味着政治上的合法性，党建是社会组织政治正确的表现。社会组织中的党组织具有鲜明的政党基因和政治属性，社会组织党建是确保社会组织政治功能和发展方向的核心内容，是确保基层党组织的政治定位准、政治功能强、战斗堡垒实的基本要求，那些设立党组织的社会组织更容易获得政治信任，有利于其合法性的提升[①]。

（2）绩效合法性。党建也是生产力。成立党组织的社会组织与未成立党组织的社会组织相比，其可以通过建立党组织，链接上级党组织的资源，从而获取组织发展的资源，增强自身发展能力。社会组织党建紧扣组织发展机制，是社会组织可持续发展的关键力量，有助于解决工具主义发展逻辑、公共性缺失、专业化能力发展乏力等社会组织发展中的问题。

3.4.2.2　加强非营利组织党建的意义

具体来说，社会组织党建的现实意义可以提炼为以下几方面：

（1）政党建设方面。随着社会组织的发展，其逐渐成为社会主义现代化建设的重要参与者，这使得基层党建有了可以依附的组织基础。同时，党组织可以吸纳社会组织中大批先进分子，加强与社会力量的联系，从而发挥党组织政治引领、政治核心作用。

（2）社会建设方面。随着社会的不断发展，一些社会组织成为社会发展的主力军。同时，社会组织还代表和维护着不同群体的利益，"作为国家和市场之外相对独立的主体，和国家和市场一起分担社会风险、化解社会矛盾，共同维护社会稳定与和谐"[②]。因此，推进社会组织的党建工作的开展落实，有利于我们党在更大范围凝聚民心，从而更好地促进社会和谐稳定发展。有研究发现，基层党组织建设能够提高基金会的运作质量，促使基金会获得社会组织登记管理机关的更高评级，还能推动基金会的运作效率，让更多善款用于公益慈善事业。共产党员担任基金会监事的比重越大，基金会党组织建设对基金会运作质量的改善效果越明显。基金会委托代理问题越严重，基金会党组织越能够迎难而上，推动基金会的运作效率。基金会党建通过约束基金会治理，对基金会运作质量和运作效率产生积极影响[③]。

（3）社会组织自身发展方面。2018年7月，习近平在全国组织工作会议上明确指出，社会组织特别是各种学会、协会的党建工作，大多没有真正破题。近年来，虽然社会组织得到蓬勃发展，但在党建工作上则存在明显薄弱环节。在社会组织中开展党建工作，对于社会组织而言，可以创造内外部环境的支持，党内资源的聚集可以为社会组织的发展提供有力支撑。在党的领导下，社会组织能够更好地执行党

---

① 胡兵. 探索民间组织最佳的生存环境：政党组织对民间组织的影响 [J]. 学会，2007（9）：9-15，43.

② 木椿. 2012两会：关于社会组织的话题 [J]. 社团管理研究，2012（4）：4.

③ 周婷婷，常馨丹. 社会组织党建是否推动了慈善事业的发展?：基于上市公司公益基金会的实证研究 [J]. 外国经济与管理，2021，43（12）：35-50.

的各项方针、政策，保证意识形态的正确，实现健康发展①。

关于非营利组织如何进行党的建设，目前存在各式各样的非营利组织党建方案。有学者根据党组织与社会组织的关系，归纳出以下几种党建方式：①嵌入式党建，即党组织直接"植入"非营利组织中，与非营利组织的内部架构长期共存、紧密结合②。②融入式党建，在融入式党建中，党组织通过"润物无声"的方式参与非营利组织的建设，在此过程中对非营利组织起到思想上的带领作用③。③互惠式党建，互惠式党建强调两种组织双方得利。在互惠式党建中，党组织为非营利组织提供帮助，尤其是经费与场所的帮助④。

目前，非营利组织在党建方面仍存在党建体系不够健全、思想认识不够深刻、党建资源不够充分的问题。因此，需要在这些方面重点关注，让党建成为非营利组织发展的又一生产力。

 知识拓展

党对社会组织的影响是如何体现的？

通过对 Z 省 H 市两个草根环保 NGO 的多案例比较，笔者发现党对 NGO 的影响存在一条与政府不同的独特机制。与传统资源视角和合法性视角所认为的不同，研究显示，党在拓宽资源渠道、增强政治合法性方面对 NGO 的影响与政府相比并不存在显著优势，然而唯独党可以通过统合手段，从制度层面给予 NGO 领导人以政治身份，从而增强其政治资本、扩展其社会网络，为 NGO 的发展提供更加宽松的制度环境。这一点单一的政府部门难以企及。

资料来源：李朔严. 政党统合的力量：党、政治资本与草根 NGO 的发展：基于 Z 省 H 市的多案例比较研究［J］. 社会，2018，38（1）：160-185.

本章小结

本章介绍了非营利组织的组织结构基本类型及其组织结构设计的影响因素，非营利组织内部治理的概念及其组织机制，包括组织章程、会员大会、理事与理事会、监事会、管理层，非营利组织党建的兴起、必要性与意义。

中国非营利组织管理理论与实践

① 王羽. 回顾与展望：当代中国社会组织党建研究［J］. 广州社会主义学院学报，2020（4）：23-27.

② 刘蕾，邱鑫波. 社会组织党建：嵌入式发展与组织力提升［J］. 北京行政学院学报，2019（6）：31-38.

③ 徐宇珊. 刚性嵌入与柔性融入：社会组织党建工作路径探索：以深圳市社会组织党建工作为例［J］. 中共福建省委党校学报，2017（4）：47-53.

④ 同①.

关键词

组织结构　内部治理　组织章程　会员大会　理事　理事会　秘书长　监事会
非营利组织党建

思考题

1. 非营利组织内部治理结构设计应考虑什么因素？
2. 非营利组织内部治理结构有哪些？
3. 非营利组织治理与管理有什么区别？
4. 如何做好社会组织党建工作？
5. 请检索一个非营利组织的组织架构图并进行分析。
6. 请检索一个非营利组织的章程进行分析。
7. 请模拟创建一个非营利组织，并对该组织的内部治理结构进行设计，并说明理由。

拓展阅读

[1] 聂玉梅，顾东辉. 生命周期视角下非营利组织的董事会治理实践研究：以Q 社工机构为个案 [J]. 浙江工商大学学报，2019（3）：109-120.

[2] 李朔严. 政党统合的力量：党、政治资本与草根 NGO 的发展：基于 Z 省 H 市的多案例比较研究 [J]. 社会，2018，38（1）：160-185.

[3] 叶仕华，何雪松. 理事会能够提升社会组织绩效？：基于全国 691 家社会服务类组织的实证研究 [J]. 公共行政评论，2021，14（1）：132-150，222.

4 中国非营利组织的领导与决策

- -

案例导入:

上海联劝公益基金会理事长王志云荣获2021【臻善奖】
年度臻善领袖

王志云,上海联劝公益基金会理事长。王志云女士曾先后在大型国企和知名外企工作,自2007年进入公益领域之后,先后创立了上海知名的社区空间运营品牌;推动了公众参与公益平台型基金会运作管理模式的实践探索。其管理负责的机构和项目先后获得上海市慈善奖、中华慈善奖、上海市先进非营利组织等政府表彰,以及多个由知名媒体发起的公益领域的奖项。近年来,她多次受邀担任政府购买非营利组织服务和基金会行业相关活动的评审专家;并先后担任险峰行动和佩英女性领导力项目导师。目前还担任上海市妇女联合会第十五届执委、上海市新的社会阶层人士联谊会理事、上海市黄浦区新的社会阶层人士联谊会常务理事、北京险峰公益基金会理事等社会职务。

从王志云女士推动公众参与公益的探索中可以看到,不论是"一个鸡蛋的暴走"(运动筹款)、"一众基金"(捐赠圈)、捐赠人建议基金(DAF)的本土化实践,还是互联网公益O2O平台的尝试,都验证了其从事公益行业一直以来的理念:公众是可以被影响、值得信赖的公益行业最重要的支持力量;只有公众真正认识到公益的价值并愿意持续参与,公益组织的发展才会有可持续的基础。王志云女士以实际行动,携手联劝公益,同更多充满爱的善良的人们一起,成为美好+1的力量,其本人也成为倡行公益事业的慈善先锋和楷模。

资料来源:界面新闻,https://www.jiemian.com/article/6917210.html

4.1 非营利组织的领导者

4.1.1 领导与非营利组织的领导

4.1.1.1 领导的含义

卓有成效的领导是保证组织成功的关键。领导需要权力和影响力,领导与管理、领导与决策都是影响领导的重要因素。

什么是领导？著名领导学家詹姆斯·麦格雷戈·伯恩斯认为：领导即领袖与追随者为某些目标而奋斗，而这些目标体现了领袖以及追随者共同的价值观和动机、愿望和需求、抱负和理想[①]。领导有静态和动态两种说法，静态的领导（leader）即"领导者"，是指能够影响他人并拥有管理职权的人。动态的领导（leadership）也称为领导力，是指"领导者"所从事的活动，即指挥、带领、引导和鼓励下属为实现目标而努力的过程，影响团队实现组织目标的过程及能力，即领导者所做的事。对于非营利组织来说，这个定义也同样适用，只不过非营利组织的领导是率领组织成员去实现组织的宗旨和使命。

在众多关于领导的定义中，领导包括三个要素：一是领导者必须有部下或追随者，如果没有部下或追随者，就没有领导对象了；二是领导者拥有影响追随者的能力或力量，领导如果缺少影响追随者的能力，就不会有部下或追随者追随他；三是领导的目的是要通过影响下属达成组织使命或目标，领导者个人达成不了目标，必须领导部下或追随者去达成预定的组织使命或目标。

4.1.1.2 领导与追随者

有领导就会有追随者。追随者越多，对领导的要求就越高。所谓追随者，即在领导活动中与领导者有共同的利益和信仰，追求共同组织目标的人。领导者致力于满足追随者的愿望、需要及其他动机，也满足自己的需要。杰出的领导者，一般具有吸引下属及其追随者的个人魅力，能够帮助下属树立成功的信念和达到目标的力量，能够在复杂多变的情境下激励下属完成组织使命和目标。领导者可以作为一种独立的力量通过满足其动机而改变追随者的动机。

追随者对领导者也有着重要影响，包括：追随者是领导者信息的主要来源，追随者是领导者工作的有力助手，追随者帮助领导者更加优秀，双方建立相互信任共同成长的上下级关系。

4.1.1.3 领导与管理

领导与管理既有联系又有区别，两者互不相同又相互补充。领导与管理在目标、活动、内容、方法与技巧方面有相同之处。领导变革之父约翰·P. 科特（John P. Kotter）致力于领导与管理的区别，他认为取得成功的方法是75%~80%靠领导，其余靠管理，而不能反过来。管理意味着操纵事情、维持秩序、控制偏差，管理者通过计划与预算处理复杂问题，设置目标，确定完成目标的方法，分配资源以实现目标；领导则意味着前进、指挥、激励、变革，带领下属与追随者探索新领域（见表4.1）[②]。

---

① 伯恩斯. 领袖论 [M]. 刘李胜，译. 北京：中国社会科学出版社，1996：21.
② 科特. 变革的力量 [M]. 王雯潇，译. 北京：中信出版社，2019：2-22.

表 4.1　领导与管理的区别

管理	领导
制订计划与预算编制 管理的目的是获得明确、有序的结果。因此，参与计划和预算编制流程的管理者通常需要： ·制定具体的未来目标（一般是短期目标） ·确定达到期望目标所需的详细步骤 ·分配达成目标所需的资源	**设定方向** 领导的职能是应对变化。为应对变化而设定方向则是其中至关重要的环节。这要求领导： ·广泛收集数据，并从中找出模式、关系和关联 ·制定未来的远景（通常是远期目标） ·为实现该远景制定必需的战略
组织与人员配备 组织和人员配备流程要求管理者： ·创立组织结构，并按实现计划的要求设立一系列工作岗位 ·为工作岗位配备合适的员工 ·将计划传达给员工 ·决定授权尺度及授权对象	**协调员工** 协调员工，更多的是一种沟通工作。为了使员工与远景保持一致，领导者必须： ·广泛征求员工的意见和讨论 ·帮助员工了解新的未来远景 ·在员工了解远景之后，激发他们对这一远景的信心和热情
控制与解决问题 控制和解决问题等流程是管理者适时采取的一些机制，目的是让员工能够轻松完成每天的工作。管理者将这些流程用于： ·将已组织好和配备好人员的系统的行为，与原始的计划和预算进行有效的对比 ·如果对比显示与原来的方案有分歧，则采取必要的纠正措施让计划回到正轨	**激励与鼓舞** 有效的领导者会通过满足个人对成功的基本需求（如归属感）来激励与鼓舞员工，他们会： ·描绘出某个远景，在其中强调受众的价值 ·让员工参与决定实现共同远景的方法 ·通过提供辅导、反馈和树立榜样来支持员工实现远景 ·认可并奖励成功

管理过度而领导不足，将导致下列情况：①强调短期实践架构，注重细节和风险规避，而相对缺乏长远规划、大局意识和敢冒风险的战略；②过分注重专业化，专人设岗，服从规定，缺乏联动、整合和责任担当；③过分侧重于约束、控制和预见性，而对扩张、授权和灵感有所忽视。这类组织可能会缺少创新精神，无力应对外部环境的重大变化，最终导致组织状况恶化。

4.1.1.4　非营利组织领导的特点

与企业、政府相比较，非营利组织领导具有自身的特点：非营利组织领导更注重公益使命的完成，要密切关注组织的愿景与使命，将公益的理念贯穿于组织的全部活动，追求自身与组织在精神层面的价值，是一种服务于社会与公众的无私奉献的价值；更注重志愿性，领导与员工之间不是经济主导型的组织承诺与契约；更注重社会资本的积累，利用个人的影响力和社会网络为组织募集资源。

作为非营利组织的领导者，在坚持组织的宗旨与使命时，需要注意以下几个方面：①平衡组织宗旨与决策的关系。组织宗旨不是空洞的教义，要成为日常决策的依据与方向；宗旨不等于决策，不能替代决策。领导者要将宗旨贯彻在组织的日常决策中，成为组织的行动指南。②平衡组织宗旨与具体目标的关系。宗旨是组织的灵魂，是组织长期性和战略性的发展方向，但是组织的具体目标是随着具体的工作任务的变化而变化的。领导者要在贯彻组织宗旨的前提下，对工作内容与方法进行创新与调整。③平衡组织内部资源与外部资源的关系。非营利组织的资源不仅包括组织内部的人力、物力与财力，还包括组织外部的各种资源，如组织的公信力、志愿者、社会捐款、资助者与受益者、政府政策等。领导者要尽可能地争取各种外部资源，并与内部资源有效配置，高效公开地进行管理。

 知识拓展

非营利组织的"她领导"

　　截至 2016 年年底，在上海市民政局登记的社会组织有 14 178 家，其中女性任核心领导者和发起者的占 40%，女性从业人员占 70%。她们成为基层社会治理的重要力量和公益事业的生力军，社会组织成就了一大批女性领导者发展的新空间，女性在社会治理中的影响力迅速崛起。

　　研究发现：①非营利组织的特殊性导致其女性领导者具备一种特殊的领导风格即包容型领导风格；②包容型领导风格体现为领导特质、领导行为及领导情景的交互作用，其中领导特质涵盖向导权威和情感交互，领导行为涵盖网络连通、授权赋能、容纳试错、资源编排以及建构团队，领导情景涵盖组织文化和组织困境并通过特质和行为加以反映；③包容型领导有助于女性领导者获得个人职业发展上的成功，亦有利于推动非营利组织的成长与发展。

　　资料来源：①社会组织中女性任核心领导者和发起者占四成［N］.中国青年报，2017-09-22（A10）.②李健，翟璐.包容型领导：非营利组织女性领导风格研究［J］.江苏社会科学，2023（1）：113-121，243.

4.1.2　领导者的权力、角色与能力

4.1.2.1　领导者的权力

　　领导者通常拥有权力。所谓领导者的权力，就是领导者（权力所有人）遵循相关的法律法规，运用多种方法与手段，在实现特定目标的过程中，对被领导者（权力相对人）做出一定行为与施行一定影响的能力。这种权力包括两个方面：一是来自职位的权力，二是来自领导者的个人魅力、能力和威望。这些权力可以分为五类：

　　（1）惩罚权。惩罚权来自下属的恐惧感，即下属感到领导者有能力惩罚他。惩罚权虽然可以使下属基于恐惧而服从，但这种服从是表面的、暂时的，不一定心悦诚服。为了维持这种服从，领导者必须时时监督，如果发现下属行为没有达到组织要求，将受到组织的惩罚。

　　（2）奖赏权。奖赏权来自下属追求满足的欲望，即下属感到领导者有能力欣赏自己。采用奖赏的办法来引导下属完成领导者所分配的任务，效果比惩罚要好一些，既可以增加领导者对下属的吸引力，也能使下属满意并提高工作效率。但这种方法的使用要有度，并且要公平。

（3）合法权。合法权来自领导者所处职位带来的权力，这种权力由于是职位赋予的，通常具有权威感。下属接受这种权力是因为只有这样才能得到领导者的接纳和认可，才能符合法定的要求，如果不服从将受到惩罚甚至解雇。但如果下属对这种权力是基于职位权威而服从，则这种服从不能形成较高的工作效率和个人满意度。

（4）参照权。参照权来自下属对领导者的信任和个人魅力的服从，即下属相信领导者具有他所需要的智慧和品质，都是为了组织的宗旨而奋斗，从而对领导者产生钦佩和赞誉，愿意模仿和追随。

（5）专长权。专长权来自下属的尊敬，即下属感到领导者具有某种专门的知识、技能和专长，能够帮助他指明方向，排除障碍，达到组织目标和个人目标。参照权和专长权一般都能引起公开和私下的服从、内心的信服，带来的影响力也比较持久。

4.1.2.2 领导者的角色

现代组织中的领导者需要扮演多重角色。1970 年管理学家亨利·明茨伯格（Henry Mintzberg）提出管理者扮演的十种角色，即领导者、代表人、联络者、监督者、传播者、发言人、企业家、干扰对付者、资源分配者、谈判者。这十种角色可被归为三大类：①人际关系角色；②信息传递角色；③决策制定角色。

国际领导力专家爱德华多·布朗汇总了全球多位知名企业家的成功经验和管理精髓后，创造性地提出：21 世纪的高效能领导者首先需要成为"首席情绪官"——将人、文化和情绪放在首位的领导者才能打造出一个高绩效文化组织。由于领导者这一角色就是要创造和管理组织文化，其本质上就是要产生某种情绪。领导者应该管理自己和团队成员的情绪。领导者必须知道，他们的项目、行动和决策会对团队成员的情绪和精神状态产生什么样的影响。他们必须将这种意识作为管理这些情绪的起点，以及激别人情绪的起点。领导者的责任在于创造一个能够激励积极心态的环境和工作实践。人们自然都希望得到一个能产生积极情绪的环境，所以领导者应该致力于促进所有积极情绪，控制消极情绪或将其转化为行动，推动组织产生更好的结果，促进组织内所有个体的成长。为了领导他的组织发挥最大潜能，首席情绪官应该成为情绪的领导者，就像管理流程和职能一样管理工作环境中的文化和情绪。这些基本情绪包括：目标感、归属感和感激、忠诚和信任、自尊、自豪感和参与感。领导者必须明白这些积极的心态及其背后暗藏的情绪，培养一种能够平衡这些激励因素并提高个人和集体表现的文化。构成首席情绪官工作核心的五个关键角色：①激发愿景。定义并点燃组织中员工的愿景。②一切都与人有关。招募并照顾员工，尽可能地发展他们的才能，关心他们的福祉。③沟通。建立正式和非正式的体系，让员工能够彼此联系和交流。④决策。设计能对员工授权的决策体系。⑤制订文化计划。发展和平衡具体的文化，促进组织成功。这五个关键角色是相互联系的，通过这些角色，一个领导者能够唤醒团队成员渴望成功的情绪和心态①。

---

① 布朗. 高效能领导的五个角色 [M]. 姜忠伟，译. 北京：中信出版社，2022：1-12.

4.1.2.3 领导能力

领导者与管理者不同，领导者从事的是一种宏观性的、战略性的事业，领导者的能力必然区别于一般管理者的能力。到底领导者需要什么样的能力？

萨拉·E. 梅隆德斯（Sara E. Melendez）的研究认为，成功的领导者具有以下11项能力①：

（1）想象力。领导者能清楚地想象出事情应该是什么样的，他们能传达这种想象，所以其他人能和他们一起分享这种想象，从而可以使其他人团结成一个整体来工作，每个人为实现这样的想象而贡献自己的最大力量。

（2）接受多样化。优秀的领导者必须有能力看到组成现在劳动力的多样化的个人和团体的才能和技巧，而且这些个人或团体在将来的劳动力当中甚至更加多样化。领导者应当相信其他人，哪怕这些人与领导是不同类型的。

（3）激情。有效的领导者会热衷于他们正在进行的目标，以及热衷于他们对更大利益或公共利益的承诺。

（4）明确的目标。优秀的领导者常常能简洁明了地解释他们将要力图达到的目标，并且他们能为说明这个目标的重要性而举出令人信服的事例，优秀的领导者都是卓越的谈判好手和达成协议的专家。

（5）坚定不移的信念。优秀的领导者能从失败中学到很多有用的东西，他们不断尝试。他们也是终身学习者。优秀的领导者了解员工有时也会失败，但他们不会处罚那些失败的员工，而是帮助他们向失败学习。

（6）平易近人。优秀的领导者会友好地、诚实地对待他们身边的每一位员工，尊重每一位员工。

（7）诚实和正直。优秀的领导者首先应该是正直的人，他们不仅必须诚实地对待公众、捐款人、政府和媒体，而且也要诚实地对待他们的同事。

（8）持续不断地革新。革新包括自我革新和组织革新。一个组织或个人如果年复一年地做相同的工作就会变得停滞不前。有效的领导者和组织会不断地回顾和自我评价。

（9）作为教师的领导者。优秀的领导者也是优秀的教师，能对下属进行有效的教导与说服。

（10）幽默感。

（11）自知之明。

从中国非营利组织的实际情况来看，具备下列能力有助于实现成功的领导：

（1）战略思维能力。非营利组织追求的是实现公益使命，使命始终处于非营利组织的核心。为了维持非营利组织的生存和更好地发展，非营利组织领导必须具备战略思维能力，既能从历史发展的逻辑角度去观察和审视问题，又能密切关注世界政治、经济、科技、文化等领域的发展动态，善于在普遍联系的事物中发现事物发展的规律，以便更深刻更全面地认识面临的形势。同时运用战略性思维制定好本组

---

① 赫塞尔本，等. 未来的领导［M］. 吕一凡，胡武凯，等译. 成都：四川人民出版社，2000：325-333.

织的发展目标和发展战略，实现组织的可持续发展。

（2）人际沟通能力。非营利组织为了获取丰富的资源，必须与外部环境保持密切的联系。作为领导者，应具备较强的人际沟通能力，具备良好人际沟通能力的领导者懂得如何激励、引导和鼓舞员工实现组织目标；同时，具备良好人际沟通能力的领导者也懂得如何协调外部关系，善于利用外部丰富的资源为组织服务。

（3）应对复杂局面的能力。在网络时代，非营利组织面临许多新情况、新问题，面临更大的外部不确定性环境；更面临自然的或人为的各种矛盾、冲突和突发事件的威胁。作为非营利组织的领导，应尽力找出潜在的矛盾和冲突并将其消灭在萌芽状态。否则，一旦这些矛盾和冲突表现出来，将对非营利组织造成严重的冲击。

（4）开拓创新的能力。非营利组织领导是公益事业的组织者、推动者，其开拓创新能力的强弱直接关系到社会公益事业的良好发展。开拓创新能力是当今世界发展的大势所趋，改革创新是当今时代的特征，非营利组织领导者只有不断开拓创新，才能跟上世界竞争的发展潮流。开拓创新是提高非营利组织生存与发展的需要，只有创新才能推进非营利组织的理论创新、方法创新，才能解决非营利组织面临的一系列困难。开拓创新也是提高领导者领导能力的重要途径，通过开拓创新，开阔眼界，增强创新意识，从而推动非营利组织更好地发展。

（5）概念能力。概念能力（conceptual skills）是领导者对复杂情况进行抽象与概念化的能力，它是指领导者统观全局、面对复杂多变的环境，具有分析、判断、抽象和概括并认清主要矛盾，抓住问题实质，形成正确概念，从而形成正确决策的能力。概念能力关注的是全局、是整个组织，是一种宏观的感知能力。它包括：理解事物的相互关联性从而找出关键影响因素的能力，确定和协调各方面关系的能力以及权衡不同方案优劣和内在风险的能力。运用这种能力，管理者能够将组织看作一个整体，使组织更适应外部环境。这种能力对于高层领导者相当重要，而且这种能力获取的难度较大。作为非营利组织的领导，应努力培养和掌握这种能力，以实现非营利组织的持续和健康发展。

 知识拓展

为老服务社会组织领导者的发展路径

基于多个案例分析发现：为老服务社会组织领导者的职业背景与其创办社会组织有密切联系，之前的工作经历有助于其领导和管理社会组织。领导者创办社会组织的动机分为内在动机和外在动机，内在动机的影响更大。领导者的能力特征体现在岗位知识、素质能力、服务技能和募集资金等，领导者面临的挑战主要包括财务困难、人员困难和管理困难等方面。研究最后提出基于领导者发展特征的培育支持体系，包括组织培训、经费支持、法律保障等。

资料来源：何铨，张实. 基于扎根理论的为老服务社会组织领导者发展路径研究［J］. 云南民族大学学报（哲学社会科学版），2018，35（1）：62-71.

中国非营利组织管理理论与实践

4.2　非营利组织领导理论与领导方式

4.2.1　领导特质理论

什么人可以成为领导？研究者们一直致力于通过分析那些成功的领导者所具备的人格特质及个人能力来回答这个问题。最初的理论解释是伟人理论（great man theory），认为历史上伟大的领导者的领导力是天赋使然。伟人理论很快就被发现存在缺陷，由此衍生出了领导特质理论（trait theories of leadership），这一理论认为，存在某些普适的性格特质和个人技能，使得这些人可以成为伟大的领导者①。

早期的领导特质理论通过各形各色的领导者的实例研究，对体力、才能、智力或者个人价值观等领导者品质因素做出各种不同的评价，试图分离出可以区别领导者和追随者的关键性的领导特质。早期的研究结论是：①领导者和追随者在品质上并没有本质区别；②某些品质，如责任感、友善和支配力，与领导有效性存在一些关联。

20世纪80年代以来的现代领导特质理论认为，现代领导特质理论在解释各种领导特质与领导有效性的匹配模式时，坚持两项重要原则：其一，个体倾向可以较好地解释相应的态度和行为；其二，特质对领导效能的影响依赖具体的情境。以这些原则为依据，研究者假设：一些人具有的关键品质使他们更可能寻求和达到领导位置，并在领导位置上做出更大的贡献。尽管各项研究中所选择的品质类别甚至名称都有所不同，但与领导有效性有关的特质主要包括：精力旺盛且忍耐力强、自信、内在控制点导向、情绪成熟、个性正直、社会化权力动机、中等程度的高成就导向、低亲和需要（见表4.2）。同时，对关键领导特质的分类也逐渐深入，既包括先天性因素，也包括后天性因素，导致无效领导和破坏性领导的黑暗面人格特质研究也逐渐得到重视。学者越来越关注具体情境下各种领导者特质如何作用于结果变量，即不同层面的情境变量特别是社会、文化、制度等方面的情境变量如何影响领导者特质与领导效能的关系。越来越多的学者认识到，领导的产生和效能一定是领导特质、行为和情境综合作用的结果，单单重视或忽视哪一方面都可能会产生错误的研究结论。因此，现代领导特质理论中的特质不再是静态概念，一位领导者的行为反映了某种特质或多种特质与不同情境因素之间的互动关系，并在一定的领导环境中产生相应的效能②。

---

① 古拉蒂，梅奥，诺里亚. 管理学：第2版［M］. 杨斌，等译. 北京：机械工业出版社，2023：238.
② 文晓立，陈春花. 领导特质理论的第三次研究高峰［J］. 领导科学，2014（35）：33-35.

表 4.2　早期与现代领导者关键特质对比汇总

20 世纪 90 年代之前领导学研究中的领导者关键特质		1999—2003 年领导学研究中的领导者关键特质	
特质类型	描述内容	特质类型	描述内容
个性特征	精神饱满，富有活力	人格	外倾性，尽责性，情绪稳定性，开放性，随和性
智力和能力	聪明，有认知力，有知识，有判断力和决策力	动机和需要	权力动机，成就动机，领导他人动机
个性	自信，诚实和正直，热情，有领导愿望，独立性	社会能力	自我监控，社交智力，情绪智力
社会特征	有人际交往能力，有合作精神与合作能力，有机智、灵活的交际手段	问题解决技能	建构问题，提出方法，自我反思
与工作相关的特征	有追求卓越的愿望，有完成目标的责任感，遇到困难时坚忍不拔	隐性知识	
社会背景	教育，流动性		

资料来源：文晓立，陈春花. 领导特质理论的第三次研究高峰 [J]. 领导科学，2014 (35)：33-35.

　　领导特质理论对非营利组织选拔和培养领导者具有重要的启示意义。非营利组织在选拔和培养领导过程中，也要注意正直、自信、业务知识、进取精神、感知别人的需要等这些特性的要求。非营利组织是从事公益活动的组织，因此，对领导的素质要求更高。除了要具备领导特质理论所要求的上述素质外，理想的非营利组织领导者还应具备以下素质：

　　（1）道德楷模。由于非营利组织从事的是社会公益事业，社会公众期待非营利组织的领导应当富有起码的正义感和同情心，应当展示出某种道德精神，成为道德楷模。一旦非营利组织领导者的道德形象出现污点，那将是对非营利组织的重大打击，领导者自身的形象也会大打折扣。

　　（2）勇于奉献。非营利组织事业是不以营利为目的的，如果领导者是抱着追求经济收入的目标而从事非营利组织的事业，那必将给非营利组织带来灾难性的后果。此外，由于很多非营利组织资源有限，专职员工又少，很多日常管理工作事实上均由领导者承担，因此，没有强烈的奉献精神是很难当好非营利组织领导的。

　　（3）善于沟通。非营利组织是不以营利为目的的，其所使用的资源自然有限。很多非营利组织不得不靠社会的资助来完成其所承担的工作。而要获得社会的资助，就需要领导者具有很强的沟通能力。一方面，领导者要与社会沟通，通过与企业、政府、其他非营利组织及具有捐赠意愿的个人进行沟通来获取资源；另一方面，非营利组织领导又必须善于和内部员工沟通，因为维持非营利组织运作的很可能不是经济利益，而是一种自觉自愿的奉献，这需要领导者以个人魅力来获得内部员工的支持。因此，无论从对内对外的角度来说，领导者都需要善于沟通。

知识拓展

表 4.3 领导者核心能力评价指标体系

目标层	准则层	方案层
领导者核心能力	驾驭全局能力	思想驾驭
		政策驾驭
		矛盾驾驭
		组织驾驭
	管理沟通能力	决策沟通效率
		协调沟通效率
		解决冲突效率
	战略领导能力	战略思维能力
		战略规划能力
		战略执行能力
		战略控制能力

资料来源：陈树文，高跃. 领导者核心能力评价标准体系研究 ［J］. 当代经济管理, 2013, 35（1）: 74-78.

4.2.2 领导行为理论

领导特质研究回答了谁可以成为领导，而领导行为理论（behavioral theories of leadership）则试图证明可以把人培养成领导者。研究者认为绝大多数领导行为都归纳为两个维度：结构维度和关怀维度。结构维度（initiating structure）指的是领导者为了实现组织目标而对自己与下属的角色进行界定和建构的程度。它包括对工作、工作关系和目标进行组织。结构维度得分高的领导者会为下属安排特定的工作任务，设定具体的绩效标准，并且设定最后期限。关怀维度（consideration）指的是领导者的工作关系以相互信任、尊重下属意见和重视下属情感为特征的程度。关怀维度得分高的领导者会帮助下属解决个人问题；友善且平易近人；对所有下属一视同仁；欣赏和支持自己的下属（以人为导向）①。

依据结构维度与关怀维度，可以区分出五种典型领导行为：

（1）人际关系型领导行为。这类领导者对人极为关心，但忽视工作的进行和效果。

---

① 古拉蒂，梅奥，诺里亚. 管理学：第 2 版 ［M］. 杨斌，等译. 北京：机械工业出版社，2023：241.

（2）团队型领导行为。这类领导者对人和工作都极为关心，能使组织目标与需求最有效地结合起来。

（3）任务型领导行为。这类领导者对工作极为关心，但忽视对人的关心。

（4）贫乏型领导行为。这类领导者对人和工作都极不关心。

（5）中庸型领导行为。这类领导者能够将工作和下属士气保持在一个令人满意的水平上以达到充分的组织绩效。

不同类型的非营利组织可以采用不同的领导行为。校友会、联谊会可以采用人际关系型领导行为，行业协会、学术协会等可以采用团队型领导行为，基金会则可以采用任务型领导行为。

 知识拓展

中国文化背景下的中庸型领导：概念、维度与测量

管理和领导的类型与风格需要根据所处时代和文化传统的大背景来调整并与之匹配。因此，中国组织情境下的领导行为与领导风格也需要根植于中国的传统文化。《中庸》是儒家的"四书"之一且在中国传统文化体系中具有至高的位置，中庸思想对现代企业的管理活动有诸多有益的启示，尤其是其"执两用中""至诚明德"等思想能够有效弥补西方管理理论的缺陷，从而真正落实"以人为本"的管理价值观。

中庸型领导的五个构成维度即合度用中、整体和融、至诚化人、权变通达、包容接纳，这五维度较好地体现了"致中和、尚中、中正、时中"的中庸哲学，较为完备地刻画了中庸型领导的行为特征。

资料来源：辛杰，屠云峰. 中国文化背景下的中庸型领导：概念、维度与测量［J］. 西南大学学报（社会科学版），2020，46（4）：58-66，194.

4.2.3 领导权变理论

权变理论（contingency theory）是美国心理学和管理学教授费德勒（fred fiedler）于20世纪60年代提出的。他把领导人的特质研究与领导行为的研究有机地结合起来，并将其与情境分类联系起来研究领导行为的效果。他认为领导行为效果的好坏，不仅取决于领导者本人的素质和能力，还取决于诸多客观因素，如被领导者的特点、领导的环境。领导权变理论的实质是：没有一种"最好"的领导行为，一切要以时间、地点、条件为转移。

费德勒提出了"有效领导的权变模式"，他认为任何领导行为都可能是有效的，也可能是无效的，关键要看它是否与环境相互适应。费德勒把影响领导者领导风格的环境因素归纳为三个方面：职位权力、任务结构和上下级关系[①]。

（1）职位权力。职位权力指的是与领导者职位相关联的正式职权，以及从上级

---

① 罗宾斯，库尔特. 管理学：第15版［M］. 刘刚，梁晗，程熙镕，等译. 北京：中国人民大学出版社，2020：423-425.

和整个组织各个方面所得到的支持程度，这一职位权力由领导者对下属所拥有的实有权力所决定。领导者拥有这种明确的职位权力时，则组织成员将会更顺从他的领导，有利于提高工作效率。

（2）任务结构。任务结构是指工作任务明确程度和有关人员对工作任务的职责明确程度。当工作任务本身十分明确，组织成员对工作任务的职责明确时，领导者对工作过程易于控制，整个组织完成工作任务的方向就更加明确。

（3）上下级关系。上下级关系是指下属对一位领导者的信任爱戴和拥护程度，以及领导者对下属的关心、爱护程度。这一点对履行领导职能是很重要的。因为职位权力和任务结构可以由组织控制，而上下级关系是组织无法控制的。

领导权变理论综合考察了领导现象的复杂性。领导是一个极为复杂的社会现象。一种领导现象的出现，不仅是领导者本人的行为结果，而且还有赖于周围的领导环境。这对非营利组织来说具有重要的借鉴意义，非营利组织种类繁多，内外环境千差万别，例如社会团体、基金会、社会服务机构的环境就存在较大差别；而官办型的非营利组织和草根类的非营利组织的环境差异也很大。因此，内外环境不同，非营利组织采取何种领导方式要考察具体的环境和领导者个人，不能一概而论。

4.2.4　路径-目标理论

路径-目标理论（path-goal theory）是罗伯特·豪斯（Robert House）发展的一种领导权变理论。该理论认为，领导者的工作是帮助下属达成他们的目标，并提供必要的指导和支持，以确保各自的目标与群体或组织的总体目标一致。所谓路径-目标是指有效的领导者既要帮助下属充分理解工作目标，又要指明实现目标所应遵循的路径。根据该理论，领导者的行为被下属接受的程度，取决于下属是将这种行为视为获得当前满足的源泉还是作为未来满足的手段。该理论还提出了两类情景变量作为领导者行为结果关系的中间变量即环境因素和下属个人特点。环境因素包括任务结构的清晰状况、正式权力体系情况以及工作群体的情况等；个人特点包括个体控制力、个人经验、知觉能力等。环境因素和下属个人特点决定着领导行为选择[①]。

路径-目标理论立足于部下，而不是领导者。在豪斯看来，领导者的基本任务就是发挥部下的作用，就是帮助部下设定目标，把握目标的价值，支持并帮助部下实现目标。在实现目标的过程中提高部下的能力，使部下得到满足。其特点包括：一是领导方式必须是下属乐于接受的方式，只有能够给下属带来利益和满足的方式，才能使他们乐于接受；二是领导的方式必须具有激励性，激励的基本思路是以绩效为依据，同时通过对下属的帮助和支持来促成绩效。

路径-目标理论根据情景变化界定了四种典型的领导方式：①指导型领导者，让下属知道对他的期望是什么，并对如何完成工作给予具体指令；②支持型领导者，十分友善，表现出对下属的各种需要的关怀；③参与型领导者，与下属共同磋商，

---

① 古拉蒂，梅奥，诺里亚. 管理学：第2版［M］. 杨斌，等译. 北京：机械工业出版社，2023：249-250.

并在决策之前就充分考虑他们的建议；④成就型领导者，设置富有挑战性的目标，并期望下属实现自己最佳水平。豪斯认为领导者是灵活的，同一领导者可以根据不同的情景表现出任何一种领导风格。

和费德勒不同，豪斯主张领导方式的可变性。他认为，领导方式是有弹性的，这四种领导方式可能会在同一个领导者身上出现，因为领导者可以根据不同的情况斟酌选择，在实践中采用最适合下属特征和工作需要的领导风格。随着时代的发展，豪斯也没有固守着路径-目标理论止步不前，而是在前期的基础上综合其他理论的特点，以组织远景替换并充实原来的理论，围绕着这个核心概念，阐述了什么样的行为能有效地帮助领导者形成组织的共同价值，以及这些行为的实施条件，提出了以价值为基础的领导理论。

 知识拓展

领导者的领导风格因何而变？

非营利组织领导者的领导风格处于不断变化之中。既有研究已经识别出组织生命周期、下属成熟度等因素对领导风格的影响，但领导职位晋升与领导风格变化的作用机制却往往被忽视。本文采用个案研究方法，选取一位在国内有着多年非营利组织从业经验的领导者作为长期观察对象，探究其在职位晋升过程中的领导风格演变规律。研究发现：随着非营利组织领导者的职位沿着运营层、管理层和决策层的路线晋升，组织情景相应地发生变化，继而领导者的领导风格也会随之改变。在运营层，领导者主要表现出务实型的领导风格；随着职位的晋升，务实型领导行为会逐渐减弱，变革型和分布式领导行为逐渐加强。变革型领导成为其在担任管理层和决策层领导时所呈现的主要领导风格。在不同的领导职位阶段中，真诚型领导则总体呈现出相对稳定的变化态势。

资料来源：李健，翟璐. 非营利组织领导职位晋升过程中的风格演变：基于 Y 基金会 L 领导的跟踪观察研究 [J]. 学海，2023（1）：167-176.

4.2.5 情境领导理论

情境领导理论（situational leadership theory）是美国管理学者保罗·赫塞（Paul Hersey）和肯尼斯·布兰查德（Kenneth Blanchard）提出的。他们认为，领导行为在确定是任务绩效还是维持行为更重要之前应当考虑成熟度这一因素。这一理论不仅考虑领导者的风格，而且考虑到其下属的"成熟度"，把下属的成熟度作为关键的情景因素。他们认为，依据下属的成熟度水平选择正确的领导方式，决定着领导者的成功。赫塞和布兰查德把成熟度定义为员工完成特定任务的能力和意愿的程度，包括工作成熟度和心理成熟度。工作成熟度是下属完成任务时具有的相关技能和技术知识水平。心理成熟度是下属的自信心和自尊心。高成熟度的下属既有能力又有信心做好某项工作。成功的领导者是通过针对下属的意愿和成熟程度选择正确的领导风格获得成功的。

情境领导理论认为，下属的成熟度有四个阶段。第一阶段：不成熟。这些人对于执行某个任务既无能力又不情愿。他们既不胜任工作又不能被信任，但愿意执行必要的工作任务。第二阶段：初步成熟。这些人缺乏能力，但有积极性，目前尚缺足够的技能。第三阶段：比较成熟。这些人有能力，却不愿意干领导者希望他们做的工作。第四阶段：成熟。这些人既有能力又愿意干让他们做的工作①。

按照下属从不成熟到成熟的发展过程，领导方式分为四种：

（1）不成熟——命令型。领导进行角色分类，告知下属做什么、如何做。

（2）初步成熟——说服型。领导者既提供指导性行为，又提供支持性行为。

（3）比较成熟——参与型。上级极少进行命令，而是与下属共同进行决策。

（4）成熟——授权型。领导几乎不提供指导或支持，通过授权鼓励下属自主做好工作。

赫塞和布兰查德把领导方式和员工的行为关系通过成熟度联系起来，形成了一种周期性的领导方式。当下属的成熟度水平不断提高时，领导者不但可以减少对活动的控制，而且还可以不断减少关系行为。情境领导理论对非营利组织的启示为：非营利组织的员工分为专职人员与志愿人员两部分，非营利组织领导者应根据员工的不同类型和成熟度采取不同的领导方式。对于志愿者来说，相对可采用命令型和说服型；对于专职员工或成熟的志愿者来说，可以采用参与型和授权型的领导方式。

> **知识拓展**
> **非营利组织志愿者领导风格对下属行为和动机的影响研究**
> 志愿者管理是非营利组织的核心，非营利组织中志愿者领导的不同风格对下属的工作主动性及公共服务动机具有一定影响。其中，魅力型和任务型领导风格对志愿者下属工作主动性的影响比其他领导风格作用更大，而公共服务动机在领导风格对工作主动性的影响中起到了中介作用。非营利组织需要更加重视领导的选拔和培养，既要开发志愿者领导胜任能力模型，也要参考个人特质和领导风格。
> 资料来源：刘颖，魏娜，周东歌. 非营利组织志愿者领导风格对下属行为和动机的影响研究 [J]. 中共中央党校（国家行政学院）学报，2019，23（2）：119-127.

4.2.6 变革型领导理论

变革型领导（transformational leadership）是目前最受主流认可的理论之一，于20世纪80年代由詹姆斯·麦格雷戈·伯恩斯提出。变革型领导使人们为了群体而超越个人利益，他们建立起兴奋而富有活力的组织；他们关注每一个下属的兴趣所在与发展需要；他们帮助下属用新视角来看待老问题从而改变下属对问题的看法；他们能够激励、调动和鼓舞下属为了实现群体目标付出更大的努力。

---

① 古拉蒂，梅奥，诺里亚. 管理学：第2版 [M]. 杨斌，等译. 北京：机械工业出版社，2023：249.

研究者们认为，在道德与责任感的约束下，这类领导者可以带领其追随者为了共同的愿景而努力并且达到超出预期的目标。变革型领导是指领导者通过领导魅力、领导感召力、智力激发和个性化关怀等，让员工意识到所承担的责任及任务的重要性，激发其更高层次的需要，从而使其最大限度地发掘自身的潜力来取得最高水平的绩效表现。变革型领导注重研究变化的过程，其假设前提是，最为优秀的领导才能是在科技、社会以及文化的飞速发展和变化的情境下所展现出来的。这一模式的核心是：变革型领导者能够激励追随者们将组织的目标置于个人利益之上，因而满足了他们更高层面的需求[①]。

变革型领导特别关注组织和员工的兴奋点，并通过以下四种方法来制造兴奋点：

（1）理想化影响力（idealized influence）。超凡的领导者具有令员工心悦诚服的特质或行为，如以伦理和道德为准则，与员工分担风险，考虑员工的需求胜过自己的需求等。因而变革型领导成为员工崇拜学习的理想对象，使员工产生强烈的认同，心甘情愿遵照指令完成任务，并与领导者产生深厚的情感关联。变革型领导通过展示道德魅力，向员工提供愿景和观念，解释任务的意义，引发自豪感，获得员工的崇拜、尊重、钦佩和信任。

（2）精神鼓励（inspirational motivation）。变革型领导通过为员工提供有意义且富有挑战性的工作，明确告诉员工对他们的工作期望、展示对整个组织目标的承诺、采取积极乐观的工作态度等方式，激发员工的工作动机，使员工在乐观与希望中展望未来的发展，并因此形成强烈的向心力和团队精神。

（3）个别关怀（individualized considerations）。变革型领导给员工以个别的关心，他们区别性地对待每一个员工，给予其培育和指导，赋予其责任，使其觉得备受重视而努力。他们注意听取员工的心声，尤其关注员工的成熟和成长的需求，针对员工的能力和个性特点而给予关心和帮助，促使员工的思想和行为发生改变。

（4）智力激发（intellectual stimulation）。变革型领导不断用新观念、新手段和新方法对员工进行挑战，他们提出新主意，并从员工那儿得到创造性的问题解决方法。变革型领导鼓励员工在工作中采用新的思想和革新性的方法来解决问题，增长知识。他们通过问题假设和挑战自我来使员工的创造力得到积累，增强员工的意志力、思考力、想象力和解决问题的能力，促进其信念和价值观的形成和转化。

变革型领导通常采用以下一种或几种技能或战略来实现目标：①变革型领导拥有一个愿景，一个吸引人注意的目标；②传达他们的愿景；③通过一致、可靠和坚韧来建立信任；④挑战现状和不断创新；⑤他们拥有一个积极的自我认识。

变革型领导对非营利组织领导来说既是一种挑战，也是一种重要的领导方式。因为变革型领导强调创造、强调关怀、强调鼓励、强调智力开发，对领导的要求比较高。由于非营利组织资源有限，通常需要具有制造兴奋点的能力，以便为非营利组织寻求到新的资源。变革型领导强调对员工的关怀、鼓励，非营利组织从事的是

① 古拉蒂，梅奥，诺里亚. 管理学：第 2 版［M］. 杨斌，等译. 北京：机械工业出版社，2023：243.

中国非营利组织管理理论与实践

公益事业，作为领导者，更需要从精神层面对员工进行关心、鼓励，使员工创造价值并超越自我。

 知识拓展

新乡贤的变革型领导力

乡村治理强调乡村公共利益的最大化，其关键在有效领导。本文选取四个样本村，重点关注各样本村中四位典型新乡贤，探索新乡贤变革型领导力形成的背景因素及作用机制。研究发现，新乡贤蕴含的四个关键特质，即个人魅力、实力、创造力、关爱能力，可使其在乡村治理中形成变革型领导力，能够顺畅"政府—新乡贤—农民"链条，实现村民及乡村公共利益的最大化，从而促进乡村善治及乡村振兴。研究建议，构建新乡贤的识别和筛选机制，引导具有变革型领导力特征的新乡贤参与乡村治理；唤醒社会沉睡的新乡贤资源，吸引城乡各方面人才在农村创业创新；加大对新乡贤治理乡村行为的监管力度与风险防范。

资料来源：张利庠，唐幸子. 新乡贤、变革型领导力与乡村治理：基于嵌入式多案例研究［J］. 农业经济问题，2022（10）：40-52.

4.3 非营利组织的决策

4.3.1 决策的内涵与原则

决策是组织的核心职能之一。非营利组织从事的公益事业，也面临着竞争和挑战，因此也需要决策，决策的质量直接影响着非营利组织的发展。那么什么是决策？非营利组织决策的原则与方法是什么？如何保证非营利组织决策的科学化与民主化呢？

4.3.1.1 决策的含义

决策是指识别问题以及从一系列行动方案中做出选择的过程，通常会被视为管理行为的核心。决策是管理的本质。组织的管理者在日常工作中会面对很多需要做出决策的情形。有些与日常运营流程有关的决策相对简单且直接，但是那些与组织战略或组织发展方向相关的决策则要复杂很多。所有的管理者都希望做出好的决策，因为人们通常会依据这些决策的成效来对管理者进行评价。

决策的基本特点：①决策的主体是管理者，因为决策是管理的一项职能。管理者既可以单独做出决策（这样的决策称为个体决策），管理者也可以和其他的管理者共同做决策（这样的决策称为群体决策）；②决策是一个过程，而不仅仅是一种行为；③决策的目的是解决问题或利用机会，也就是说，决策不仅是为了解决问题，有时也是为了利用机会；④决策贯穿管理的整个过程，不仅计划中有决策，执行中也有决策。

对于非营利组织来说，决策即为了有效实现组织的使命，综合运用各类知识来识别组织内外的机会并做出选择的过程。非营利组织决策的侧重点是识别组织内外存在哪些机会，然后制订和选择决策方案来获取这些机会，最终实现非营利组织的使命。

4.3.1.2 决策的原则

决策应遵循最优原则还是满意原则？古典决策理论认为，人是完全理性（rational）的，因此决策应该遵循利益最大化的原则，即决策的目的在于为组织获取最大的利益。这种决策原则叫作最优原则。要想达到决策最优，必须满足以下三个条件：①获得与决策有关的所有信息；②了解全部信息并制订所有可能的方案；③准确预期每种方案在未来的执行结果。但在现实中，上述这三个条件往往得不到满足。

因此决策管理之父赫伯特·西蒙（Herbert A. Simon）指出，人是有限理性（bounded rationality）的，要使决策的最优条件得到满足是不可能的。原因在于以下几点：①决策者很难收集到组织内外反映和决策有直接或间接影响的所有信息；②对于收集的信息，决策者能力有限，只能制订数量有限的决策方案；③未来是不确定的，决策者对未来状况的预测可能和实际有出入。由于缺乏足够的信息或时间，决策者并不会竭尽全力对每一种可能的选择进行评估；相反，他们只会努力采取某类行动，直至找到最可能被接受的解决方案。由于受到有限理性的约束，决策者会试着尽可能加快和简化整个决策流程。虽然最好的选择应该是在研究了所有可能达成的结果后做出的，但实际上，几乎没人能有足够的时间这样做，决策者们通常只能将可选择的范围缩小，然后找出一个"足够好"的解决方案，80%的正确率是通用法则。这种选择"足够好"的解决方案即可的行为方式，被称为满意性（satisficing）。

在完全理性的假设下，人们会在确定性的状态中做出决策。但是在有限理性的情形下，人们的决策是在模糊状态中做出的，因此决策就会充满风险和不确定性，最优决策就不那么显而易见。人们选择的解决方案可能不是最理想的，但是最可行的。模糊状态包括风险性状态与不确定性状态，不仅都会对决策流程造成影响，而且会让人们的决策行为不那么理性。在风险性状态下，人们能够掌握有关组织目标、优先级判断以及行动方案等信息，但对采取行动后可能会产生的结果却无法全面预测。在不确定性状态下，人们通常可以全面地了解有关组织目标和优先级判断等信息，但却对选择哪种行动方案或每一种行动方案可能会产生的结果缺乏完整的信息[1]。

查尔斯·林德布洛姆（Charles Lindblom）在对理性决策理论分析批判的基础上提出了渐进决策理论。林德布洛姆认为理性决策理论存在明显的不足：首先，理性决策要求先有一个既定的问题，然后才有制订方案、选择方案和实施方案等阶段。然而在实际生活中，决策者面临的问题并非完全既定，同时，面对既定的问题，不

① 古拉蒂，梅奥，诺里亚. 管理学：第 2 版 [M]. 杨斌，等译. 北京：机械工业出版社，2023：295.

同的人往往有不同的看法，存在各种争论，从而无法完全准确地界定问题。其次，理性分析并非万能。对一项复杂的决策而言，分析永远是无穷的，有时甚至还会造成错误。同时，在现实的决策模式中，由于受到时间和费用的限制，决策也不可能无止境地分析下去。最后，决策还会受到个人价值观的影响。由于决策集团内部个人价值观的不同，因而在进行方案选择时就必然会出现意见不一致的情况，但仅依靠理性分析却不能很好解决这一问题。

渐进决策理论是直接针对理性决策理论的缺陷，根据实际制定政策的特点，从"决策实际上如何做"而不是"应如何做"的角度出发建立的一套有自身特色的政策制定模式。其理论特点是：

（1）主张渐进决策。林德布洛姆认为，政策的制定是在过去经验的基础上，经过逐渐修补的渐进过程来实现的。渐进主义者具有勇敢、应变和足智多谋的特征。

（2）强调质量转换。林德布洛姆认为，渐进决策看上去似乎行动缓慢，但它实质是决策效果累积的过程，是从量变到质变的过程。其实际变化的速度往往要快于一次重大的变革。也就是说，渐进决策并不是不要变革，而是要求这种变革必须从现状出发，通过变化的逐层累积，最终达到根本变革的目的。

（3）追求稳中求变。林德布洛姆认为，渐进决策步子虽小，但却可以保证决策过程的稳定性，达到稳中求变的效果。决策上的巨大变革是不足取的，因为往往欲速则不达，会带来诸多不适甚至是抵制，从而危及社会稳定。渐进的方式则比较容易获得支持，可以达到稳中求变的目的。渐进决策理论是一种灵活的和现实可行的决策制定模式，具有实用性，但它也存在一些明显的缺陷，主要体现为它的保守性。一般来讲，渐进决策比较适用于稳定和变动不大的环境，而一旦社会条件和环境发生巨大变化，需要对以往的政策进行彻底改变时，渐进决策理论往往很难发挥作用，有时甚至会对社会的根本变革起到阻碍作用[①]。

4.3.1.3　决策的类型

决策的类型是从不同角度出发对决策行为进行的范畴性划分。对于决策类型划分的目的在于对决策的本质、目的、意义有更深切的理解，不仅要了解决策的共性，还要掌握不同决策在方法、程序、目标、手段等方面的个性，以便做出科学决策。

根据决策的不同作用，决策可以分为战略决策、管理决策与业务决策。战略决策是指有关组织发展方向的重大全局决策，具有全局性、长期性与战略性，由高层管理人员做出。管理决策是为保证组织总体战略目标的实现而解决局部问题的重要决策，由中层管理人员做出。业务决策是指基层管理人员为解决日常工作中的问题所做的决策。

根据决策的不同性质，决策可以分为程序化决策与非程序化决策。程序化决策即有关常规的、反复发生的问题的决策。非程序化决策是指偶然发生的或首次出现而又较为重要的非重要复性决策，这一类决策通常偶然性大、不确定因素多、无先

---

① 丁煌. 林德布洛姆的渐进决策理论 [J]. 国际技术经济研究，1999（3）：20-27.

例可循、无既定程序可依。

按决策问题的不同条件，决策可以分为确定性决策、风险性决策与非确定性决策。确定性决策是指可供选择的方案中只有一种自然状态时的决策，即决策的条件是确定的。风险型决策是指可供选择的方案中存在两种或两种以上的自然状态，但每种自然状态所发生概率的大小是可以估计的。非确定性决策指在可供选择的方案中存在两种或两种以上的自然状态，而且，这些自然状态所发生的概率是无法估计的。

按决策主体的人数，决策可分为个人决策与集体决策。个人决策由一个人制定；多人完成的决策称为集体决策。

按决策周期的长短，决策可分为长期决策与短期决策。长期决策影响的周期比较长，通常在一年以上；短期决策影响的周期比较短，通常在一年以下。

按决策的阶段，决策可分为初始决策和追踪决策。初始决策是指组织对从事某种活动或从事该活动的方案进行的初次选择；追踪决策是指在初始决策的基础上根据内外环境的变化对已从事的活动的方向、目标、方针及方案的重新调整。

 知识拓展

领导者如何主导利益诉求分歧大的决策

利益诉求分歧大的决策具体表现为在意见征集环节声音多元、难以整合，在协调磋商环节争执不下、陷入僵局，在决策商定环节相互拆台、互不忍让。利益诉求分歧大的决策会延缓决策进度、削弱发展动能、降低决策质量、分化领导集体。领导者可将健全利益诉求表达机制、创设利益诉求分歧引导机制、构建高效利益整合机制作为消除分歧的策略。

资料来源：蒋蕾，张精华. 领导者如何主导利益诉求分歧大的决策［J］. 领导科学，2022（1）：27-30.

4.3.2 决策的过程

尽管决策的制定是一个复杂的过程，但是仍然可以遵循一些制定决策的步骤。通常说来，决策的制定过程包括八个步骤。整个决策过程开始于识别决策问题和确定决策标准，以及为每个决策分配权重；然后进入开发、分析和选择备选方案；接下来是实施备选方案，并最终评估决策结果。决策的整个制定过程如下：

（1）识别决策问题。

决策的制定过程开始于一个存在的问题，或者更具体地说，开始于现状与希望状态之间的差距。要意识到问题的存在，决策者需要观察事情的现状及其希望的状态，需要对组织内外的信息有充足的了解，只有这样，才能为决策提供充足的信息，从而准确地把握问题所在。

（2）确认决策目标。

一旦决策者确定了他需要关注的问题，对于解决问题来说，确认决策的目标就非常重要了。也就是说，决策者必须清楚到底什么和决策有关，决策要达到一个什么样的目标？根据时间的长短，决策目标可分为长期目标、中期目标和短期目标。目标不同，决策的类型和方式也不同。

（3）为目标分配权重。

通常不会是所有的目标都同等重要，决策者需要为目标分配权重，使它们在决策中具有正确的优先级。

（4）拟订备选方案。

决策者将决策目标及权重定下来之后，通常借助个人经验、经历和对有关情况的把握来提出方案。为了提出更精确的方案，决策者也通常聘请"外脑"来拟订备选方案，聘请"外脑"的好处是可以充分发挥专家的专业优势，使决策方案更科学、更合理、更精确。

（5）分析备选方案。

决策者需要对各种方案的价值或相对优势进行评估，仔细考察每种方案的预期成本、收益、社会价值、不确定性和风险等，最后对备选方案进行排序。

（6）选择备选方案。

在分析的基础上，决策者从中选择一个最满意的方案。尽管选择一个方案看起来很简单，但实际上做出选择也是很困难的，因为每种方案都可能有其优点，也有其不足之处。因此，筛选方案这一步很重要，需要决策者获得充足的信息认真考察。

（7）执行备选方案及派生方案的确定。

选定方案后，接下来就需要方案的执行了。制订决策方案非常重要，但是执行决策方案也同样重要。再好的决策方案，如果没有执行，也是一纸空文。方案的执行未必一定是靠决策者，可能更多地靠一般管理者去执行。在现实中，方案的执行可能不可避免地会影响一部分人的利益，也可能使另一部分人获得利益，在这种情况下，决策者需要制订一些派生方案。这些派生方案是为了使决策方案更有效地执行下去。例如，决策者可以根据实际情况出台补偿方案以消除对方的顾虑，化解决策执行过程中的阻力，从而顺利实施决策方案。

（8）评估决策效果。

决策过程的最后一步是评估决策结果，看看问题是不是得到了解决，选择的方案和实施的结果是否达到了期望的效果。如果评估结果表明问题仍然存在，将会发生什么事情？这时决策者也许需要仔细地分析：哪里出了差错？问题是否被错误地定义？在评估各种备选方案时出现了哪些偏差？是否方案的选择是正确的，但在执行过程中出了问题？问题的答案也许要求决策者重新回到决策过程的某个步骤，甚至可能要重新开始整个决策过程。

4.3.3　决策的民主化、科学化与制度化

非营利组织追求的是公共利益，使用的是公益资产，这些公益资产如何使用，不仅是非营利组织关心的问题，而且也是社会公众关心的问题。因此，非营利组织

决策的公开、透明、科学等非常重要，简言之，就是要实现非营利组织的领导与组织决策的民主化、科学化和制度化。三者之间相互关联，缺一不可，决策的民主化是科学化的前提和保障，决策科学化是民主化的必然结果，决策制度化又是决策民主化和科学化的保障。

4.3.3.1 非营利组织决策的民主化

决策的民主化即非营利组织的每项决策都必须公开透明，尽最大可能让利益相关者参与。特别是对涉及面广、与非营利组织利益相关者密切相关的重大决策事项，必须全程透明、阳光操作，实现民意最大化，减少决策中的暗箱操作，特别要防止理事长"一言堂"的现象。

依据我国《基金会管理条例》的规定，理事会是基金会的决策机构，依法行使章程规定的职权。募捐、投资等重要事项的决议，须经出席理事表决，2/3 以上通过方为有效。理事会会议应当制作会议记录，并由出席理事审阅、签名。基金会对外付息借款、提起诉讼均属于基金会的重要事项，应遵循法律、法规及章程的相关规定，召开理事会进行决议，并获得法定代表人的授权。

> 💡 **知识拓展**
>
> **不经过理事会的决策风险**
>
> 案例：云南某助学基金会，理事长为李某，2015 年发起"人人喝得上的健康茶"和"生态循环种植"等公益及扶贫活动，为解决基金会在项目中基础资金紧缺的困难，2015 年 2 月李某向陆某借了人民币 258 万元，转入基金会指定的户头，该笔资金解决了部分公益和扶贫的资金需求。至起诉日，基金会已归还陆某 126 万元，尚余本金 132 万元未予归还，由于基金会系公益公募机构，每项收支需向社会公众公开，基金会就把债权人起诉了，请求：①确认陆某的实际借款数额；②确认基金会已付款和未付款数额（未付款数额暂定 150 万元）；③确认基金会应付利息。
>
> 点评：本案中，基金会对向被告借款一事并未做出意思表示（并未召开理事会），陆某亦明确其借款系借给李某个人，而非基金会。虽然基金会账户向陆某账户偿还过部分借款，但不能因此推断基金会与陆某之间建立了借款关系，驳回起诉。因为没有召开理事会，由基金会法定代表人李某承担了相应的责任，法院认定了这 258 万元是李某向陆某借的，这也是机构负责人面临的风险，由于没有经过理事会决议，在诉讼中就不会得到法律的支持。
>
> 资料来源：实务观点 | 从案例角度分析，非营利组织如何完善内部治理？https://zhong-zhingo.org/2017/11/09/article-35/

4.3.3.2 非营利组织决策的制度化

决策制度是防止个人拍板和决策失误的重要保证，目的在于建立公众参与、专家论证和集体决断相结合的决策机制。这些制度主要包括：①公众参与制度。对涉及经济和社会发展全局的重大事项，要广泛征询意见，充分进行协商和协调；对专业性和技术性较强的重大事项，要认真开展专家论证、技术咨询、决策评估；对同群众利益密切相关的重大事项，要实行公示、听证等制度，扩大群众的参与度，使决策既符合客观实际，又有坚实的群众基础。②专家咨询制度。重大问题的决策，必须充分发挥各方面专家的作用，对有关数据资料和复杂情况进行全面综合分析，找出问题的内在联系以及在不同条件下发展变化的多种可能性，从不同角度对各种方案进行充分的论证，为优化选择提供科学依据。③集体决策制度。重大问题的决策，必须由决策机构集体讨论，决不能由个人或少数人匆忙拍板。只有依靠集体的智慧和经验，才能最大限度地保证决策正确无误，即使出现失误也比较容易纠正。④个人负责制度。重大决策一经做出，就要具体落实到个人负责组织实施，力求克服职责不清、互相扯皮、贻误时机、逃避责任的现象。⑤监督反馈制度。对决策的原则、程序和制度的执行情况进行监督，对重大决策的实施情况跟踪反馈，一旦发现问题，及时予以补救和调整。⑥责任追究制度。如果出现决策失误，造成经济损失与资源浪费，决策者必须承担相应的责任。

4.3.3.3　非营利组织决策的科学化

决策要以充分的事实为依据，按照事物的内在联系对大量的资料和数据进行分析和计算，遵循科学的程序，进行严密的逻辑推理，从而做出正确决策。要善于利用现代科学技术来做决策。在实践的决策过程中，通过科学化建设尽力避免决策的人为失误，在未深入调查研究、全面掌握各种变量，未对方案进行科学性、可行性论证，未对多种方案进行比较优选之前，均不应匆忙决策。

决策支持系统（decision-making support system，DSS）是决策科学化的重要内容。它是辅助决策者通过数据、模型和知识，以人机交互方式进行结构化或非结构化决策的计算机应用系统。它可以为决策者提供分析问题、建立模型、模拟决策过程和方案的环境，调用各种信息资源和分析工具，帮助决策者提高决策水平和质量。该系统被广泛运用于企业管理的领域中，为企业的决策质量提供了有力的保障。随着非营利组织管理理念的兴起，这套系统同样可以被运用到非营利组织的决策管理中。

本章小结

本章介绍了非营利组织的领导者、领导与管理的联系与区别、领导权力、领导者的角色、领导能力、领导理论与领导方式，非营利组织的决策定义、过程、原则与类型，分析了非营利组织的决策民主化、制度化与科学化。

关键词

领导　领导者　领导特质理论　领导行为理论　领导权变理论　路径-目标理论　情境领导理论　变革型领导理论　决策　决策的过程　决策的类型

思考题

1. 领导与管理的区别与联系是什么？
2. 如何才能成为一个优秀的非营利组织的领导者？
3. 非营利组织领导应该具备什么核心能力？
4. 非营利组织领导在组织中应该扮演什么角色？
5. 与企业、政府相比，非营利组织的领导有什么特点？
6. 非营利组织的决策有什么特点？
7. 影响非营利组织领导风格转变的因素有哪些？
8. 非营利组织如何保障决策的民主化、制度化与科学化？

拓展阅读

［1］陈树文，高跃. 领导者核心能力评价标准体系研究［J］. 当代经济管理，2013，35（1）：74-78.

［2］辛杰，屠云峰. 中国文化背景下的中庸型领导：概念、维度与测量［J］. 西南大学学报（社会科学版），2020，46（4）：58-66，194.

［3］刘颖，魏娜，周东歌. 非营利组织志愿者领导风格对下属行为和动机的影响研究［J］. 中共中央党校（国家行政学院）学报，2019，23（2）：119-127.

［4］张利库，唐幸子. 新乡贤、变革型领导力与乡村治理：基于嵌入式多案例研究［J］. 农业经济问题，2022（10）：40-52.

［5］李健，翟璐. 包容型领导：非营利组织女性领导风格研究［J］. 江苏社会科学，2023（1）：113-121，243.

［6］李健，翟璐. 非营利组织领导职位晋升过程中的风格演变：基于Y基金会L领导的跟踪观察研究［J］. 学海，2023（1）：167-176.

5　中国非营利组织的战略管理

案例导入：

战略规划是社会组织走向卓越所必需的

近日，X孤独症机构，在北京市倍能公益组织能力建设与评估中心（以下简称倍能中心）的引导、支持与带领下，作出了2021—2024年的组织发展战略规划。本次战略规划，从前期的沟通准备，到相关信息的收集及组织内部发展管理能力的测试，再到共创式工作坊、战略规划文件的撰写，历经约3个月的时间。整个战略规划的过程，体现了全员参与式、双方共创式、智慧内驱式的风格和特征。

战略规划，为什么是组织走向卓越的必需？

X机构位居三线城市，有13年的发展历史，是当地同行中的佼佼者，为什么果断地找到倍能中心来做战略规划？

X机构的创办人兼负责人如是说："虽然我们机构资金不是很富裕，但是战略规划的资金从年初就预留出来，任何事情都不能挪用。因为战略规划这个事情，对我们发展而言非常重要。"找倍能中心来做规划，理由有三点：

（1）X机构除了做残联的精准救助项目，现在开始还要做康复融合和日间照料，团队越来越大，逐渐向外扩展，也逐渐感觉能力等各方面有点不足，也有点找不到发展方向了。

（2）同类型的机构越来越多，有来自医疗领域的，来自商业领域的，还有特殊教育学校的等，给民办的服务机构带来的挑战和压力越来越大，如何维持和保持已有的优势，如何拓宽和增长服务领域，这些都是需要面对的问题。

（3）X机构的中层和高层领导日益年轻化，如何凝聚共识，调动工作人员的积极性、主动性？这是此次做共创式战略的又一重要原因。

在以上三点的驱动下，反映了X机构对于走向卓越的不懈追求。明智且富有进取心的战略，是一个机构走向卓越的前提。X机构经过13年的发展，已经成果累累，获得了省级的"残疾人之家"称号，还曾经获得全国妇联的巾帼先进单位。但是他们没有在过去的成绩上止步不前，而是时刻关注新的挑战，不断树立新的发展目标。

资料来源：人民资讯，https://baijiahao.baidu.com/s? id = 17142889732815562981&wfr = spider&for = pc

5.1 战略与战略管理

5.1.1 战略与战略规划的内涵

组织的外部环境在持续变得愈加复杂，为适应这种持续复杂化的环境，组织需要建立周密的战略并加以实施。战略（strategy）是为客户创造价值的一系列行动的集合，包含划定业务领域、决定产品系列、确定目标客户等方面的取舍及决策，以运用各种资源达到组织目标。战略是管理者为组织实现目标而制订的"行动方案"。而将一项具体战略落地，则是围绕着组织做什么以及如何做的选择与取舍，而这种选择与取舍通常是艰难且有风险的①。对于组织来说，首要的任务是明确该做什么和不做什么，基于此，组织才能有序地发展，因此战略的规划和制定对于任何一个组织来说都至关重要。战略具有全局性、长远性、纲领性等特点，它决定着一个组织未来的发展蓝图和前进方向。

战略管理的内涵可分为狭义和广义两种角度。狭义的战略管理指对战略的规划，从这种角度来说，一般将战略管理等同于战略规划，也即组织未来中长期发展目标的战略性规划管理。从广义的角度来说，战略管理是指根据组织内外部环境，确立组织宗旨和长期目标，并通过一定的战略手段对组织的活动和发展实行总体性管理以实现其目标，是组织制定和实施战略的一系列管理决策与行动，包括战略规划、战略实施和战略评价三个阶段。

战略管理的核心是战略规划，它指的是确定组织的使命和目标，制定切实可行的规划，并及时加以调整的一整套系统的方法和过程。而这一系列的规划管理的最终成果通常表现为确定的项目组合，也就是要回答"做什么"和"不做什么"的问题，这是战略管理最主要、最根本的内容。战略管理是非营利组织管理的重要职能之一，关乎一个组织能否采取积极有效的措施去迎接各种挑战和机遇、能否有计划地实现目标、能否在复杂多变的环境中得以长远发展。

战略管理具有以下特征：

（1）规划性。

战略管理不同于组织的日常管理和具有临时应变性的危机管理，而是涉及未来3~5年组织中长期发展目标的战略性的计划或规划的管理，重点在于事前的规划性。

（2）系统性。

广义的战略管理包含战略规划、战略实施和战略评价三个阶段，且三个阶段相互关联相互影响。另外，战略管理作为组织发展中的关键职能，无法独立于组织管理的其他环节和过程单独存在，还要与其他模块如人力资源管理、财务管理、项目管理、营销管理等交互作用，各个子系统需要有机结合构成完整的战略管理系统。

---

① 古拉蒂，梅奥，诺里亚. 管理学：第 2 版 ［M］. 杨斌，等译. 北京：机械工业出版社，2023：69.

中国非营利组织管理理论与实践

（3）相对稳定性。

战略规划一旦被制定并确认，便具有相对的稳定性，此后组织活动都需要以该战略为中心进行考虑和实施。如果朝令夕改，将会导致组织运作摇摆不定，那么战略的规划工作将毫无意义，进而会给组织发展带来消极影响。

（4）全局性。

战略管理研究的重点并非针对某一个模块或布局的运行和细节问题，而是组织整体目标的达成。局部的活动和发展是为总体目标的实现而服务的，因此制定战略规划要从全局角度进行分析和考虑。

（5）发展性。

战略管理的目的不是维持现状，而是着眼于组织长远的发展，为未来发展确定方向。另外，战略规划并不是一成不变的，其稳定具有相对性，在不断变化的环境中需要预测未来可能出现的诸多变化并适当调整，制定出适合组织运行且适应时代发展的战略决策。

（6）科学性。

战略管理需要运用科学的方法和工具进行规划和管理，基于多种指标和维度，将定性分析和定量分析相结合，确保战略目标设置的科学性、战略策略的合理性、操作方法的可行性。

5.1.2　非营利组织战略管理的特点与意义

5.1.2.1　非营利组织战略管理的特点

基于前文战略管理的概念，非营利组织战略管理的内涵可理解为：根据非营利组织内外部环境确定其未来发展的战略使命、愿景和目标，并为实现它们而开展的计划、组织、指挥、协调和控制等活动的动态管理和一系列决策的过程。

非营利组织战略管理同企业、政府机构的战略管理相比，既有相似也有不同。相似之处是，三者的战略规划都需要基于组织的环境来确定计划完成的目标，明确发展的方向，提前规划出未来可能遇到的机遇与挑战，并思考如何行动以实现目标。而非营利组织战略管理还有其独特之处：

（1）更重视公益目标、宗旨与使命。不同于企业组织以利润为中心，非营利组织运行的动力来自组织的使命而非可分配的利润。非营利组织的存在便是不以营利为目的的，组织的活动和发展自然也是更重视组织宗旨和使命的确定和实现，紧紧围绕公益性质创造组织价值，关注点并非经营利润。

（2）需要利益相关者的广泛参与和一致认可。非营利组织有其特殊的角色地位和价值责任，往往涉及的群体较为广泛，因此其战略规划的制定需要更广泛的参与度，以便各种不同的声音可以如实及时地反映到组织战略中且被吸收和采纳。故而战略规划过程中需要包括监管主体、受益主体、捐赠主体、志愿者和内部员工、理事会成员等所有利益相关者的广泛参与，并尽可能达成不同利益群体诉求的一致性认识，以确保组织使命的实现。

（3）具有公开性和透明性。作为社会公众所共有的产权，非营利组织需要接受公众的监督，这对非营利组织来说既是法定的义务，也是社会公众天然的权利。因此，非营利组织必须坚持信息公开和透明。非营利组织的战略管理就需要提供相应途径以供利益相关者参与战略的制定和实施，在此过程中需要广泛征求利益相关者的意见，就战略定位和目标达成一致。另外，非营利组织战略规划、战略实施情况及战略评估结果等信息需要向公众公开，接受社会的监督，确保全过程的公开透明。

5.1.2.2 非营利组织战略管理的意义

（1）有利于非营利组织发现机会、抓住机遇。现今社会，各种组织面临的外部环境越来越复杂，也充斥着诸多的机遇和挑战。如何应对挑战、抓住机遇是组织管理必须重视的问题，非营利组织也不例外。战略管理要求非营利组织密切关注政治、经济、文化等外部环境的变化，通过分析当前环境、预测未来环境，发现外部环境变化给组织发展带来的机会以及可能存在的阻碍，最大化发挥组织本身优势，应对威胁和挑战，为非营利组织的未来发展扫清障碍、规划路线。

（2）有利于落实组织宗旨和使命，达成内部一致性行动。宗旨和使命帮助非营利组织明确发展方向，而战略管理则可以在对组织内外部环境进行分析的基础上确定组织的宗旨和目标，并确保组织活动不会偏离组织宗旨，进而顺利实现目标。在此过程中，战略管理可为非营利组织员工之间的协调和交流提供一个渠道和平台，尤其在规划阶段，可使得员工就组织的宗旨和目标迅速达成共识，并在战略实施阶段形成全体员工的一致行动。

（3）有利于减少组织盲目行动带来的不必要损失。第一，战略管理致力于分析和预测组织发展中的机遇与问题，面对复杂多变的环境采取不同的战略，建立一套科学的决策机制，尽可能地降低组织决策失误的成本。决策的科学化可以使组织的活动合理高效，更灵活地应对挑战，形成自身的独特优势。第二，战略管理会对组织任务进行清晰界定，使所有的组织成员明确职责，有效减少由盲目性造成的工作失误和短期行为导致的损失。第三，战略管理有助于非营利组织分清任务主次，明确未来各阶段的工作重点。在此基础上对组织发展的关键领域加大重视程度和资源投入，尽量避免次要事务的干扰，从而达到资源的优化配置。

（4）有利于降低发展的不确定性。战略管理要求非营利组织的主要决策者确定清晰可行的战略目标和实施计划，使组织的机会选择与所投入的时间和资源安排相匹配，从而将非营利组织的不利条件和变化所产生的影响降到最小，降低组织发展的不确定性。

5.1.3 非营利组织的愿景与使命

非营利组织的战略可以理解为组织的目标。为组织创建目标和确定使命是非营利组织战略的第一步。成立并成功运行一个非营利组织，首先需要确定组织的目标、使命、愿景、口号和价值观。

（1）组织的目标（objective）是组织构成的核心精神要素。组织目标决定组织的性质和活动范围。非营利组织不以营利为目的，而以追求社会公共利益或者组织成员的共同利益为目标。不同的非营利组织由于组织目标不同，可以分为不同的类型。如行业协会以满足会员利益为目标，公益型基金会追求社会公共利益，专业化的社会工作服务机构以满足目标群体的需求为目标。对于组织而言，目标就是一个"有完成日期的梦想"，目标陈述有时候就体现在组织使命的陈述中，清晰地指出组织"将在何时、如何达成任务"①。目标陈述就是通过描述组织的活动安排和项目计划实现组织的使命。

（2）使命（mission）是组织存在的目标和理由。非营利组织在创建和成立之初就需要对自己的使命有清晰明确的表述，有了明确界定的使命才有会明确界定的目标，使命是非营利组织成败的关键。追求使命是一个非营利组织存在的根本原因。使命应该以清晰稳定、简洁明确的语言呈现，以便组织内外部的人们了解该组织是做什么的、为什么而存在，从而选择该组织作为服务提供者或被服务对象。使命是组织策略与行动的指导方针，使组织内部对于组织存在的价值和意义有清楚的共识。同时使命会产生号召力，吸引认同该使命的专职人员和志愿者加入非营利组织，并为组织任务稳定地投入时间和精力，提升全员向心力和凝聚力，更好地形成一致行动。

（3）愿景（vision）是非营利组织对未来发展蓝图的勾勒，描述的是整个组织未来希望达成的目标。愿景能够引导组织成员对组织未来发展的憧憬，激发组织员工、领导者、志愿者、捐助者的热忱，增强组织凝聚力。愿景通常使用积极肯定的语气，敢于想象，勇于冒险。

（4）口号（slogan）是将组织的使命提炼、浓缩为读起来朗朗上口、易于记忆的一句话或几个词。

（5）价值观（value）是对组织利益相关者（理事会、员工、顾客、捐助者、社会公众、志愿者等）的伦理维度的描述。价值观陈述通过描述组织的原则或程序来引导组织的活动。

 知识拓展

一些组织的使命、愿景、价值观

1. 自然之友

愿景：在人与自然和谐的社会中，每个人都能分享安全的资源和美好的环境。

使命：建设公众参与环境保护的平台，让环境保护的意识深入人心并转化成自觉的行动。

核心价值观：与大自然为友、尊重自然万物的生命权利；真心实意，身体力行。

2. 壹基金公益基金会

愿景：尽我所能，人人公益。

使命：为每一个人打造参与公益的平台。

---

① 盖拉特. 非营利组织管理 [M]. 邓国胜，等译. 北京：中国人民大学出版社，2013：28.

> 价值观：世界变得更好，不在于少数人做了很多，而在于多数人都做了一点点。
>
> 3. 腾讯基金会
>
> 愿景：做美好社会的创造者。
>
> 使命：践行科技向善，用公益引领可持续社会价值创新。

5.2 非营利组织的战略环境

5.2.1 外部环境分析

外部环境是非营利组织制定战略的重要依据。环境（PEST）分析是指宏观环境的分析，P 是政治（politics），E 是经济（economy），S 是社会（society），T 是技术（technology）。在分析一个组织所处的外部环境的时候，通常通过这四个因素来分析组织所面临的状况。

5.2.1.1 政治法律环境

政治环境主要关注政府政策内容，包括与非营利组织自身和其涉及的领域相关的政策是否稳定和连续，政府对非营利组织的支持程度，国家税收和汇率政策的变化等。法律环境方面主要是有关非营利组织的法律法规的制定和修改，尤其是税法的改革，对捐赠行为提供的减免税待遇，以及非营利组织的合法性和登记管理体制等，这些因素构成了非营利组织的宏观政治法律环境，对非营利组织的发展方向和运行策略有着重要的影响作用。

改革开放以来，补缺式模式是非营利组织参与公共服务供给的一种基本形态，有效地填补了政府的缺位，为民众适时地提供了力所能及的公共服务。在政府逐渐履行其基本公共服务职责后，非营利组织在这些领域的角色越来越弱化，需要有一个角色的战略性转型和功能的全新提升，相应的，中国的公共服务供给模式逐渐从补缺式公共服务供给模式走向定制式公共服务供给模式①。

除了本国的政治法律环境外，在全球化背景下，非营利组织也面临广泛的竞争，这就要求其必须具备全球战略眼光，才能免于被淘汰的结局。在全球化的宏大视野下，非营利组织的发展问题不仅是其组织自身的问题，而且关联着一个国家的利益。在国际交往中，有些公共服务如环保、扶贫、救援、资源占有等，非营利组织去实施比政府去实施可能更有效率，更不易引起误会。因此，非营利组织进行国际参与有其独到的好处，故而许多国家特别是发达国家以本国政府作为强大后盾，利用非营利组织在国际上进行价值宣传、市场竞争、资源抢占等。全球市场与全球竞争是

---

① 翁士洪. 从补缺式模式到定制式模式：非营利组织参与公共服务供给体制的战略转型 [J]. 行政论坛，2017，24（5）：30-37.

非营利组织实施战略管理必须重视的一个重要外部环境，尤其要关注全球技术革新和全球制度变革以及国家间文化差异的存在，以随时做好应对国际市场需求的准备。

5.2.1.2 经济环境

非营利组织的发展与一国经济的发展有着密切联系，这些经济因素主要包括国家宏观经济政策、国民经济发展趋势、产业结构、经济发展的总量控制、通货膨胀、利率水平的变化和价格政策、失业水平、居民的平均收入、消费政策和储蓄政策变化及两者之间的比例关系、地区消费指数、金融政策、货币政策、财政政策、税收政策、银行信贷的方便程度、本国货币在国际金融市场上的价值、外债的承受能力等。

5.2.1.3 社会环境

非营利组织的生存与发展是基于社会需要和人们的心理需要而产生的，一旦社会环境有所变化，必然会体现在非营利组织的发展上，战略规划的制定同样要考虑这种变化。人们的文化传统、价值观念、行为准则等都会影响到其对于非营利组织的看法和支持程度，进而影响战略规划的制定和实施。

将需求应用到地区的非营利组织发展研究时，主要关注地区社会痛苦程度和需求异质性程度与非营利组织规模的关系。非营利组织的发展是为了满足穷困或弱势人群的需求，因为这些人群掌握的物质和社会资源少，不能有效利用市场或政府服务。在这种情况下，富裕地区成员会对弱势邻居需求做出反应，通过捐赠或其他方式支持服务于这些目标群体的非营利组织发展。一个地区的贫困或弱势人口越多，则这个地区的社会痛苦程度越高。犯罪率、老年人口比例、少儿人口比例、贫困人口比例、少数民族人口比例等指标通常被用来测量社会痛苦程度。研究者发现地区社会痛苦程度和需求异质性程度与非营利组织规模的关系存在正相关，但是对社会团体、基金会与民办非企业单位的影响存在差异。中国民间组织的发展嵌入其所处的地方社会情境之中，它不仅反映了地区的社会需求结构和居民资源状况，还受到地区经济制度和社会保障制度变迁进程的影响①。

5.2.1.4 技术环境

技术要素不仅包括那些引起革命性变化的发明，还包括与组织发展有关的新技术。科技是否降低了产品和服务的成本，并提高了质量（例如区块链技术可以跟踪捐赠的全流程，提高了捐赠的透明度）？科技是否为服务对象与组织提供了更多的创新产品与服务（例如网上众筹）？科技是如何改变分销渠道的（例如互联网营销）？科技是否为组织提供了一种全新的与利益相关者进行沟通的渠道？过去的半个世纪里，最迅速的变化就发生在技术领域。技术领先的非营利组织会比没有采用先进技术的同类组织具有更强的竞争力。

---

① 李国武，李璐. 社会需求、资源供给、制度变迁与民间组织发展：基于中国省级经验的实证研究 [J]. 社会，2011，31（6）：74-102.

5.2.2 利益相关者分析

利益相关者分析（stakeholder analysis）用于分析与组织利益相关的所有个人（和组织），帮助组织在制定战略时分清重大利益相关者对于战略的影响。利益相关者分析也可以用于项目管理过程中，项目交付成果可能会影响某些人或组织，同时这些人或组织会做出相应行动来影响项目的推进。项目管理中利益相关者分析的目的就是找出这些人或组织，制定沟通策略，从而使其利于项目的推进。利益相关者能够影响组织，他们的意见一定要作为决策时考虑的因素。所有利益相关者不可能对所有问题保持一致意见，其中一些群体要比另一些群体的影响力更大，这使如何平衡各方利益成为战略制定考虑的关键问题。利益相关者分析除了对战略制定产生影响以外，也是评价战略的有力工具。

非营利组织的发展有诸多的利益相关者，涉及不同的群体，各方的利益诉求会存在差异性。为了落实宗旨和目标，非营利组织需要综合考虑各方利益相关者的需求，使其期望尽可能实现，从而确保组织的健康良好发展。因此，战略管理中对利益相关者进行重点分析是必不可少的工作。非营利组织的利益相关者包括[1]：

（1）出资者。个人、基金会、法人团体或政府部门，都可能是非营利组织的利益相关者。

（2）员工与志愿者。员工是否认可组织的愿景与使命。此外还有提供志愿服务的志愿者，他们提供志愿服务，贡献志愿劳动；非营利组织获得了志愿者这种特殊的人力资源，则需要为志愿者个人提供相关渠道，为其提供良好的环境。

（3）服务对象。服务对象即非营利组织在使命的指引下的目标市场，也就是组织服务的需求者，可能是某些特定的群体，也可能是广大的社会公众。

（4）社区。社区的支持对非营利组织非常重要，非营利组织离开社区很难保证目标的实现。因此，非营利组织与社区居民、商界人士及相关机构建立良好的关系，有助于实现组织的目标和计划。另外，非营利组织大规模参与社区建设和社区治理，能更好地满足社区居民的多种需求，提高社区服务质量，并推动社会治理的创新。

（5）政府。政府对非营利组织的影响是两方面的。一方面，非营利组织作为一种公共组织，通常会得到政府所赋予的一般营利组织无法得到的一些权利，如税收优惠、政府购买非营利组织服务等；另一方面，非营利组织也要接受政府的评估和监督，政府是非营利组织最重要的支持者和监督者。

 知识拓展

政府购买公共服务中利益相关者的行动逻辑

通过对政府购买公共服务中利益相关者的行动逻辑以及对绩效的影响机理透析发现，不仅社会组织与公众被政府行动逻辑裹挟，还改变了政府购买的项目决策、合同过程、绩效控制机制等关键环节，导致官僚目标对公众需求的忽略与替

---

① 李维安. 非营利组织管理［M］. 北京：高等教育出版社，2005：51.

代，行政权力越界甚至挤占了社会的空间，严重抑制了政府购买的绩效。只有缓解官僚目标与公众偏好之间的冲突、加强行政权力规制与社会组织培育，才能不断改进政府购买基本公共服务的绩效。

　　资料来源：姜晓萍，康健. 官僚式外包：政府购买公共服务中利益相关者的行动逻辑及其对绩效的影响［J］. 行政论坛，2019，26（4）：63-68.

5.2.3　行业环境分析

　　迈克尔·波特（Michael Porter）于 20 世纪 80 年代初提出五力分析模型，对企业战略制定产生全球性的深远影响。五力分别是：供应商的讨价还价能力、购买者的讨价还价能力、潜在竞争者进入的能力、替代品的替代能力、行业内竞争者现在的竞争能力。任何一个行业，都存在五种竞争力量影响竞争规则。这五种力量共同决定着一个行业的吸引力和盈利能力。五种力量的不同组合变化最终影响行业利润潜力的变化①。

　　5.2.3.1　新进入者的威胁

　　对于一个产业来说，新进入者威胁的大小取决于进入壁垒及可能遇到的守成者的反击，潜在的进入者会选择壁垒较低的市场，而守成者会努力提升进入壁垒。进入障碍主要来自以下六个方面：规模经济、产品差异、资本要求、转移成本、销售渠道、不受规模支配的成本优势。对于非营利组织来说，某一领域的"新进入者"需要分析该组织是否存在进入壁垒，与已存在的其他相似非营利组织相比是否有实质的差异；而"守成者"需要考虑是否容易产生新的相似组织进而影响到自身的存在和发展，是否需要调整战略提升进入壁垒，提升组织存在的意义。

　　5.2.3.2　购买者的议价能力

　　购买者（买方、顾客、消费者）为了降低成本，通常会讨价还价，要求更高的质量、更多的服务以及更低的价格。购买者在以下情况下更具讨价还价能力：他们购买了行业产出的一大部分；他们购买的产品销售收入占卖方年收入的大部分；他们能够不花费很大代价就转移到其他产品；行业产品差别不大或者说标准化，并且买方后向整合进入行业的可能性大。

　　5.2.3.3　供应商的讨价还价能力

　　供应商可能会通过提高价格或降低质量的方式来对行业内的竞争者显示自己的力量，供应商在以下情况下更具讨价还价能力：供应商掌握在几个大公司手中，与它们销售对象所在的行业比起来更为集中；没有很好的替代品；对整个供应行业而言，这个行业中的组织不是它们的重要客户；供应商的产品对买方而言非常关键；供应商的产品已经制造了很高的转移类成本；供应商前向整合，进入组织所在行业的可能性很大。

①　罗宾斯，库尔特. 管理学：第 15 版［M］. 刘刚，梁晗，程熙镕，等译. 北京：中国人民大学出版社，2020：224.

5.2.3.4 替代品的威胁

替代品是指那些来自不同行业的产品或服务，但是这些产品和服务的功能与该行业的产品和服务相同或相似。一般来说，如果客户面临的转换成本很低甚至为零，或当替代品的价格更低或者质量更好，性能相似甚至超过竞争产品时，替代品的威胁会很强。因此在某些方面体现出差异化就尤为重要。对于非营利组织来说，其所能提供的服务是否具有较强的可替代性、是否有替代品的威胁，是组织应该不断反思的问题。如果差异化并不显著，那么组织将有更大可能面临淘汰的危险。

5.2.3.5 同行业的竞争程度

行业内的组织相互影响相互制约，一个组织的行为必然会引发竞争反应，而竞争程度反过来会影响组织的后续行为和发展走向。通常地，组织会在顾客认为有价值的、组织拥有竞争优势的方面，努力使自己的产品或服务与竞争者不同。同一领域的非营利组织越多、竞争越激烈，会促使组织采取更加积极有效的行动措施来谋求发展。因此，同行业的竞争程度会对组织的战略规划产生极大的影响。

该模型的理论是建立在以下三个假定基础之上的：制定战略者可以了解整个行业的信息，显然现实中是难以做到的；同行业之间只有竞争关系，没有合作关系，但现实中组织之间存在多种合作关系，不一定是你死我活的竞争关系；行业的规模是固定的，因此，只有通过夺取对手的份额来占有更大的资源和市场，但现实中组织之间往往不是通过吃掉对手而是与对手共同做大行业的蛋糕来获取更大的资源和市场。同时，市场可以通过不断的开发和创新来增大容量。波特的五力分析模型的意义在于，五种竞争力量的抗争中蕴含着三类成功的战略思想，即总成本领先战略、差异化战略、专一化战略。

 知识拓展

喜憨儿洗车行的发展战略

社会企业作为非营利的商业化实体，通过聚焦具有挑战性的社会问题而创造价值，解决了服务有效性和市场需求的双重难题。社会企业兼有社会和商业双重属性，制定符合自身价值导向的发展战略，能够更好地推动解决社会问题。喜憨儿洗车行运用一种新兴的心智障碍者支持性就业模式，在心智障碍者潜能激发、就业、康复教育等方面发挥着积极作用，通过提供洗车服务获得收入能够实现企业的正常经营运转。运用波特五力分析模型对喜憨儿洗车行进行分析，可以认为社会企业在商业模式和发展策略的选择方面需要结合自身的价值目标和优势进行精确定位，社会企业在运用商业手段获得发展必需的资金时，也要注重公益慈善资源的开发和利用，在降低企业运行成本的同时将资源更加高效地投入解决社会问题上。

资料来源：张承蒙，冷美卿."波特五力分析"视角下的社会企业发展战略研究：以喜憨儿洗车行为例 [J]. 山西财政税务专科学校学报，2019，21（3）：33-38.

中国非营利组织管理理论与实践

5.2.4　组织内部资源与能力分析

资源、能力与核心竞争力是构成非营利组织竞争优势的基础。资源是非营利组织能力的来源，能力又是非营利组织核心竞争力的来源，而核心竞争力则是非营利组织获得竞争优势的基础。

5.2.4.1　内部资源

资源是指非营利组织拥有物力、财力以及其他能够带来竞争优势的资源的数量和质量，以及这些资源相互之间的独特组合方式。资源决定着非营利组织的竞争优势，对组织内部资源进行分析，可以使战略规划更加适用于组织的实际情况，从而达到资源的优化配置。非营利组织的资源可以是有形的，也可以是无形的。

（1）有形资源。有形资源是指那些可看见的、可量化的资产，通常有四种表现形式，即资金、组织、实物及技术。许多有形资源的价值会被反映在财务报表系统中，但需要注意的是，报表并不能完全反映非营利组织全部的资产价值，因为无形资源也包含在资产价值中。而且有形资源的价值也是有限的，很难从现有的有形资源中再进行深层挖掘来获取额外的业务和价值。

（2）无形资源。无形资源是指那些根植于非营利组织的历史、文化以及长期积累起来的资产，通常表现为三种形式，即人力、创新能力及声誉。由于无形资源难以被了解、购买、模仿或替代，因此属于一种更有效的核心竞争力来源。而且此类资源所建立的竞争优势更加具有持久性。人力资源包括知识、信任、管理能力等；创新资源包括制度创意、专业技术能力、创新能力等；声誉包括公益品牌、客户声誉、对服务质量的理解、双赢的关系能力等。与有形资源相比，无形资源是一种更高级的更有效的核心竞争力来源。

声誉是慈善组织重要的无形资产，声誉受损可能减少其社会捐赠来源，进而影响慈善组织的生存与发展。有研究发现，官方慈善组织声誉受损具有声誉惩罚效应，与其合作的民营企业捐赠金额显著下降，且这一效应溢出至民间慈善组织。在慈善组织市场化程度不高的情况下，声誉惩罚机制可能失灵，所属行业与政府关系密切以及具有政治身份的民营企业其捐赠金额受官方慈善组织声誉受损的影响较小，即官方慈善组织声誉受损对偏公益目的的民营企业捐赠金额影响相对更大。良好的外部制度环境，如地区慈善组织发育程度和社会信任程度以及完善的企业内部社会责任信息披露制度有助于缓解官方慈善组织声誉受损对民营企业捐赠金额的不利影响[1]。

5.2.4.2　内部能力

能力是指非营利组织分配资源的效率，通过将组织的有形资源和无形资源有目的地整合在一起并进行高效率地分配，在某些领域发挥资源价值，以达到预期的目标。能力是建立在资源的基础上的，通过组织的有形资源和无形资源的不断融合而

---

① 黄伟，王旸. 官方慈善组织声誉受损、声誉惩罚与民营企业捐赠行为［J］. 管理评论，2023，35（1）：257-271.

产生。能力通常在某种功能性领域或者功能性领域的部分领域得到发展。例如环保组织的能力存在于环保宣传与行动领域，基金会的能力存在于其所拥有的募捐能力领域中。与一般的营利组织不同，非营利组织使用的是公益资产，因而更倾向于将能力建设的重点放在人力资本的积累、组织资金的募集、外部关系的积累及透明制度的建设等方面。

5.2.4.3 核心竞争力

在对组织内部能力进行分析时，有必要有效精准地识别出组织的核心竞争力。核心竞争力指能为非营利组织带来相对于竞争对手的竞争优势的资源和能力，是非营利组织在竞争中能够脱颖而出的关键特质。普通的能力易于被竞争对手复制，从而使非营利组织竞争优势变得有限，因此非营利组织需要有效地管理现有的核心竞争力，并发展新的核心竞争力。要判断一种能力是不是核心竞争力，可以从四个方面来看，分别是：有价值的能力，可以帮助非营利组织减少威胁及利用机会；稀有的能力，指那些极少数现有或潜在竞争对手能拥有的能力；难于模仿的能力，指独特而珍贵的组织文化和品牌，理事之间以及理事与员工之间的人际关系、信任、友谊以及组织声誉，模糊性的因素；不可替代的能力，指不具有战略对等的资源。一种能力越是不可替代，其战略价值就越高。这四种能力成为一个组织相对于竞争对手竞争优势的来源，不能满足这四个标准的能力就不是核心竞争力。换言之，每一种核心竞争力都是能力，但并非每一种能力都是核心竞争力[①]。

5.3　非营利组织的战略工具

5.3.1　SWOT 分析

SWOT 分析法是 20 世纪 80 年代兴起的一种战略分析工具，由美国旧金山大学国际管理与行为科学教授海因茨·韦里克（Heinz Weihrich）首创，该方法被广泛应用于战略制定领域。SWOT 是优势（strength）、劣势（weakness）、机会（opportunity）、威胁（threat）四个词的首字母缩写。其中优势、劣势反映了组织内部资源的评价，机会是指外部环境对组织有利的因素，威胁指的是环境中对组织不利的因素。这一分析工具用来确定组织本身的优势、劣势、机会和威胁，将组织内部资源与外部环境有机结合，充分发挥自身优势，尽力规避外部威胁，进而确定组织战略。从整体上看，SWOT 可以分为两部分：第一部分是 SW 维度，主要用来分析内部条件；第二部分是 OT 维度，主要用来分析外部环境。

SWOT 分析的过程为：进行自身能力分析，列出组织的关键内部优势和劣势；进行外部环境分析，列出关键外部机会和威胁；然后将能力与环境之间进行优化匹配，形成四种战略。SWOT 分析法可用表 5.1 来表示。

① 希特，爱尔兰，霍斯基森，等. 战略管理：竞争与全球化（概念）：第 12 版［M］. 吕巍，等译. 北京：机械工业出版社，2018：62-65.

表5.1 SWOT分析

项目	优势（S） （列出组织的各项优势） 1. …… 2. ……	劣势（W） （列出组织的各项劣势） 1. …… 2. ……
机会（O） （列出组织的各项机会） 1. …… 2. ……	SO战略：增长型战略 组织内部的优势与外部环境的机会相匹配的战略	WO战略：扭转型战略 利用外部机会来弥补内部劣势的战略
威胁（T） （列出组织的各项威胁） 1. …… 2. ……	ST战略：多元化战略 利用优势规避或减轻外部威胁影响的战略	WT战略：防御型战略 减少内部劣势的同时规避外部环境威胁的战略

经过SWOT分析，一个非营利组织可以有以下四种不同的战略匹配和选择：

（1）优势——机会（SO）战略，即增长型战略。SO战略是指发挥组织内部优势和利用外部机会以达到组织目标的战略。这是大部分组织在制定战略和实施计划时追求的目标，任何一个组织的决策者和管理者都希望充分利用自己的优势，抓住外部环境所提供的机遇更好地发展。这是一种理想的战略模式，可以有效达到预期效果，应采取积极扩大该战略的措施。

（2）劣势——机会（WO）战略，即扭转型战略。WO战略是指利用外部机会来弥补内部劣势的战略。通常情况下当组织存在外部机会，而内部存在劣势，会妨碍外部机会的利用和目标的实现，组织一般会通过自身扭转劣势，或者从外部获得资源和能力，以便使组织可以有效利用外部机会。

（3）优势——威胁（ST）战略，即多元化战略。ST战略是利用组织自身的优势规避威胁或尽可能地减少外部威胁给组织带来的消极影响，扩大组织优势，实现多元化战略，增加组织优势的机会。

（4）劣势——威胁（WT）战略，即防御型战略。WT战略是一种旨在减少内部劣势，同时回避外部威胁的防御型措施，一个组织如果同时面对大量外部威胁和内部劣势，会处于不安全和不确定的状态，如果防御不到位，将在很大程度上面临解体的危险。

 知识拓展

上海真爱梦想公益基金会的SWOT分析

（1）优势分析。首先，上海真爱梦想公益基金会由一些曾经从事过金融行业的金领人士发起，并试图引入商业管理模式，取得了巨大的成功，探索了中国非营利组织发展的本土道路，是在转型期内我国公益稳步发展的典型代表。其次，该基金会从项目设计、甄选和实施，到资源整合，再到控制过程和评估项目等整个过程，科学规范，标准统一，效率高。在财务透明度方面，连续三年被福布斯评为中国最透明的慈善基金会。

（2）劣势分析。首先，上海真爱梦想公益基金会起步较晚，宣传不够，公众意识不强，品牌短板明显，其社会影响力仍有待提高。其次，筹款来源不稳定，网上捐款等筹款方式不容易获得信任，募捐活动发展艰难，健康、可持续的筹款结构尚不稳定。最后，集决策与执行于一体的治理机制的可持续难题亟待解决。

（3）机会分析。目前上海真爱梦想公益基金会已经获得多方支持。首先，媒体拥护群的支持大大提升了其知名度。其次，该基金会也得到了社会各界人士和组织的大力支持和帮助。

（4）威胁分析。首先，"中国青少年基金会""希望工程"等具有较高知名度的助学类非营利组织在指导行业发展方面发挥着显著的规范作用，并且基本形成了标准化的筹资、合作和监督模式，这对上海真爱梦想公益基金会后期在社会认可和筹款竞争方面存在着一定的威胁。其次，近年来，上海红十字会的高价餐饮等不良事件的发生引发了公众对非营利组织的质疑和批评，非营利组织在社会中丧失了赖以生存的信任。

资料来源：郭筱娜. 基于 SWOT 分析法的助学类非营利组织的战略管理研究：以上海真爱梦想公益基金会为例 [J]. 营销界，2021（2）：27-28.

5.3.2　波士顿矩阵

波士顿矩阵（boston consulting group matrix），又称 BCG 矩阵，由美国著名的管理学家、波士顿咨询公司创始人布鲁斯·亨德森于 1970 年创建。波士顿矩阵认为一般决定产品结构的基本因素有两个：市场引力与企业实力。市场引力包括整个市场的销售量（额）增长率、竞争对手强弱及利润高低等。其中最主要的是反映市场引力的综合指标——销售增长率，这是决定企业产品结构是否合理的外在因素。波士顿矩阵是为促进有多个经营部门的组织制度战略而专门设计的决策方法。波士顿咨询公司一直倡导：企业如果没有明确的战略指导，即使机会就在眼前，也会失之交臂。而波士顿矩阵是整个战略规划时代的标杆，在整整一个战略规划时代中企业界的管理咨询顾问都采取该理论去解决各行各业的企业难题与制定战略。波士顿矩阵的发明者布鲁斯认为"公司若要取得成功，就必须拥有增长率和市场份额各不相同的产品组合"。该方法认为，在确定每个经营单位的活动方向时，应综合考虑该经营单位在市场上的"相对竞争地位"和"业务增长率"，并据此将组织的经营单位分为四类，即明星类、幼童类、金牛类和瘦狗类（见表5.2）。

表 5.2　波士顿矩阵

类别	高市场份额	低市场份额
高增长率	明星业务	幼童业务
低增长率	金牛业务	瘦狗业务

（1）明星业务。特征为高增长率、高市场份额，可以视为高速成长的市场中的领导者，但并不意味着一定可以给组织带来源源不断的现金流，因为市场还在高速

成长，组织必须继续投资，以保持与市场同步增长，并击退竞争对手。

（2）幼童业务。特征为高增长率、低市场份额，属于该业务类型的是一些投机性产品，带有较大的风险。这些产品可能利润率高，但占有的市场份额很小，这往往是一个组织的新业务，必须增加设备和人员，以便跟上迅速发展的市场，并超过竞争对手，这意味着需要大量的资金投入。

（3）金牛业务。特征为低增长率、高市场份额，这一类产品会产生大量的现金，但未来的增长前景是有限的。它们是成熟市场中的领导者，是组织现金的来源，享有规模经济和高边际利润的优势，因而能够给组织带来大量现金流。金牛业务适合采用稳定战略，目的是保持市场份额。

（4）瘦狗业务。特征为低增长率、低市场份额，这一类产品既不能产生大量现金，也没有希望改进其绩效。通常会占用很多资源，而且多数时候得不偿失，适合采用收缩战略，以便把资源转移到更有利或更有前途的业务上。

由于非营利组织的公共性所带来的组织特征，非营利组织的战略管理者在运用营利组织管理的一些原则（如明确的经营目标、利润、密切关注反映财务结构的市场机制）时，必须小心谨慎。保罗·C.纳特和罗伯特·W.巴可夫将波士顿矩阵进行了改造，从而形成了改进的波士顿矩阵战略分析工具，以便将其应用于非营利组织。改进的波士顿矩阵是多部门非营利组织通过考察各分部相对于其他分部的相对市场份额和产业增长速度的状况而决定如何管理组织业务组合。在改进后的波士顿矩阵中，用"利益相关者支持程度""可控性"分别代替原有的"市场份额"和"业务增长率"。"利益相关者支持程度"显示了将要受到影响的人们所持的态度，"可控性"指组织成功地解决某一议题的可能性，它依赖技术问题、目标人群（包括目标人群的人口构成以及目标人群的可变性）。通过对这两个维度的考察，为了更贴切地描述非营利组织的业务单元，分别用坐鸭、黑马、怒虎、睡狗描述矩阵中的四个象限，分别替代了原有的明星、幼童、金牛和瘦狗（见表5.3)①：

表5.3　改进的波士顿矩阵

类别	高利益相关者支持	低利益相关者支持
高可控性	坐鸭	黑马
低可控性	怒虎	睡狗

（1）坐鸭业务，具有高可控性和高度的利益相关者支持，因而处理这类议题比较容易，对那些容易处理的重要议题采取行动可以为组织带来信誉，并能为处理怒虎类议题赢得时间。

（2）黑马业务，具有高可控性和较低程度的利益相关者支持，这类问题可以解决，但为了获得利益相关者支持，应该妥善处理这些议题，并公布因此而获得的成就。

① 纳特，巴可夫. 公共和第三部门组织的战略管理：领导手册［M］. 陈振明，等译校. 北京：中国人民大学出版社，2002.

（3）怒虎业务，虽然能得到利益相关者的高度支持，但可控性低，它们要求立即采取行动，但事实上很难成功。

（4）睡狗业务。这类议题既不受利益相关者支持，也不具有可控性。

5.3.3 麦克米兰矩阵

麦克米兰矩阵（the macmillam matrix）是美国哥伦比亚大学商业研究所麦克米兰教授（I. C. MacMillam）提出的关于非营利组织战略的分析工具。该矩阵根据四项标准评估目前的（或预期的）每一个方案，即符合使命、竞争地位、吸引潜在的资源和加强现有方案，以及选择范围。这四个标准的相互组合形成了包含有 10 个方格的矩阵（见表 5.4），其主要内容为[①]：

（1）符合使命。该标准描述的是方案与组织使命的关系。符合的条件包括：方案与组织使命一致，与其他计划协调，利用了组织中的现有技术。

（2）竞争地位。该标准反映了方案可实现的竞争优势，比如提升非营利组织的美誉度、获得充足的资金支持，或者为受益人提供更便捷的服务。

（3）吸引潜在的资源和加强现有方案。符合的条件包括：与现有方案协调一致或能强化现有计划；吸引更多的志愿者或资金；获得政府支持。

（4）选择范围。该标准描述了方案的可替代程度，即被其他方案替代的难易程度，如果很难找到其他方案，选择范围属于"低"；反之，选择范围属于"高"。

表 5.4　麦克米兰矩阵

项目		吸引潜在的资源或加强现有方案，是		吸引潜在的资源或加强现有方案，否	
		选择范围		选择范围	
		高	低	高	低
恰到好处	优势竞争地位	1. 激励竞争	2. 积极地成长	5. 逐步形成一流的竞争者	6. 机构的灵魂
	弱势竞争地位	3. 积极地放弃	4. 加强实力或放弃	7. 依次放弃	8. 外援或合资
不太符合		9. 积极地放弃		10. 依次放弃	

麦克米兰矩阵将上述四项标准作为评估目前潜在战略的标准。除方格 6 "机构的灵魂"以外，矩阵中每个单元都伴有相应的战略发展建议，包括选择、竞争、放弃、扩大计划和合作，这是麦克米兰矩阵的核心思想。"机构的灵魂"的方案符合非营利组织的使命，可为组织带来竞争优势，可替代程度低，但组织目前的资源难以支持该方案的实施，选择这种方案，非营利组织将面临巨大的挑战，但若成功，非营利组织将获得巨大的进步。

---

① JANE A. Forging nonprofit alliances: a comprehensive guide to enhancing your mission through joint ventures & partnerships, management service organization [M]. San Francisco: Jossey-Bass Publiers, 1998: 178.

5.4 非营利组织的战略选择

5.4.1 借力发展战略

借力发展战略（strategic piggybacking）是由 R. P. 尼尔森（R. P. Nielsen）创造性地应用于非营利组织的战略形式。这种战略是根据非营利组织自身的特点，开发合适的经营项目创造收入，为实现非营利组织的使命提供充足的资金支持①。

借力发展战略的重点在于开发合适的经营项目创造收入，但要注意的是，开发项目创造收入不能影响非营利组织的性质。因为虽然非营利组织是以非营利性为宗旨的，但并不意味着非营利组织不能赢得利润，只不过这种利润是为了维持非营利组织的生存需要，而不是非营利组织追求的目标。在现实中，非营利组织大多使用公益资产，这就使得非营利组织更容易处于资金困境，因此，为了维护组织的生存，非营利组织通过开发项目创造一些收入是被允许的也是合法的。

借力发展战略虽然能够解决非营利组织资金短缺的问题，但在实施过程中存在以下四个方面的潜在风险：

（1）新的经营活动在短期内因需要投入资金，会进一步加剧资金的短缺。

（2）新的经营活动会干扰、冲击非营利组织的使命，甚至会出现"喧宾夺主"的现象。

（3）在新的经营活动收入剧增的情况下，原先提供资金的资助者可能会减少资助。

（4）新的经营活动可能会干扰非营利组织的日常管理工作。

因此，非营利组织在采用借力发展战略开展经营活动时，应注意以下几个问题：

（1）经营与组织主要服务项目有关的并存在市场需求的产品或服务。

（2）聘用优秀的管理人才。

（3）谋求理事会的支持。

（4）提倡创业者的精神。

（5）与营利组织合作经营，学习营利组织的经验。

5.4.2 联盟战略

联盟战略也称战略联盟，是指两个或两个以上的组织为了实现某种共同的战略目标而达成的长期合作安排，可以实现优势互补、形成综合优势。联盟战略涉及两个或两个以上组织的竞争与行为，不仅具有与交易和内部化地位相同的属性，而且创造的价值有别于一般的竞争优势，并且，边际报酬递增的结果完全可能出现在联盟组织的绩效中。近年来，联盟战略经常被非营利组织所采用，以增强综合实力，

① NIELSEN R P. Strategic piggybacking—a self-subsidization strategy for nonprofit institutions [J]. Sloan management review, 1982 (8): 65–69.

为客户提供更出色的服务，通过与其他组织组成联盟能够在资源共享的基础上，为双方带来共同的发展。

非营利组织的联盟战略，不仅包括非营利组织之间的联盟，还包括非营利组织与营利性组织的合作。例如方兴未艾的非营利组织与企业合作即充满了战略意涵，提高合作绩效是双方共同的目的。有研究发现，资源依赖和社会资本共同作用于非营利组织与企业合作绩效；资源依赖中资源重要性直接作用于合作绩效，资源使用程度通过社会资本的结构维度和认知维度间接影响合作绩效，而资源的可替代性通过社会资本的关系维度可间接影响合作绩效[①]。

随着中国的公共服务供给模式逐渐从补缺式公共服务供给模式向定制式公共服务供给模式转变，非营利组织与政府之间也在探索战略性合作联盟的理想模式。这种战略性联盟是以政府为主导、政府与非营利组织合作的公共服务供给新体制，即通过政府购买服务方式提升合作治理的制度化水平，以及通过个性化、差异化的定制方式提升政府回应性水平，进而形成一种战略性联盟，并在此基础上，以深化流程再造方式来全面提升公共服务供给模式的服务质量[②]。

为确保合作战略的成功，非营利组织应注意以下几方面。

（1）避免非均衡权力对组织自主性的破坏。从资源依赖论的观点来看，权力失衡就是一方被置于资源依赖者的地位。假定合作双方都有与对方不能共享的私有目标，那么合作双方追求的共享利益和共同目标可定义为集体利益和集体目标。显而易见的是，合作过程中权力失衡会在组织自身利益与集体利益不一致的情况下进一步凸显。合作双方如果权力失衡将构成成功合作的严重威胁，是合作风险的主要源头，因为它将导致伙伴关系的不稳定，限制合作的潜力，较弱的一方的能力和资源难以得到充分的认可，因此也将无法有效利用其资源。如果非营利组织处于依赖的一方，直接的后果就是组织自主性的破坏。必须强调的是，如果非营利组织过分依赖合作企业而没有反制的力量，将使组织陷于不确定和不稳定的局面，也容易受到合作企业的压力而屈服，这不利于组织内部的整合和生存。

合作过程中之所以出现权力非均衡现象，通常是因为合作伙伴之间的利益分配不均衡以及存在沟通障碍。另一个导致权力失衡的情形即合作伙伴的一方在结构上过于强大，如大型跨国公司与社区型非营利组织之间的合作。除此之外，也可能受合作程度所影响。例如，在低层次合作中要弱，因为合作很可能并不认为非营利组织具有很大的合作价值。

在制定与企业合作的战略时，绝不可回避非均衡合作问题，应预见到这种不平衡的可能性和危害性。非营利组织需要不断扩大组织的资金筹措渠道以提升组织的能力。而当非营利组织处在与政府有密切资源交换的网络里，若该组织有其他替代资源可以运用，则组织的自主性较不受政府的影响。非营利组织多元化渠道开发资

① 李健，陈淑娟. 如何提升非营利组织与企业合作绩效?：基于资源依赖与社会资本的双重视角 [J]. 公共管理学报，2017，14（2）：71-80，156.

② 翁士洪. 从补缺式模式到定制式模式：非营利组织参与公共服务供给体制的战略转型 [J]. 行政论坛，2017，24（5）：30-37.

源策略同样适用于非营利组织与企业的战略联盟。此外，非营利组织应该通过它们值得信赖的公益品牌和嵌入式的社交网络来扩大组织的影响，以避免在合作中成为弱势的一方。

（2）畅通双向沟通渠道。鉴于沟通障碍是非均衡合作和合作失败的重要原因，非营利组织应积极畅通沟通渠道以建立常态性互动关系，增进合作共识和相互信任。在战略准备期，对于非营利组织与合作方的价值和对双方回报的信息沟通有助于获得利益相关者的支持。在战略形成阶段，对于合作过程中的风险和潜在风险及其风险规避的互动和沟通有助于利益相关者的理解和组织良好社会形象的树立。良好的沟通能够有力说明合作战略具有良好的设计。在战略实施阶段，合作双方关于合作进展状况、合作的结果和影响的信息沟通有助于相互信任机制的建立和巩固，有助于摩擦的消除和合作关系的持续维系，还有助于决策者做出合作战略调整的合理决策。合作进展状况的信息包括：非营利组织的自身形象的提高，合作伙伴的顾客忠诚度的提高，职员和顾客的满意度等。

（3）合理投入。对于非营利组织来说，筹资成本（包括合作成本）是一个敏感的问题，非营利组织不断感受到来自捐赠者要求将筹资成本降低到最低水平的压力，捐赠者要求非营利组织的资金支出受到严格监控，以确保组织最大限度地让受益人从他们的捐赠中受益。但是降低管理成本不应作为组织的唯一目标，而是应发挥其效用最大化，把组织的战略合作行为建立在充分的信息和明智选择上。

 知识拓展

社会组织联盟，共同缔造连心！

在端午节来临之际，华纳社区依托华纳社会组织联盟，通过线上线下开展了五个不同板块的活动，包括蓝海兰母婴服务中心和滨海新区太极拳协会线上录播的"关爱母婴健康""太极文化，共享健康"知识讲堂宣传，泰达街社工站、彩虹桥群养之家、贝格口腔、柠檬树联合直播的"关爱牙齿健康，创建美好生活""祭屈原承文明，做香囊品端午"，齐家利民组织的线下"浓情端午 品味粽香"包粽子活动，精彩纷呈的活动为居民带来了与众不同的节日体验。

华纳社区党委书记、居委会主任说：以前社区做活动往往依托一个社会组织开展，形式内容都比较单一，现在有了社会组织联盟，可以集合各自的强项，发挥优势作用，通过不同的场景，涉及不同的服务领域，传播不同的文化知识，让活动更加丰满。

华纳社会组织联盟成立于2021年10月，设有功能性党支部，以党建为引领开展守护银龄、护苗行动、家庭教育、志愿服务等多方面活动。下设会长、副会长、秘书长，由社会组织泰达街社工站、柠檬树居家养老、蓝海兰母婴服务中心、齐家利民社区服务中心、滨海新区太极拳协会，社区社会组织彩虹桥群养之家，社区（内）企业贝格口腔共同组成。自成立以来，在华纳社区带领下，各社会组织发挥各自优势，积极参与社区治理。

资料来源：天津市滨海新区泰达街道办事处公众号。

5.4.3　国际化战略

如何应对全球化带来的系列问题和挑战，是各国非营利组织不得不思考的问题。随着现代化的发展，许多问题都超出了国界，例如全球环境污染、食品安全、应对气候变化等。非营利组织推行国际化战略已经成为一个国家发展水平的重要标志。一个国家在打造积极软实力方面，离不开非营利组织的参与，为此就需要有政社合作的总体安排，就需要政府为非营利组织走出去参与国际公益慈善事业提供有效支持[①]。

近十年来，我国社会组织走出去的专业化程度在不断提升，主要体现在社会组织走出去的意愿及价值观、战略顶层设计、海外公益项目、海外工作机构、专业人才队伍和资金稳定供给六个方面[②]。

非营利组织推行国际化战略有以下几个步骤：

（1）确定一个现实的需求目标和方向。要从研究国外市场开始，寻找世界主要地区的发展趋势、机会和活动的相关资料，从中发现潜在的需求，为推行国际化战略确定一个明确的方向。

（2）要对潜在的需求和组织提供的产品和服务之间的关系进行分析。要努力分析国际潜在的需求能否与组织自身的实际相结合，组织在提供这些产品或服务时有哪些优势和劣势，国际上还有哪些潜在的竞争者，只有知己知彼，才能更好地融入全球化。

（3）善于和国外非营利组织、政府或企业建立战略合作伙伴关系。由于非营利组织进入国际市场面临诸如语言、习俗等障碍，因此，非营利组织要想方设法与国外非营利组织或政府与企业建立合作伙伴关系，通过熟悉当地的组织建立合作伙伴关系来推行国际化战略，往往能取得更好的效果。

国家之间发展程度不同，环境也不同，非营利组织推行国际化战略势必会遇到一系列问题，总体有以下几方面：

（1）文化差异。不同国家有着不同的文化背景，在非营利组织进行国际参与时，必须考虑到这些文化的差异，了解世界各国不同的文化习惯有助于非营利组织更好地进行国际参与。

（2）语言差异。语言差异也是非营利组织的国际化过程中经常遇到的问题，语言不同，可能导致对相同表达的理解不同，甚至可能导致国际化过程中的误解。

（3）经济差异。经济上的差异集中表现为汇率的差异、免税资格等的差异，非营利组织在国际化过程中也必须注意这一点。

（4）政治差异。每个国家的体制不同，政治制度不同，也会对非营利组织的国际化产生影响。非营利组织在积极进行国际参与的过程中，必须注重这些差异的存在，并且必须想方设法努力适应新的国际环境。

---

① 马庆钰，张蕾. 政府如何助力非营利组织国际化发展：基于五个国家样本的分析 [J]. 中国行政管理，2022（10）：109-117.

② 黄浩明. 社会组织的国际化运作和专业化程度不断提升 [J]. 中国民政，2022（13）：39.

为了克服国际化战略中的壁垒，非营利组织需要寻求一种更少障碍的途径推行国际化战略：

（1）招募国外成员。当地的组织和成员了解当地的经济和文化习俗，扩募国外成员，扩大组织的参与程度，能够使组织不断地成长和壮大。向国际成员敞开组织的大门，可以提高组织的形象和威望，拓展组织的目标，为组织带来额外的收入及开阔国内成员的视野。

（2）出版刊物。为了克服国际成员间的沟通障碍，出版刊物成为顺利进行国际领域的有效途径。一些组织发行了专门报道有关组织事业、职业或行业方面全球新闻的专门刊物。刊物的出版不仅宣传了该组织的实际情况，获得相关方面的理解，而且也为国际战略的开展奠定了基础。这些刊物的形式包括：简讯、刊物和报告。在确定出版内容时，要咨询组织的国际成员，并向他们约稿。

（3）举办会议。举办研讨会或者行业展览会，可以宣传组织的形象。非营利组织通过向与会会员提供满意的服务，可以将他们发展为组织的成员，并使他们有兴趣在将来再一次和组织进行业务合作。

 知识拓展

社会组织的国际化策略

中国扶贫基金会是中国社会组织走出去的引领者，秉承"大爱无疆、民心相通"的理念，围绕消除贫困、零饥饿、健康福祉、优质教育、清洁饮水和体面工作六项联合国 2030 可持续发展目标，遵循尊重当地、需求导向和可持续等项目实施原则，2004 年至 2021 年投入公益慈善资金 3.07 亿元，在缅甸、尼泊尔和埃塞俄比亚三国注册成立办公室，拥有全职人员 35 名。目前，已形成了比较稳定的执行团队，公益慈善项目惠及 25 个国家和地区，受益人口达 165 万人次。

北京市朝阳区永续全球环境研究所致力于利用市场机制和政策建议解决环境问题，2005 年至今在 15 个国家开展了 47 个项目。搭建了"东亚—东南亚社区保护网络"和"非洲公民社会组织生物多样性联盟"两个平台，建立了与当地政府、研究机构和社会组织的沟通交流以及互信关系。在斯里兰卡和老挝分别建立过办公室，目前正在泰国筹措建立东南亚区域办公室。现有正式员工 20 名，2017 年至 2022 年 4 月，投入公益慈善资金约 1.25 亿元。

资料来源：黄浩明. 社会组织的国际化运作和专业化程度不断提升［J］. 中国民政，2022（13）：39.

5.4.4　市场化运作战略

非营利组织的市场化有诸多称谓，如非营利组织的商业化、非营利组织的企业化、非营利组织的民营化等，这几个概念的核心思想是基本相同的，都是借鉴市场机制的方法来运作非营利组织，以解决非营利组织日益面临的资源危机。

非营利组织的宗旨是非营利性，即不以营利为目的，提供的产品以准公共产品为主，市场活动或商业活动似乎与非营利组织有着井水不犯河水的关系。但事实上，非营利组织不以营利为目标并未否定非营利组织也可以赢得一定的利润，只不过这种营利不是目的而是手段，是非营利组织生存的手段。因此，非营利组织进行市场化运作不仅具有可能性也具有合理性。

非营利组织推动市场化运作战略的原因包括：①非营利组织面临的资源危机使其产生了强烈的营利动机。非营利组织面临运营成本上升和资源竞争加剧的双重压力。如果遇到政府财政削减和私人捐赠的下降，那么非营利组织将面临更大的不确定性。非营利组织不得不寻求通过市场机制解决经费问题。②非营利领域竞争的加剧对非营利组织效益提出了更高的要求。采用市场化的运作方式来提高效益，就成为非营利组织竞争的一种重要手段。③公共服务市场化改革为非营利组织进行市场化运作创造了空间。

市场化与体制化并不必然互斥，两者可构成一种互补关系。体制化策略能给予组织政治与行政合法性，进而推动社会组织资源的获取；市场化策略能促使组织提升专业能力并有机会减少对单一资源的依赖。更为关键的是，在体制化策略帮助组织获取政治与行政合法性的前提下，市场化策略能促使社会组织以更加理性与专业的方式向政府展现社会问题，为政社共同协作应对问题提供可能。总体来看，体制化策略与市场化策略可促进社会组织的发展，但组织仍需不断调适两种策略才能获得最为合理的组合①。

非营利组织市场化运作战略的基本模式包括②：

（1）内部管理企业化，即非营利组织在内部治理中移植源自企业领域成功的管理技术、方法和手段，从而改善非营利组织的内部治理，如理事会制度、财务管理制度、绩效评估制度等。

（2）实行服务收费制。非营利组织提供的主要是准公共产品，具有不完全竞争性和不完全排他性，可以按照受益原则，向受益人收取一定的费用，来补偿部分产品成本，既可以扩大经费来源，又可以减少公众在享受公益服务过程中极易产生的"搭便车"行为，减少公共资源的过度浪费，提高公益资源的配置效率。

（3）政府购买公共服务，即政府通过合同的方式购买非营利组织的公共服务。政府大量采用委托模式即通过合同或协议等契约外包的形式，广泛采用招投标机制，非营利组织与营利组织平等地参与竞标。政府购买公共服务成为主要的公共服务提供机制后，它对非营利组织产生了深远的影响，使非营利组织进入公共服务领域拓展其功能与范围，并且开辟新的、更加稳定可靠的资金来源，同时也使其自身的组织结构、组织特性、管理方式、价值理念、社会形象等产生了显著变化。

（4）与企业互惠合作和竞争。随着市场竞争的加剧和产品差异化的缩小，企业更加注重通过承担社会责任来树立良好形象，因而，企业非常乐意通过商业赞助等

中国非营利组织管理理论与实践

① 王诗宗，罗凤鹏. 寻求依附还是面向市场：社会组织的策略组合及调适 [J]. 学海，2019（6）：36-43.

② 张玉磊. 困境与治理：非营利组织的市场化运作研究 [J]. 中国农业大学学报（社会科学版），2008，25（4）：170-180.

方式与在社会公众中有强大影响力的非营利组织合作，可以使自己获得更多的经费和捐赠，以缓解资源紧张的状况。同时，也可以促使非营利组织不断从商业企业中学习先进的管理经验，增强危机意识，提高运作能力和公共服务的质量。

（5）商业投资。非营利组织把所获取的资源用于为社会公益服务的目标项目，通过资本运作将其投放出去，实现资金的保值和增值，以便有更多的资金投入为社会公益服务的活动中。例如慈善基金可将闲置的资金投入经营中，在市场中实现保值增值。但是非营利组织进行商业投资时必须合理合法，并遵循安全性、收益性、流动性和合法性的原则。非营利组织进行商业投资过程中要完善监督机制，避免非营利组织异化为营利取向。

 知识拓展

以居民微需求为导向的社区社会组织市场化

面对逐渐增多的社区任务，社区社会组织面临的资源困境日益明显，越来越多的社会组织开始采用商业经营理念和策略来维持发展，从而逐步走上了市场化道路。本文基于资源依赖理论和新制度主义理论，对杭州市拱墅区 D 社区服务发展中心进行了分析，从外部资源和内部能力两个层面提炼出 D 社区服务发展中心走向市场化的影响因素，并阐明其为应对不同的内外部环境而选择的市场化路径，最后对市场化路径进行进一步的深入分析。本文发现，在社区社会组织发展过程中，外部的资源压力促使社区社会组织不断争取生存所需要的资金、政策、合法性等资源，为市场化开辟了道路；内部治理结构的完善和内部能力的提升则为社区社会组织的市场化发展提供了稳定的内部环境与有利的发展条件。在市场化路径方面，D 社区服务发展中心主要选择了"政府支持+自主经营"的发展模式，这实际上是一种与政府协同互动的市场化路径，有力地推动了社区社会组织的市场化发展。

资料来源：张蕴涵. 社区社会组织市场化的动因与路径：以杭州市 D 社区服务发展中心为例［D］. 杭州：浙江大学，2022.

5.5 非营利组织战略管理过程与内容

5.5.1 战略制定阶段

5.5.1.1 准备阶段

（1）确认规划的开始。评估并决定是否开始战略规划是进行战略管理的首要步骤，以下四点是进行该评估需要考虑的因素：第一，战略管理不能在非营利组织面临严重危机、内部管理陷于瘫痪时开始，这时优先该做的是解决危机而不是规划中长期目标；第二，战略规划涉及组织发展的关键问题，必须得到高层领导者的全力支持和投入，否则不应该开始；第三，主要决策者和高层领导者要有全体组织参与、一致行动的意识，做好聆听不同意见的准备，不能独断专行。第四，在决定开始之前，必须确认是否有一些问题不适合公开讨论，需提前明确将其视为非讨论事项，以免浪费大家的时间。

（2）成立战略管理小组。战略管理小组主要负责战略规划的制定、执行、监督和评估等工作，它是战略管理中一个至关重要的媒介。战略管理小组不仅要基于现实条件做出最适宜组织发展的战略规划，还要促使组织利益相关者对组织的宗旨、目标及战略部署达成共识。

（3）聘请专业机构。首次制定战略规划的非营利组织可以借助专业机构的力量，一方面可以运用专业机构已有的成熟理念和方法，快速建立符合自身特点的战略管理程序和方法；另一方面可以通过他们的参与式引导更加有效地解决自身的问题，对于制定战略规划将起到事半功倍的效果。

（4）召开动员大会。动员大会主要是就战略规划的原因、意义、内容、方式和分工等进行宣传，一方面旨在激发员工的参与热情，就之后的行动达成共识；另一方面通过宣传战略规划，为日后战略实施工作的开展打下良好基础。

5.5.1.2 组织使命与目标陈述

使命阐释了非营利组织存在的意义和理由，愿景是非营利组织达成使命后所能实现的一种理想状态。陈述组织使命和目标有利于使全体成员达成共识、统一意志，有利于组织内部集中资源、振奋精神，从而引导、激励组织取得出色的成果。因此，在战略制定阶段，决策者有必要首先确定和阐明组织的使命目标。

5.5.1.3 战略分析

任何组织都处在不断变化的环境之中，在讨论未来策略时，需要考虑组织内外部环境情况，战略分析主要是针对非营利组织内外部环境进行分析，运用SWOT分析、波士顿矩阵、麦克米兰矩阵分析等常用的分析工具，对于收集的信息进行分析，进而预测未来发展环境和走向。

5.5.1.4 战略选择

在战略分析的基础上选择适合非营利组织发展的战略，确定组织的使命、愿景、目标及相应策略和措施。

5.5.2 战略实施阶段

5.5.2.1 战略实施主要内容

战略实施是通过行动计划和操作规程的开发与实施，将战略规划付诸实践的一系列行动。战略实施是战略管理的关键环节，也是将战略规划转变为现实的必要途径。在非营利组织战略实施过程中，最主要的活动内容有以下三类：

（1）利益相关者管理。利益相关者管理是指非营利组织的管理者为综合平衡各方利益相关者的利益诉求而进行的管理活动。任何一个非营利组织的发展都离不开各利益相关者的投入和参与，这些利益相关者包括政府、出资者、公众、服务对象、媒体、志愿者等。非营利组织追求的不是某些主体的利益，而是利益相关者的整体利益，因此在战略规划实施过程中，必须及时了解各个利益相关者的意见和需求，力求各方在意见和行动上达成统一，形成合力。

（2）组织职能结构管理。环境的变化要求非营利组织要对其战略进行调整，而战略的变化往往要求组织结构发生相应的变化。组织结构的重新设计应能够促进最终目的达成，其演变顺序是一个周而复始的过程：制定新战略—出现管理问题—组织绩效下降—调整并建立新的组织结构—组织绩效得到改进—制定新战略。组织职能结构管理过程要注意以下几个方面的问题：组织结构的重新建立应与组织实施的战略相适应；组织结构要有一定的弹性，使其能够适应不断变化的内外部环境；在设计岗位时要注意职、权、责相匹配，上级对下级的控制幅度要适当。

（3）资源管理。每个非营利组织至少拥有四种可以实现预期目标的资源：人力资源、物力资源、财力资源和技术资源。资源管理就是要保证最终结果的实现，必须合理安排几类资源在各个部门、各个阶段的分配。资源管理中需要注意以下几点：应根据战略议题的优先级顺序来配置资源；部分对于组织战略没有直接或重大影响的活动可在原有基础上减少资源的供应，并重新制定预算；对于某些资源要素匮乏但对战略实现具有关键意义的活动，可以调配资源优先满足此类活动的顺利进行。

5.5.2.2　战略实施具体任务

战略实施阶段的具体任务包含：制订计划；调整组织结构与管理流程使之与战略相匹配；制定人力资源开发与利用战略；制定财务管理战略；制定管理信息系统开发战略；制定研究与开发战略；调整组织文化使之与组织战略相匹配。

5.5.2.3　战略实施遵循原则

（1）适度合理性原则。由于在组织战略的制定过程中，受到信息、决策时限及认识能力等因素的限制，对未来的预测不可能很准确，所制定的战略往往不是最优的，加之在战略实施的过程中由于非营利组织外部环境及内部条件的变化较大，情况比较复杂，因此只要在主要的战略目标上基本达到了战略预定的目标，就应当认为这一战略的制定及实施是成功的。在客观生活中不可能完全按照原来预订的战略计划行事，因此战略的实施过程不是一个简单机械的执行过程，而是需要执行人员大胆创造，大量革新，因为新战略本身就是对旧战略以及旧战略相关的文化、价值观念的否定，没有创新精神，新战略就得不到贯彻实施。因此战略实施过程也可以是对战略的创造过程。在战略实施过程中，战略的某些内容或特征有可能改变，但只要不妨碍总体目标及战略的实现，就是合理的。

（2）统一领导、统一指挥的原则。非营利组织的高层领导人员，对非营利组织战略的各个方面的要求以及相互之间的关系了解得最全面，对战略意图体会最深，因此战略的实施应当在高层领导人员的统一领导、统一指挥下进行。只有这样，其资源的分配、组织机构的调整、组织文化的建设、信息的沟通及控制、激励制度的建立等各方面才能相互协调、相互平衡，才能使非营利组织为实现战略目标卓有成效地运行。

（3）权变原则。非营利组织经营战略的制定是基于一定的环境条件的假设，在战略实施过程中，事情的发展与原来的假设有所偏离是不可避免的，战略实施过程本身就是解决问题的过程，但如果非营利组织内外部环境发生重大变化，导致原定战略不能实现，这时就需要对原定战略做出重大调整，这就是战略实施的权变问题。权变的观念应当贯穿战略实施的全过程，权变的观念要求识别战略实施过程中的关键变量，并对它进行灵敏度分析，这些关键变量的变化超出一定的范围时，原定战略就需要调整，并准备相应的替代方案，要有足够的了解和充分的准备，以使非营利组织有足够的应变能力。

5.5.3 战略监督与评估阶段

一旦战略规划得以实施，非营利组织就必须定期监督和评估，以确保战略管理的顺利贯彻。对战略规划的评估，可以分为事前评估、事中评估和事后评估，对规划执行进度和既定目标的实现情况进行监督，以确保战略执行符合进度要求，且不会偏离既定战略目标，适时调整或修改既定的战略目标，从而保证组织的长远发展。对战略实施效果进行评估，以及时发现问题并进行纠正，总结经验教训以期不断提升战略管理的效果和水平。

非营利组织应定期审查每项战略是否成功地达到预期效果。一个战略规划通常涵盖 3~5 年，组织应该定期开展对规划的评估，以确保项目在实施过程中没有偏离既定的目标，并应该根据评估结果，及时调整计划和实施流程。

对战略实施进行监督，监督是贯穿整个战略规划的动态性过程，组织应当时刻关注在项目实施过程中是否依照目标执行，以及机构和个人是否有违规操作等行为。

 知识拓展

壹基金的战略诊断与解决方法

（1）背景与问题。壹基金公益基金会"海洋天堂"项目是针对残障儿童服务的资助项目，2 年共投入 3 000 多万元人民币，全国各地 300 多家残障服务机构参与项目执行，共有 5 万多名残障儿童受益。在壹基金只有 2 名全职项目人员的情况下，要在全国 31 个省份实施该项目，管理压力巨大，所以建立该项目的整体管理与执行体系至关重要。

（2）解决方法。在项目前期倍能参与了该项目整体执行方案的策划，在执行过程中支持壹基金选择并培训区域性枢纽机构，建立监测与评估体系及具体指标，按层级分解职责以及执行、监测与评估任务。同时，倍能也承担了对整体执行过程的监测以及最终的第三方评估任务，在项目结束后对该项目未来的发展路径以及资助重点做了重新分析、定位与部署。

（3）成效。倍能把学习网络的模式引入壹基金在全国范围实施的"海洋天堂"项目中，有效地分解了项目管理、执行、监测与评估的职责与任务，大大减轻了壹基金的项目管理压力，节省了大量的人力成本，非常有效地帮助壹基金顺利实施了该项目，并且成功地达到了预期的目标及社会效果。

在该项目中，壹基金培养了大批执行机构的管理人才、批量规范了参与机构的管理、带动300多家机构形成了长久合作、信息共享、共同行动的机制，达到了前所未有的社会影响力。之后，壹基金带领他们成功地进行了与孤独症、罕见病等行业有关的政策倡导，有效地带动了孤独症等行业的有序发展。壹基金也以此项目模式为借鉴，强化了救灾类项目的内部管理、监测与评估系统，成为国内基金会以低成本高效率大规模运营项目的成功典范。

资料来源：北京市倍能公益组织能力建设与评估中心官方网站，http://www.cbac.org.cn/

本章小结

本章首先介绍了战略与战略管理的含义，非营利组织战略与战略管理的特点，如何对非营利组织的战略环境进行分析，非营利组织的战略工具（包括SWOT分析、波士顿矩阵与麦克米兰矩阵），其次阐述了在战略上可以选择的战略（包括借力发展战略、联盟战略、国际化战略与市场化战略），最后介绍了非营利组织的战略管理过程。

关键词

战略　战略管理　战略分析　战略选择　战略实施　愿景　使命　价值观　口号　SWOT分析　波士顿矩阵　麦克米兰矩阵　借力发展战略　联盟战略　国际化战略　市场化运作战略

思考题

1. 什么是战略和战略管理？
2. 如何对非营利组织战略展开分析？
3. 非营利组织战略分析工具有哪些？
4. 非营利组织常用战略包括哪些？
5. 非营利组织可以与谁进行战略联盟？
6. 作为非营利组织为什么要市场化？市场化的路径可能有哪些？
7. 非营利组织战略管理过程与内容是什么？

拓展阅读

[1] 翁士洪. 从补缺式模式到定制式模式：非营利组织参与公共服务供给体制的战略转型 [J]. 行政论坛，2017，24（5）：30-37.

[2] 马庆钰，张蕾. 政府如何助力非营利组织国际化发展：基于五个国家样本

的分析 [J]. 中国行政管理，2022 (10)：109-117.

　　[3] 王诗宗，罗凤鹏. 寻求依附还是面向市场：社会组织的策略组合及调适 [J]. 学海，2019 (6)：36-43.

　　[4] 丁惠平. 市场化、全球化与网络化：当代中国社会组织变迁的影响机制及内在逻辑 [J]. 吉林大学社会科学学报，2017，57 (6)：183-191，208.

　　[5] 姜晓萍，康健. 官僚式外包：政府购买公共服务中利益相关者的行动逻辑及其对绩效的影响 [J]. 行政论坛，2019，26 (4)：63-68.

　　[6] 张蕴涵. 社区社会组织市场化的动因与路径：以杭州市 D 社区服务发展中心为例 [D]. 杭州：浙江大学，2022.

6 中国非营利组织的人力资源管理

案例导入：

欢迎加入壹基金大家庭

岗位名称：联合公益部-项目传筹岗（全职岗位）

岗位级别：助理/主管（根据候选人背景确定）

汇报对象：联合公益部主任

希望候选人所具备的素质：平等、开放、积极、理性；既能独立思考、表达自己，也能听取意见，尊重他人；积极承担责任，主动寻求办法，并通过与他人合作的方式解决问题；关心社会；能够理解公益行业尚处在不成熟阶段，愿意长期为公益事业发展而努力，并愿意与公益伙伴们共同分享和成长。

岗位职责：协助部门主任，参与制订部门年度传播筹资工作计划并完成年度传播筹资指标；负责部门公益项目传播及品牌影响力推广；负责部门项目筹资支持、筹资策略实施及筹资活动的开展；负责建立和维护部门传播、合作发展资源库；与机构筹资部门协作，开发设计本部门筹资项目产品及制定筹资策略；负责项目的商业合作资源开发及整合。负责赋能公益伙伴传播、筹资的能力提升；负责部门内外合作关系维护；组织维护内外部传播和筹款伙伴良好合作关系；完成上级领导交办的其他工作。

任职要求：理解公益行业，认同壹基金公益理念；本科及以上；市场营销、传播、社会学、新闻学、公益慈善等相关专业；三年以上工作经验，具备公益行业相关工作经验，具备项目筹资与传播工作相关经验者，特别是互联网公益筹款、企业筹款、公益品牌营销经验者优先；熟悉了解心智障碍议题，具备和了解儿童发展、教育、心理、发展等国内外先进理念、实践；具备合作资源拓展能力，具备一定的大客户 BD、市场营销、活动策划、互联网社会化营销与传播的能力；具备良好的团队协作能力与沟通能力，善于主动发现问题、引导问题的分析与提出解决方案，并推动问题的解决；具有优秀的目标导向及创造性执行能力、沟通及影响力，具有较强的主动性及责任心、优秀的学习及适应力和与人协作的能力；具有较强的工作韧性，工作思路具有创新性。

资料来源：壹基金官方网站，https://onefoundation.cn/

137

6.1　非营利组织人力资源管理概述

6.1.1　非营利组织人力资源的含义与构成

非营利组织人力资源是指一段时期内在非营利组织工作的、能够推动组织和社会发展的、具有特定的智力和体力劳动能力的所有成员的总和。非营利组织管理核心在于整合人力资源、物力资源和财力资源，通过开展一系列有组织的活动来为社会提供服务。人力资源作为组成机构的基本要素，对组织的发展有着直接且重要的影响。非营利组织人力资源主要包括理事和顾问、正式员工以及志愿者，非营利组织的人力资源管理即对以上三类关键成员的管理活动。

6.1.1.1　非营利组织人力资源的构成

（1）理事和顾问。理事承担着管理组织的重要职责，这些职责包括：了解并宣传组织使命、服务内容、政策和项目等；出席理事会和委员会的所有会议和典礼；向组织捐款或者参加筹款活动；主动承担特别任务；向理事会推荐合适的人选等。理事会是非营利组织的最高决策机构，具有决策和监督职责。顾问一般是专家、权威，协助理事会完成具有专业性的工作。由于理事和顾问并不在非营利组织领取报酬，他们愿意在无薪的前提下将时间和精力投入工作之中，因而也具有志愿性，所以另一种说法是将理事和顾问归为志愿者，这样非营利组织人力资源的构成便分为两部分，即正式员工和志愿者。后面将分别介绍正式员工和志愿者的管理。

（2）正式员工。正式员工是与非营利组织建立了劳动关系、签订劳动合同的工作人员，享有合法固定的工资收入，与组织之间的权利和义务具有法律保障。正式员工包括一般管理人员和基层工作人员，负责推动和执行非营利组织中的各项活动，主要从事行政性事务与专业工作。

（3）志愿者。志愿者是出于个人的自由意愿，依据组织使命和工作需要招募而来，以个人的知识、技能、劳力等资源为组织和社会提供相应志愿服务的人员，是非营利组织人力资源的重要组成部分。志愿者参加活动不以报酬为目的，在无正式薪水的情况下参与非营利组织的相关活动是其显著特征。

6.1.1.2　志愿者与正式员工之间的区别

（1）选拔方式不同。志愿者通常从社会中招聘，招聘程序相对简单，一般来说只要符合基本的组织要求和部分特殊条件要求并具有志愿精神的都可以加入。相对来说，对于正式员工的遴选较严格，非营利组织不仅需要为专职员工解决工资和社会保险问题，还要考虑正式员工人力质量对组织的影响情况。非营利组织专职人员数量有限，只有每一个专职人员都发挥作用才能保证组织的正常运转。因此，非营利组织在招聘正式员工时程序相对复杂，考查也相对全面，不仅要考查志愿精神，还需要考查工作能力、组织水平等。

（2）工作动机不同。志愿者加入非营利组织是一种志愿性行为，在没有工资收入的前提下，志愿者的工作动机在于非物质层面的收获。例如因完成任务而得到的满足感、自我发展和社会交际机会、社会对志愿者能力和资历的认可等都是可以吸引志愿者加入非营利组织的因素。而专职人员的薪资待遇和职业生涯规划也是其在选择非营利组织时需要重点考虑的要素，也会影响其工作动机。

（3）待遇不同。志愿者提供的志愿服务是无偿的，在没有工资收入的情况下贡献个人的时间和精力，其待遇一般包括从事志愿活动时必需的生活补贴、交通补贴、保险补贴等，或是参加研讨会与训练费用。而正式员工除了上述补贴外，通常还有一定的工资收入和完善的保险待遇，组织为正式员工设计工作，规定工作标准和工作时间，并给予员工晋升发展的机会。

志愿者和专职员工具有不同的特点，二者构成了非营利组织的人力资源，影响着组织发展的进程。对于志愿者和专职员工的关注不可厚此薄彼，应充分意识到最大限度调动、开发、整合人力资源的重要性。同时还要注意对于二者关系的理解，招募志愿者是为了提高专职人员工作效率，而非取代后者占据职位。在非营利组织人力资源管理工作中，应协调好两者的关系，引导专职人员将志愿者视为合作伙伴，而非竞争对手，并开展专职人员与志愿者相互合作的培训，使其明确各自的职权范围和责任，以免互相干预。

6.1.2 非营利组织人力资源管理的内涵与特点

随着非营利组织的发展势头愈加迅猛，可以预见的是，未来会有越来越多的人力资本投入非营利组织事业中去，而人力资本的不断增加使得非营利组织的人力资源管理愈加重要。德鲁克在《非营利组织的管理》中就毫不夸张地指出："人力资源决策是组织最终的——也许是唯一的——控制措施"[①]。非营利组织的一切活动都不能离开人而开展，人力资源的质量在很大程度上决定了非营利组织的绩效水平，也决定了其使命、宗旨和目标是否可以实现。由此可见，非营利组织人力资源管理的重要性不仅关乎组织内成员，更关乎组织整体发展。一方面，有效的人力资源管理可以充分调动和发挥成员的积极性，开发个人潜能，实现个人价值；另一方面，科学的人力资源管理可以提高组织的工作绩效，有利于组织目标的实现。

非营利组织的人力资源管理指的是为了实现非营利组织的宗旨和使命，运用现代人力资源管理理论与方法，以非营利组织中的人为管理对象，对组织的人力资源进行整合、调控及开发，实现非营利组织人力资源的优化配置和可持续发展，从而有效地实现非营利组织的宗旨和使命。

非营利组织人力资源管理具有一般人力资源管理的基本性质和特征，都要招人、选人、用人、留人，但相对于其他类型组织的人力资源管理更复杂。因为非营利组织自身具有志愿性与公益性，这样的特殊性使得非营利组织员工的工作动机与其他组织中的员工有所不同，特别是志愿者，他们带着自己的价值观和理念进入组织，对组织和管理者有着比其他类型组织更高的期待。因此，非营利组织的人力资源管理任务更为艰巨，既要激励员工的工作热情，又要赋予工作以特殊的意义。非营利

---

① 德鲁克. 非营利组织的管理［M］. 吴振阳，译. 北京：机械工业出版社，2009：117.

组织人力资源管理的特点有以下几方面：

（1）动态性和复杂性。

非营利组织与政府和企业相比，规模较小，正式员工的人数少，外部志愿者的流动性较强；而且岗位或岗位要求是在不断变化的，成员对岗位变化的适应需要一个过程，这就需要在做规划、招募、培训等工作时及时认识把握岗位要求，以避免出现用非所长的情况。这也决定了非营利组织进行人力资源管理时，摆脱了传统组织的"官僚"特征，根据组织需求进行灵活多变的人力资源管理。同时，非营利组织各项活动的工作内容动态变化，这种不确定性决定了人力资源配置的动态性和复杂性。

（2）公开性。

非营利组织的相关活动主要致力于社会公益，其管理情况需具有较强的公开性。非营利组织人力资源管理活动应向其利益相关者和社会公开，包括组织内部的理事会、监事会以及组织外部的捐赠者、媒体等。

（3）全局性。

非营利组织人力资源管理所关注的内容不只是根据某个岗位情况进行人力资源调配，而要着眼于全局，根据组织运转情况和任务实际情况，在整个非营利组织中进行资源的使用和调配。工作有轻重缓急，在非营利组织管理中人力资源的配置是否合理，会给组织长远发展带来很大影响，会在很大程度上影响非营利组织全局性发展目标的实现。

（4）志愿性和使命性。

非营利组织具有公益性、慈善性和志愿性的特点，志愿精神是其灵魂，是形成非营利组织凝聚力的核心。这一特点不仅赋予非营利组织以明确的目标，使组织具有崇高的使命，也激励着每一个员工为工作贡献精力并获得满足感。因此，非营利组织首先要确定使命、宗旨和目标，以此表明非营利组织存在的价值与理由，也为非营利组织的正常运转定下基调，人力资源管理活动中也要特别强调这种价值体系和使命感对员工的激励与凝聚作用。

6.1.3 非营利组织人力资源管理的基本原则与目标

6.1.3.1 人事匹配原则

在"人本管理"思想的基础上，管理者通过对应聘者的全方位考察，按照人才的专长和特点安排合适的工作岗位，用其所长、避其所短，使人才的能力与其工作岗位的权责和要求相匹配，将合适的人放到合适的可以发挥自身特长的岗位上，发挥其最大效用。管理者通过恰当的组合方式和组织、协调、控制等手段，整合个体资源，使组织整体功能大于各部分之和，从而有效地实现组织目标。为此，管理者要想做到人事匹配，首要任务是善于分析、掌握员工的个人特征和岗位特点，使人的潜能得到有效的开发和利用，提升组织活动效率。

6.1.3.2 动态调整原则

由于非营利组织提供服务的对象是复杂多样的，工作环境也会不断变化，进而导致岗位设置也要动态调整。因此非营利组织在进行人力资源管理过程中应及时调整员工岗位，形成人力资源合理流动、动态调整、科学匹配的良性循环。

6.1.3.3 开发与使用并重原则

在非营利组织人力资源管理活动中，要根据活动及管理的需要，将人力资源的使用和开发形成紧密的联系，使两者互接互补、相辅相成、双线并行。如果只注重人力资源使用，则会导致组织未来的发展缺乏后劲和持续增长的能力，对于员工的成长和规划也是不负责任的行为；如果只开发不使用，既不能产生效益，又浪费开发投入成本。因此，要注意避免使用与培养脱节的现象，高度重视人才使用和开发的双效增值作用。

6.1.3.4 激励强化原则

激励即创造满足员工需要的各种条件来调动员工的积极性，使之产生实现组织目标的特定行为的过程。动力机制一方面来源于组织满足员工不同层次的期望和需求；另一方面来源于吸引员工的组织文化和环境，发展、鼓励成员充分发挥自己的积极性、主动性和创造性。非营利组织根本的动力源泉就是其价值体系，既包括组织所尊崇的价值体系，也包括员工个人的价值体系。运用价值体系进行激励管理，强化员工正向积极的行为，形成激励的良性循环。

6.1.3.5 共同发展原则

非营利组织人力资源管理的目标是既要实现组织的发展，又要促进员工的发展，二者相辅相成。现代管理应认识到组织和成员是一个利益共同体，只有二者共同发展，才能不断创造生机和活力，实现可持续发展。

非营利组织人力资源管理的目标：吸引、招募合适的潜在员工；激励员工发挥特长为实现组织目标而努力；留住所需的员工；通过优化配置、开发激励，提升组织效率，改进工作质量；帮助员工在组织内实现个人成长和发展。"以人为本"的人力资源管理要求把人视为核心资源，非营利组织必须把帮助员工在组织内发展作为人力资源管理的重要目标，以激励其发挥潜能。

6.2 理事与顾问管理

6.2.1 理事选择的标准

一名理事应具备的基本个人素质包括以下三个方面：①能力。这里的能力主要是指倾听、分析、思维清晰、创造性思考、团队合作的能力。②态度。这里的态度是指愿为参加理事会和委员会会议做准备，在会议上提出恰当的问题，对分配给自己的任务愿意承担责任并坚持完成，根据个人情况慷慨地向组织贡献自己的时间、精力和金钱，在社区推广该组织，并进行自我评估。③学习。这里的学习是指虽然不具备某些技能，但愿意学习这些技能，例如积累和筹集资金，招聘和培养理事会成员和其他志愿者，阅读和了解财务报表，学习更多关于组织的核心业务领域的专业知识。

在选择理事时需要考察合适的标准：

（1）品德优秀。理事肩负决策职责和监督职能，必须守住底线，杜绝以职位牟利的动机。

（2）社会关系网发达。理事要帮助组织寻找资源，有的理事甚至是最主要的捐赠者，发达的关系网有利于帮助组织筹措各类资源。

（3）专业权威。一部分理事是非营利组织管理、法律、金融、投资、公关等方面的专家，这类有利条件可以为组织提供免费咨询，也为组织的合理决策提供了保障。

（4）社会名流。拥有号召力、声誉高的理事可以提升组织的公信力，吸引社会更多的关注，助力组织长远发展。

有实证研究表明，非营利组织理事社会资本对组织绩效具有正向影响，能够提高基金会的捐赠收入绩效、管理绩效和公益性绩效。理事社会资本对组织绩效的影响在不同的组织性质和不同资源环境下呈现不同模式，公募基金会、资源匮乏环境下的基金会的理事社会资本对组织绩效的影响较为显著[1]。

6.2.2 理事招募与甄选

理事一般由核心理事、CEO、机构发起者来提名、邀请、定夺。

在招募理事时，首先需要了解候选人是否有兴趣在理事会工作以及对哪些使命感兴趣，理事会工作是否符合候选人的个人需求，候选人是否有足够的时间投入理事会的工作。其次，邀请候选人加入理事会。通常由理事长与候选人讨论理事会的工作，在讨论中需要了解候选人是否充分了解理事会对其的期望。考虑加入某个理事会的人需要了解自己为什么成为考虑对象：是因为自己在技术行业的工作经验，还是因为自己有管理社会组织的经验，或是因为自己的某种个人品质。要让候选人了解在理事会和委员会工作需要投入多少时间，最好给候选人一份理事会和委员会会议时间安排表。

寻找合适候选人的渠道有：同事、其他非营利组织的理事会成员、本地媒体的文章和报道、首席执行官和其他高层管理人员、志愿者中心以及其他途径。

最有可能成为理事候选人的人群主要包括：目前和未来的主要捐赠者；社区领导；本地和全国性组织的管理者，包括非高层人士；当地小企业主；与组织使命相关领域的专业人士；从组织服务中获益的人等。

理事招募的八个步骤：

（1）准备相关文件。成立理事会招募小组或提名委员会，组织集体讨论并制定理事岗位描述、理事会细则、利益冲突声明等文件。

（2）对现有理事成员的评价。提名委员会应当首先评估现有理事会成员。分析目前的优势和弱势；确认哪些理事们任期已满但有权连任，应当将其再次提名；掌

① 刘丽珑，张国清，陈菁. 非营利组织理事社会资本与组织绩效研究：来自中国基金会的经验证据［J］. 中国经济问题，2020（2）：76-90.

据现有理事出席理事会的情况、执行委员会的任务和其他能在资金方面支持组织的能力等情况。

(3) 组织的目标决定所需要的技能。理事会或非营利组织当前关注的是什么？目标是什么？下一年度及今后两三年或更长远的工作重点是什么？

(4) 对服务的地区有所反映。提名委员会需要考虑整个社区的人群多样性——各种族和文化人群的人；来自企业、教育、劳工、产业、专业技术人群和宗教团体；来自政府、社会机构和服务对象——所有对社区内的生活有贡献的人。提名委员会必须要注意理事会应当包括所有有贡献的人群。

(5) 可能成为委员会主任的人。提名委员会应当考虑到，有些理事会成员将来需要担负专门的任务或担任委员会的负责人。因此，被推荐的候选人应当是有一定身份并符合条件的人。

(6) "理事会构成表"帮助制订有目标的招募计划。为了确定理事会成员的配备是否平衡，提名委员会应当完成"理事会构成表"。这种对现有和计划成立的理事会成员的分析将有助于制订专门的招募新理事会成员的计划。

(7) 理事会构成分析。以"理事会构成表"为基础，确保列出所有理事会需要的经验、利益、筹资渠道、技能和人群特征；将现有理事的特征填入此表中；找出表中的空缺和需求——在理事中需要什么样的技能和特征？具有某技能的理事是否将很快结束本任期？这名理事应该由谁顶替？

(8) 制订有针对性的计划，招募具有所需技能和特征的理事。根据对"理事会构成表"的分析，尽可能详细地列出新理事所应具备的技能和特征；讨论谁可能会有这样的技能和特征，提议个人、机构或专家以确定寻找范围；制作理事会招募手册，并发给潜在的理事候选人，手册内容包括使命陈述，组织的法律注册文件，现任理事名单和他们所属的机构，理事会细则、理事岗位描述及理事会会议时间表，当前组织和项目宣传手册/年报，年度财务报告/最近审计报告。

在招募理事时，应考虑到成员的包容性和多样性。对任何问题都能达成一致的理事会成员并不是最有效的。理事会成员最好能够在技能、专业、年龄、经济状况、文化背景等方面各不相同，并且要考虑男女平衡，这就是理事成员的"多样化"，可以有助于非营利组织解放思想和百花齐放。同时，理事成员要具有包容性，包容意味着接受和重视差异性，并且承认差异性的存在有助于全面地了解与组织工作相关的事务。此外，将服务对象的代表纳入理事会时要慎重。有研究表明，理事职业背景的多样性对基金会组织绩效具有一定影响，能够提高基金会的筹资能力和公众支持度，但是对基金会的财政绩效没有显著影响；理事职业背景的多样性对组织绩效的影响呈现不同模式，公募基金会、地方性基金会的理事职业背景的多样性对组织绩效的影响较为显著①。

143

———————————

① 颜克高，袁玥. 基金会理事职业背景多样性能改善组织绩效吗？[J]. 商业研究，2017 (3)：14-21，42.

6.2.3 理事培训与激励

为使新上任的理事有效开展工作和履行职责，需要帮助新理事适应情况，因此，对理事进行培训的工作不仅不可或缺，而且需要较高的技巧。同时，在组织培训时要充分考虑他们的地位、专业背景等特点，设计和安排培训时间。需要向每一位新理事提供一本就任手册，涵盖非营利组织各方面的详细情况，以便新理事尽快了解并适应组织情况。新理事自己也要主动了解组织，要与其他关键理事进行沟通交流。

对理事的激励主要不是物质报酬，而是提升他们的名誉、社会地位，并获得友谊。坎达丝·威德默提出了理事参与的动机/障碍模型，即人们参与非营利组织理事会的四种动机：物质动机，谋求个人或群体的物品、服务、钱财；社会动机，谋求友谊、地位、荣誉等；发展动机，谋求新技能学习或公民责任等；意识形态动机，谋求超越自我等。在后续的实证研究中，威德默调查了理事加入理事会的原因，包括：想帮助社会，相信机构的宗旨，想完成某些事情，管理者的要求，想得到个人的发展，想要报答组织。这为招募和激励理事会成员提供了依据[①]。

6.2.4 委员与顾问

委员和顾问基本是专家、权威，主任委员一般由理事担任，委员会如财务管理委员会、项目委员会等，其工作必须向理事会报告。理事会可能下设一个常务委员会或者执行委员会，在不可能或没必要召开全体理事会时代表理事会行使职权。设立常委会可以提高工作效率，但常委会绝不可以取代理事会。当理事会庞大，或者分散在全国乃至世界各地时，需要设立常委会，以便高效迅速地做出决策。

顾问委员会由一些具有专业技能的志愿者组成，负责给组织的正式员工补充专业知识和技术，有时也被称为"指导委员会"或"督导委员会"，其作用相当于理事会的一个委员会。顾问通常肩负咨询职能，用来协助理事会和员工的某项工作，如专门负责筹款、提供技术帮助、评估项目效果、作为组织的发言人或公关代表。顾问委员会成员对组织不负法律责任，其职责仅限在提供建议和为理事会及员工的决策提供相关信息的范围内。

需要注意的是，所有的理事会成员、委员会成员、员工及一些顾问和志愿者都应该填写并签署利益冲突声明。利益冲突声明的目的是帮助非营利组织保持透明度和树立诚信。这是一个有关道德的声明，用以确认以上人员没有因在非营利组织工作而在经济上或其他方面牟取不正当利益，不参与会给自己或自己亲属有关的组织或企业带来利益的决策。在这种情况下，理事会成员必须向非营利组织通报这种关系，并应该把这些情况记入理事会备忘录和组织的档案。在填写利益冲突声明时，应列出可能会产生利益冲突的组织、企业或团体的名单，避免在任期内的任何时候为了个人或私人关系的目的而进行决策或其他直接和间接的行动。

---

① 颜克高，陈晓春. 国外非营利组织理事会研究综述 [J]. 国外理论动态，2008（6）：92-95.

知识拓展

秦皇岛市观（爱）鸟协会 利益冲突管理规定（节选）

为防范协会会员与协会之间的利益冲突，促进协会业务的规范发展，防止损害协会及众多会员、资助方利益的行为发生，特制定本规定。

利益冲突是指当协会会员在履行协会职务所代表的协会利益与其自身的个人利益之间存在冲突，可能损害协会及广大会员利益的情形。

利益冲突事项：

（1）会员及其近亲属（配偶及双方父母，兄弟姐妹和子女，下同）设立的企业在与协会发生业务关系时，涉及的业务费用高于同行业的；

（2）会员及其近亲属在与协会存在业务关系的企业中有投资入股的；

（3）会员以协会名义，私自承接与协会业务范围相关的业务，谋取私利的；

（4）会员以协会名义承接业务，或转给与其有利益关系的个人或单位的。

资料来源：秦皇岛市观（爱）鸟协会 利益冲突管理规定 2021 年 12 月 23 日，http://www.qhdstw.com/nd.jsp? id=387.

6.3　正式员工管理

6.3.1　招聘与配置

非营利组织员工招聘与配置指的是非营利组织运用科学的测评手段和方法，通过招募、甄选、录用和评估等程序，从组织内外获取合适的人员填补职员空缺，实现组织目标的过程。现代人力资源管理要求组织进行人力资源配置时要从组织和个人角度考虑。从组织角度考虑，要从组织利益出发，满足组织发展的需要；从员工个人角度考虑，要充分把握组织成员个人的特点、爱好和需要，在此基础上为每个成员安排适当的工作。

科学的人员配置可以弥补岗位空缺，及时满足非营利组织推动活动项目的需要；组织通过对应聘者的准确评价和对岗位的充分了解进行"人岗匹配"，使得员工可以人尽其能，降低非营利组织人员流失率；有效的人员配置也有利于非营利组织树立良好的形象，使组织拥有持久的生命力。

6.3.1.1　准备阶段

在进行人员配置之前，非营利组织首先需要弄清所需人员的工作岗位的具体特征和要求，务必要明确这些工作对应聘者的知识、能力、特长等方面的详细要求；其次，以此为依据制订人员配置计划，确定最佳的选择程序。这一阶段要解决的问题主要有两个：一是通过工作分析，确定工作性质及人员录用标准；二是通过配置方法的研究，确定选择人员的最佳方案。

（1）工作分析。工作分析也称职务分析，是指一种收集职务相关信息用以判断和确定组织成员顺利开展工作所需的知识和能力的系统过程。在进行工作分析后可以掌握丰富的数据，进而在职位设计、员工的招聘和选拔、报酬和福利制度、培训和开发项目等方面做出决策。

工作分析一般包括两个方面：第一，确定工作的具体特征，如工作内容、任务、职责、环境等；第二，工作岗位对任职人员的具体要求，如技能、学历、经验、体能等。两者结果的文本表现形式就是工作说明书和职务说明书。非营利组织的任务与使命类别繁多，因此在招聘人员之前，根据其使命、结构、人事政策和任务特点进行工作分析和工作设计是极其有必要的，对工作和职务进行详细说明是不可或缺的环节。

工作分析的步骤包括：①确定工作分析信息的用途；②搜集与工作有关的背景信息，如组织图、工作流程图等；③选择有代表性的工作进行分析；④搜集工作分析的信息；⑤同承担工作的人共同审查所搜集到的工作信息；⑥编写工作说明书和工作规范。在搜集信息过程中常用的方法有：问卷调查法、面谈法、观察法、参与法。对搜集到的信息进行分析时可以采用的方法有：资料分析法、实验法等。

（2）工作设计。工作设计是指为了有效兼顾组织与个人双方的需要而进行的关于工作内容、工作职能和工作关系的设计。对于非营利组织而言，还要在工作设计时结合组织活动的公益性和社会性特点加以考虑。工作设计可以从以下几方面着手：

①工作专业化。工作专业化是指把工作划分成一个个单一化、程序化、专业化的操作步骤，通过对职员进行培训和激励以提高生产率。

②工作扩大化。工作扩大化的实质是增加员工应掌握的技术种类和扩大操作工作的数量，目的在于消除专业化带来的消极影响，提高员工的满意度。

③工作轮换。工作轮换是指让员工先后承担不同的工作，定期从一个岗位转到另一个岗位。这样做是使员工有更强的适应能力，保持对工作的新鲜感，对组织全局有更全面的把握。

④工作丰富化。工作丰富化是指在工作中赋予员工更多的责任、自主权和控制权，以满足员工的心理需求，达到激励的目的。

6.3.1.2 选择阶段

非营利组织对应聘人员的甄选标准需要考虑两个方面：①专业能力标准。非营利组织作为专业服务机构，要求其工作人员具备一定的专业能力，这主要通过所学专业、工作能力、所持的证书和专业考核来了解，正式员工的能力和水平直接影响非营利组织运转的效率。②价值观和道德感的标准。非营利组织的招聘，除强调员工的专业技能以外，还应注重考查员工的道德素质、奉献精神、与组织文化的契合度以及团队合作意识。非营利组织相较于其他营利性组织更注重组织文化的认同感和文化激励，这一特点在招聘成员时就应突显出来。非营利组织员工流失的很大一部分原因在于招聘阶段筛选错误，员工不能适应组织文化。因此，非营利组织在招聘阶段就要遴选价值观与本组织文化相一致的员工。

非营利组织招聘员工的渠道有内部招聘和外部招聘两类。

（1）内部招聘。需要填补职位中的空缺时，非营利组织首先考虑是否可以让内

中国非营利组织管理理论与实践

部的员工来任职。可以通过组织内部的沟通系统公布招聘信息，或由内部成员将自己熟悉的人推荐给招聘部门和人力资源管理部门。内部招聘的优点是能够节省招聘费用，提高员工对组织的忠诚度；缺点是使员工避免了外界竞争，减少了组织获得新鲜思想的渠道。内部招聘的主要方法包括：公开招聘、工作轮换、工作调换、内部晋升与返聘。

（2）外部招聘。外部招聘是指根据既定的标准和程序，从组织外部的诸多候选人中挑选符合空缺职位工作要求的人员。在许多情况下，仅靠内部招聘往往难以满足非营利组织对人员的需求，外部招聘能够弥补内部招聘的不足。尤其是在组织建设初期和快速发展期，这时候非营利组织应把目光转向外部招聘，广泛招揽人才。非营利组织从外部招聘人才的渠道与其他类型组织相似，主要渠道包括网络招聘、校园招聘、中介机构、熟人推荐、广告招聘等。

完成招聘信息的发布后，进入应聘者甄选阶段，通常包括几个环节，即初步考核（笔试或面试）、填写申请表、相关测评、验证推荐材料，最后体检。常用的甄选办法有笔试法、面试法与测评法。

6.3.1.3 录用和评估阶段

一旦非营利组织与应聘者双方都做出了最终决策并达成一致意向，即实现了"人岗匹配"，就可以正式建立录用关系。录用工作结束后，还应对人员配置成本以及获取质量等内容进行评估，从而对人力资源配置的结果在质量、数量和效度等方面有一个全面的总结，这有利于及时发现问题、分析原因、寻找对策，并相应地调整人力资源配置计划，为今后人员配置工作提供经验和教训。

6.3.2 培训与开发

培训与开发是有效利用非营利组织现有人力资源的核心内容。培训能够强化非营利组织宗旨并塑造组织文化，使组织适应环境的变化，使员工提升能力水平并更好地了解自己在组织中的角色和应该承担的责任，强化员工组织认同感的同时改善工作绩效。培训侧重员工知识、技能和态度三方面的交流和提升，而开发侧重的是培养员工胜任未来工作与适应环境变化的能力，二者通常都体现在对员工的培训过程中。

通常员工的培训内容包括基础知识、专业知识和工作价值观。对非营利组织员工的培训要注意两点问题：①要注重通过围绕组织发展目标和使命宗旨对组织内的员工进行培训。因为非营利组织本身就是一个价值观驱动型的组织，精神和文化层面上的培训更为重要。组织通过培训引导和加强员工对非营利组织使命、宗旨、价值观等的认识，有利于增加员工的向心力和凝聚力，实现员工对组织的文化认同，进而形成积极向上的组织氛围，激发员工内在驱动力。②培训过程要注意针对性和实用性。非营利组织的培训是提升组织员工技能水平、确保组织的活动和项目顺利完成的关键环节，故在培训中应注意基于非营利组织的发展状况和实际需求等因素实事求是地制定具有针对性和能够产生绩效的培训课程，设计多样化的培训方式，以达到培训效用最大化，重视专业化和职业化方面的培训，用以解决非营利组织工作过程中所面临的问题。

6.3.2.1　培训需求调查分析

对于非营利组织而言，培训需求调查是在日常的工作中找到员工实际具备的技能、知识和非营利组织目标实现之间的差距。这就需要领导层与员工之间经常沟通交流，发现或者使员工自己意识到自己在技能或者知识方面的不足，以确定培训课程内容的设置。培训需求分析主要包括组织分析、人员分析和任务分析。根据非营利组织的使命愿景、自身发展所需要的技能和知识、可用的培训资源和现有情况的差距进行分析来确定非营利组织培训的内容。然后对人员需求进行分析，考虑具体的培训对象、培训内容和培训方式。

培训需求评估有多种方法可以选择：

（1）循环评估模型。它对员工培训需求提供一个连续的反馈信息流，用来满足周而复始地评估员工的培训需求。

（2）任务—绩效评估模型。它是根据新员工即将承担的工作任务、对员工的要求来判断员工的培训需求，根据现有员工的实际绩效与目标绩效水平之间的差异来进行培训需求评估。

（3）前瞻性培训需求评估模型。它是根据预期的工作技能，对那些技能不够充分的员工进行培训。

此外，还有与员工面谈、直接观察、问卷调查、技能测试、历史项目评估、态度调查等方法。

6.3.2.2　设定培训目标及计划

在培训前必须明确培训目的、目标以及期望取得的效果。培训目标的确立应该根据非营利组织培训部门在培训需求分析结果的基础上，找出非营利组织需求与实际情况之间的差距，对当前的工作有重要影响的培训内容要优先开展培训。培训目标的设置应尽可能具体，且便于进行量化评估。可以将培训目标分为专题目标、阶段目标和结果目标。

在确定了非营利组织的培训目标以后，需要制订有关培训详细的计划。年度培训计划主要是从宏观角度对非营利组织的培训工作提出指导，阶段性培训计划应以非营利组织的年度培训计划作为指导，以培训需求为参考，以培训目标为宗旨，制订详细且可操作的培训方案。培训方案需涵盖培训实施的具体信息，例如，培训的内容、方式方法、时间地点、方法、培训师的来源、所需经费等。

培训形式可以分为上岗培训、在职培训、外派培训和终身培训。

（1）上岗培训。上岗培训主要是针对上岗前的新员工进行培训，使新员工熟悉组织、适应环境、进入角色，加强对非营利组织的归属感，进而掌握工作所需的基本知识和要领。上岗培训有助于帮助新员工快速融入组织，减少面对新环境新岗位的不确定感和焦虑心理。上岗培训的主要内容包括：介绍组织的总体情况、使命宗旨、价值文化、规章制度和内外环境关系；组织对员工的要求和员工应对组织持有的期望；新员工所在部门和岗位介绍，包括部门职能、工作职责、工作场所、绩效和薪酬标准、注意事项、介绍同事等。高效的岗前培训有利于减少启动成本、稳定员工、缩短新员工达到熟练精通程度的时间，同时也可给新员工留下良好的第一印象。

（2）在职培训。在职培训主要是指组织内部定期或不定期举办的培训，这种培训侧重于对专门知识技术和能力的培训。这种培训一方面落实工作轮换制度，使员工熟悉不同的工作内容和学习方法等；另一方面聘请专家到组织中，安排集中培训或项目咨询。

（3）外派培训。外派培训主要分为两种：一是到全日制大学申请获得学位；二是参加单一学科或讲座的培训班。外派培训较为系统和规范，但费用较高，并且要离职学习。

（4）终身培训。对员工进行终身学习教育，这是时代发展的需要，也是非营利组织的必要工作。要求员工以多元方式开展，包括自学、绩效学习等，也可请经验丰富的员工为年轻员工授课。

培训的内容需依据实际需求进行选择，大致可分为组织文化培训、专业技术培训和综合能力培训。

（1）组织文化培训。组织文化培训指的是非营利组织在培训活动中逐渐向员工传递关于共同价值观、行为准则、基本信念以及与之相应的制度载体等组织文化内容。非营利组织比其他任何组织更加强调组织文化的建设，更注重文化的传递。而培训能从思想上引导人们建立对非营利组织文化的认同，可以通过实践体验和案例教学等方法，让人们对非营利组织的文化和价值有深刻感悟。在培训过程中，学员之间相互交流、相互讨论，通过沟通交流互换彼此对于组织文化内容的认知，为全面把握组织文化提供基础。组织文化培训，向员工传递关键、核心的信息，使员工清楚何种行为是组织所推崇的、何种行为是要坚决杜绝的。

（2）专业技术培训。非营利组织员工的培训要围绕着实用性强、日常工作中切实需要的专业技术展开，通过培训提升员工工作技能和提高应对问题及处理问题的能力。由于非营利组织员工来源比较广泛，员工知识背景、专业水平各不相同，因此，专业技术的培训对于非营利组织的员工来说尤为重要，直接影响非营利组织服务的质量和水平。

（3）综合能力培训。在非营利组织中，组织成员主要从事服务性活动，面向社会公众各类群体，要经常与各种各样的人打交道，也会面临各种特殊情况，所以员工要具备一定的综合能力。如在与人交谈的过程中要学习和掌握一定的技巧，倾听他人想法，观察对方的表情和动作进而了解其内心声音，并以得体的表达给予对方适当的反馈；遇到棘手问题应冷静应对，以清晰的逻辑思维拆解复杂问题，从多个角度考虑问题等。

6.3.2.3　开展培训

培训计划制订情况直接关系到对员工培训的效果，是培训工作取得实效的首要环节。确认了培训计划和方案后，开展培训应严格按照事先制订的计划执行，如若出现突发情况再适时调整。

6.3.2.4　培训效果评估

培训效果是指非营利组织和被培训员工从培训当中获得的收益，而培训效果评估即收集培训成果并衡量培训是否有效的过程。通常培训评价效标包括四个层次：反应效标——受训者满意程度；学习效标——受训者在知识、技能、态度、行为方式方面的收获；行为效标——受训者在工作中行为的改进；结果效标——受训者工作成效是否上升。在进行培训效果评估时可以从以上四个维度进行分析，对培训效果进行全面的总结和评价。具体评价的问题如：培训内容是否易理解、满足需要？培训方式是否有趣、灵活？是否具有激励效果？成本是否合理？员工的工作行为是否发生改变？员工的知识、技能水平是否有所提高？员工的这些变化是否是培训引起的？这些变化是否有助于组织宗旨的实现？

对培训效果进行评估不仅有助于找出培训工作中需改进和可以借鉴的地方，促进培训质量的提高；还可以帮助员工明晰自己在组织的培训中获得的成长并反思进步空间。

6.3.3 薪酬与激励

6.3.3.1 薪酬的构成

（1）直接薪酬。直接薪酬是非营利组织根据员工在组织中的工作岗位性质以及所承担的工作或者员工所具备完成工作的技能和能力向员工支付货币性或实物性的报酬。这一部分是薪酬的主体，也是薪酬中相对稳定的报酬部分，通常包括基本工资、绩效资金、津贴及补贴。基本工资是根据员工所提供的劳动的数量和质量，按事先规定的标准付给员工的劳动报酬；奖金是对员工超额劳动的报酬，是对员工积极劳动的激励；津贴和补贴则是对员工在特殊劳动条件、工作环境中的额外劳动消耗和生活费用额外支出的补偿，通常把与生产相联系的补偿称为津贴，把与生活相联系的补偿称为补贴。

（2）福利。与薪酬和奖金相比，福利往往采取实物或延期支付的形式，因为与劳动能力、绩效和工作时间的变动无直接关系，所以有固定成本的特征。福利可以分为公共福利和生活福利两大部分。公共福利是国家和社会为了满足全体社会性成员的物质和精神生活基本需要而兴办的公益性设施和提供的相关服务，具有强制性和保障性。例如基本养老保险、医疗保险、失业保险、带薪休假、住房津贴等。生活福利是指组织为员工生活提供的其他种类福利项目，可以是物质形式的也可以是货币形式的，例如员工餐厅、教育培训、带薪假期、法律顾问、心理咨询等。

2016 年 6 月，《民政部关于加强和改进社会组织薪酬管理的指导意见》发布，指出薪酬是吸引人才、激励人才、留住人才的重要手段，也是社会组织人才队伍建设的重要保障。改革开放以来，随着社会主义市场经济体制的建立和完善，大多数社会组织根据相关法律法规，建立了以岗位为基础的薪酬管理制度。社会组织从业人员"五险一金"制度不断推广，各类补充保险积极探索。但从总体上看，尚未形成与社会组织从业人员相适应的薪酬管理体系。目前，社会组织从业人员薪酬水平总体偏低，缺乏激励，吸引力不足。正常的薪酬增长机制有待建立，职业上升空间亟待拓宽。一些社会组织薪酬管理存在分配不公平、发放不规范等问题，有的甚至还存在有法不依现象。薪酬问题已成为近年来社会组织从业人员反映最集中最突出的问题。加强和改进社会组织薪酬管理，要坚持以下原则：坚持注重效率与维护公平相协调，使社会组织从业人员既有平等参与机会又能充分发挥自身潜力，不断激发社会组织活力；坚持激励与约束相统一，按照社会组织从业人员承担的责任和履职的差异，做到薪酬水平同责任、风险和贡献相适应；坚持薪酬制度改革与相关改革配套进行，建立健全社会组织从业人员薪酬水平正常增长机制；坚持物质激励与精神激励相结合，提倡奉献精神，充分调动社会组织从业人员的积极性、主动性和创造性。

社会组织对内部薪酬分配享有自主权，其从业人员主要实行岗位绩效工资制，薪酬一般由基础工资、绩效工资、津贴和补贴等部分构成。基础工资是从业人员年度或月度的基本收入，主要根据社会组织自身发展情况、所从事的业务领域和所在地区经济发展水平等因素综合确定。绩效工资应与个人业绩紧密挂钩，科学评价不同岗位从业人员的贡献，合理拉开收入分配差距，切实做到收入能增能减和奖惩分明。工资分配要向关键岗位和核心人才倾斜，对社会组织发展有突出贡献的从业人员，要加大激励力度。津贴和补贴是社会组织为了补偿从业人员额外的劳动消耗和因其他特殊原因而支付的辅助工资，以及为了保证从业人员工资水平不受物价影响支付的生活补助费用。对市场化选聘和管理的社会组织负责人、引进的急需紧缺人才，结合社会组织发展实际，其薪酬水平可由双方协商确定。

根据 2024 年 1 月中国基金会行业数据发布会的数据，2019—2021 年，基金会专职员工数量无明显变化。在披露秘书长薪酬的 584 条基金会有效数据中，秘书长年薪平均值为 12.22 万元。而基于披露专职员工薪酬的 1 208 家基金会数据，专职员工年薪平均值为 6.81 万元[①]。按照《慈善法》的规定，具有公开募捐资格的基金会必须每年公布其年度薪酬排名前五位的金额，以北京市残疾人福利基金会为例，4 位专职工作人员 2023 年度薪酬依次为：101 600 元、40 048 元、31 204 元、22 025.11 元[②]。另据南都基金会 2023 年年检报告，13 位专职工作人员年平均工资为 348 677.71 元[③]。

如何看待非营利组织的员工薪酬与非营利组织的宗旨之间的关系呢？是否要对非营利组织高管的薪酬做出限制呢？既有研究较少涉及慈善基金会高管薪酬激励在提高基金会捐赠收入中的作用，主要原因在于学者们对于慈善组织是否实行高管薪酬激励机制存在争议。一部分学者认为，受"盈余不分配"原则的约束，慈善组织通常被认为是不能实行薪酬激励机制的特殊机构，因过高的薪酬水平可能会引起外界对于基金会没有履行公益承诺而将善款过度用于内部分配的质疑，所以不适宜实

① 中国基金会行业数据发布——阳光慈善，让数据说话，微信公众号 CFC 恩玖中心 2024-01-12, https://mp.weixin.qq.com/s? __biz = MjM5MzgzNTY3MQ = = &mid = 2654781514&idx = 1&sn = 6c31aa59d1d5a18deba305ecac8ab468&chksm = bc550a7787929b82a9f83a5cb177d259bf53e6eeab25648b64058c26c3891a3a45342ea0da52&scene=27
② 北京市残疾人福利基金会官网，http://www.bfdp.org.cn/cms68/web1459/subject/n1/n1459/n3071/n3115/n3138/c138507/content.html
③ 南都基金会官网，2023 年年检报告 https://www.naradafoundation.org/Uploads/file/20240418/6620ad056746e.pdf)

行薪酬激励机制；而另一部分学者认为，市场化运作的基金会管理者更加重视效率、竞争和客户需求，可以帮助基金会制定有效的信息披露方法，并与捐赠者进行沟通，从而提高基金会会计信息质量，对高管进行薪酬激励是市场化机制下基金会吸引人才、激发工作积极性的常用方式。若慈善组织不能提供具有竞争力的薪酬，则很难吸引专业管理人才进入，不利于组织发展①。

 知识拓展

高管薪酬与组织业绩有关系吗？

本文以非营利组织高管薪酬与业绩关系为切入点，考察非营利组织高管薪酬业绩敏感性如何因政治因素差异而有所不同，并以2005—2013年中国社会组织网所披露的基金会为研究样本，实证检验政治因素对非营利组织高管薪酬业绩敏感性的影响。研究发现，我国基金会高管薪酬与业绩之间存在较强的敏感性，并且这一现象在无政治关联的基金会、设立基层党组织的基金会中更为明显。进一步研究发现，与非公募基金会相比，公募基金会中高管薪酬与组织业绩敏感性更强，而基金会性质对高管薪酬业绩敏感性影响十分有限。

资料来源：程博. 政治特征对非营利组织高管薪酬业绩敏感性的影响：基于实证分析 [J]. 重庆工商大学学报（社会科学版），2020，37（1）：53-65.

6.3.3.2 薪酬管理的原则

（1）公平性。公平性包括外部公平性、内部公平性和个人公平性。薪酬的制定既要保持与其他类似的非营利组织同等水平，又要体现内部各个岗位的差异性，要根据人的能力和岗位需求来具体设定，做到基本公平。

（2）竞争性。薪资、福利等是吸引人才的重要因素，虽然非营利组织不以营利为目的，更加重视对员工的精神激励，但是为了吸纳更优秀的员工加入组织，薪酬标准的设置应在与其他组织相比的情况下具有一定的吸引力和竞争性。

（3）激励性。组织确定薪资和福利标准的目的应该是对员工有所激励和鞭策，同时应对员工有所约束和限制。对于非营利组织的员工来说，他们在非营利组织工作，可能是为了实现某种价值和意义，追求精神上的愉悦和满足，但也需要生活保障，因此，薪酬的激励作用也是非常必要的。

6.3.3.3 激励方式

非营利组织对员工的激励可以从目标激励、奖惩激励和组织文化激励三个方面着手。

（1）目标激励。制定目标是非营利组织及其内部协作的出发点，也是一个组织发展前行的方向。共同明确的目标有利于组织内部形成共同的理想信念，增加内部凝聚力。制定目标不仅是组织发展和管理本身的需要，制定目标的过程也可以起到激励员工的作用。员工参与目标的制定可以看到自己的价值和责任，感受到工作的

---

① 徐建玲，周志远，洪娇. 高管薪酬激励会增加慈善基金会捐赠收入吗？：基于全国性基金会信息透明度中介效应分析 [J]. 新疆财经，2021（4）：49-60.

乐趣，并从实现目标中获得满足感。目标制定还有利于沟通意见，减少完成目标的阻力，并使个人利益与组织目标得到统一。

（2）奖惩激励。奖励包括物质奖励和精神奖励，前者主要通过增加工资或奖金等经济手段进行货币化激励；后者主要指通过各种形式的非货币化激励手段如从价值认可、工作氛围、个人成长等方面来调动员工的积极性，具体来说可以提升地位和身份象征、及时认可和肯定员工的价值、颁发特殊奖励证书、创造积极良好的工作氛围、关注员工个人成长与进步等。非营利组织与企业相比更重视员工的精神激励，这是非营利组织的一大特色。在运用奖励时，应在调查分析的基础上，制定科学的奖励制度，根据组织的实际情况和员工的需求偏好，分配好物质奖励和精神奖励的比重。在运用激励措施时，不能只奖不惩，适当的惩罚也是一种教育，是对消极行为的负向反馈，有时是更实际、更深刻的教育。但是惩罚容易引起不满、关系紧张、丧失信心等副作用，因此必须正确使用惩罚手段。

（3）组织文化激励。与营利组织相比，非营利组织的员工与组织之间缺乏直接的经济利益关系，从而导致责任感的缺失，因此在对员工的激励过程中，组织文化建设显得极为重要。组织文化的基础是"以人为本"，是组织员工统一意志的体现，在这种价值观的指导下，员工所受到的激励是传统激励方法所不能比拟的。组织文化所起的激励作用不是被动消极地满足员工对自身价值实现的心理需求，而是要通过塑造倡导组织文化、设定组织目标，将个体成员凝聚起来，使员工从内心深处自觉产生为组织努力的精神。以组织行为激励个体行为，唤起成员的责任感和使命感，并用社会成员的认同感使成员感受到自身的价值所在。组织的价值观一旦被员工认同，就会成为一种黏合剂，产生一种巨大的向心力和凝聚力，从各方面把成员团结起来形成"利益共同体"，从而大大增强组织群体内部一致性。加强组织文化建设能够形成一种有效应对环境因素变化对组织影响的"内在机制"，是形成持久激励力的一种有效手段。

💡 **知识拓展**

高管薪酬激励会增加慈善基金会捐赠收入吗？

本文以2013—2018年中国社会组织政务服务平台公布的慈善基金会为样本，对全国性基金会高管薪酬激励与其捐赠收入的关系进行了深入探讨，同时考察了基金会信息透明度在其间发挥的作用。研究发现：高管薪酬激励与慈善基金会捐赠收入呈显著正相关，基金会信息透明度在二者的关系中发挥了中介作用，且这种作用主要存在于公募基金会中。进一步研究发现，在基金会表现出高绩效时，高管更愿意通过提高信息透明度来获取更多捐赠收入，即中介效应更显著。本文拓展了薪酬激励机制在慈善组织中作用的研究，同时为慈善基金会制定合适的人才激励机制和管理制度提供了经验支持。

资料来源：徐建玲，周志远，洪娇. 高管薪酬激励会增加慈善基金会捐赠收入吗？：基于全国性基金会信息透明度中介效应分析［J］. 新疆财经，2021（4）：49-60.

6.3.4 绩效评估

绩效评估是指收集、分析、评价和传递有关员工在其工作岗位上的工作行为表现和工作结果方面的信息情况的过程，是对员工在一个既定时期内对组织的贡献做出评价的过程。绩效评估是实施奖励、调整薪资、职务升迁等激励措施的基础。绩效评估，能够起到鼓励先进、鞭策落后的作用，激发员工的工作积极性，促进组织的发展。还可以确定组织成员是否在最有效率的状态下开展工作，同时检查组织的目标是否得到了贯彻执行，以便及时发现人职不相匹配的状态，及时做出调整。绩效评估的考核者包括：上级领导、同级同事、下级、自我评估、受益者、专设的绩效评估小组等。

6.3.4.1 绩效评估方法

（1）评级量表法。在一个等级表上列出一系列绩效因素，然后评估者对业绩做出判断并逐一对表中的每一项给予评分。评分尺度通常采用 5 分制。评级量表法虽然不能提供较为详细的信息，但其设计和执行的总时间耗费较少，而且便于做定量分析和比较。

（2）关键事件法。关键事件法要求保存最有利和最不利的工作行为的书面记录。当一种行为对组织的效益产生无论是积极还是消极的重大影响时，管理者应把它记录下来，并把这些资料提供给评价者，用于对员工绩效进行评价。关键事件法有利于认定员工特殊的良好表现和劣等表现以及制定改善不良绩效的规划，其缺点在于如果考察期较长，基层主管的工作量较大。此外，由于每一关键事件都可能会对绩效评估结果产生重大影响，因而要求管理者在记录过程中不能带有主观色彩，必须始终如一地坚持客观、全面、精确的原则，这在实际操作中很难做到。

（3）目标管理法。评估人员和员工根据组织使命协商确定目标，并确定员工的行动计划。这种方法强调了员工参与和自我控制，在很大程度上能够得到员工的认同，有利于评估工作的顺利进行。目标管理法的关键在于评估人员和员工确定目标和计划的能力以及管理层对员工工作的支持。目标管理法的步骤：确定组织战略目标；确定各部门具体战略目标；主管和员工共同讨论员工的绩效目标和标准并达成一致意见；对组织员工的绩效进行考核，根据实际情况进行调整，不合适的目标予以去除，增加新的绩效目标；绩效考核结束，组织员工对于自己的绩效进行评估；主管对员工进行评估，对于评估的结果，主管与员工之间进行沟通；非营利组织对个人绩效和组织绩效考核进行复核。

（4）360°反馈法。360°反馈法又称全方位考核法，是运用利益相关方反馈技术，由与被评价者有密切联系的利益相关方包括被评价者的上级、同事、下级以及被考核者本人担任考核者针对被考核者的工作情况进行打分，然后，由专业人员根据各利益相关方对被评价者的评价按照不同的权重予以整合，对比被评价者的自我评价向被评价者提供反馈。这种方法的出发点是从所有可能的渠道收集信息，是一种基于上级、同事、下级及自我等信息源的收集信息、评估绩效并提供反馈的方法。

（5）平衡计分卡法。平衡计分卡法是一种综合的绩效管理工具，将非营利组织的战略目标从财务、客户、内部流程运作、学习和成长四个角度把组织的整体绩效转化为一套全方位的运作目标和绩效指标，既可作为战略监控的工具又可作为沟通管理工具，即将宏观抽象的战略落实到具体的方案和行动上。运用平衡计分卡进行非营利组织员工的绩效考核步骤一般为：①建立愿景或战略；②双向沟通，通过沟通把个人目标与组织目标和部门目标相结合；③做好业务规划，确定好工作的优先顺序；④反馈和学习，对于信息的反馈及时地调整和修改已有的战略。

（6）关键绩效指标法。关键绩效指标法是指衡量组织实施效果的关键指标，是将组织战略目标经过层层分解产生的具有可操作性的指标体系。关键绩效指标法通常综合应用于各考核办法的具体指标设定中。该方法的理论基础是二八原理，即一个组织在创造价值的过程中，每个部门和每位员工 80% 的工作任务是由 20% 的关键行为完成的。因此在运用关键绩效指标法进行绩效考核时，一般要以对于组织或者项目目标实现最重要的关键指标为主。

6.3.4.2　绩效考评内容

（1）工作态度。工作态度考评是对员工在工作中努力程度的评价。非营利组织常用的考评指标有事业心、责任心、组织承诺度、敬业精神、团队精神、协作精神、组织纪律性、职业道德等。员工的工作态度主要依靠考评者的主观评判，因此是主观性标准，又称"软指标"。

（2）工作能力。工作能力一般包含三部分：一是知识水平，包括专业知识和相关知识；二是技能，包括分析、决策、组织等；三是工作经验。工作能力的考评不仅考察员工对相关工作能力具备的程度，更重要的是考查能力发挥的程度及带来的效果。由于员工的工作能力也需要考评者做出主观的判断，因此也是"软指标"。

（3）工作行为。工作行为主要从员工的出勤率、事故率、表彰率、违纪违规次数、承担其他工作的情况、访问利益相关人次、利益相关方满意度、被投诉率等指标来衡量，是客观性的评价指标，又称为"硬指标"。

（4）工作业绩。工作业绩指履行职务工作的结果。工作业绩可以通过具体数量或金额来表示，主要体现在工作的数量指标、质量指标等方面，这些方面都是"硬指标"。

（5）综合素质。员工的综合素质主要包括对环境的适应能力、身体的健康情况、适应工作的忍耐力、精神健康状况、克服困难的意志力等。

6.3.5　职业生涯规划

职业生涯规划是指针对个人职业选择的主观和客观因素进行分析和测定，确定个人的奋斗目标并努力实现这一目标的过程。换句话说，职业生涯规划要求根据自身的兴趣、特点，将自己定位在一个最能发挥自己长处的位置，选择最适合自己能力的事业。职业定位是决定职业生涯成败的最关键的一步，同时也是职业生涯规划的起点。职业生涯规划是一个人对其一生中所承担职务相继历程的预期和计划，包括一个人的学习，对一项职业或组织的生产性贡献和最终退休。职业生涯的本质就是人们的自我概念与外界环境的现实合为一体的过程，其成败关系到个人的自我概念认识和价值实现，因此，职业生涯规划对于个体来说非常重要。非营利组织有义务最大限度地发挥员工潜力，并为员工提供不断成长的机会。帮助员工进行职业生涯规划不仅利于员工个人目标的实现，在此过程中通过组织整体及其活动使员工确立职业生涯规划，可以使员工更加坚定信念、提升内驱力，进而在组织的宗旨下努力工作，也有利于组织目标的实现。另外，从整个社会资源流动的角度来看，非营利组织引导员工探索适合自己的职业方向，即便员工离开了该组织，也会向更适合自身发展进步的组织迈进，相当于为整个社会培养人才，使得社会实现"人尽其才""才有其用"，同时也利于社会的发展。

因而非营利组织应该帮助员工进行职业生涯规划，提供员工制定职业生涯规划所需的信息和指导；为员工探索职业方向提供支持，如培训资源和相应工具等；可以引导员工的规划与组织的宗旨密切联系，并与组织的总体战略相一致，达到"育人""用人"与"留人"协同作用的效果。

非营利组织的员工职业生涯规划管理可以分为三种类型：横向，跨越职能边界的调动，即工作轮换，有助于丰富员工的专业技术知识和经历；纵向，沿着组织的等级层系，跨越等级边界，获得职务的晋升；核心度方向，虽然未获正式的授职晋升，仍处于较下层级，但是通过某种非正式的联系，得以接近组织决策的核心从而增大影响力，例如参与组织的战略决策。

 知识拓展

社会工作者离职：从想法到行动，差别在何处

通过对 604 名已产生离开社会工作行业想法的社会工作者的分析发现，只有少部分社会工作者"正在寻找机会离开社会工作行业"，大部分社会工作者"没有在寻找机会离开社会工作行业"。与"没有在寻找机会离开社会工作行业"的离职意愿社会工作者相比，"正在寻找机会离开社会工作行业"的离职意愿社会工作者在性别分布上更为均衡、更年轻、在社会工作行业的从业年限更短、离职意愿更强烈、职业倦怠更高、工作满意度更低、职业认同更低和对组织环境的评价更消极。进一步在 Logistic 回归分析中发现，性别、社会工作行业从业年限、离职意愿、职业倦怠和职业认同五个因素提高/降低了离职意愿社会工作者采取行动寻找机会离开社会工作行业的概率。建议社会工作机构对社会工作者离职的相关可见因素保持敏感，关注离职意愿、职业倦怠和职业认同三个预测变量；关注有离职想法员工的负面影响。

资料来源：曾守锤，李筱，何雪松. 社会工作者离职：从想法到行动，差别在何处 [J]. 社会工作与管理，2020，20（5）：14-21.

6.4 志愿者管理

6.4.1 志愿者与志愿精神

6.4.1.1 志愿者的定义与类型

2017 年 12 月 1 日起施行的《志愿服务条例》中定义的志愿者，是指以自己的时间、知识、技能、体力等从事志愿服务的自然人。综合学界对志愿者的界定，志愿者的共同属性包括：第一，志愿者提供服务的行动是个人自愿行为，基于道义、信念、同情心和责任感进行公益活动，不为任何物质报酬；第二，志愿者的服务活动需具有一定的社会价值，能够促进社会发展，对社会具有积极意义；第三，志愿者并非孤立开展行动而是在组织中协作，可以由具备一定专业素养的人员担任，但总体应是非职业化援助行为。

可以从不同角度划分志愿者类型：①以服务时间划分，可分为定时性和临时性志愿者。②以服务内容划分，可分为行政性、专业性和辅助性志愿者。③以服务性质划分，可分为管理型、日常型和项目型志愿者。管理型志愿者即理事或顾问，是非营利组织领导层成员，参与组织的决策与治理。日常型志愿者即参加组织日常工作并担任一定角色，包括策划、管理、协调等，与正式员工一样能够坚持全职工作。项目型志愿者主要参加各种项目或活动，主要集中在项目或活动开展期间，一旦项目或活动结束，志愿服务也告一段落。

6.4.1.2 志愿精神与志愿服务

志愿精神是指个人或团体依其自由意志与兴趣，不求私利与报酬，本着推动人类发展、促进社会进步的宗旨参与社会公益的精神理念。志愿精神是公众参与社会生活的一种非常重要的方式，体现了个人对社会和人类以及生命价值的一种积极态度，鼓励人与人之间相互扶助。志愿精神的存在为公民社会提供了重要的社会资源，即志愿服务。

《志愿服务条例》中明确界定了志愿服务是指志愿者、志愿服务组织和其他组织自愿、无偿向社会或者他人提供的公益服务。志愿服务是指志愿者基于志愿精神，出于自由意志而非基于个人义务或者法律责任，在不为物质报酬的前提下，贡献个人的时间和精力，为提高公共事务效能及增进社会福祉而提供的服务。志愿服务有别于有偿服务和强制性劳动，具有公益性、自愿性、利他性的特点，是公众参与社会生活的重要方式。志愿服务的表现方式有很多，从传统的邻里互助到今天的解除痛苦、解决冲突与消灭贫穷而进行的努力等都属于志愿服务。

志愿服务是文明社会不可或缺的一部分，也是非营利组织开展活动的基础。目前国际上非营利组织大部分工作是依靠志愿者提供志愿服务完成的，服务内容涵盖教育、环保、福利等诸多领域，项目内容多种多样如社区服务、城市建设、社会治安、扶贫助困、环境保护、抢险救灾和海外服务等，在促进人类文明进步事业中发挥着不可忽视的作用。

 知识拓展

习近平致中国志愿服务联合会第二届会员代表大会的贺信

值此中国志愿服务联合会第二届会员代表大会召开之际，我谨向大会的召开表示热烈的祝贺！向广大志愿者、志愿服务组织、志愿服务工作者致以诚挚的问候！

志愿服务是社会文明进步的重要标志。党的十八大以来，广大志愿者、志愿服务组织、志愿服务工作者积极响应党和人民号召，弘扬和践行社会主义核心价值观，走进社区、走进乡村、走进基层，为他人送温暖、为社会作贡献，充分彰显了理想信念、爱心善意、责任担当，成为人民有信仰、国家有力量、民族有希望的生动体现。希望广大志愿者、志愿服务组织、志愿服务工作者立足新时代、展现新作为，弘扬奉献、友爱、互助、进步的志愿精神，继续以实际行动书写新时代的雷锋故事。

中国志愿服务联合会要认真履行引领、联合、服务、促进的职责，为广大志愿者、志愿服务组织服务他人、奉献社会创造条件。各级党委和政府要为志愿服务搭建更多平台，给予更多支持，推进志愿服务制度化常态化，凝聚广大人民群众共同为实现"两个一百年"奋斗目标、实现中华民族伟大复兴的中国梦贡献力量。

习近平

2019 年 7 月 23 日

资料来源：习近平致中国志愿服务联合会第二届会员代表大会的贺信，中国政府网，2019年 7 月 24 日，http://www.gov.cn/xinwen/2019-07/24/content_5414384.htm

6.4.2 志愿者管理的特殊性

志愿者是非营利组织重要的人力资源，支持着非营利组织顺利完成各种活动项目。但这部分人力资源相对不固定，往往根据具体的组织活动而临时招募。非营利组织要通过科学的管理手段激发人们的志愿精神，使之成为组织的志愿者，并更好地提供志愿服务。而无偿性和高流动性特点决定了非营利组织需要采取特殊的管理模式对志愿者进行管理，这是非营利组织人力资源管理的主要组成部分，也是相较于营利性组织人力资源管理的特色之处。

非营利组织吸收志愿者参与活动，一方面可以有效降低运行成本，另一方面志愿者的志愿精神也是非营利组织的价值核心。但是由于志愿活动具有自愿、无偿特性，因此志愿者与非营利组织之间不构成雇佣关系，非营利组织也无法以经济利益作为制约志愿者的手段。因此在实际管理中，如果非营利组织一定要采用行政指令来约束志愿者，通常效果会很不理想。上述因素构成了非营利组织志愿者管理的特殊性。

6.4.2.1　素质要求的特殊性

非营利组织不以营利为目的，除一部分互益型组织外，非营利组织追求的是公共利益，组织中的个人目标也应与组织目标保持一致。这就要求成员之间具有团队合作精神、成员个人具有较高的道德自律水平以及服务社会的使命感和责任感。彼得·德鲁克认为，过去人们常说，志愿者是不受薪的，所以不能对他们提太高的要求，但现在这一观点已经发生变化，正因为志愿者是不受薪的，所以他们将从自己的成就中获得更大的满足，并做出更大的成就①。因此，如何使志愿者保持高度的使命感是非营利组织志愿者管理的一大挑战。这就需要在招募志愿者时对志愿者的基本素质提出特殊的要求，志愿者的政治觉悟和道德品质是首要考察的条件，而且在日常监督中也要重点关注志愿者是否保持着利于服务活动的使命感和责任感。

6.4.2.2　培训的特殊性

由于对志愿者基本素质的要求不同于政府部门及营利企业对员工的要求，故而培训的内容除了一般意义上的技能培训与岗位培训，还需要特别强调使命感培训、责任感培训、道德感培训。此外，志愿者的素质培养并非仅仅通过课程培训，更需要借由日常工作的潜移默化与组织一贯坚持的管理风格进行影响教育，将培训与积极向上的组织文化融为一体。

6.4.2.3　激励方式的特殊性

非营利组织的志愿者相较于正式员工而言与组织之间缺乏责任相关性和利益的直接相关性，因此在对志愿者的约束和激励中，目标激励、人本管理、柔性管理与组织文化建设显得格外重要。一方面，要通过以组织使命为核心的组织文化建设，厘清组织目标以吸引和留住志愿者，以组织行为带动和约束志愿者行为，呼唤起志愿者的责任感和使命感，并用组织和社会的认同使其感受到自身价值；另一方面，要贯彻人本管理理念，实施柔性管理。借由愿景、使命和目标去激发志愿者内在的主动性、积极性和创造性，而不是一味地以固定的制度和模式约束志愿者按照组织期望的行为进行活动。

基于非营利组织志愿者管理的特殊性，在进行志愿者管理时应特别注意几点：①充分意识到志愿者是非营利组织中重要的人力资源，在招募志愿者之前，必须考虑好组织是否需要以及需要什么样的志愿者，提前规划好志愿者加入后的工作职责；②在招募志愿者时，重点关注志愿者的工作动机，考察其责任感和道德水平；③在日常管理中，给予志愿者与组织内部正式员工一样的公平对待，为志愿者创造良好的组织氛围和志愿服务环境，并提供成长的机会，如进行培训教育；④为志愿者工作的评估建立公平的考核体系，给予客观的评价和平等的激励；⑤应尽可能维持志愿者队伍的稳定，通过愿景吸引、能力提升、职务提拔以及其他必要的激励手段，促进志愿者与非营利组织共同成长。

---

① 非营利组织生存与发展［EB/OL］.（2000-10-30）［2024-03-20］. https://www.gmw.cn/01gmrb/2000-10/30/GB/10%5E18589%5E0%5EGMA4-309.htm

知识拓展

他们做志愿者的动机是什么？

有研究发现，公众的社会责任感、国家层面与公众层面的价值观对公众是否参与志愿服务有显著影响。在志愿者中，志愿服务的实际效能评价与志愿服务的参与持续性高度相关，个人功利性考量则对志愿服务的持续性没有显著影响。

有研究通过对马拉松赛事志愿服务动机因子进行分析，提取出5个公共因子，命名为：社会关系动机、物质报酬动机、个人成长动机、自我需求动机和利他动机。马拉松赛事志愿者的内在行为动机高于外在行为动机。不同的职业、学历并不会影响马拉松赛事志愿服务动机，但是不同年龄、性别的志愿者其志愿服务动机具有显著性差异。

资料来源：①崔岩. 当前我国公众的志愿服务参与动机研究 [J]. 中国社会科学院大学学报，2022，42（3）：98-115，131-132. ②叶金勇，杨文露. 马拉松赛事志愿服务动机实证研究：以2019年厦门半程马拉松赛为例 [J]. 体育科学研究，2019（4）：24-30.

6.4.3 志愿者管理流程

6.4.3.1 规划和工作分析

志愿者招募开始之前，根据组织的宗旨与具体的项目活动要求，结合组织现有人力资源配置情况，对组织志愿者数量、质量、结构等进行全面的规划，是志愿者管理的第一步。计划工作要求非营利组织首先了解组织是否真正需要志愿者的支持，是否具备招募、培训、组织、管理志愿者的能力和提供适宜工作条件的基础，需要招募何种类型以及多少数量的志愿者。在掌握了以上基本情况的基础上，制订志愿者工作计划和招募方案。志愿者工作计划的内容包括：①初步界定服务对象和范围及志愿者的角色，草拟服务计划书。②编写工作手册及服务方法。③志愿者招募方法及甄选，相关预算等；志愿者培训。④工作安排，如空间、交通工具等。⑤检讨及评估未来的发展等。尤其注意在计划中对非营利组织中志愿者各类岗位的工作内容和职务说明进行详细分析和描述，一方面，可以通过工作分析帮助非营利组织确认志愿者的职责和任务，便于后续有针对性地开展招募和培训；另一方面，可以使志愿者在报名前和被录用后明晰自己的工作职责，做好相应的准备。

6.4.3.2 志愿者的招募与选拔

招募是一切志愿者管理活动开展的前提条件，成功的志愿者招募不仅可以为组织招入优秀的专业人才，提升组织的人力资源素质，而且能够提高组织的社会知名度，为组织长远发展奠定基础。

招募志愿者需要遵循以下程序：

（1）制定选拔标准。清晰界定志愿者负责的工作，明确需要什么样的志愿者，选拔标准通常包括良好的品德、专业能力、对组织宗旨的认同感、同情心、社会责任感等。

（2）发布招募信息。完成了招募计划的制订后就要发布招募信息，说明招募志愿者的数量、标准、志愿者的工作职责等。根据招募志愿者的范围确定信息发布范围，发布的信息范围越广，接收信息的人越多，应聘者也就越多，这样可能招募到合适人选的概率就越大；在条件允许的情况下，招募信息应尽早向人们发布，这样有利于缩短招募的进程，也有利于更多的人获得信息。

非营利组织招募志愿者多采用的方法是通过政府机构组织动员、通过慈善机构吸纳、向各大院校招募、通过其他社团招募或在互联网平台向社会公开招募，可以采用张贴海报、开展讲座、招募会和个人介绍等形式进行志愿者服务宣传活动。我国的非营利组织开展大型项目时采用的招募方式主要是通过政府机构组织动员和向各大院校招募。这几种方式各有优缺点。但是目前很多非营利组织由于自身资源有限，在通过学校或者其他单位招募志愿者的过程中，缺乏有效的甄选，基本是通过学校推荐或者集体接受，没有规范的甄选标准和流程，缺乏社会化机制，导致招募的志愿者水平参差不齐。志愿者招募可以分为一般招募和目标招募。一般招募主要是招募岗位简单、技术性不强的志愿者，没有特殊技术要求，或者经过简单训练就可以胜任工作。目标招募需要志愿者具备一定的技能，不是任何人都可以担任的。管理者要对需要招聘的目标岗位、招募方式、激励机制等进行认真考虑和权衡。

 知识拓展

北京市协作者社会工作发展中心招募志愿者

1. 活动主题：社会组织支持平台运营
2. 活动地点：朝阳区工人体育场东路20号百富大厦
3. 志愿者需求：

（1）助理1名，每周至少可以参与三天。

（2）工作内容：承担支持平台的物资管理和优化、承担支持平台空间管理和优化、为到平台办理业务的社会组织提供咨询服务的协助。

（3）工作要求：熟悉OFFICE等办公软件；爱收纳，喜欢空间设计；喜欢与人沟通、有观察力、爱琢磨更优的解决方案；有编辑排版经验优先。

（4）此岗位为长期招募。

资料来源：志愿者招募. 北京市协作者社会工作发展中心官方网站，facilitator.org.cn

（3）执行甄选程序。非营利组织在甄选志愿者时要采取灵活多样的方式，确定甄选的标准和流程。甄选程序包括初试和复试考核、双向选择、情景模拟、筛选等，考核方法有笔试、面试、问卷测试、电话测试等。判断甄选志愿者可参考的标准：①志愿者是否具备所需的工作技能、经验及充足的时间；②志愿者是否符合组织文化要求；③志愿者服务的原动力是否能得以满足；④志愿者是否能接受组织相应岗位的条件要求和对服务的承诺；⑤志愿者是否能被安排在适当的工作岗位以使其发挥能力并做出贡献。

（4）双方确认信息。筛选出合适候选人后，准备好所需要的相关文件和表格，这些表格包括志愿者服务的目的、对志愿者及服务的期望、工作责任、志愿者享有的福利和培训机会、订立合约形式、确定聘用志愿者的工作要求及对服务的承诺、澄清机构与志愿申请者彼此对工作的期望和要求。非营利组织招募负责人与志愿者双方沟通好细节信息，并达成一致，以免因信息不一致导致后续产生麻烦。

6.4.3.3 志愿者的培训与开发

志愿者在加入组织开展正式志愿服务活动之前，还需要经过必要的业务培训和能力开发，为其提供符合组织要求的志愿服务做准备。我国非营利组织缺少的不是一般层面上的志愿者，而是缺少专业的志愿者，为使志愿者能更好地履行组织使命，有必要对其进行培训。对志愿者进行培训与开发，让志愿者清楚自己的权利和义务、接受组织的理念、掌握志愿服务所需的基本技能，为志愿者提供实现自我成长的机会、协助志愿者发现和发挥自身潜能、在志愿服务中找到价值感。通过阶梯式能力建设培训与实践，实现志愿者、非营利组织和社会的共同发展。培训开发的过程同时也是传播价值观念、宣传志愿精神的过程，是非营利组织和志愿者建立精神连接的契机。

非营利组织应首先对志愿者能力特质背景等实际情况进行了解和掌握，分析培训需求，针对不同的志愿者采取不同的培训方法，然后制订适宜的培训计划，才能使培训达到应有的效果。在确定培训方法时应考虑的问题有：①参加培训的志愿者的受教育程度、相关知识水平、态度和相互关系情况。②志愿者对培训收获的期望情况。③培训目的和需要达到的效果如何。

志愿者培训内容可归纳为两个范畴，即基础理论培训和技巧实践训练。理论培训主要包括组织使命宗旨、整体架构、管理制度、发展历程、工作流程、角色职责等。实践培训主要涉及在具体服务活动中可能会用到的技能，例如急救常识、沟通技巧、团队合作、活动组织要点和程序设计技巧等。两部分的培训要注意比例的均衡，避免流于形式化和表面化。培训内容要重点突出组织使命和服务理念的介绍。

6.4.3.4 志愿者激励

适宜的激励是保证志愿者参与志愿服务展现持久的热情和创造力的关键要素。对志愿者进行激励，就是要满足志愿者以下需求：

（1）认同需求。组织可以对志愿者的工作表示欣赏和认可，采取不同的渠道或明确的方式对其工作给予好评，服务表现优异的志愿者，应设定明确的标准，加以确认及表彰。

（2）控制需求。志愿者需要一定的独立性，能够实现自我控制。在灵活性较强和变化较快的工作上，组织需要学会适当授权。

（3）工作丰富的需求。需要经常为志愿者重新分配工作岗位，使志愿者体验不同岗位的服务经历，以便更好地发挥志愿者的技能和知识优势，并积累丰富的工作经验。

（4）发展需求。要让志愿者感到自己所从事的志愿工作有发展的空间，可以增长知识和才干，丰富自己的人生，对此可以通过培训、指导、咨询、技术示范来实现。

（5）兴趣需求。志愿者无法在一个不喜欢的岗位上服务，组织必须让他感到志愿活动充满乐趣和享受，因此在安排任务时充分了解志愿者的兴趣偏好极为重要。

基于以上需求，可以采取不同方式对志愿者进行激励。一是组织内部激励。一方面是将志愿者安排在适合的工作岗位上，使他们能够各展所长，为其带来无穷的满足感和成就感；另一方面可以及时给予志愿者认可和肯定，通过口头表扬、表彰奖励的方式给予志愿者正向反馈。二是社会激励机制，从社会方面对志愿者的服务予以认同，提供奖励和回报。三是志愿者自我激励机制，让志愿者在参与服务过程中获得自我成就感、自我表现提升感和自我满足感。

需要注意的是，在满足上述需求前应满足基础的需求保障，即为志愿者购买保险，保护志愿者的权益。除现行有关政府部门或服务机构购买保险的条例保障外，机构在计划志愿者服务时，应考虑是否为志愿者额外购买人身意外保险，以确保志愿者在服务期间发生意外导致财务损失及人身伤害时，可获得合理的赔偿。要最大限度地保护志愿者权益，让志愿者感到他们是受到足够重视和尊重的，否则将难以吸引并激励志愿者加入组织贡献力量。

 知识拓展

如何激励体育赛事志愿者?

一项以 2016 年重庆国际马拉松赛事为个案，研究体育赛事的志愿者激励机制的研究结果表明，志愿者的动机与需求、激励内容、激励手段、奖惩制度等是体育赛事志愿者激励机制的核心要素，将直接决定激励效果，影响赛事的成败。组织应激发志愿者的"社交需求"和"成长需求"，全方位保障"物质需求"，按兴趣划分岗位编制，运用"人性化"的激励手段，奖惩并举、实行绩效奖励，形成良好的信息沟通机制。

资料来源：黄大林，黄晓灵. 体育赛事志愿者激励机制研究：以 2016 年重庆国际马拉松赛为例［J］. 西南师范大学学报（自然科学版），2018，43（2）：96-102.

6.4.3.5 志愿者的督导与评估

对志愿者的督导与评估必须贯穿非营利组织志愿者管理的始终。在志愿服务项目过程中，由于工作任务的繁多、工作时间的加长、工作中的突发事件等，志愿者们的工作热情可能会降低，有时甚至会产生不良行为，这样不仅不利于志愿工作的开展，还损坏了志愿者自身的形象。志愿者虽然提供的是无偿服务，但是为了提高工作效率，同时也为了志愿者自身的改善，对志愿者工作的督导和评估是十分必要的。定期对志愿者进行个别或小组的督导，评估工作表现，了解志愿工作的进展情况，提供适合的辅导及方法，加强志愿者的参与及提高服务的质量，是志愿者管理中不可或缺的一部分。监督志愿服务项目、志愿者的工作执行情况和完成情况，来指导和协助志愿者处理他们面临的问题，以保证志愿服务的顺利进行。随时监督志愿者的工作状态，对志愿者的工作进行及时的指导和纠正，并根据实际情况对不同岗位的志愿者进行有效的调配。

在项目开展过程中和完成后，需要对志愿者的服务表现做出客观的评价。评估是督导过程的一部分，是督导工作的继续。对志愿者的评估就是指收集、分析、评价和传递有关志愿者在其岗位上的工作行为表现和工作结果方面的信息情况的过程。简单地说，就是对志愿者在项目过程中对非营利组织的贡献做出评价的过程。绩效评估的目的：一是个人的评价与奖惩；二是给予员工自我完善的机会；三是作为培训、任职等人事决策的依据。

6.4.4 志愿者管理模式

6.4.4.1 自主管理模式

在这种管理模式中，志愿者被赋予工作的自主决定权，成为组织活动的主导力量，并主动承担其认为应该或可以处理的事情。目前，国内外已经有越来越多的非营利组织采取自主管理的模式，为志愿者提供较为宽松的工作环境。很多非营利组织还注重在组织活动中不断为志愿者提供施展才华的机会，一些组织在实际开展活动中，倾向于在活动中发动志愿者，在志愿者中培养志愿者领袖，实现志愿者的自我管理，有力促进了组织志愿者管理工作的效率和效能。实施这种管理模式的前提是志愿者必须拥有足够的经验和能力。

6.4.4.2 定期报告模式

这种管理模式可以发挥志愿管理者的监督作用，如何确定志愿者向管理者报告的时间间隔，取决于管理者对志愿者的信任程度。在这种管理体制中，志愿者仍然是工作的主导，他们可以亲自处理自己的工作，但需在某些时候向管理者报告工作的进展及已处理的事项。因为如果管理者认为志愿者做了不适当的处理，他可以及时采取措施去纠正错误。这种模式一方面可以确保志愿者能及时获得非营利组织对志愿服务的支持和指导，增强志愿者协调员的监督作用，强化监督机制；另一方面也使得非营利组织管理者能够获得更多的志愿服务信息，保证志愿工作朝着正确方向发展。

6.4.4.3 监督工作模式

假如管理者缺乏对于志愿者足够的信任，那么他便需要采取行动去监督志愿者工作的进展，相应给予志愿者的工作自主权也要少一点。在这种管理模式中，志愿者仍是工作的主导，是工作的责任人，但在采取行动前，他的决定要得到管理者的认可。这样管理者便在工作进展上有更大的控制权，如果管理者认为志愿者所提的建议不适当，便能够在行动前制止一切。如定期报告模式一样，提议一旦被管理者接纳，志愿者也要为他们所采取的行动提交进展报告。为了达到目标及控制工作进展，管理者可在不同情况下要求志愿者提交不同形式的计划，例如每日工作计划、每月工作计划，甚至是全年的工作计划。

6.4.4.4 指令工作模式

假如管理者极度担忧志愿者的表现，唯一适用的便是不赋予志愿者任何自主权的指令管理模式。在这种管理模式中，志愿者无须为工作提出建议，也不必自行做出决定，他们只需按管理者的指令工作，而不需要通过分析情况来决定工作方式。一般在以下两种情况下采取这种管理模式：一是志愿者无相关的工作经验，对工作没有足够的认识。二是发生紧急情况，没有足够的时间去聆听志愿者的建议。管理者决定志愿者"做什么"和"怎样做"。这种管理模式中，志愿者的责任已经转移给管理层，因此管理者的工作量相当大。更严重的是，当志愿者没有工作自主权，志愿者很容易认为他们解决事情的能力受到怀疑而感到不满，因此缺乏工作的积极性、主动性和创造性，甚至不愿意提供志愿服务。

组织应该建立循序渐进的管理模式，可以根据具体情况适当使用这四种管理模式。随着志愿者能力水平、工作经验的增长，志愿者协调员可以给予他们更多的自主权，依次渐进。

本章小结

本章介绍了非营利组织的人力资源管理的含义与特点，非营利组织人力资源构成（包括理事与顾问、正式员工与志愿者），正式员工的管理（包含招聘与选拔、培训与开发、薪酬与激励、绩效评估、职业生涯规划），志愿者管理的特殊性及流程与模式。

关键词

人力资源管理　志愿者　志愿服务　志愿精神　志愿者管理　理事与顾问　正式员工　工作分析　工作设计　招募与选拔　培训与开发　薪酬与激励　绩效评估　职业生涯规划

思考题

1. 非营利组织人力资源管理与企业人力资源管理的区别有哪些？
2. 非营利组织志愿者管理的特点和主要内容有哪些？
3. 非营利组织选择理事时有什么标准？
4. 非营利组织激励内部成员有哪些方式？
5. 你如何看待非营利组织的高管薪酬？
6. 如何激励志愿者？

拓展阅读

［1］曾守锤，李筱，何雪松. 社会工作者离职：从想法到行动，差别在何处［J］. 社会工作与管理，2020，20（5）：14-21.

［2］崔岩. 当前我国公众的志愿服务参与动机研究［J］. 中国社会科学院大学学报，2022，42（3）：98-115，131-132.

［3］叶金勇，杨文露．马拉松赛事志愿服务动机实证研究：以 2019 年厦门半程马拉松赛为例 ［J］．体育科学研究，2019，25（4）：24-30.

［4］黄大林，黄晓灵．体育赛事志愿者激励机制研究：以 2016 年重庆国际马拉松赛为例 ［J］．西南师范大学学报（自然科学版），2018，43（2）：96-102.

［5］徐建玲，周志远，洪娇．高管薪酬激励会增加慈善基金会捐赠收入吗？基于全国性基金会信息透明度中介效应分析 ［J］．新疆财经，2021（4）：49-60.

［6］程博．政治特征对非营利组织高管薪酬业绩敏感性的影响：基于实证分析 ［J］．重庆工商大学学报（社会科学版），2020，37（1）：53-65.

［7］唐斌尧．社会工作人力资源管理 ［M］．北京：中国社会出版社，2011.

［8］滕玉成，于萍．公共部门人力资源管理 ［M］．上海：复旦大学出版社，2018.

7 中国非营利组织的财务管理

案例导入：

中国红十字基金会关于嫣然天使基金有关问题的说明

今日，我们注意到，网上出现针对中国红十字基金会嫣然天使基金的质疑网文。现就有关问题说明如下：

1. 嫣然天使基金成立于 2006 年，是由李亚鹏、王菲倡导发起，设立在中国红十字基金会旨在救助贫困唇腭裂患儿的专项公益基金。该基金成立 7 年来，已累计为 9 347 名贫困唇腭裂患儿免费实施了手术。2009 年，该基金荣获中国公益领域最高政府奖——中华慈善奖。

2. 北京嫣然天使儿童医院成立于 2012 年，是经北京市卫生局、北京市朝阳区民政局批准设立的非营利医疗机构和民办非企业单位，是国内首家以救治唇腭裂儿童为特色的民办非营利医院。根据《民办非企业单位登记管理暂行条例》，该医院可以接受社会各界的善款及物资捐赠，所有捐赠的善款和物资都将用于医院的自身建设及对贫困家庭儿童的医疗救助。医院成立以来，已为 996 名贫困唇腭裂儿童实施了免费手术。

3. 据统计，截至 2013 年 12 月底，嫣然天使基金累计募集款物 1.42 亿元。其中，募款 1.35 亿元，物资 700 万元。目前已支出款物 1.31 亿元。其中，用于患儿救助款 4 153 万元，定向用于北京市嫣然天使儿童医院建设资金 5 322 万元，其他 2 925 万元资金用于嫣然天使之旅、雅安地震灾区患儿救助、救助患儿夏令营等公益活动以及慈善晚宴、答谢音乐会、行政管理成本等，700 万元捐赠物资已经发放。用于医院建设的 5 322 万元资金，全部来自 2009 年和 2012 年嫣然天使基金的定向筹款晚宴，该笔资金的使用情况，已于 2012 年接受会计师事务所的专项审计。

4. 中国红十字基金会作为嫣然天使基金的公益支持和管理方，一直高度重视该基金的规范运作和管理。7 年来，我会严格按照《基金会管理条例》《关于规范基金会行为的若干规定（试行）》《基金会财务报表审计指引》《公益慈善捐助信息公开指引》《中国红十字基金会专项基金管理办法》等法律法规的有关规定，对其进行监管和审计，未发现违法违规问题。2007 年开始，该基金审计被纳入中国红十字基金会整体审计内容。从 2009 年开始，对该基金进行独立审计，并专项公布。2009 年以来，该基金的财务审计报告已在中国红十字基金会官网信息披露网页 https://www.crcf.org.cn/templates/crcf/history_files/html/auditReport.html 公布，欢迎查询。

167

5. 中国红十字基金会欢迎社会各界对公益事业及我会所有公益项目、公益活动的关注、支持和监督。同时，我们也保留通过法律手段维护合法权益的权利。我们期待在社会公众积极、善意的监督和批评中，不断提升公益品质，共同营造健康的公益环境，推进中国公益事业的健康发展。

中国红十字基金会

2014 年 1 月 6 日

资料来源：中国红十字会官网，中国红十字基金会关于嫣然天使基金有关问题的说明，https://www.crcf.org.cn/article/14290

7.1 非营利组织财务管理概述

7.1.1 财务管理的内容

非营利组织财务管理实质上就是对该组织在日常生活中所涉及的资金事务方面的综合管理工作。具体来说，非营利组织财务管理的主要内容包括以下几个方面：

（1）预算管理。

预算管理是指非营利组织根据组织的发展计划和年度财务收支计划，对计划年度内非营利组织财务收支规模、结构等所做的预计，对非营利组织的各项财务收支所进行的管理。

（2）募捐管理。

非营利组织的募捐是指组织汇集社会的资源，用来满足组织自身及社会的发展需要，同时对募捐所得的善款进行有效的管理。其重要性主要体现在：持续生存的需要、拓展业务的需要、适应国际募捐市场竞争的需要、降低依赖性的需要以及应对突发事件的需要。

（3）资金管理。

非营利组织的资金管理主要包括日常资金管理和项目资金管理。前者是非营利组织财务管理中的重要组成部分，对日常资金进行科学合理的管理能够保护非营利组织的资金安全，防止贪污腐败，同时也能加速资金的日常运转，以促进其自身的发展。后者主要是指非营利组织在开展各项业务活动时所需要的资金，如何有效地运用资金，使得每一笔资金都能在各自的项目中实现资金的社会价值最大化，是非营利组织的重要财务管理内容。

（4）投资管理。

当非营利组织的财务还有结余时，为了避免资金的闲置浪费，就会将资金用于投资，以实现资金的保值增值。然而投资并不是一项简单的活动，也有着相应的风险。非营利组织进行投资管理，就要在考虑风险、收益等方面的同时，实现风险和收益的最佳配置，在保障资金获得保值的同时，实现适当的增值。

（5）税收管理。

非营利组织的组织目标和宗旨就决定了非营利组织的税收管理区别于一般企业的税收管理，同时若非营利组织符合相应的条件，就可以享受政府所对应的税收优惠政策。

（6）财务分析。

非营利组织需要进行财务分析，以便及时、准确地了解到组织的资产、负债等内容。财务分析主要是指非营利组织通过运用各种相关的资料，对组织内一定时期的财务活动进行研究、分析和评价等。

（7）财务监督。

财务监督是非营利组织有效运行所不可或缺的内容，主要是根据政府的方针政策以及财务制度对非营利组织中各项财务收支活动所进行的检查和监督，其目标主要是规范组织的财务行为，增强财务活动的透明度，实现非营利组织的可持续发展。

7.1.2　财务管理的目标与特征

7.1.2.1　财务管理目标

非营利组织为了完成组织宗旨和使命，就需要一定的资金作为组织运行的保障，同时资金的募集和使用也需要健全的财务管理作为组织运行的保障，因此其财务管理的目标可以描述为：能够有效地获取并且高效率地使用资金，以最大限度地实现组织的宗旨与使命。具体来说，非营利组织的财务管理目标主要包括以下几个方面：

（1）规范组织财务行为。非营利组织要进行有效的财务管理必须要有相配套的、完善的财务制度，这是组织财务管理的行为规范和基本依据。而财务管理中的财务收支反映了非营利组织所进行的活动是否具有非营利性，是否符合该组织的宗旨。

（2）防止腐败。在非营利组织中，财务状况的好坏真实地反映了财务的收支情况、该组织及其工作人员的工作作风和规范。假公济私、损公肥私、贪污腐败等行为往往存在于混乱的财务管理当中，而非营利组织的资金基本来自社会捐助，一旦出现了这些行为，就会使组织失信于社会公众，从而危及整个公益行业。严格规范的财务管理能够使组织运行的每个环节都处于透明和可控的状态。

（3）提高组织资金使用效率。对非营利组织而言，要有效地提高资金的使用效率，就必须要完善财务管理制度，加强对财务收支管理的监督，合理安排财务支出，提高组织资金的使用效率，确保组织的运行时刻处于安全状态，从而尽可能地使组织有限的资源发挥最大的社会效用，并能够有效地实现其宗旨和使命。

（4）提高组织公信力。非营利组织的可持续发展离不开公信力，非营利组织的资金大多来自社会捐赠者的捐助，而高效透明的财务管理能够在一定程度上提高组织的公信力，从而增强社会捐赠者对组织的认同感，使得其更加信任组织，同时也会吸引其他捐助者和志愿者的加入。

（5）监督组织运作。非营利组织的日常活动主要体现在财务管理上，并且财务分析和财务监督是非营利组织有效进行财务管理的一项重要任务。加强财务分析和财务监督能够从侧面监督整个组织的运行，具体来说主要包括两方面的监督：一是非营利组织理事会成员通过定期检查财务状况，对组织内部运作和管理进行监督；二是社会公众通过非营利组织的财务报告，间接地监督其活动的非营利性和合法性。

 知识拓展

公益慈善组织的财务信息披露质量对捐赠收入的影响

　　文章从公益慈善组织的财务信息披露质量切入，重点分析公益慈善组织的财务信息披露质量对捐赠收入的影响，以期发现捐赠收入的重要影响因素。通过实证分析发现，公益慈善组织的财务信息披露质量对其捐赠收入具有显著的正向影响。适当提高公益慈善组织的整体财务信息披露质量，尤其是提高捐赠收入和受托责任有关的财务信息披露质量，有利于提高公益慈善组织的公信力，进而提高捐赠收入。

　　资料来源：谢晓霞，洪旸，方静波. 公益慈善组织的财务信息披露质量对捐赠收入的影响：基于慈善基金会的年报数据分析 [J]. 商业会计，2022（15）：21-27.

7.1.2.2 财务管理特征

　　非营利组织本身就与营利组织存在本质上的差别，因此其特财务管理特征也与营利组织具有显著的差异，营利组织是追求经济效益，而非营利组织是严格执行、规范遵守、组织收入、增收节支，做到收支平衡。具体来说，非营利组织财务管理的特征主要体现在以下几个方面：

　　（1）目标的非营利性。非营利组织不以营利为目的，不追求经济效益，同时也不会向资金捐助者提供相应的经济回报。其目标是在能够获取和有效使用资金的前提下，尽可能地向公民提供更多的准公共产品，用有限的资源实现最大的产出，从而使其社会价值最大化。

　　（2）资金来源的多样性。非营利组织除了从顾客那里获取服务费用来维持其生存和发展之外，其资金来源主要有两个渠道：民间捐赠与政府支持。民间捐赠主要包括一些基金会、企业、社会以及公民个人的捐赠，这些捐赠者捐助的目的不是为了获取利润和回报，而是为了让这些非营利组织能够履行其职责和宗旨，为社会公众或特定对象提供相应的公益服务。这是非营利组织所特有的，同时也是非营利组织区别于营利组织的重要标志之一。除了收取服务费和民间捐助之外，公共部门比如政府部门的支持以及国家的财政补贴和拨款等也是非营利组织资金的重要来源之一。

　　（3）资金使用方式的限制性。社会捐赠者的捐助是非营利组织资金来源的重要渠道之一，要严格按照捐助者的意愿完成相应任务，从而完成社会使命、实现社会效益。社会捐赠者捐助非营利组织是要求该组织要按照法律法规的规定或是捐赠者本人的意愿把捐赠款项用在指定的用途上，不得私自挪作他用，更不能出现损公肥私等行为。因此非营利组织捐赠者的权利就体现在资金使用方式的限制性上。

　　（4）资金使用的政策性。非营利组织本身就是为社会公众提供公益服务的，政府部门的支持、国家的财政拨款和补贴是非营利组织重要的资金来源之一，非营利组织的各项财务活动都应当体现国家的财政方针政策，财务管理中的一收一支，都对应着明确的规定，带有极强的政策性。

（5）所有权形式的特殊性。非营利组织特有的资金来源是社会捐赠者的捐助，而社会捐赠者是非营利组织资金来源的主要提供者，非营利组织则是资金的使用者，资金提供者与使用者的分离，使得这种捐助行为本身就带来了财务管理当中的特殊代理问题。委托代理问题的产生会在一定程度上降低资源的配置效率。

7.2　非营利组织的预算管理

7.2.1　财务预算的功能与特征

7.2.1.1　财务预算功能

财务预算是集中反映未来一定期间（预算年度）现金收支、经营成果和财务状况的预算，是非营利组织财务管理的一个至关重要的计划环节。当组织对一定时期内的财务进行预算时，合理的财务预算能够勾画出组织未来发展的宏伟蓝图；合理地实施财务预算，能够使得非营利组织的各项活动得以顺利开展，从而促进组织目标的达成以及宗旨的实现。具体来说，非营利组织财务预算管理的功能主要包括以下四个方面的内容：

（1）为组织将有限的资源合理分配打下基础。相对于市场的巨大需求，总的资源或者说组织自身的资源是稀缺的，因此就需要去研究如何将有限的资源通过有效的方式投入合适的地方，从而使这些资源能够最大化地满足需求，使资源能够发挥出最大的效用值。

（2）为未来的筹资需求确定规模和时限。由于财务预算是非营利组织对一定时期内的财务所进行的统筹谋划，因此，预算就决定了在这一时期内资金如何使用、使用多少等。而这一时期内资金的使用情况、财务收支的结余以及财务状况的好坏都直接影响到了下一周期内的财务预算，这些都将决定未来非营利组织筹资的需求。

（3）为管理者决策提供依据。非营利组织为了更好地编制财务预算，会对组织自身所拥有的资源进行详细的盘点和规划，从而便于管理者对组织的财务状况进行充分的了解，能够为管理者进行科学决策提供较为可靠的依据，以制定维系组织生存和适合组织发展的切实可行的预算。

（4）为评估项目绩效奠定基础。非营利组织要想维系自身的生存和发展，也同样需要对开展的项目进行评估，以了解项目的执行情况。因此依然要按照"成本-收益"原则对组织绩效进行评估，预算为非营利组织进行绩效评估和管理存在提供了依据。

7.2.1.2　财务预算特征

非营利组织的财务预算具有以下特征：

171

（1）以财务管理体系为保障。非营利组织把以往年度的财务信息作为编制未来年度预算的基础数据和背景资料，来进行财务管理和预算管理的工作。财务人员对组织的执行过程进行紧密的追踪和监督，从而修正预算执行过程中的偏差，及时反馈有参考价值的预算执行情况，以便发现问题并及时准确地予以解决。

（2）指导性。在非营利组织的预算管理工作中，预算的每个环节都具有相对的指导性，表现为：一是在预算编制的过程中，要根据单位内各个项目发展的未来需要，并且结合自身的具体财务情况，平衡好各项人、财、物；二是在制定完预算编制后，能够通过预算的执行，发挥其指导性作用。

（3）动态性。在非营利组织的预算管理工作中，预算除了本身具有的稳定性之外，还具有独特的动态性。正是这种动态性的存在，能够使预算在计划时更加贴近组织的实际发展情况。比如组织在采用固定预算方法的同时，在面临环境不稳定的情况下，就采取弹性预算的方法；而面对未来经济活动的不确定性时，就把长期预算与短期预算结合起来等。

（4）综合性。在预算执行的过程中，对那些影响目标实现的项目与业务，都会在预算中以货币等的计量形式加以反映并进行相应的管理。把预算起点、预算依据、预算组织与控制、预算考核等内容贯穿组织的每个单位和部门，使得组织的每个人都能了解组织的预算，从而帮助组织能够实施完整的预算管理。

（5）约束性。在非营利组织的财务管理工作中，无论是预算的制定还是预算的实施，其中的各个程序和环节都具有约束性，任何部门及个人都不得随意进行变动或更改。并且在实际的工作中，组织通过增加预算指标分配、调整预算约束性以及对预算财力的使用实施有效的监督等措施，从而增强预算管理的约束性，使整个预算管理更加科学合理，以促进组织的长远发展和宗旨目标的实现。

7.2.2 预算编制的方法与步骤

7.2.2.1 预算编制方法

在非营利组织中，其财务预算有着诸多不同的种类，非营利组织可以根据自身情况灵活地选择一种或多种预算方法。主要的预算编制方法包括以下四种：

（1）递增预算法。递增预算法是指在编制预算时，以上一年度的资金收支和使用的实际情况为基础，同时考虑事业发展、员工加薪、通货膨胀等因素的影响，结合组织开展各项目所需的资金，编制出下一年度的预算计划。这是一种较为粗略的方法，这种方法基本上只能预测下一年度项目的开支，而没有考虑到项目实际执行过程中成果和需求的变化，使得最终的预测结果与实际出入往往相差较大。尽管如此，由于递增预算法在实际的操作中较为简单，因此该方法在现实工作中也被大量使用。

（2）项目预算法。项目预算法就是组织将现有的资金和资源按照不同的比例分配给不同的项目，在项目运作过程中将预算过程与评估过程紧密结合起来，以考核项目运作是否有效，同时考核组织宗旨和目标的实现程度。项目预算法主要根据与宗旨结合的程度、项目可行性以及费用开支三个指标来决定排列服务方案的优先顺序。

（3）零基预算法。零基预算法的全称为"以零为基础编制计划和预算的方法"。它是指在编制预算时，不考虑以往会计期间所发生的收支，而是以零为出发点，仅考虑本期项目运行和发展需求的合理性，一切从实际的需要和可能出发，来编制本期的预算。由于该方法只影响本年的预算执行情况，因此其不会影响下一年的财务预算编制。这就意味着每个会计期间的预算都必须要归零，从零开始考虑预算的增减，也正因为如此，该方法所涉及的申报文书量以及审核分析的工作量都变得十分繁重，从而也就限制了这种方法的推广。在实际的工作当中，零基预算法只是作为递增预算法的补充，只是在编制某些具体的项目预算时才使用。

（4）弹性预算法。弹性预算法是为了克服固定预算的缺点而设计的，所以它又被称为变动预算或者滑动预算。该方法把未来的收支预算值看成一个概率分布，因此就需要准备多种不同的方案。这种方法主要适合于组织处于不稳定的发展状况中，可根据实际情况的变化而及时地调整预算以适应组织的发展。

7.2.2.2 预算编制步骤

在非营利组织的财务管理中，其预算过程包括五个步骤：准备、确认、执行、期中报表和预测，这五个步骤紧密联系，且几个年度的预算首尾相接，从而形成了预算循环。

（1）准备阶段是指当非营利组织计划进行预算时，应当在上一年度预算的基础上，选择适合本年度各项活动开展需要的预算方法，同时预算也应当交由那些具有丰富经验和专业知识的专业人员以及影响力足够大的领导者来负责。

（2）确认阶段是指财务预算的初稿应经过有关人员进行讨论和修改后，最后由组织的决策层进行确认执行。

（3）执行阶段是指当财务预算最终被确认后，由非营利组织的各个部门按照预算计划来开展组织内的各项活动。

（4）期中报表主要是考核组织各部门实际执行情况与预算计划之间是否存在差异，同时期中报表还应当依据原财务预算来编制，并汇总到组织的期中报表。组织通过期中报表的汇总，可以知道财务预算是否存在问题，如原预算计划是否符合实际项目运行的需要、资金是否有挪用等问题。

（5）预测是财务预算的最后一个环节，是非常重要的一个环节，但通常也是最薄弱的环节。对于非营利组织来说，预测能够清楚地分析组织未来的走向，如：今年的收益状况如何？相较于去年来说是否有增长？

 知识拓展

北京市政府购买社会工作服务预算管理实施细则（节选）

第四条　各部门在编制年度预算时，应按照政府购买服务的相关规定，将政府购买社会工作服务事项列为本部门年度政府购买服务项目。对本部门相关领域其他政府购买服务事项，适合采用社会工作服务方式提供的，可交由符合条件且具备提供社会工作服务能力的承接主体承担。政府购买社会工作服务项目所需资金应当在相关部门预算中统筹安排。

第六条　购买主体应遵循市场规律，结合社会工作服务项目特点和相关经费预算，综合物价、工资、税费、利润等因素，科学测算承接主体在实施服务项目中所承担的必要的人力成本、服务活动及培训（会议）相关费用、劳务费、管理费、税费等支出内容，合理编制政府购买社会工作服务项目预算。

第七条　购买主体在预算编制中应合理设定绩效目标及绩效指标，对受益人数、服务数量、服务区域、服务质量、项目时效、项目效益、服务满意度等设定绩效目标。

资料来源：北京市民政局网站 http://mzj.beijing.gov.cn/art/2022/7/8/art_9368_26234.html

7.3　非营利组织的募捐管理

7.3.1　募捐的概述

非营利组织的募捐是指组织汇集社会的资源，用来满足组织自身及社会的发展需要。非营利组织募捐的重要性表现为以下五个方面：生存、扩张和发展、降低依赖性、组建自己的支持队伍、创建自立的可持续发展组织[①]。截至 2022 年底，全国社会组织捐赠收入 1 085.3 亿元。对于中国的非营利组织来说，募捐的重要性主要体现在以下几个方面：

（1）持续生存的需要。

任何一个组织的生存与发展都离不开资金的支持。在非营利组织中，除了进行日常管理以及开展项目需要资金外，其最重要的就是要考虑到资金使用的延续性，合理、高效率地使用资金，从而保障组织的持续、健康地发展。

（2）拓展业务的需要。

中国非营利组织资金来源主要包括：政府补贴、社会捐赠、会员费、有偿服务等。由于受到资金来源的限制，组织在很大程度上不能去主动地发展业务；同时组织也会因为资金紧张而无法大展手脚。因而非营利组织要扩展自己的业务，更好地去完成各项项目，都需要资金支持。

（3）降低依赖性的需要。

非营利组织的资金大部分都来源于政府的资助，因而就带有较为浓厚的官方色彩；并且由于资金的限制，有的非营利组织仅仅只是作为政府的某种辅助性工具而存在，因此就大大限制了其功能的发挥。还有一些非营利组织的资金来源完全依赖一个或几个社会捐赠者，一旦募捐被撤回或中断，就会威胁到组织的生存。

（4）应对突发事件的需要。

突发事件会对人们的生命财产安全构成严重的威胁，非营利组织需要及时动员

---

① 诺顿. 全球筹款手册：NGO 及社区组织资源动员指南 ［M］. 张秀琴，等译. 北京：中国人民大学出版社，2005：1-3.

整个社会及汇集社会的资源来帮助灾区渡过难关。因而非营利组织就应当将社会资金汇集起来，建立起行之有效的募捐渠道，从而使非营利组织在面临突发事件时，能够更加从容地处理。

 知识拓展

如何破解青年社会组织的资金难题

青年社会组织资金来源单一且缺少稳定性和可持续性，生存艰难。当前，组织生存和资金筹集是青年社会组织的首要问题，具体表现为资金来源渠道较狭窄、政府购买资金支持力度有限且往往出现滞后拨款问题，这些情况也影响着青年社会组织发展及其作用的发挥。

对策建议：①青年社会组织应有强烈的生存危机意识，主动寻找多元化的合作伙伴、资金来源，包括政府部门、公益基金会、企业和众筹等，实施资金来源的多元化策略，注重整合和活化不同类型的社会资源。②共青团应联合财政、民政等相关部门，通过制度建设等形式加大政府购买青年社会组织服务的支持力度、稳定性和持续性，要充分考虑青年社会组织自身生存与发展所需要的成本，充分发挥其突出优势助力青年工作。③支持和引导青年社会组织借助有资质的互联网筹款平台和公募基金会进行公开募捐，通过与本领域公益基金会合作设立专项公益基金等不同方式，积极拓展和整合社会资源。④目前绝大部分青年社会组织属于民办非企业单位，具有非营利性。按照法律法规的规定，非营利的本意是"可以营利，但收入不能分红，继续用于社会公益服务"。因此应支持青年社会组织针对适合的有支付能力的服务对象开展适度收费服务，在法律法规框架内探索自我"造血"之路。

资料来源：公益时报，http://www.gongyishibao.com/html/renwuguandian/2021/08/18440.html

---

7.3.2 募捐的方式

虽然非营利组织受到资金来源的限制，但其捐助方式却是多种多样的，并且募捐方式越具有个性就越能提高募捐的成功率。根据不同的潜在捐赠人，可以灵活地选择一种或几种方式，甚至可以选择多种捐助方式相结合来提高募捐的成功率。具体来说，募捐的方式至少包括以下几种：

（1）面对面募捐。

这是一种比较直接，同时也是一种成功率较高的捐助方式，通常由非营利组织的理事会、专业募捐人等与潜在捐款人进行面对面劝募。

（2）信函或邮件。

这是一种常用且成本较低的募捐方式，通常以信函或邮件的方式直接寄给潜在的捐款者，其目的在于获得潜在捐款者的资金支持。但由于这种方式无法使潜在捐款者对募捐人所在的组织情况进行进一步的了解，因而会影响到募捐的成功性，其效果相对来说也较差。

（3）电话劝募。

电话劝募是指募捐人根据所收集到的潜在募捐者的名单，以打电话的方式向其说明情况，逐一进行劝募。但这种方式对沟通能力要求较高，因而需要进行培训或具有专业能力的人来进行。

（4）网上募捐。

在信息化时代，网络无处不在，并也成了人们生活的重要组成部分。非营利组织通过网络进行募捐，特别是通过网络营销进行募捐，就容易形成募捐的汇集效应，从而募得大量捐款。

（5）计划募捐。

这是一种我国常用的募捐方式，一般是由上而下进行的。当发生灾害时，党团等一般会号召社会成员进行募捐，以帮助灾区渡过难关，由于党团等具有组织性和纪律性，就使得这种捐助方式具有一定的约束力。

（6）电视及公益活动募捐。

电视及公益活动募捐是指以电视节目或者公益活动的形式来进行募捐，这种方式涉及面广，因而如果公益活动组织较好的话，就会募集到相当数量的捐款。

（7）遗产捐赠。

遗产捐赠是指捐赠者把自己部分或者全部的遗产捐赠给非营利组织，一般来说，这种方式的捐赠数额较大。

（8）义演义卖。

这种方式常见于文化、艺术、体育等非营利组织，是指为了某一特定的募捐事件以义演义卖的形式来募得善款，然后将所募得的所有善款捐赠给非营利组织或者受益人的募捐方式。

（9）小型项目募捐。

这种方式主要是非营利组织为了解决一些急需的捐款和紧急事件等，而临时设立的一个小型项目来获得捐款，通常是专款专用，资金的用途有明确的规定，时间也比较短。

（10）大型公益工程募捐。

这种募捐方式通常涉及的范围很广，时间成本较大，但是可以得到巨大的预期效果，并且这种大型公益工程要获得最大范围内的社会支持就需要通过广泛的宣传来营造非营利组织的良好声誉。

 知识拓展

99 公益日——一年一度全民公益日

"99 公益日"是由腾讯公益联合数百家公益组织、知名企业、明星名人、顶级创意传播机构共同发起的一年一度全民公益活动。2015 年 9 月 9 日是中国首个互联网公益日。公益日旨在用移动互联网化、社交化等创新手段，用轻松互动的形式，发动全国数亿热爱公益的网民通过小额现金捐赠、步数捐赠、声音捐赠等行为，以轻量、便捷、快乐的方式参与公益。腾讯主要创始人、腾讯公益慈善基金会发起人陈一丹在"99公益日"的主题致辞里说"社会的痛点就是公益的起点"。腾讯公益致力于成为"人人可公益的创联者"，成为公益组织和广大爱心网友、企业之间的"连接器"，用互联网核心能力推动公益行业的长远发展。

曾经因信息闭塞，公益组织运行低效、缺乏有效的透明机制，长时间受各界诟病。随着互联网时代的到来，这个问题得到了一定程度上的解决，一是通过网络展示和电子支付，公益项目的发布和资金筹集变得简单便捷；二是公益组织得以及时公布账目，公开透明程度有所提升。99公益日期间，将有更多公益组织走到舞台的中心，成为倡导人人公益的主力军。腾讯将把关系链、社交能力、支付能力作为最原始的工具开放给合作伙伴，在这一天，公募基金会、草根组织、项目发起人、捐赠人才是真正的主角，大家合力共建网络公益捐赠平台欣欣向荣的生态圈。

资料来源：百度词条，https://baike.baidu.com/item/99%E5%85%AC%E7%9B%8A%E6%97%A5/185426

7.3.3　募捐机制的完善

7.3.3.1　募捐存在的问题

虽然中国非营利组织的募捐机制在发展的过程中逐步完善，形成了初具规模的募捐市场和机制，但是在实际的募捐过程中仍然存在一些问题，阻碍了非营利组织募捐市场的有效发展。

（1）募捐渠道较为单一。由于募捐市场尚不完善，人们的募捐意识还未得到有效的提高，使得非营利组织的思想仍然停留在"等""靠""要"的阶段，思想意识没有得到进一步的突破，依赖性较强，募捐方式也比较单一。

（2）慈善机构数量少，且慈善捐款的总量较少。尽管近年来非营利组织不断兴起并不断发展完善，其行为也受到了人们的认可与赞扬；同时随着经济社会的发展，慈善机构也越来越多，但是较西方发达国家而言，中国的慈善机构数量仍然较少，并且慈善机构捐助的总量比例也偏低。

（3）慈善机制的不完善。面对慈善机构以及社会捐赠者等的捐助，由于慈善机制的不完善，"四不见"现象随之出现：一是捐赠者看不见捐款到底用在了何处；二是受助者看不出哪些是捐款；三是受助者看不到捐款用在何处；四是民间公益服务看不见。

（4）自创收入不高。自创收入是指非营利组织通过提供产品或劳务等向消费者直接收取的费用或者是通过投资而从受资方取得的利益。非营利组织的资金大部分是用于各种项目的开展，财务开支较大，同时受其资金来源的影响，使得非营利组织对政府的依赖性较强，独立生存的能力较差，这就造成了非营利组织的自创收入不高。

7.3.3.2　募捐机制的完善

（1）从传统文化中挖掘现代慈善理念。中国传统文化中蕴含了丰富的现代慈善理念，如范仲淹的"先天下之忧而忧，后天下之乐而乐"的奉献思想、孔孟的"仁爱"思想等，这些都能丰富现代的慈善理念。因而要汲取中国传统文化中的精髓，挖掘现代慈善理念，也要注重汲取西方的慈善理念，取其精华去其糟粕，将中西方的慈善理念进行融合，从而建立一个有效的募捐机制，建立一个充满仁爱、慈善精神的友好社会。

（2）积极拓宽非营利组织资金筹集的渠道。非营利组织的资金筹集渠道较为狭窄，独立生存的能力较差，非营利组织必须要寻求新的、高效的筹资渠道。除了政府购买服务、政府补贴之外，还包括向基金会申请项目、企业捐赠、社会公众捐赠等方式。

（3）完善募捐的制度设计。非营利组织各项活动的开展及发展都离不开政府的大力支持，因而政府一方面要对财税政策进行相应的调整，要完善慈善捐款的税收减免机制；另一方面应当帮助非营利组织完善其自身的组织制度与自律机制，加强对非营利组织的监督，以优化一个有利于促进慈善募捐的环境。

（4）完善募捐的法律建设。早在 1999 年我国就通过了《中华人民共和国公益事业捐赠法》，但是随着社会的不断发展，这部法律对社会上出现的新问题、新情况等无法做出及时及合理的反映。很多时候面对募捐过程中表现出来的一些争议也很难找到相适应的法律依据，这就使得实际的募捐市场没有完善的法律作为依据，以维护其权益。因此，要完善募捐的法律建设就显得十分重要。

💡 **知识拓展**

党组织建设是否提高了社会组织筹资收入？

本文立足于社会组织筹资收入，从社会组织党组织建立、党组织类型、党组织书记交叉任职、党组织书记参与内部治理以及党组织活动开展的视角，实证研究党组织建设对社会组织的赋能效应。本文描述分析 2 139 家基金会样本数据，应用 Tobit 模型实证检验党组织建设对基金会筹资收入的影响效应及机理。结果表明：

（1）从宏观层面上分析发现，党组织建设能够显著提高基金会的筹资收入，影响程度大小为政府资助收入＞捐赠收入＞营利性收入。

（2）党组织参与基金会治理的微观层面是党组织建设提高筹资收入的主要渠道。党组织建立后，通过党组织类型、党组织书记交叉任职、党组织书记参与内部治理和党组织活动开展等中介路径影响基金会筹资收入。

（3）异质性分析表明，党组织建设提升筹资收入在慈善组织的基金会和公募基金会中的效果更为显著。但细分筹资收入检验发现，相比于慈善组织的基金会和公募基金会，党组织建设对非慈善组织的基金会和非公募基金会的社会捐赠收入提升作用更强。

资料来源：欧翠玲，颜克高. 党组织建设是否提高了社会组织筹资收入？：来自中国基金会的经验证据 [J]. 外国经济与管理，2022，44（12）：51-68.

7.4　非营利组织的资金管理

7.4.1　日常资金管理

7.4.1.1　非营利组织日常资金管理内容

非营利组织的日常资金管理是指非营利组织对组织中的流动资金以及日常的财务收支所进行的管理，以了解组织资金的使用情况，使得各项资金能够得到合理的运用以及维系组织内的收支平衡。非营利组织的日常资金管理体现了组织内部管理运作的效率。有效、透明的日常资金管理，有利于促进非营利组织内部形成良好的资金内部控制，从而能够有效地提高组织的内部管理效率；反之，则会阻碍整个组织的发展。我国非营利组织的会计制度主要依据是《民间非营利组织会计制度》与《〈民间非营利组织会计制度〉若干问题的解释》。具体来说，非营利组织日常资金管理包括四个方面的内容：现金管理、银行存款管理、其他货币资金管理与存货管理。

（1）现金管理。现金是指非营利组织没有用作项目发展的库存现金。非营利组织应当严格按照国家有关现金管理的规定来收支现金，不得违背法律法规的限制性规定，并且严格按照规定对现金的各项收支业务进行核算。

（2）银行存款管理。银行存款是指非营利组织受到捐助或结余的资金存入银行或者其他金融机构的存款。《民间非营利组织会计制度》详细规定了银行存款的收款凭证和付款凭证的填制日期及依据。

（3）其他货币资金管理。其主要包括：①银行汇票存款，是指非营利组织为了取得银行汇票按规定存入银行的款项；②银行本票存款，是指非营利组织为了取得银行本票按照规定存入银行的款项；③信用卡存款，是指非营利组织为了取得信用卡而按规定存入银行的款项；④外埠存款，是指非营利组织去外地进行临时采购时，汇往采购地银行开立采购专户的款项；⑤信用证保证金存款，是指非营利组织采用信用证结算的方式为了取得信用证而按规定存入银行信用证保证金专户的款项；⑥存出投资款，是指非营利组织存入证券公司但尚未进行投资的现金。

（4）存货管理。存货是指非营利组织在日常业务活动中所持有的以备出售或捐赠的，或者为了出售或捐赠仍处于生产过程中，或者将在这个生产、提供服务或日常管理过程中所耗费的材料、物资等，包括各类材料、在产品、半成品、产成品或库存商品以及包装物、低值易耗品、委托加工物资等。

7.4.1.2　非营利组织资金管理制度

（1）人员分工与岗位设置。人员分工与岗位设置是非营利组织日常资金管理的基础，组织应当根据组织中不同岗位的需求及特点，同时考虑人员的兴趣爱好及特长等因素，采用分级授权原则积极促进业务与财务一体化工作，通过组织机构的设置来保障资金的流通安全。人员分工和岗位设置，主要包括以下几个方面的内容：

①会计人员要登记总分类账、复核收支原始凭证以及编制收付款记账凭证，并对这些工作负责。内审人员应当定期审计组织的账目，定期核对银行存款账户，理清收支凭证，对现金进行突击盘点，同时也要对这些工作负责。

②会计主管应当审核收支、保管和使用组织及组织负责人印章、定期与银行对账并编制银行存款余额调节表，并对这些工作负责。

③非营利组织负责人应负责审批收支预算、决算及各项支出，但是重大支出项目应由组织集体审批。

④电脑程序设计者应当负责程序的设计和修改，不得负责程序操作，甚至不得出入财务部门。

7.4.1.3　非营利组织现金管理制度

（1）制定库存现金管理制度。非营利组织中的库存现金不得超过规定的限额，一般为3~5天的日常资金需要量。如有特殊需要，组织应该根据实际情况灵活地采取相应的措施。不得坐支现金。收到的现金应当及时存入组织的银行专户，严格遵守现金收支"两条线"。

（2）认真做好现金管理的日常管理工作。要对组织中的日记账做到日清日结，并且要保证库存现金与账面金额相符合。

（3）认真做好现金盘点工作。出纳人员应当定期或不定期地对现金进行盘点和审核，编制相应的"现金盘点表"。

7.4.1.4　银行存款管理制度

非营利组织的银行存款管理制度主要包括以下几个方面的内容：

（1）开立银行存款账户。一般来说需要开立两个账户，一是基本账户；二是一般账户；前者主要用于付款，而后者则主要用于收款。

（2）当非营利组织需要增开专用账户时，应该由计划财务部提出申请报请组织决策部门或相关管理部门批准后才能开立。非营利组织开设银行账户时，应该严格遵守国家相关银行账户管理的规定，不得出租、出借账户等。

（3）非营利组织收到的汇票、支票等银行收款凭单，应当及时送存银行，以便进行账务处理。支票、汇票、汇兑等付款，都必须登记备查簿，详细填写单据编号、收款人名称、金额及用途等，并且必须由经手人签字。

7.4.1.5　存货管理制度

非营利组织的存货管理制度主要包括以下几个方面的内容：

（1）合理的存货收付制度。当非营利组织中的存货要进行取得和发出时，仓储管理人员须和经办者当面点清数量，并且开具相应的单据，同时要确保财务审核审批人员和相关经办人都签字确认后，才能进行出库或入库，做到单据与数量的完全相符。

（2）存货的合理存放制度。非营利组织的存货存放讲求科学、合理，要根据一定的标准进行合理的摆放。

（3）存货盘点制度。非营利组织应当定期对存货进行清查盘点，每年至少盘点一次，对于盘点过程中所发生的盘亏和盘盈等，应当及时查明原因并及时进行记录。

（4）存货减值制度。应当定期或至少在每年年末，对存货是否发生减值进行检查，同时也需进行相应的会计处理。

7.4.1.6　报销制度

非营利组织的报销制度主要包括以下内容：报销前应当将需要报销的原始凭证进行分类汇总，粘贴后，填写支出凭单，同时要在该单上注明摘要和用途等内容，注意原始凭证上的章应当清晰，然后按照非营利组织中的报销流程进行报销。将填写好的且按照规定审核、核准的支出凭单交给部门负责人进行审核。当部门负责人审核无误后，将支出凭单报会计审核，审核无误后交由相关管理部门核准后报销。

7.4.1.7　借款制度

非营利组织的借款制度主要包括以下内容：不应以任何理由将现金及转账支票等借给外部单位使用。非营利组织内部人员因公出差借款等，必须填写借款单，由相关部门领导批准后方可办理借款，设立相应的借款限额，同时规定好出差借款的报销期限。必须保管好所借的支票，不得遗失，因遗失而造成的经济损失由借款人自己负责赔偿。

7.4.2　项目资金管理

非营利组织的项目资金管理是组织财务管理中的关键环节，因为非营利组织中超过一半的资金收支，都是通过项目资金管理来完成的，对维系非营利组织的生存，促进组织的健康、持续发展具有重要的意义。由于非营利组织中的风险控制点包括项目资金的收入和支出管理，因此非营利组织做好项目资金的收入与支出管理，关系到组织核心竞争力的形成与提高。因此，良好的非营利组织项目资金管理，就有利于组织发挥项目本身的优势，更好地进行风险控制，提高组织使用资金的效率，从而推动项目的运作。

7.4.2.1　非营利组织项目资金的收入管理

（1）项目资金的收入制度。非营利组织的项目资金收入管理制度包括：①建立有效的项目立项申报工作制度；②设置合理的岗位进行项目资金的专项管理，从而保障项目资金的真实性和完整性；③建立合理的会计核算和资金管理制度，有效管理项目资金的收支。

（2）会计核算。项目资金的收入来源包括：捐赠收入、政府补贴收入、提供服务收入等。对于不同的收入，应当进行不同的会计核算。

 知识拓展

民政部办公厅关于印发《2023 年中央财政支持社会组织参与
社会服务项目实施方案》的通知（节选）

项目执行单位应当按照"专款专用、单独核算、注重绩效"的原则，及时建立健全内控制度、专项财务管理和会计核算制度。加强对项目资金的管理，将项目资金纳入单位财务统一管理，单独核算，便于追踪问效和监督检查。

项目执行单位应加强前期调研准备工作，根据本单位实际和服务对象情况，全面、科学、准确、合理编制预算，严格按照申报用途、规定范围和开支标准使用资金，不得无票据报销费用，不得使用大额现金支付，不得用于购买或修建楼堂馆所、缴纳罚款罚金、偿还债务、对外投资、购买汽车等支出，不得以任何形式挤占、截留、挪用项目资金，保证项目资金的安全和正确使用。

任何单位不得以任何名义从项目资金中提取管理费。

资料来源：民政部网站，https://www.mca.gov.cn/n152/n165/c1662004999979992766/content.html

7.4.2.2 非营利组织项目资金的支出管理

（1）项目资金的支出制度。要有效建立非营利组织项目资金的支出管理制度，应当要考虑项目资金的预算、使用、项目结算以及资金使用效果的绩效评价等内容。一是要建立资金预算项目库，减少立项的随意性；二是要细化预算支出内容，做好资金预算；三是规范预算调整程序，强化预算约束力；四是要强化资金支出管理，保证专款专用；五是及时拨付资金，从而有效改善资金结余管理。

（2）会计核算。项目支出主要包括业务活动成本、管理费用以及筹资费用等。同样地，对于不同的支出，应当进行不同的会计核算。

 知识拓展

政府购买社会组织服务资金管理的困境与对策

研究基于上海市 M 区民政局访谈案例，分析发现财务规范性衍生出刻板化、排斥草根社会组织创新、第三方评估和日常监测形式化、道德风险和资金增长"天花板"等结构性问题，提出建立参与式预算模式、搭建资金监管协调平台、强化诚信自律和奖惩机制等政策建议，有助于破解项目制"诺斯悖论"带来的资金管理困境。

资料来源：顾丽梅，戚云龙. 政府购买社会组织服务资金管理困境与对策研究［J］. 浙江学刊，2019（5）：159-164.

7.5 非营利组织的投资管理

7.5.1 投资管理的含义与分类

非营利组织的投资是指将资金、人力、知识产权等投入某个项目或企业的经济活动，从而获得未来收益的经济行为。投资管理就是指投资者对组织进行投资时的投资方向、投资金额以及何时投资进行决策的过程。对于非营利组织而言，其主要的投资方式之一就是证券投资。这就意味着非营利组织常常采用自有货币资产来购买市场中企业所发行的股票和公司的债券，从而间接地来参与企业的利润分配过程，即投资来实现资产的保值增值。

按照不同的分类标准，非营利组织的投资可以分为不同的投资类型：

（1）按照投资回收期限的长短，投资可分为短期投资和长期投资。其中短期投资是指非营利组织购入的各种能够随时变现，并且持有时间不超过一年（含一年）的有价证券以及不超过一年（含一年）的其他投资，包括各种股票债券、基金等。短期投资是非营利组织活用资金的一种策略，当组织中拥有的货币资金过多时，相较于存银行来说，非营利组织可以用部分资金进行短期投资，以获得更高的收益。而长期投资是指不满足短期投资条件的投资，也就是说不准备在一年或长于一年的经营周期内转变为现金的投资。非营利组织取得长期投资的目的在于持有而不在于出售，这就是长期投资与短期投资的一个重要区别。

（2）按照投资行为对被投资对象的介入程度，投资可以分为直接投资和间接投资。直接投资是指非营利组织直接进行投资或投资企业相当数量的股份，从而对该企业具有经营上的控制权的投资方式。直接投资形成了非营利组织内部直接用于运营的各项资产，而间接投资则形成了非营利组织持有的各种股权性资产。

（3）按照投资的性质，投资可以分为债权性投资、权益性投资和混合性投资三种。债权性投资是指定期所获得的固定数额的利息，并且在债权期满时收回本金的一种投资方式。对于非营利组织来说，可以通过购买债权类固定收益证券以获得债券性投资。而权益性投资则是指为了取得其他企业的权益或净资产而进行的投资。混合性投资是指同时兼有前面两种方式的投资，即兼有债权性和权益性的投资，非营利组织则可以通过购买混合性债券获得，如购买可转换债券。

非营利组织在进行投资管理时须谨慎，应考虑各方面的情况，遵循以下原则：收益与风险最佳组合原则；理性投资原则；适度投资原则；分散原则。

当前我国非营利组织投资管理相关的法律法规还存在以下不足：法律法规的科学性欠缺，内部冲突较为明显；投资范围的规定限制较多，法律文本规定模糊；信息披露不充分；内部治理机制构建有缺失。未来相关法律法规还需对非营利组织的对外投资行为给予必要的引导和规范，包括科学界定"非营利性"的法律范畴，构建和完善税收激励引导机制，完善投资的全程信息披露机制，科学遵循"禁止分配原则"的基准规定，构建非营利组织对外投资的风险防范机制[①]。

 知识拓展

中华人民共和国民政部令（第 62 号）
《慈善组织保值增值投资活动管理暂行办法》
2018 年 10 月 30 日
第四条　本办法所称投资活动，主要包括下列情形：
（一）直接购买银行、信托、证券、基金、期货、保险资产管理机构、金融

---

① 鲁篱，肖琴. 非营利组织对外投资规制的路径选择与机制优化 [J]. 财经科学，2022 (11)：138-148.

资产投资公司等金融机构发行的资产管理产品；

（二）通过发起设立、并购、参股等方式直接进行股权投资；

（三）将财产委托给受金融监督管理部门监管的机构进行投资。

第五条 慈善组织可以用于投资的财产限于非限定性资产和在投资期间暂不需要拨付的限定性资产。

慈善组织接受的政府资助的财产和捐赠协议约定不得投资的财产，不得用于投资。

第六条 慈善组织在投资资产管理产品时，应当审慎选择，购买与本组织风险识别能力和风险承担能力相匹配的产品。

慈善组织直接进行股权投资的，被投资方的经营范围应当与慈善组织的宗旨和业务范围相关。

慈善组织开展委托投资的，应当选择中国境内有资质从事投资管理业务，且管理审慎、信誉较高的机构。

第七条 慈善组织不得进行下列投资活动：

（一）直接买卖股票；

（二）直接购买商品及金融衍生品类产品；

（三）投资人身保险产品；

（四）以投资名义向个人、企业提供借款；

（五）不符合国家产业政策的投资；

（六）可能使本组织承担无限责任的投资；

（七）违背本组织宗旨、可能损害信誉的投资；

（八）非法集资等国家法律法规禁止的其他活动。

资料来源：中华人民共和国民政部令 第62号，《慈善组织保值增值投资活动管理暂行办法》，https://www.gov.cn/gongbao/content/2019/content_5380361.htm

7.5.2 投资方案的评价方法

按照是否考虑货币的时间价值来进行分类，非营利组织投资方案的评价方法可以分为静态投资评价方法和动态投资评价方法两种。静态投资评价方法又被称为非贴现法，通常来说不会去考虑到货币的时间价值，而动态投资评价方法就要充分考虑货币的时间价值。

7.5.2.1 静态投资评价方法

静态投资评价方法主要包括投资回收期法以及会计收益率法。

（1）投资回收期法。投资回收期法是指投资项目的是否进行是根据计算投资项目的回收期来确定的，其中投资回收期是指在项目投资后，从项目中回收初始投资所需要的时间，是投资项目经营净现金流量抵偿原始总投资所需要的全部时间，而这种方法通常是以年为单位来进行的，且其在实际的操作过程中较为简单，实用性较强，也得到了一定的推广。该方法主要运用在多项目之间的初步筛选和初步评价。

（2）会计收益率法。会计收益率法又被称为平均报酬法，是指根据投资项目寿命周期内年平均报酬率来评估投资项目的一种评价方法。该方法的优点包括：①计算相对来说较为简单，易理解；②考虑了投资方案寿命期的全部现金流量所体现的获利能力。其缺点包括：①没有考虑货币的时间价值；②没有考虑到风险因素的影响；③忽视了各年现金流量之间的差异。若采用这一方法来衡量投资项目是否可行时，就需要提前确定一个对组织来说要求达到的会计收益率。在进行决策的时候，只要计算的最终结果是投资项目的会计收益率大于必要报酬率，就意味着该投资项目是可行的，能够给组织带来更多的价值。同时，若在投资项目中存在多个互斥的投资方案时，应当选择会计收益率最高的投资方案。

7.5.2.2　动态投资评价方法

动态投资评价方法是相对于静态投资评价方法而言的，其主要包括净现值法、盈利指数法以及内部收益率法。

（1）净现值法。净现值法是指根据投资项目的净现值对投资项目进行评估的基本方法。其判断投资项目是否可行主要是依据经营净现金流量的现值之和与投资额现值的差额来进行评估。

（2）盈利指数法。盈利指数法又被称为获利指数法或者现值指数法，是指衡量投资项目的经济效益主要是依据项目未来现金流量总现值与初始投资额现值的比率来进行评估。

（3）内部收益率法。内部收益率法又被称为内部报酬率法或者内涵报酬率法，是指投资项目的评估是通过计算使投资项目的净现值等于零的贴现率来进行的。其中贴现率是指该投资项目本身的报酬率。而内部收益率除了是项目投资实际期望达到的内部报酬率之外，还是投资项目的净现值等于零时的折现率。内部收益率法的优点主要是计算十分准确，能够有效地了解投资项目本身的收益率，以准确地做出投资决策。其缺点主要在于当运用内部收益率来进行投资方案的分析时，其计算的难度较大。

185

7.6　非营利组织的税收政策

7.6.1　对非营利组织的税收扶持政策

非营利组织在我国的税收政策体系中需要明确的问题包括：非营利组织要交税吗？如何确定是非营利组织？如何获得免税资格？哪些收入是应纳税的？

非营利组织作为一个组织当然是要交税的，我国现行税制共有 18 个税种，其中涉及社会组织和社会服务领域的分为三大类：所得税、货物与劳务税、其他税种，基本涵盖了社会组织涉及的各项业务①。

---

① 王郁琛. 疫后社会组织税收扶持政策的思考与建议［J］. 税务与经济，2021（3）：32-38.

7.6.1.1 企业所得税

根据《中华人民共和国企业所得税法》（以下简称《企业所得税法》）第二十六条及《中华人民共和国企业所得税法实施条例》第八十五条的规定，符合条件的非营利组织企业所得税免税收入明确表述为：①接受其他单位或者个人捐赠的收入；②除《中华人民共和国企业所得税法》第七条规定的财政拨款以外的其他政府补助收入，但不包括因政府购买服务取得的收入；③按照省级以上民政、财政部门规定收取的会费；④不征税收入和免税收入孳生的银行存款利息收入；⑤财政部、国家税务总局规定的其他收入。《企业所得税法》要求的是非营利组织中的"符合条件的非营利组织的收入"，不仅要求非营利组织符合相关条件，而且收入也需要符合相关条件。除了上述5项明确表述的收入外，非营利组织依照法律规定合法、安全、有效地进行增值保值活动所获得的收入也需要缴纳企业所得税。《国家税务总局关于基金会应税收入问题的通知》在2011年1月4日废止之前，开展社会公益活动的非营利性基金会购买股票、债券（国库券除外）等有价证券所取得的收入和其他收入，应并入应纳企业所得税收入总额，照章征收企业所得税。典型案例有南都公益基金会，2007年该基金会通过投资获得收益1 600多万元，依法缴纳了300多万元的税款[①]。

另外，非营利组织的从业人员也需要遵守相关税务方面的法律法规，根据实际情况缴纳个人收入所得税。

7.6.1.2 货物与劳务税

我国对社会组织的增值税优惠有三大部分：①社会团体会费免征增值税。②公益事业捐赠收入不征增值税。公益事业捐赠是自愿无偿行为，不属于增值税征税范围内的"有偿"行为。社会组织接受公益性捐赠应按照程序获得公益性捐赠税前扣除资格，并向捐赠方开具公益事业捐赠票据。③社会组织取得的特定的服务性收入免税。

7.6.1.3 其他税种

（1）房产税。现行税制对人民团体、事业单位、宗教寺庙、公园、名胜古迹的自用房产免征房产税。此外，对福利性、非营利性老年服务机构，国家拨付经费的学校、托儿所、幼儿园，非营利性科研机构，非营利性医疗机构的自用房产免征房产税。

（2）车船税。目前对福利性、非营利性老年服务机构暂免征收车船税，对非营利性医疗机构的自用车船免征车船税。

（3）城镇土地使用税。对人民团体、事业单位、宗教寺庙、公园、名胜古迹的自用土地免征城镇土地使用税；对福利性、非营利性老年服务机构，国家拨付经费的学校、托儿所、幼儿园，非营利性科研机构，非营利性医疗机构的自用土地免征城镇土地使用税。

---

① 黄震. 我国非公募基金会所得税法律问题研究：以"南都"案为中心的探讨 [J]. 中国城市经济，2008（6）：80-84.

（4）耕地占用税。目前对学校、幼儿园、养老院、医院占用耕地免征耕地占用税。

（5）契税。目前对事业单位、社会团体承受土地、房屋用于办公、教学、医疗、科研的，免征契税。

（6）城市维护建设税。城市维护建设税是附加税，以纳税人实际缴纳的增值税、消费税的税额为计税依据，当社会组织依法免征增值税时，自动享受了城市维护建设税的减免优惠。

依据《财政部 税务总局关于非营利组织免税资格认定管理有关问题的通知》的规定，依据本通知认定的符合条件的非营利组织，必须同时满足以下条件：①依照国家有关法律法规设立或登记的事业单位、社会团体、基金会、社会服务机构、宗教活动场所、宗教院校以及财政部、税务总局认定的其他非营利组织；②从事公益性或者非营利性活动；③取得的收入除用于与该组织有关的、合理的支出外，全部用于登记核定或者章程规定的公益性或者非营利性事业；④财产及其孳息不用于分配，但不包括合理的工资薪金支出；⑤按照登记核定或者章程规定，该组织注销后的剩余财产用于公益性或者非营利性目的，或者由登记管理机关采取转赠给与该组织性质、宗旨相同的组织等处置方式，并向社会公告；⑥投入人对投入该组织的财产不保留或者享有任何财产权利，本款所称投入人是指除各级人民政府及其部门外的法人、自然人和其他组织；⑦工作人员工资福利开支控制在规定的比例内，不变相分配该组织的财产，其中：工作人员平均工资薪金水平不得超过税务登记所在地的地市级（含地市级）以上地区的同行业同类组织平均工资水平的两倍，工作人员福利按照国家有关规定执行；⑧对取得的应纳税收入及其有关的成本、费用、损失应与免税收入及其有关的成本、费用、损失分别核算。

符合以上条件的非营利组织按照相关流程提交相关材料办理相关手续，可以获得免（企业所得）税资格。需要注意的是，企业只有通过财政、国税部门的认定，才具有非营利组织免税资格。非营利组织免税优惠资格的有效期为五年。非营利组织应在免税优惠资格期满后六个月内提出复审申请，不提出复审申请或复审不合格的，其享受免税优惠的资格到期自动失效。

7.6.2 向非营利组织慈善捐赠的税收优惠政策

我国慈善捐赠税收优惠主要涉及所得税类、流转税类以及部分财产行为税类三类。目前，关于慈善捐赠的税收政策散见于各类税种的法律法规中，已有初步框架，但尚未形成完整体系[①]。因扶贫、疫情防控、亚运会及亚残运会特定情况或突发情况等捐赠都有相应的免税文件出台。

---

① 李贞，莫松奇，郭钰瑛. 我国慈善捐赠税收政策体系的完善研究［J］. 税务研究，2021（2）：127-132.

7.6.2.1 所得税类

（1）企业所得税。根据《企业所得税法》，企业慈善捐赠支出可以税前扣除，限额为当年利润总额的 12%，超额部分可以在三年内结转扣除。另外，企业的部分慈善捐赠支出也可以享受税前全额扣除的优惠政策。为了支持贫困地区发展，在 2019—2022 年，企业按规定对目标脱贫地区的扶贫捐赠支出，可以在税前据实扣除，若同时发生其他公益性支出，扶贫捐赠支出不计算在扣除限额内。

（2）个人所得税。根据《中华人民共和国个人所得税法》，个人慈善捐赠支出可以依法享受应纳税所得额限额税前扣除的税收优惠，其他部门规章和规范性文件还有多项规定了可以全额税前扣除的情况。具体可以查阅相关文件。

7.6.2.2 流转税类

（1）增值税。一般情况下，关于慈善捐赠的增值税税收优惠主要是在进口环节免征增值税。主要包括以下几个方面：一是接受外国政府、国际组织无偿援助的进口物资和设备；二是残疾人组织直接进口供残疾人专用的物品；三是境外捐赠者无偿向受赠人捐赠的直接用于慈善事业的物资。另外，部分国内捐赠也能够享受免征增值税的优惠政策。

（2）消费税。关于慈善捐赠的消费税税收优惠政策较少，一般是在进口环节对国外无偿援助的物资免征消费税。在特殊时期，如新冠病毒感染疫情期间的慈善捐赠物资也可以免征消费税。

（3）关税。对境外捐赠人无偿向受赠人捐赠的直接用于慈善事业的物资，免征进口关税和进口环节增值税。符合此办法的受赠社会组织包括 7 家全国性的社会组织①以及民政部或省级民政部门登记注册且被评定为 5A 级的以人道救助和发展慈善事业为宗旨的社会团体或基金会。

7.6.2.3 财产行为税类

（1）土地增值税。房地产慈善捐赠不在土地增值税征税范围内，无须缴纳土地增值税。但需注意，赠与包含两层含义，一是指赠与直系亲属或承接赡养义务人，二是指通过中国境内非营利社会组织和国家机关赠与社会福利、公益事业。

（2）印花税。如果财产所有人将财产捐赠给政府、抚养孤老伤残的社会福利单位、学校，则其所立书据免征印花税。

（3）契税。社会福利机构等慈善组织接受土地、房屋一类不动产捐赠，并将其用于办公、教学、医疗、科研等方面，可以免征契税。

（4）城市维护建设税。在疫情防控期间，单位和个体工商户直接或间接捐赠的抗疫物资，可享受免征城市维护建设税的优惠政策。

---

① 这 7 家全国性的社会组织是指：中国红十字会总会、中华全国妇女联合会、中国残疾人联合会、中华慈善总会、中国初级卫生保健基金会、中国宋庆龄基金会和中国癌症基金会。

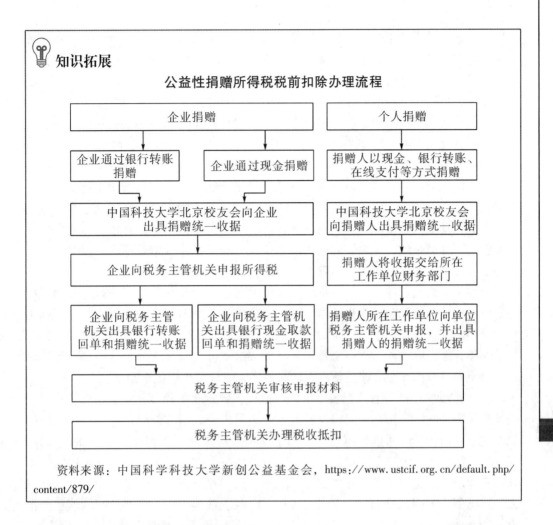

💡 知识拓展

公益性捐赠所得税税前扣除办理流程

```
        企业捐赠                                    个人捐赠
           │                                          │
    ┌──────┴──────┐                                   │
    ▼             ▼                                    ▼
企业通过银行转账   企业通过现金捐赠            捐赠人以现金、银行转账、
   捐赠                                        在线支付等方式捐赠
    │             │                                    │
    ▼             ▼                                    ▼
中国科技大学北京校友会向企业              中国科技大学北京校友会
   出具捐赠统一收据                        向捐赠人出具捐赠统一收据
           │                                          │
           ▼                                          ▼
企业向税务主管机关申报所得税            捐赠人将收据交给所在
                                         工作单位财务部门
           │                                          │
    ┌──────┴──────┐                                   ▼
    ▼             ▼                          捐赠人所在工作单位向单位
企业向税务主管   企业向税务主管机         税务主管机关申报，并出具
机关出具银行转账   关出具银行现金取款      捐赠人的捐赠统一收据
回单和捐赠统一收据  回单和捐赠统一收据
    │             │                                    │
    └─────────────┴────────────────┬──────────────────┘
                                    ▼
                        税务主管机关审核申报材料
                                    │
                                    ▼
                        税务主管机关办理税收抵扣
```

资料来源：中国科学科技大学新创公益基金会，https://www.ustcif.org.cn/default.php/content/879/

7.6.3 税收优惠政策的完善路径

7.6.3.1 当前非营利组织税收政策存在的问题

（1）现行立法未能明确规定非营利组织从事营利性活动所获得收入。我国对于非营利组织从事营利性活动的收入这一问题，采取了相对保守的立场。《中华人民共和国企业所得税法实施条例》第八十五条规定在细化符合条件的收入时，首先排除了"非营利组织从事营利性活动取得的收入"，但是也留下一个出口，即"国务院财政、税务主管部门另有规定的除外"。这就意味着我国现行立法未能明确规定非营利组织从事营利性活动所获得收入的税收优惠政策。非营利组织的企业所得税是目前我国税务部门、公益慈善界与学术界争议最大的领域。迄今为止，我国非营利组织营利性收入的税收政策尚未明确。

（2）社会组织税收优惠资格的申办机制效率过低。"非营利组织免税资格"和"公益性捐赠税前扣除资格"这两项社会组织税收优惠资质采取了不同的申办方式。免税资格采用的是审核制，由社会组织自行提出申请，按照规定提供资料，上交主管税务机关，由主管税务机关根据管理级次呈报上级税务机关后，再由税务机关联合同级财政机关进行审核；而税前扣除资格采用的是公告制，即理论上税前扣除资格是不需要申请的，而是由登记注册所在地的民政部门提出初步意见，然后由财政、税务、民政部门联合进行确认，最终发布名单。在实践中暴露出以下问题①：

①申办过程过于漫长。目前，免税资格和税前扣除资格均采用年度集中申办的方式，其弊端在于如果申办材料中有个别资料存在瑕疵，就会延误一年的时间。对于材料齐全无误的社会组织来说，经历的核实时间也过于冗长。

②申办条件中有交叉、有重复，造成审核标准过于复杂。如在免税资格的申请资料中要求社会组织填报公益性活动和非营利活动的项目内容和费用支出情况，但根据公益性活动的明细说明，其基本包含在非营利活动中，公益性活动完全可以归入非营利活动中。在税前扣除资格的确认过程中，具备公开募捐资格与不具备公开募捐资格的社会组织，其确认的标准与比例也不相同。这种审核标准的复杂，不仅增加了管理部门的工作难度，而且增加了社会组织的申办成本。

③两项优惠政策的管理体制不统一。免税资格和税前扣除资格均是对社会组织的税收优惠，但目前免税资格的申办由税务部门牵头，而税前扣除资格的申办则由民政部门牵头，这无形中增加了对接成本。在有效期限上两者也没有统一，免税资格是 5 年有效，而税前扣除资格是 3 年有效，这就可能会出现免税资格还在有效期内却已不具备税前扣除资格的情况，同时也增大了社会公众的识别难度。

（3）鼓励捐赠的税收优惠政策例外情形较多导致政策碎片化。鼓励公益性捐赠的税收优惠是间接扶持社会组织发展的重要手段之一。当前常规规定下鼓励捐赠的税收优惠要求较严、激励范围较窄。为了在一些特殊和紧急情况下强化激励效果，又不断地添加例外情形下的特定优惠，结果造成整个鼓励捐赠的税收优惠政策体系显得不严谨、不稳定且呈现碎片化。

在增值税方面，常规规定下捐赠货物在税收上视同销售，需要承担增值税，但有两个例外：一是捐赠给公益性社会组织用于目标脱贫地区的货物，免征增值税；二是在 2020 年为了支持疫情防控，通过公益性社会组织无偿捐赠货物的，免征增值税。在企业所得税方面，常规规定下向公益性社会组织的捐赠，在年度利润总额12%以内的部分，准予当年扣除；超过部分，准予向后结转三年，但用于目标脱贫地区的捐赠和用于抗击疫情防控的捐赠，则可以据实全额扣除。

在个人所得税方面，常规规定是捐赠额未超过纳税人申报的应纳税所得额30%的部分，可以从其应纳税所得额中扣除。但这里也有两个例外，一是个人向中国红十字会等几十家公益性社会组织的捐赠，可以全额扣除；二是用于疫情防控的捐赠，可以全额扣除。在关税方面，也采取了区别对待的方式，即境外捐赠人只有向指定的全国性社会组织和5A级的省级社会组织捐赠，才可以享受免征待遇，而绝大多数地方性社会组织则无法享受这个优惠。

综上可以看出，我国公益性捐赠税收优惠采取了对突发事件和特定事项"一事一策"的方针。这固然增强了政策的针对性、灵活性和适应性，但较频繁地给既定

190

---

① 王郁琛. 疫后社会组织税收扶持政策的思考与建议 [J]. 税务与经济, 2021（3）: 32-38.

政策"开口子""打补丁",也造成了政策的不稳定、不系统,降低了政策的公信力和预见性①。

（4）有关配套措施不够完善导致部分税收优惠难以落实。在社会组织税收扶持政策体系中,有两项与公益性捐赠相关的配套措施至今仍存在政策盲区和漏洞,导致部分情形下税收优惠难以落实。

①实物捐赠的价值确认问题。按照现行规定,社会组织接受实物捐赠,由捐赠方提供所捐赠实物资产的公允价值证明;不能提供证明的,就不得向捐赠方开具捐赠票据。在实践中,往往面临公允价值如何确定与公允价值证明的形式如何确定的两大难题。

②捐赠票据的使用问题。公益事业捐赠票据是反映捐赠事项和金额的重要依据,也是申请税前扣除的有效凭证。当前捐赠票据的问题在于:对社会组织而言,无论是否取得税前扣除资格,所领取的票据均是一样的;这样对于捐赠人来说,就无法从票据上区别和辨认受赠方是否具备税前扣除资格。

7.6.3.2 税收政策完善路径

税收优惠在非营利组织的发展过程中起着关键性作用,能够在资金方面给予非营利组织一定程度上的支持,因而要有效处理非营利组织面临的问题,就应当从以下几个方面入手:

（1）明确非营利组织的营利性收入的税收政策。有研究认为,一概将非营利组织的营利性收入排除在免税收入范围之外的立法选择并不利于非营利组织的可持续发展。从比较法角度而言,各国对于非营利组织的营利性收入的法律规制思路呈现以下共性:首先,根据是否有偿获得分为非营利性收入和营利性收入;其次,根据是否积极从事经营性活动而将营利性收入区分为单纯资产管理行为所获得的收入和经济上营业收入;最后,对于后者,再根据是否与宗旨或者主要目的相关而区分为与宗旨相关商业活动收入和无关宗旨商业活动收入。研究者建议,宜仅对与非营利组织宗旨无关且积极从事的经营性活动收入征收企业所得税②。

（2）减并社会组织税收优惠的申办机制。一是改变当前免税资格认定和税前扣除资格认定分别由税务部门牵头和民政部门牵头的局面,将工作机制调整为统一由民政部门牵头认定"社会组织"和"公益组织",涉及的财税事项由税务部门和财政部门参与配合。这样就解决了原先社会组织税收优惠事项多头申办的问题。二是加快相关税收优惠资格的办理时间。对于社会组织免税资格的认定采取"即来即办"的政策,即符合条件的社会组织在准予登记注册后即享受企业所得税免税待遇;公益组织的税前扣除资格认定采取"当年申报、当年核实、当年公告"的政策,大力缩短申办时长。三是简化相关的认定和审核标准。对于社会组织仅审查其非营利性,不再审查其公益性;对于公益组织不再区分其是否具备公开募捐资格,而是采用一致的标准,简化认定流程。四是优化社会组织和公益组织享受税收优惠

---

① 王郁琛. 疫后社会组织税收扶持政策的思考与建议 [J]. 税务与经济, 2021 (3): 32-38.
② 金锦萍. 非营利组织营利性收入税收政策比较研究 [J]. 社会保障评论, 2019, 3 (4): 118-132.

的时效限制。对于已经注册登记的社会组织只需按年度正常备案，即可保持企业所得税免税待遇；对于已经认定的公益组织，将认定时效延长至5年。对于享受税收优惠期间可能出现的违规情形，采用加强后续管理和监督的方式予以防范和解决。

（3）完善鼓励捐赠的税收优惠政策。将行之有效的临时性税收优惠整合至正式的税收政策中，增强整个鼓励捐赠的税收政策体系的稳定性和权威性，避免过多地采用例外规定。

（4）改进社会组织税收优惠的配套措施。对于实物捐赠的价值确认问题，在存在正常市场交易的条件下，以取得物资时捐赠方出厂价、销售价、政府指导价、大型电商平台类似商品价格等标准确定捐赠价值。建议对捐赠票据进行分类管理，即公益组织和不是公益组织的普通社会组织使用不同的捐赠票据，社会公众通过捐赠票据的票样和颜色就可以识别不同性质的组织。普通社会组织开具的捐赠票据仅作为接受捐赠的凭证，公益组织开具的捐赠票据则可以作为所得税税前扣除的凭证。运用区块链等前沿技术记录和追踪捐赠票据的流向，进一步方便社会组织申领和使用捐赠票据，并且防范和打击违规开具捐赠发票的行为。

 知识拓展

关于支持新型冠状病毒感染的肺炎疫情防控有关捐赠税收政策的公告

（财政部　税务总局公告2020年第9号）

为支持新型冠状病毒感染的肺炎疫情防控工作，现就有关捐赠税收政策公告如下：

（1）企业和个人通过公益性社会组织或者县级以上人民政府及其部门等国家机关，捐赠用于应对新型冠状病毒感染的肺炎疫情的现金和物品，允许在计算应纳税所得额时全额扣除。

（2）企业和个人直接向承担疫情防治任务的医院捐赠用于应对新型冠状病毒感染的肺炎疫情的物品，允许在计算应纳税所得额时全额扣除。

捐赠人凭承担疫情防治任务的医院开具的捐赠接收函办理税前扣除事宜。

（3）单位和个体工商户将自产、委托加工或购买的货物，通过公益性社会组织和县级以上人民政府及其部门等国家机关，或者直接向承担疫情防治任务的医院，无偿捐赠用于应对新型冠状病毒感染的肺炎疫情的，免征增值税、消费税、城市维护建设税、教育费附加、地方教育附加。

（4）国家机关、公益性社会组织和承担疫情防治任务的医院接受的捐赠，应专项用于应对新型冠状病毒感染的肺炎疫情工作，不得挪作他用。

（5）本公告自2020年1月1日起施行，截止日期视疫情情况另行公告。

财政部　税务总局
2020年2月6日

资料来源：中华人民共和国中央人民政府，https://www.gov.cn/zhengce/zhengceku/2020-02/07/content_5475532.htm

7.7 非营利组织的财务审计监督

7.7.1 财务监督

非营利组织的财务监督是指组织按照国家有关方针、政策和财务制度的规定，对非营利组织的财务活动以及其他相关的经济活动所进行的监察与维护。财务监督的目的是保障非营利组织财务活动有序进行，同时也是非营利组织财务管理工作的重要组成部分。

财务监督是非营利组织财务管理的基本职能之一，因此非营利组织开展的任何经济活动，都要使这些活动的目的紧紧围绕着既定的目标来开展和运作。财务监督要想促进经济活动按照一定的规定和要求进行，达到预期的目的就要通过预算、决算、控制和分析等具体的方法来进行。相较于其他的监督形式，财务监督具有两个方面的特点：一是财务监督主要是通过价值指标来进行的；二是财务监督是对非营利组织经济活动全过程的监督。

财务监督是非营利组织是否能够有效运行的关键，其贯穿非营利组织财务管理的各个环节，具体来说，其内容主要包括：①对单位预算的监督；②对收入的监督；③对支出的监督；④对财产物资的监督；⑤对资金的监督。

财务监督一般分为三个工作阶段：①准备阶段，主要工作包括确定检查对象、内容和任务，组织检查人员，安排检查时间；②实施阶段，主要工作包括搜集资料、了解情况、检查取证；③总结阶段，主要工作包括整理检查资料、编写检查报告。进行财务监督，普遍采用调查询问有关人员，审阅财务文件，核对账簿、报表，统计分析财务数据等方法。

按照财务监督主体分类，财务监督可分为内部监督和外部监督两种。

7.7.1.1 内部监督

内部监督是非营利组织自行组织的，由内部机构或人员对组织的财务收支、经营管理活动及其经济效益进行监督，检查其真实性、正确性、合法性、合规性和有效性，提出意见建议的一种监督活动。其主要目的是健全组织内部控制制度，完善组织财务管理的自我监督机制，严肃财经纪律，促进组织自觉总结经验，发现问题，查错纠弊，及时采取措施堵塞漏洞，改善经营管理，提高财务管理水平。

7.7.1.2 外部监督

外部监督是指由组织外部有关机构和人员对组织的财务收支、资金使用情况进行监督，包括：由主管部门或者财政、财务、审计等部门对组织财务活动进行的监督；由主管部门或财政部门组织有关单位进行的联审互查；有关社会中介组织，如会计师事务所按照国家规定对组织财务活动所进行的监督。其目的在于监督检查组织财务活动的合法性、合规性和有效性，防止腐败行为滋生蔓延，确保组织财务活动在正常的轨道上运行。

财务监督的作用是指在对非营利组织的财务活动进行监督的过程中所产生的社

会效果。财务监督具有制约性和促进性两大作用。

（1）制约性作用。财务监督的制约性作用主要表现在：通过对非营利组织财务活动的监督审查，对组织的财务收支及经营管理活动进行监督和鉴证，揭发贪污舞弊、弄虚作假等违法乱纪、严重损失浪费及无效率、不经济的行为，依法追究有关责任人的责任，提请给予行政处分或刑事处罚，从而纠错揭弊，保证党和国家法律、法规、方针、政策、计划及预算的贯彻执行，维护财经纪律和各项规章制度，保证非营利组织的财务报告及其他核算资料的正确可靠，保护社会捐赠财产的安全和完整，促使组织尽可能以最低的成本，为社会提供更多的公共产品与服务。财务监督的制约性作用可概括为：①揭示差错和弊端。财务监督通过揭示差错和弊端，不仅可以纠正核算差错，提高财务工作质量，还可以保护财产安全和完整，防止资产流失和非正常损失，有效防止资金使用中的铺张浪费，堵塞漏洞，促进勤俭节约，充分发挥资金的效益。②维护财务制度及财经法纪的严肃性。财务监督通过了解非营利组织执行国家方针、政策、财务制度及财经纪律的情况，及时揭示财务管理中存在的问题和各种违法乱纪行为，对过失人或犯罪者提交司法、纪检监察部门进行审查，促进组织依法理财，照章办事，有助于防止和纠正贪污浪费、行贿受贿等违法乱纪行为，维护财经法规。

（2）促进性作用。财务监督通过对非营利组织的财务活动及财务管理制度进行评价，指出其合理的、有效率的方面，以便继续推广；同时指出其不合理、无效率的方面及存在的问题，并提出相应的解决措施和办法，促使组织加强和改进财务管理工作，挖掘内部潜力，不断提高工作效率。具体而言，财务监督的促进性作用主要有以下几点：①保证资产的安全和完整。这是财务监督的首要任务。财务监督，可以促进组织加强资产管理，保证组织合理配置并有效使用资产。②改善组织财务管理工作。财务监督，可以揭示组织在财务活动、财务管理工作中存在的问题、不足，以及财务管理制度方面存在的薄弱环节，并有针对性地提出改进建议和补救措施，从而改善财务管理工作，提高财务工作质量。③促进组织加强预算管理，保证组织收支预算的实现。保证业务工作的资金供应，并对预算执行过程出现的问题及时采取措施加以解决，保证预算收支平衡。④促进增收节支，提高社会效益及经济效益。对组织财务活动进行全面分析，能够及时掌握组织人力、财力、物力等各种资源的使用情况，督促各公共组织加强和改进对人、财、物的管理，深入挖掘内部潜力，增收节支，用有限的资金创造更多的社会效益。⑤促进组织严格执行财务制度及财经纪律。财务监督，可以了解组织的各项财务活动是否符合有关法律、法规及制度的规定，有无违法乱纪现象，以促使组织自觉依法理财，保证组织财务活动的合法化及合理化，保证资金安全、合理、有效地使用。

> **知识拓展**
>
> 《关于加强社会组织反腐倡廉工作的意见》
>
> （民发【2014】227 号 2014 年 11 月 6 日）
>
> 社会组织财务收支必须全部纳入单位法定账户，不得使用其他单位或个人的银行账户进行账务往来，不得账外建账，不得设立"小金库"。社会组织分支（代表）机构不得开设银行基本账户。以社会组织分支（代表）机构名义举办的会议、展览、培训等各类活动所发生的经费往来，必须纳入社会组织法定账户统一管理，不得进入其他单位或个人账户。社会组织不得将自身经费收支与行政机关及企事业单位经费收支混管，不得将收入用于弥补行政经费不足或发放行政机关工作人员各项补贴。社会组织对承接政府职能转移和政府购买服务的经费，要专款专用，不得违规使用。社会组织各项收入除用于组织管理成本和其他合理支出外，应当全部用于章程规定的非营利性事业，盈余不得分配。社会组织财务人员应持证上岗，会计不得兼任出纳，社会组织负责人直系亲属不得担任会计、出纳。社会组织应定期向会员（代表）大会、理事会报告财务收支情况，自觉接受监督。
>
> 资料来源：民政部网站，https://xxgk.mca.gov.cn:8445/gdnps/pc/content.jsp? mtype=1&id=12889

7.7.2　财务审计监督

非营利组织的财务审计监督是在财务监督的基础上，审计机关依法独立检查被审计单位的会计凭证、会计账簿、会计报表以及其他与财政收支、财务收支有关的资产和资料，监督组织业务收支真实、合法和有效益的行为。

非营利组织的财务审计监督是非常有必要的，同时也具有一定的风险性。其必要性主要体现在：非营利组织的财务审计监督与经济社会效益是紧密相关的，财务审计监督的有效进行，可以有效规范非营利组织机构的经济与社会秩序，同时也能够营造一个良好的社会组织财务管理环境，能够在一定程度上有效地减少非营利组织的资产过度消耗与浪费现象的发生，从而提高其财务管理的水平、提高效益能力，促进非营利组织的可持续发展。其风险性主要体现在：一般来说，非营利组织的审计意识较差，组织内缺乏专业的会计人员，使得其不能促使财务审计监督的专业化进行。虽然非营利组织内设立了专项资金管理制度，但是这项制度在实际的运用中并没有得到有效遵守，使得资金的使用不符合项目规范，加之组织内单位审计人员自身审计意识的薄弱，就会出现某些单位资金缺失和资金挪用等现象。

财务审计监督能够促进受审计组织建立、健全和严格执行会计制度和财务管理制度的活动，主要包括两个方面：

7.7.2.1　内部审计

内部审计是针对本组织的审计，是由非营利组织内部的审计部门或审计人员来负责执行的，可以对非营利组织的财务管理起到监督、管理、防护以及评价等作用。

而内部审计的内容包括：①制度及流程审计，就是评估非营利组织内部的财务制度以及管理流程的及安全性和合理性，从而健全组织的财务管理制度。②财务收支审计，就是审核非营利组织财务收支的真实性、合法性等，从而有助于规范组织的财务行为，达到有效管理非营利组织的财务，防范会计差错和舞弊行为的目的。

7.7.2.2 外部审计

外部审计是相对于内部审计而言的，是指由非营利组织以外的第三方，如独立审计师或政府审计部门等，来进行的审计监督。这种方式能够有效地减少被审计单位对审计的干扰，更能够向外界展示组织真实的财务状况，从而提高非营利组织的公信力以及完善组织的财务管理制度。但目前我国非营利组织财务透明度的现状不容乐观。有研究对全国范围966家非营利组织进行了财务数据收集分析，结果发现：①我国非营利组织的财务透明度状况不容乐观，近30%的非营利组织未公开涉及"审计报告""收入与支出表""财年资产负债表"等方面的财务信息；②非营利组织财务信息公开的方式以"自有媒介"为主，辅以"政府平台"，较少采用"第三方平台"；③不同特征的非营利组织财务透明度水平不同，注册时间越久、员工数量越多的非营利组织，财务透明度水平越高[1]。

💡 **知识拓展**

青海省出台办法加强社会组织财务审计监督

近日，为推动民政系统大兴调查研究成果转化，规范社会组织执业行为，加强事中事后监管，省民政厅、省财政厅联合印发《青海省社会组织财务审计工作办法》（以下简称《办法》），从审计依据和范围、报告类别、坚持的原则、审计事段以及责任追究等方面对社会组织财务审计工作作了明确和规范。

《办法》明确了审计依据和范围。承接社会组织财务审计的会计师事务所应当对社会组织财务状况、业务活动、内部治理、信息公开、资产来源、资金使用情况是否符合民法典、慈善法及《民间非营利组织会计制度》等规定进行审计。设置了审计报告类别。会计师事务所对于出具保留意见的审计报告，必须逐条对保留事项进行载明；对于出具否定意见的审计报告，必须对否定事项进行载明；对于出具无法表示意见的审计报告，应载明出具无法表示意见的审计报告的缘由。完善了审计坚持的原则。审计报告所附财务报告应当包含社会组织自身及所设立的分支（代表）机构的全部收支情况，并对年度审计、法定代表人变更审计、理事会换届审计、注销审计以及基金会和慈善组织审计应坚持的原则予以明确。社会组织资产来源属于审计机关监督范围的，还应当依法接受国家审计机关的审计监督。新增了审计事段。除会计核算情况、制度建设和执行情况、资产管理及非营利属性情况、举办研讨会活动情况以及专兼职人员薪酬情况等五个方面外，结合社会团体、社会服务机构、基金会个性特点和监管重点，将行业协会商会会费

---

① 付聪. 中国非营利组织财务透明度现状研究及提升策略浅析 [J]. 新经济，2021（8）：34-38.

中国非营利组织管理理论与实践

档次、社会服务机构资产增减值、慈善组织遵守《慈善组织保值增值投资活动管理暂行办法》等内容纳入审计范围。强化了责任追究。明确被审计社会组织法定代表人是第一责任人，登记管理机关在财务审计中发现社会组织涉嫌违反相关规定的，将采用年检降档、评估降级、责令整改、信用惩戒、行政处罚等措施对其进行处理。对发现违背注册会计师执业准则、出具虚假审计报告的会计师事务所，交由财政部门依法予以处理。

资料来源：青海省民政厅网站，https://mzt.qinghai.gov.cn/xxgk/show-10262.html

本章小结

本章介绍了非营利组织的财务管理的内容、目标与特征；非营利组织预算管理（包括预算的含义和意义、特征、编制预算的方法、预算管理的步骤）；非营利组织的募捐管理；非营利组织资金管理；非营利组织投资管理；非营利组织税收政策（包括非营利组织的税收扶持政策与向非营利组织捐赠的税收优惠政策）；非营利组织的财务审计监督。

关键词

非营利组织的财务管理　预算　预算管理　募捐　预算管理的步骤　募捐　日常资金　项目资金　非营利组织投资管理　税收　财务监督　财务审计监督

思考题

1. 非营利组织如何进行财务管理？
2. 非营利组织与营利组织财务管理的特征有何不同？
3. 非营利组织预算的编制方法包括什么？
4. 非营利组织如何进行预算管理？
5. 非营利组织募捐的方式有哪些？
6. 与非营利组织有关的税种有哪些？
7. 假设你想捐赠1 000元现金，你会如何选择捐赠对象？如何办理减免个人所得税？
8. 当前非营利组织的税收政策中存在哪些问题？如何改进？

拓展阅读

[1] 谢晓霞，洪旸，方静波. 公益慈善组织的财务信息披露质量对捐赠收入的影响：基于慈善基金会的年报数据分析 [J]. 商业会计，2022 (15)：21-27.

197

［2］欧翠玲，颜克高. 党组织建设是否提高了社会组织筹资收入?：来自中国基金会的经验证据［J］. 外国经济与管理，2022，44（12）：51-68.

［3］顾丽梅，戚云龙. 政府购买社会组织服务资金管理困境与对策研究［J］. 浙江学刊，2019（5）：159-164.

中国非营利组织管理理论与实践

8　中国非营利组织的营销

案例导入：

好公益平台喜迎 10 个新产品

中国好公益平台迎来了 10 个新产品，它们是：

（按产品名称首字母排序）

1. 巴别梦想家实践共同体经验输出项目
2. 雏鹰再飞·涉罪未成年人帮教项目
3. 大山的孩子会英语−情系远山小学英语双师课堂
4. 快乐合唱 3+1−乡村中小学合唱艺术推广
5. 奇色花学前融合教育支持计划
6. 泉蒙县域社区阅读馆−打造可持续的县域阅读生态
7. 守潮人−生态保护前期协商系统
8. 有爱不留守−乡村助老员支持计划
9. 在城长生活馆−流动儿童社区公益服务空间
10. 展心计划−心智障碍者融合就业促进项目

2022 年，通过平台邀请和第三方推荐的方式，好公益平台开展了第九批新产品招募，该年度共收到有效产品申请 155 份，经过初筛、电话访谈、尽职调查、评审委员会评审、共建方公示等环节，最终 10 个公益产品入选。这些公益产品覆盖教育、环保、助老、特需人群关爱等不同领域，针对不同的社会问题，均具备了较为专业、完整的解决方案，被实践证明有效，并且具备了影响力规模化的意愿和条件。

自成立以来，好公益平台共遴选九批优质公益产品。好公益平台对入选的公益产品实行动态管理，累计合作公益产品 94 个，退出 23 个。目前，好公益平台共续签和新签约优质公益产品 71 个，覆盖教育、安全健康、乡村振兴、助老、特需人群关爱、环保、性别平等和社区发展等多个领域。

入选平台后，优质公益产品将获得平台提供的规模化能力建设和资金支持，有机会参加线上或线下产品推介活动（路演），获得平台提供的筹款、传播、监测评估等方面的资源对接；部分产品还将获得平台提供的更多元和个性化的一对一深度支持。

资料来源：益次方好公益平台，https://weibo.com/ttarticle/p/show? id=2309404813541252399528

8.1　非营利组织营销概述

8.1.1　非营利组织营销的内涵与特点

营销主要来自私营领域，是一门关于需求和市场的学问。现代营销学之父菲利普·科特勒在最新的第 16 版《营销管理》中将营销管理定义为：营销管理是选择目标市场并通过创造、传递和沟通卓越的顾客价值，来获取、维持和发展顾客的艺术和科学[①]。营销的最终目标不是要教育或改变消费者的价值观或态度，而是影响其行为[②]。营销并不是企业营利组织的专有名词，其同样也适用于非营利组织。非营利组织营销是指非营利组织围绕使命，根据市场环境的变化及自身发展的需要，采取一定的营销策略以实现非营利组织的公益目标并获取公众支持、理解与合作的一整套行动。

非营利组织的营销始终是围绕着组织使命来进行的，其目标是公益性的目标，这是与营利组织的本质区别。中国的非营利组织营销具有以下特点：

（1）非营利性特征。

非营利组织区别于营利组织的一个鲜明特征就是其所独有的非营利性。非营利组织要持续健康地发展必然离不开资金的有效支持，而这些资金来源除了政府补贴、捐赠者捐助之外，还有非营利组织从组织开展的营销活动中所获得的利润或利益，而这些利润并不能像企业组织那样进行随意分配。非营利性特征并不是指非营利组织中不存在资金剩余的情况，而是指这些资金的剩余只是一种手段，并不是组织存在的意义。这个特征的存在就说明了非营利组织不能通过资金分配来达到改善其组织成员收入的目的，而只能将这些资金用于非营利组织的各个项目活动以及组织的发展中，同时非营利组织中组织所拥有的公共财产也不能进行分配和交易。

（2）营销目标的多元化。

非营利组织倾向于追求多重目标，非营利组织营销的目标除了要维系组织的生存与发展外，更为关键的是进一步谋求组织的整体利益，从而服务于组织使命所指向的目标服务群体，以实现组织的宗旨和使命。非营利组织实施的营销管理虽然不是以追求利润最大化为核心的，但是其追求的目标至少包括两个方面：一是对内谋求本组织的发展壮大；二是对外要为目标顾客提供最大利益。值得注意的是，非营利组织中存在多样化的目标，对于非营利组织的营销人员来说，想要实现组织中的所有目标往往是比较困难的。因此，在制定目标时，应当选择较为重要的目标，对组织的各个目标按照其重要程度来进行排序，优先实现组织中最重要的目标，以便有效地配置组织资源，实现资源的优化配置。

[①]　科特勒, 凯勒, 切尔内夫. 营销管理: 第 16 版 [M]. 陆熊文, 等译. 北京: 中信出版社, 2022: 4.

[②]　安德里亚森, 科特勒. 战略营销: 非营利组织的视角: 第 7 版 [M]. 王方华, 周洁如, 译. 北京: 机械工业出版社, 2010: 28.

（3）服务的广泛性。

非营利组织的宗旨和资金来源渠道决定了非营利组织不仅要服务顾客，同时也要对捐助者进行营销。而非营利组织的营销大多都是提供服务，并且这些服务具有无形性、易变性以及不可分割性等特征，因此就使得非营利组织的营销就具有服务营销的特点，同时在满足顾客需求和欲望方面表现较弱。

（4）营销接受公众监督。

非营利组织营销之所以要接受公众监督，是因为非营利组织提供的是公益性服务或者政府公共服务，获得了政府的资金支持以及享有相应的税收优惠，所以为了使整个非营利组织正常地运行及发展，就必须要规范其行为，必须接受公众的监督。由此可见，非营利组织所承受的政治压力远远大于市场压力，并且公众监督也有着简单化、严厉化的倾向。

（5）营销对象的多重性。

在非营利组织中，其营销对象是多重的，既包括服务接受者、服务大众，又包括企业及政府等。而这些营销对象可以分为两大类：一是服务受众；二是服务支持者。前者主要涉及资源吸引和资源配置的问题，而后者则仅仅涉及资源吸引的问题。并且在此基础上，非营利组织还需要借助营销原理来妥善处理与其他利益相关者之间的关系。

（6）营销行为的伦理性。

非营利组织的宗旨和任务是造福社会，因此非营利组织实际开展的各项活动，如教育、福利、科技等非营利活动，都会受到伦理的制约与影响。所以，非营利组织在开展各项营销活动时，应当秉承伦理观的引导，树立以人为本的观念，要求员工除了要具有深厚的专业知识、高超的技能之外，同时也要具备高度的责任感和崇高的道德操守。

8.1.2　非营利组织营销的必要性

长期以来，人们总会认为营销是营利组织所独有的，与非营利组织无关。相比较而言，非营利组织不但要注重产品和销售的概念，更要注重人文关怀和社会服务愿景的融入以及"以人为本"的主体特性。当前非营利组织越加认识到采取必要与合适的营销方法是组织发展的一把利器。

8.1.2.1　营销是非营利组织生存与发展的需要

一方面，如果非营利组织几乎所有资金资源都依赖社会慈善捐助、志愿行动、政府购买服务，容易出现后续发展资源困境；另一方面，政府的购买服务采用竞争的方式直接带来管理者对营销的理论和方法的应用，在工作计划中确定经营的战略发展目标，制订实施战略目标的具体计划并采取准确的行动。同时，在整个服务过程中，管理者需要通过多种营销的方式进行服务经营，获取比较稳定的财务或资金来源，并将这部分资源用于属于组织使命的服务事业。

8.1.2.2　营销有利于更新非营利组织观念

非营利组织观念的改变包括消费者与组织本身两个层面。从消费者角度而言，现阶段中国非营利组织还处在发展中，力量相对薄弱，对消费者的宣传不足，导致消费者对非营利组织理解不充分。营销不足让消费者的参与热情不足、积极性不足，甚至对非营利组织存在误解。从非营利组织本身来看，很多非营利组织认为自身是不需要营销的，营销是违背非营利初衷的。因此，非营利组织应正确认识营销在更新非营利组织经营观念方面的作用。首先，营销有利于树立以顾客为导向的理念，非营利组织要将营销作为一种合理、有效的技术方式，正确认识营销，并运用营销手段不断满足消费者的需求和欲望。其次，非营利组织营销要秉承服务为中心的理念，提供符合大众需求的产品或服务，更好地保持组织稳定有序的运行。最后，营销可以让非营利组织在竞争中独立生存意识增强，主动采取多渠道的方式来筹集资金、宣传组织、完善内部建设，推动组织更好地生存和发展。

8.1.2.3　营销有利于提高非营利组织的核心竞争力

对非营利组织而言，对营销的需求可以比营利组织要求更高。将组织内部的信息及时传递给消费者与政府，建立起更稳固和亲和的关系，扩大组织的社会声誉，提高自身的行业竞争力。

8.1.2.4　营销能使非营利组织获得更多的资源和社会满意度

营销可以提高组织的管理效率，保证组织的协调发展，让组织成为推动社会发展方向上的重要协调者、探索者与引导者。非营利组织可以与企业进行合作，非营利组织可以推广服务理念，同时，企业也可以提高产品销售、提升企业形象。因此，非营利组织采用营销的方法来提升自身的竞争能力，并能够从服务对象的需求出发来制定策略，帮助组织更好地回应社会大众的使用价值或获得他们的满意度。非营利组织的营销活动也是在为服务对象创造价值，组织所提供的服务如果能让服务对象满意，组织就能获得更多的支持与帮助，进而推动组织的使命与愿景的实现。

 知识拓展

为板房安置点群众送去物资，"壹起"支援泸定地震灾后第一个冬天

2022年10月26日，由全棉时代联合壹基金捐赠的114件棉服、114件打底衣送抵石棉，已于10月31日由壹基金联合救灾项目伙伴-石棉万家馨社会工作服务中心向草科乡小学的孩子们发放，在寒冬来临之前，为孩子们送来温暖。

壹家人宝洁中国携手旗下品牌舒肤佳、风倍清、佳洁士、飘柔、汰渍、护舒宝支援四川石棉地震安置群众，捐赠了超10万件洗消、清洁、卫生护理产品，此批物资10月16日下午已到达石棉县。由万家馨社工陆续向新民乡、迎政乡、安顺场镇等地受灾老乡进行发放。

资料来源：腾讯新闻，https://view.inews.qq.com/k/20221102A06Z3W00

非营利组织营销与营利组织营销的区别主要表现在：

（1）营销的价值。营利组织追求的是利润最大化，关心的是销量与服务。非营利组织以追求自己的使命为主要导向，是经济效益与社会效益的最优组合，关心的是人、理念、价值和服务。非营利组织强调其利益往往与服务对象或捐赠者的支付无直接关系，而营利组织强调利益的多寡与顾客的支付有直接关系。非营利组织营销的目标是多元的，包括组织形象与声誉，无法用金钱衡量成效，而营利组织营销的目标达成可用销量与利润衡量，可数据化与量化。

（2）营销的对象。营利组织营销只针对目标顾客，只涉及吸引资源。非营利组织营销不仅要对顾客进行营销，还要考虑对捐赠者的营销，资源的吸引与配置，同时还要妥善处理与其他各种利益相关者的关系，只有这样才可能为组织带来良好的外界资源和强大的竞争力。

（3）服务导向。营利组织营销往往以追求利益最大化为导向，以财务考量为主，奉行的核心理念是"以顾客为中心，顾客永远是对的"。非营利组织营销是以追求公益使命的实现为导向，超越财富的考量，有时会得不到公众的支持，甚至会影响相关群体的利益。

（4）产品的提供。营利组织营销是以金钱交换有形的货物和产品，具有明显的服务营销特点，强调人是服务产品的构成要素，重视内部营销管理，强调顾客的时间成本。非营利组织提供的产品更多是无形的产品，如服务、行为、时间、理念等，并不仅以财务指标作为评判依据，还要考虑社会指标。

（5）营销环境。非营利组织的运营除了受理事会、监事会的管理外，还需要对资源提供者负责，如果组织与政府合作或接受政府的委托，那么就必须接受政府的监督考核。因为非营利组织享受税收扶持政策，招募志愿者参与服务，因此受到更严格的媒体、捐赠者与顾客的监督，非营利组织的营销环境比营利组织的营销环境更为严格。

 知识拓展

民间环保组织的共情式营销

民间环保组织是重构环境治理多元社会关系的重要主体。面对差异化的利益主体，民间环保组织必须提升话语技艺，并适时调整行动策略。"绿水"的探索与实践表明，共情式营销与专业化嵌入在重构良性的社会关系和推动协同治污方面发挥了重要作用。共情式营销包括政府面向的情感化互动、企业面向的共鸣性互动以及公众面向的亲和性互动，专业化嵌入则包括深化专业合作和依托权威平台。这种实践策略改变了民间环保组织在"环保小世界"方面突而不破的困境，推动了政社与社企关系重塑以及环境治理体系现代化的建设进程。

资料来源：陈涛，郭雪萍. 共情式营销与专业化嵌入：民间环保组织重构多元关系的实践策略［J］. 中国行政管理，2021（2）：59-67.

8.2 非营利组织的市场细分与定位

作为组织营销者，其应该关注的基本点是：谁是组织的目标受众？他们希望这些人采取怎样的行为？应该提出怎样的价值主张，来达到目标？关于目标受众与行为，肩负社会使命但预算有限的非营利组织不可能让每一个人都满意，必须选择受众与行为，进行市场细分与目标市场选定，进而构建出有吸引力的价值主张，实现市场定位。

8.2.1 市场细分

识别出能够带来最终成功的目标受众是好的营销的开始。不管是组织层面还是活动层面，营销者都应该认识到目标受众有不同的种类和形式，而处理这种复杂性是一个基本问题。这个过程通常分为两个阶段：第一个阶段是概念形成和研究阶段，识别目标受众组群，并描述他们的特征；第二个阶段是目标营销，在这一阶段会选择一个或多个细分市场，决定对每个细分市场分配多少资源以及应用怎样的资源，并对每个细分市场设计各自的定位和营销组合战略。

市场细分将市场划分为具有不同需要、特征与行为，因而需要不同产品或营销组合的不同购买者群体的过程。对于非营利组织而言，市场细分就是将具有相同或类似需求的客户根据市场的规律进行分类组合，按照目标市场的需求状况来进行整体营销的一种方法，从而能够更好地满足细分市场内的客户的需求。市场细分能帮助组织更准确地了解市场，更明智地选择市场、更有效地管理市场，找出共性的消费者群体，更有效地提供服务以满足目标市场的需求。具体来说，可以根据地理、人口、心理及行为等因素来对非营利组织的目标市场进行细分。

8.2.1.1 地理细分

地理细分是根据地理位置来进行市场的划分，既可以根据国家、省、市、县等进行地理划分，也可以根据全球区域或地方区域来进行细分。对于不同的非营利组织来说，可以根据自身的业务特点选择适合自己的地理细分市场。我国的非营利组织的管理体制中，非营利组织只允许在登记所在地的行政区域内开展业务，全国性社会组织可以在全国范围内开展业务。

非营利组织若按照地理单位来细分市场，便于组织将这个地理单位作为一个整体来实施管理；同时能够熟悉当地市场和政策，反应比较迅速灵敏。但是地理细分的局限性也是尤为明显的。首先，若是过于关注地理位置，就会忽略处于同一地理位置不同人员的需求，即便是在一个小地区里需求也是多样的；其次，地理细分还会增加营销成本，即每个地区可能重复一样的营销策略，就会导致人力成本等的增加。此外，还可能面临外来竞争者的加入以消费者导向的市场细分战略来满足消费者的多样化需求，从而失去市场份额。

8.2.1.2 人口细分

人口细分是指根据各种人口统计变量，如年龄、性别、职业、收入、教育程度、国籍、家庭规模、家庭生命周期等，将市场细分为不同的目标群体。这些变量往往与消费者的需求以及希望得到满足的欲望相关，而且这些变量很容易测量。

在市场中，不同的消费者有不同的偏好，同一消费者在不同时间也有不同的偏好，由于目标群体需求的多样性和时间上的跨度性等，非营利组织难以有效地满足所有目标群体的需求。因而将市场划分为若干个不同的目标消费群体能够更好地帮助组织精准地了解消费者的需求，从而为其提供定制化的服务，提高服务对象的满意度。但是，以人口作为依据来细分市场同样也存在不足，前提是假定这一类人口具有完全相同的需求，也极易被竞争对手所模仿，难以成为有效的竞争优势。

8.2.1.3　心理细分

心理细分是指将消费者按照其心理特征、生活方式或价值观等，将消费者划分为不同的群体。而这里所谈到的心理因素是极为复杂的，主要包括个性、动机、价值取向以及对服务供求和销售方式的感应程度等变量，属于同一人口群体的人可能表现出差异极大的心理特征。有研究发现，消费者通常被三种最重要的动机（理想、成就与自我表达）之一激励。人格特征，如精力、自信、智力、寻求新奇、创新、冲动、领导力和虚荣心，与关键的人口统计学变量相结合，共同决定了消费者资源水平的高低，不同的资源水平会增强或者限制一个人对其主要动机的表达①。

8.2.1.4　行为细分

行为细分是指根据消费者的行为将其细分为不同的目标群体，包括购买时机、寻求的利益、使用率、品牌忠诚度等。具体来说主要包括以下几点：

（1）购买时机。非营利组织对产品的宣传和销售要选择一个恰当的时机来进行，因为一个适宜的购买时机不仅能够激发起消费者的购买欲望，还能够有效地提高非营利组织的知名度。例如2023年3月3日是第24次全国爱耳日，北京音乐厅举办了2023年爱耳日公益音乐会，并于线上同步直播，集中展示听障人群特别是听障儿童康复成果，呼吁公众关注听力健康，增强爱耳护耳意识。

（2）寻求的利益。非营利组织应当了解不同消费者所寻求的利益，例如面对同一个产品或服务时，有些消费者可能追求省时，而有些消费者可能追求经济。

（3）使用率。在使用方面，有重度使用者、中度使用者与轻度使用者。重度使用者往往只是一小部分人群，但是他们在总消费中占有很大的比例。非营利组织根据使用率的不同情况及时调整营销策略。

（4）品牌忠诚度。根据对品牌的忠诚度，可以将消费者分为四类群体，第一类为"硬核死忠"型忠诚者，即一直只购买一个品牌的消费者；第二类为"三心二意"型忠诚者，即忠于两三个品牌的消费者；第三类为"见异思迁"型忠诚者，即从一个品牌转向另一个品牌的消费者；第四类为"四处留情"型消费者，即对任何

205

---

① 科特勒，凯勒，切尔内夫. 营销管理：第16版［M］. 陆熊文，等译. 北京：中信出版社，2022：176.

品牌都不忠诚的消费者①。对于非营利组织而言塑造良好的公益形象，要取得消费者的长期信任，培养消费者的品牌忠诚度。

那么上述的细分标准哪些是最好的？通常而言，最好的细分标准应该符合下列特点：互相排斥，每个细分市场能够与其他细分市场分开；毫无遗漏，在某一细分中包含所有的潜在目标群体；可衡量性，能够对细分市场的规模、动机、购买能力以及细分后的组成进行衡量；可接近性，细分市场易于接近并可以为之提供服务；可持续性，细分市场的规模足够大并值得开发；差异化，这可能是最关键的标准，如果一种细分方法符合上述所有标准，但是所产生的部分或全部细分市场在数量、种类和时机上不存在差异，那么这种细分方法可能只在理论上有用，但是对管理毫无价值。

 知识拓展

非营利组织市场细分案例

北京益创乡村女性公益事业发展中心（简称：北京益创女性）原名为北京农家女文化发展中心，是一家由北京市妇联主管，市民政局注册的推动城乡女性发展的公益组织。中心秉持务实、创新精神，倡导人人参与公益创新，公益创造人人幸福的理念，将女性参与式发展手法和互联网思维结合，为城乡女性，尤其是弱势、困境女性，提供开发潜能、提高素质、链接资源、搭建平台、助力发展等服务。

北京惠泽人公益发展中心（惠泽人）是一家在北京市民政局登记注册的 4A 级支持型公益机构，成立于 2003 年初。惠泽人秉承"以志愿精神激励公民参与，以专业志愿促进社会创新"的组织理念，致力于志愿服务教育与创新，培养专业志愿责任领袖。业务范围是公益组织能力建设与评估，公益人才交流，公益研究，公益教育与志愿服务倡导。该组织主要回应为什么开展专业志愿服务。中国的志愿服务浪潮正在蓬勃兴起，大量具有公益之心的志愿者却难以找到适合的服务岗位，特别是具有专业知识和技能的企业专业人士，在从事专业志愿服务时面临缺乏公益支持和岗位对接，与公益组织和社区沟通困难，服务成效难以实施和保持等困境。与此同时，大量的公益组织在自身发展过程中，迫切需要咨询、培训和教练等专业服务，却难以找到适合的志愿者。惠泽人搭建专业人士与公益组织之间的对接与匹配平台，为公益组织输送更多的志愿者，通过提供定制式的专业志愿服务援助项目（SG），同时解决专业人士的志愿服务需求和民间非营利组织的发展需求。

资料来源：北京益创乡村女性公益事业发展中心官方微博
资料来源：北京惠泽人公益发展中心官网

① 科特勒, 凯勒, 切尔内夫. 营销管理: 第 16 版 [M]. 陆雄文, 等译. 北京: 中信出版社, 2022: 175.

8.2.2   确定目标市场与定位

8.2.2.1   确定市场细分

非营利组织在确定如何实现市场细分时有四种战略可以选择：

（1）无差别营销。组织可以使用一种供给和营销组合来满足整个市场，努力吸引尽可能多的消费者，即大众营销。组织不考虑细分市场的差异，将市场视为一个整体，关注目标受众的共同需要，而不是差异之处。组织开发的供给和营销方案要针对最广大的购买者。单一大众营销活动虽然旨在满足每个人的需求，但往往不能有效地回应每个细分市场的需求。

（2）差异化营销。组织决定满足几个细分市场，针对每一个细分市场发展一套有效的供给和营销组合。因为组织必须在管理、营销研究、信息交流、广告等方面花费更多，所以差异化营销成本较高。但是其显著优势是组织可以对不同的细分市场分配不同的资源。因此管理者可以通过减少目标细分市场，平衡差异化带来的高成本。

（3）集中营销。组织决定去满足一个市场细分，针对性地提供理想的供给和营销组合，又被称作特色补缺营销。为了不使组织精力在众多的市场领域中变得分散单薄，组织应集中力量在一个特殊的细分给予好的服务。组织对市场细分的需求和行为非常了解，并通过专门化的生产、分销和促销来获取规模优势。集中营销所冒的风险较大，因为其选择的市场可能突然恶化或消失。

（4）大规模客户定制。互联网的发展让组织采取个性化战略具备了可能性，允许个人选择自己所需的供给。这种方法的显著优势在于不仅可以获得目标受众的数据与回应，还可以"按需定制"，从而显著地节约成本。

营销战略的选择依赖组织所面临的一系列特殊因素。如果组织只有有限资源，可能选择集中营销，因为没有充沛的精力和充足的金钱来满足整个市场，也没有充足资源满足每一细分市场的特殊需要。如果组织面对的需求与欲望是相当均质的，那么组织可以选择无差异营销，因为差异性供给带来的利益非常有限。如果组织追求成为若干细分市场中的领导者，就会选择差异营销。如果竞争者早已建立了稳定的市场地位，而只有不多的市场细分时，组织可能应该选择针对一个剩余细分市场的集中营销。很多组织会在开始时采取无差异营销或集中营销，获得成功之后，就向差异化或大规模客户定制营销战略转变。

如果一个组织选择使用集中营销战略或差异营销战略，需要认真评估服务的最佳细分市场，需要考虑组织的相对吸引力、成功需要的条件与组织竞争的优劣势。组织应该集中力量于有内在吸引力或是有服务比较优势的细分市场。

8.2.2.2   确定市场定位

一旦完成细分并选定目标市场后，管理者需要知道非营利组织所倡导的行为在目标受众心中的位置，接下来就要进行市场定位，也称作营销定位，是市场营销工作者用以在目标市场受众的心目中塑造产品、品牌或组织的形象或个性的营销技术。组织根据竞争者现有产品在市场上所处的位置，针对消费者或用户对该产品某种特征或属性的重视程度，强有力地塑造出该产品与众不同的、给人印象鲜明的形象，并把这种形象生动地传递给顾客，从而使该产品在市场上确定适当的位置。任何一个非营利组织如果想在获得消费者、志愿者和资金资助等方面取得成功，就必须有一个有效的定位。

市场定位的关键是组织要设法在自己的产品上找出比竞争者更具有竞争优势的特性。竞争优势一般有两种基本类型：一是价格竞争优势，就是在同样的条件下比竞争者定出更低的价格，这就要求组织采取一切努力来降低单位成本；二是偏好竞争优势，即能提供确定的特色来满足顾客的特定偏好。这就要求组织采取一切努力在产品特色上下功夫。因此，组织市场定位的全过程可以通过以下三大步骤来完成：

（1）识别潜在竞争优势。这一步骤的中心任务是要回答以下三个问题：竞争对手产品定位如何？目标市场上顾客欲望满足程度如何以及确实还需要什么？针对竞争者的市场定位和潜在顾客的真正需要的利益要求，组织应该及能够做什么？组织要基于调研的基础上回答上述问题，把握和确定自己的潜在竞争优势是什么。

（2）核心竞争优势定位。竞争优势表明组织能够胜过竞争对手的能力。这种能力既可以是现有的，也可以是潜在的。选择竞争优势实际上就是一个组织与竞争者各方面实力相比较的过程，通过比较发现哪些是强项，哪些是弱项。借此选出最适合组织的优势项目，以初步确定组织在目标市场上所处的位置。

（3）战略制定。这一步骤的主要任务是组织要通过一系列的宣传促销活动，将其独特的竞争优势准确传播给潜在目标受众，并在目标受众心目中留下深刻印象。使目标顾客了解、知道、熟悉、认同、喜欢和偏爱组织的市场定位，在受众心目中建立与该定位相一致的形象。然后组织通过各种努力强化目标受众形象，保持目标受众的了解，稳定目标受众的态度和加深目标受众的感情来巩固与市场相一致的形象。组织应注意目标受众对其市场定位理解出现的偏差或因组织市场定位宣传上的失误而造成的目标受众模糊、混乱和误会，及时纠正与市场定位不一致的形象。如果竞争者推出了新产品或消费者的需求偏好发生了变化，组织就需要考虑重新定位。

 知识拓展

社会组织参与健康中国行动的方式

根据不同类型组织的资源禀赋和生态占位，我们提炼总结出以下四类参与方式：倡导赋能型、服务支持型、多元合作型、专精服务型。

◆倡导赋能型：该类组织往往辐射广、枢纽作用强、多层级穿透性强，既可以网罗各类其他社会组织，也善于动员大众，多见于具有公募资格的基金会，如人口基金会。

◆服务支持型：该类组织较为关注本地特定问题，或者某领域、某人群特定议题，为各类受众人群提供直接或间接服务，响应一线需求，而非开展涉多个地区的系统性干预。这类组织多为各地社工服务中心、义工协会、志愿者协会。当然，也有一部分运营型企业基金会，在本地、本区域或本社区内开展项目落地执行等工作。这些组织关注的领域也往往多样参差，解决本地的特定问题，利用专业能力，服务受助对象，如云南银杏社会工作服务中心。

◆多元合作型：该类组织针对健康领域重大议题展开多元合作，充分利用社会组织动员能力强、结网能力强的特点，撬动社会资源，甚至引导资本和技术资源注入社会议题的解决，如中国卒中学会。

◆专精服务型：该类组织多有特定的服务人群，基于明确的使命、愿景，构建服务内容。在参与健康中国行动相关实践时，也多聚焦议题点切入，纳入机构整体发展范畴，如河南省星联教育发展基金会。一些机构在成立早期，受制于规模与资源，也可能采取"专精服务"的路线。

资料来源：社会组织参与健康中国行动的探索观察：基于 117 家社会组织案例，搜狐网 2023 年 6 月 27 日，https://www.sohu.com/a/691450475_121478296

8.2.3　产品策略

营销策划的出发点是构建满足目标受众的需要或愿望的供应品。产品、服务与品牌必须融合为有竞争力、有吸引力的市场供应品。

8.2.3.1　非营利组织产品的概念

非营利组织产品所包括的内容十分丰富，是介于政府提供的"公共产品"和营利组织提供的"私人产品"之间的一种产品形态。非营利组织的产品既包括一些公共产品，如交通运输和博物馆等，也包括一些私人产品，如戒烟、戒糖和计划生育中的药品等。其中，纯公共物品是由政府提供的，凡是能够严格满足消费上的非排他性等特征的物品就是纯公共物品；而私人产品是由私人组织来提供的，而生产其他非营利组织产品的重任应当由非营利组织来承担。

8.2.3.2　非营利组织的产品分类

非营利组织相对于企业组织来说，其产品种类比较繁多，同时也更为复杂多样，并且差异性也是非常显著的。对于非营利组织的产品分类而言，其通常的分类标准主要有三类：一是有形产品，包括红十字会提供的物质以及非营利组织医院的药品等；二是产品"观念"，主要包括态度、看法以及价值观等，例如"吸烟有害健康"就属于非营利组织倡导的观念；三是产品"实践"，主要包括服务、行为等，如环保组织发放环保宣传单等。

 知识拓展

小厕所，大民生

为践行《农村人居环境整治提升五年行动方案（2021—2025 年）》，充分发挥社会组织的优势，中国扶贫基金会于 2022 年发起了"乡村人居环境改善项目"。针对我国欠发达地区农村人居环境总体质量不高的现状，通过开展"厕所革命"、污水处理、垃圾分类等基础设施援助和运维机制创新，改善乡村人居环境，建立长效运维机制，助力建设可持续的宜居乡村。

近年来，国家对厕所的重视度再度提升。2019 年，仅中央财政便拨款 70 亿元，用于农村"厕所革命"；2020 年，中央又投入近 100 亿元。除中央财政的支持，地方财政也投入了巨量资金，可见我国对广大农村厕所改造的决心。

资料来源：网易，"厕所革命"进展如何？我们看到了成果和希望，2022 年 6 月 4 日，https://www.163.com/dy/article/H91P85O10514BF7J_pdya11y.html

8.2.3.3 非营利组织的产品组合策略

产品组合策略是组织为面向服务对象，对组织的多种产品进行最佳组合的谋略。其目的是使产品组合的广度、宽度、深度及关联性处于最佳结构，以提高组织竞争能力和取得最好的社会效益与经济效益。具体表现为：①延伸产品组合的长度，即组织拥有多少条不同的产品线。②扩大产品组合的宽度，是指每条产品线的产品项目数，利用组织现有资源增加提供不同品种类型产品，满足服务对象对同类产品的不同要求，提高市场占有率。③增加产品组合的深度，指每个品种的花色、规格有多少。④强化产品的关联性，指各产品线的产品在最终使用、生产条件、分销等方面的相关程度。从组织降低成本、提高质量出发，应该尽量缩小产品组合的广度和深度，集中生产少数产品。组织的产品组合策略应该遵循三个基本原则：有利于促进销售、有利于竞争、有利于增加组织的声誉。

这四种产品组合可以让组织通过四条路径来拓展自己的业务。组织可以增加新的产品线来加宽自己的产品组合。扩大产品组合，就是拓展宽度；缩减产品组合，就是剔除获利很小甚至亏损的产品，集中力量于优势产品和产品项目；产品延伸是指向上（高档）、向下（低档）、双向延伸。以公益基金会的产品组合为例，营销者可以根据产品线的分析，做出相关的产品发展和品牌决策（见表 8.1）。

表 8.1 公益基金会的产品组合策略示意

产品组合深度↓	产品组合宽度 ——————→				
	公益项目	培训项目	助医项目	助学项目	助困项目
	1.资助其他慈善公益组织项目 2.资助高校慈善公益项目	1.社区青年就业教育培训项目 2.进城务工人员子女教育就业援助项目	1.白内障老人 2.先天心脏病儿童 3.妇女健康系列项目 4.贫困家庭大病帮扶项目	1.进城务工人员学龄前随迁子女就学 2.大学生创业基金 3.贫困学生助学	1.春节万户助困 2.爱心流动轮椅车 3.困难家庭帮扶 4.独生子女困难家庭帮扶

 知识拓展

不断跨界的"熊爪咖啡"

2023 年 5 月 28 号，在上海市人社局咖啡协会咖啡专业委员会和上海市残联的指导下，上海网红熊爪咖啡店一家新店在静安国际亮相。

说到熊爪咖啡，上海年轻人并不陌生。两年前，上海出现了一家特别的咖啡馆。顾客扫描二维码，轻轻按铃，将特定形状的点单牌递给店员，一杯浓郁的咖啡便由毛茸茸的"熊爪"递出，熊掌还会和顾客互动，握手、比"耶"，咖啡温暖味蕾，熊爪温暖人心。

"无声"点单的背后，其实有着很多故事。两年前，创始人天天第一次召集残障咖啡师任店长。让"无声"咖啡师走出家门，走进社会，与顾客直接交流，希望社会对特殊人群给予更多关注和关爱。新亮相的这家熊爪咖啡，与众不同的地方就在于这家店 100% 使用回收建材，旨在倡导环保理念。

"我看到，一些小餐饮倒闭后，被遗弃的装修和设备也是一笔巨大的浪费，二手设备市场堆积成十几米高山。熊爪咖啡这次新店通过使用回收材料，希望唤醒商家和消费者对环保问题的关注。"

此次，熊爪咖啡还特别与探索孤独症的艺术家 Stacey Wan 和 889GLO 合作，利用潮流艺术来思考存在主义。通过这种方式，不仅可以提高人们的环保意识，也可以帮助推广孤独症防御意识。熊爪咖啡在这一年内帮助孤独症儿童在上海策展了 8 次画展，也即将在兴业太古汇为孤独症儿童搭建一个长期的画廊。

小小的一杯熊爪咖啡，体现了上海温度。"我希望更多的残障青年能够走到社会就业，和人们正常交流，也希望带动更有意义的环保理念。"天天说，还有一家为轮椅残障青年创新创业的新咖啡馆在筹备中。

资料来源：2023 上海咖啡节创意主题多 熊爪咖啡"跨界"亮相，金台资讯，2023-05-29，https://baijiahao.baidu.com/s? id=1767208861836986784&wfr=spider&for=pc

8.2.3.4 非营利组织产品的生命周期与营销策略

从某种意义上而言，所有的产品和服务都是有生命周期的。一般来说，它们都会经历四个阶段，即导入期、成长期、成熟期以及衰退期。对处于导入期的产品及服务而言，其特点是消费者认知度较低，因而其营销策略的重点就是要促使公众首次尝试使用新的产品；对处于成长期的产品及服务而言，其特点是销售迅速增长，新的竞争者开始加入市场，因而其营销策略的重点就是要加大宣传，增加产品，从而实现扩展策略；对处于成熟期的产品及服务而言，其特点是市场较为成熟，客户相对来说较为稳定，但有大量竞争者加入市场中，因此其营销策略的重点就是要提升产品品牌，支持产品创新，开发多样性的产品以及提供额外的附加产品；对处于衰退期的产品及服务而言，其特点是由于技术创新或消费偏好转移而带来产品的供大于求，因此其营销策略的重点就是要采用持续策略、集中策略以及放弃策略。非营利组织所提供的产品及服务具有无形性、不可分割性、易变性以及易消失性，使得其产品的生命周期的研究就更具有价值和意义了。综上，非营利组织可以通过分析生命周期，从而为产品及服务在生命周期的各个阶段制定相应的营销策略。

8.2.3.5 非营利组织产品的品牌策略

非营利组织想要更好地进行营销，可以塑造自己的公益品牌。一个组织的品牌主要包括名称、标志和商标三个部分。产品的品牌化有以下作用：反映组织的使命和价值，反映一种独特的社会贡献，对目标受众和利益相关方形成承诺。品牌是组织的无形资产，一个具备高价值的非营利组织品牌可以吸引不同的利益相关方，激励他们有更多的志愿行为，更多地进行捐赠，更努力地工作，并因融入一个有力的高价值组织而获得更多的快乐。非营利组织的品牌信任度提升有赖于以下因素：目标受众对非营利组织动机的怀疑减少；组织使命具有很高的社会价值，人们愿意提供志愿行为；组织很明确自身目标，且始终保持一致性；组织在所有的活动都使用同一品牌；组织所关心的事务带有极高的感情因素，例如困境儿童、独居老人，能唤起目标受众的情感，因而组织即使用于促销的预算很少甚至没有，也可以达到很好的效果。

知识拓展

希望工程最早的"网红"苏明娟

1991 年，因一张"大眼睛"照片，走入公众视野；2002 年，在社会各界的帮助下，如愿考取大学；2018 年，拿出积蓄作为启动资金，设立"苏明娟助学基金"；2021 年，成为"工银光明行"品牌形象大使……出生于 1983 年的苏明娟，和公益事业一同成长。

1991 年的苏明娟照片获得中国青少年发展基金会的认可，被选为希望工程的宣传标识，被国内各大媒体争相转载，苏明娟也随之成为希望工程的形象代表。许多人在看到这张照片后，内心的爱和善意立即被唤醒，纷纷为濒临失学的农村贫困儿童倾囊相助。

资料来源：新浪网，"大眼睛"苏明娟：我和公益共成长，2022 年 11 月 25 日，https://cj.sina.com.cn/articles/view/6824573189/196c6b90502001j724.

品牌策略主要包括产品线扩展策略、品牌延伸策略、多品牌策略、新品牌策略以及合作品牌策略。

（1）产品线扩展策略是指非营利组织的产品线使用同一品牌，当组织增加该产品线的产品时，仍然沿用原有的产品。但这种新产品往往都是现有产品的局部改进，如增加新的功能、包装、样式和风格等。

（2）品牌延伸策略是指将现有成功的品牌，用于新产品或修正过的产品的一种策略。品牌延伸并非仅仅只是借用品牌表面上的名称，而是对整个品牌资产的一种策略性使用，同时品牌延伸也能够加快新产品的定位，保证新产品投资决策的快捷准确；有助于减少新产品的市场风险，提高整体品牌组合的投资效益。

（3）多品牌策略则是在同一个产品品类中有意识地使用多个品牌的品牌战略，其目的主要在于深度细分市场，从而充分占领多种品类需求。

（4）新品牌策略是指当新产品被设计出来时，可能会发现原有的品牌名称并不适合它，因而非营利组织就需要为之设计相应的新品牌策略。

（5）合作品牌策略是伴随着市场激烈竞争而出现的一种新型品牌策略，合作品牌策略也是一种复合品牌策略，是指两个及两个以上的品牌在一个产品上所进行的联合，它很好地体现了两个或多个组织间的相互合作。

组织品牌化包括品牌内化与品牌外化两个维度，前者是面向内部员工，后者是指通过市场化的品牌塑造和传播策略来向外界传递出与品牌价值相关的信息，创造差别以使自己与众不同，从而促进组织品牌资产的形成和积累。然而有些非营利组织似乎不太情愿采取品牌传播这类市场化策略来进行组织运作，这是因为市场化常被视为一种用来操控人的不良事物，可能违背组织的社会使命。品牌建设常被非营利机构领导者认为太过于"商业化"甚至不道德，并使得组织商业化明显，组织核心利益相关者难以将其与企业区分，从而导致组织难以获得这些利益相关者的信任和支持。作为一个价值观驱动的非营利实体，社会组织也需要进行"模样再造"，实施品牌外化策略，这是因为品牌是产生和维持社会组织竞争优势的最为关键资源之一，在组织识别、信任促进、资源获取和管理优化等多个方面发挥着重要作用。

212

中国非营利组织管理理论与实践

对于我国社会组织而言，品牌外化过程由品牌定位、识别和沟通三个主范畴构成，并对组织品牌资产，即品牌外化结果具有显著影响；组织资源支持和市场化运作是社会组织品牌行动有效实施的两个重要基础①。

当前我国非营利组织品牌建设还存在品牌意识淡薄与独立性不足、品牌定位同质化与组织识别度低、资源存在缺口与品牌建设动力不足与推广手段欠缺与传播渠道狭隘等问题，未来需要树立品牌意识和清晰的核心理念、加强沟通合作和打造个性化品牌、引进专业人才和完善品牌管理与丰富传播方式和拓展推广渠道②。

💡 **知识拓展**

阿拉善 SEE 推出首款 IP 形象 将用商业化手段推动公益发展

2023 年 11 月 18 日，作为一家成立近二十年的环保公益机构，阿拉善 SEE 生态协会（以下简称"阿拉善 SEE"）公布了其首个品牌 IP 形象"善仔"。

对于推出 IP"善仔"的初衷，媒体采访环节，阿拉善 SEE 理事、品牌战略负责人吕曦表示，阿拉善 SEE 经过 19 年的发展，机构、品牌、项目非常多，关系错综复杂。并且，阿拉善 SEE 本身也正在逐步走向社会化、公众化。因此要对机构整个品牌体系做一个梳理。

吕曦表示："如果协会每一次活动、项目的宣传都是单个点的输出，会被大量信息淹没。我们希望用'善仔'这样拟人化的形象，串联起我们以往碎片化的对公众的信息输出。进而进行品牌资产的沉淀，统一认知。"

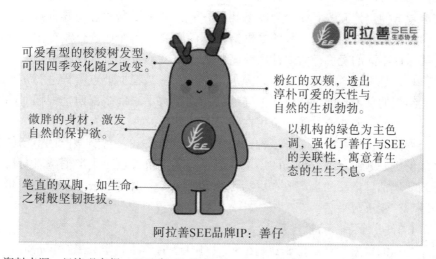

阿拉善SEE品牌IP：善仔

资料来源：经济观察报，2023 年 11 月 19 日，https://baijiahao.baidu.com/s？id=1782962972968529515&wfr=spider&for=pc.

---

① 张冉. 基于扎根理论的我国社会组织品牌外化理论模型研究 [J]. 管理学报，2019，16（4）：569-577.

② 徐腊凤，史秋霞. 近十年我国社会组织品牌建设的研究回顾与展望 [J]. 长春理工大学学报（社会科学版），2021，34（2）：58-63.

8.2.4 价格策略

非营利组织的目的与宗旨虽然不是追求高额的利润，但是其也需要一定的资金来维持生存和运转。目前许多非营利组织的产品与服务都需要收取一定的费用，如环境保护工程和社区独居老人的送餐服务等。当费用过高时，就会违背非营利组织的宗旨，使得非营利组织产生趋利化的倾向；相反，当费用过低时，非营利组织就没有足够的资金来维持自身的生存与发展，同时也缺乏竞争力，导致其无法与竞争对手相竞争。由此可见，如何对非营利组织的产品与服务收取合理的费用就成为非营利组织面临的一个重要的营销问题，因而非营利组织必须要对其产品与服务制定合理的价格策略。

8.2.4.1 成本导向的价格策略

成本导向的价格策略是指成本作为基础来进行定价，这是定价的底线。成本定价方式是非常常见的一种定价方式，可以在产品的成本之上加上一个标准的利润来构成产品的价格。并且成本定价的方式简单易行，但容易被竞争对手模仿而很快失去优势，有时候还会导致价格战争，从而造成市场上的恶性竞争。

8.2.4.2 需求导向的价格策略

需求导向的价格策略是指非营利组织以消费者或社会公众对产品价值感知为出发点的定价思路，而不是根据成本的高低来定价的。这种价格策略的目的是最大限度地获得消费者的理解并了解其需求。

需求导向的定价方法可以分为以下几种方式：一是根据顾客差异进行定价，即按不同的价格把相同的产品或服务提供给不同的顾客，例如社区公益食堂可能对不同的顾客采用不同的定价，对本社区的高龄老人是爱心价，对其他顾客则是正常的市场定价；二是根据产品或服务的差异进行定价；三是根据地点差异进行定价，例如非营利组织的贫困补助可能根据不同地区的消费水平来确定；四是根据时间差异进行定价，例如贫困儿童的培训费用在周末可能要高一些。

需求导向的价格策略通常是一种比较理想的定价方式，它能够挖掘市场的独特需要，能够更好地满足细分市场的需求。但是这种定价方法对了解消费者对产品价值的感知要比估计产品的生产成本更为困难和抽象，同时容易被竞争对手模仿，也容易使顾客产生不公平感。

8.2.4.3 竞争导向的价格策略

竞争导向的价格策略是指非营利组织在对自己的产品和服务进行定价时，对竞争对手的价格保持密切的关注，以对手的价格作为自己产品定价的主要依据，其价格可以高于、低于或等于竞争对手的价格，而不去考虑其价格与成本或需求之间的联系。

采用竞争导向的价格策略的优势主要在于其可以考虑到产品价格在市场上的竞争力，能够推动产品迅速占领市场。但是这种策略的缺点主要在于过分关注价格上的竞争，容易忽略其他营销组合可能造成产品差异化的竞争优势；也容易引起竞争者报复，导致恶性的降价竞争，从而给非营利组织带来经济损失，并且竞争者价格变化难以被精确估算。

> **💡 知识拓展**
>
> **老人吃饭只要 8 元，两荤两素，同步对外只收 12 元，这家幸福食堂正式营业**
>
> 2022 年 9 月底，（昆明市）丰宁社区幸福食堂的定价是 60 岁以上老年人每餐 8 块钱，可以办理爱心就餐卡储值消费，同时幸福食堂也对外营业，每餐定价是 12 块钱。
>
> 丰宁社区党委书记管延龙说："办幸福食堂，我们考虑的是对辖区居民长期运行，所以我们的定价不算低，爱心价是 8 块钱，八块钱基本上就是两荤两素，能维持在略低于市场价的基础上，就能够保障爱心食堂在没有外援的情况下，还是可以运行下去。"
>
> 爱心价低于成本，幸福食堂如何能实现长期运营呢？
>
> 昆明翔兴善食餐饮管理有限公司负责人汪俊表示："我们最早的幸福食堂是春晖幸福食堂，经营了两个月时间，确实是亏了 40 000 多块钱，仅八月份就亏了 20 000 多块钱，确实是那么个状态，但是我们觉得现在的亏损还是值得的，因为它确确实实是为很多老人家解决了很多问题。附近年轻人用餐是 12 块钱一份，12 块钱在规模效应的经营下是略有盈余的，有一定的盈余，用这点利润来补充前面 8 块钱的亏损，我们希望这个事情最终能做到一个持平，有一定的数量，最终能让这个事情持续下去。我们打算做更多的这种幸福食堂，形成一定的规模效应，这是比较重要的，因为数量越多，人工成本的分摊就会越广一些，而且包括食堂采购这些，规模效应越大，成本也就会越低一些。"
>
> 资料来源：腾讯网，https://new.qq.com/rain/a/20221017A034ZV00

8.2.5　渠道策略

渠道是建立在营销者和消费者之间的一条通道，这条通道把营销者和消费者拉近到同一时间和空间，其目的是实现交换。有形的产品，要通过零售、互联网或非营利组织拥有的商店，使目标受众易于获得产品；无形的服务，无论什么时间什么地点，只要目标受众需要，营销者就可以向他们提供服务，最好能够在提供服务的同时创造一种有吸引力的、舒适的环境，使得目标受众愿意再次光顾和口碑传递。在没有设计任何产品和服务的社会行为或公益理念的倡导时，营销者需要安排没有压力的、方便的方式，使得目标受众采取营销者希望他们能够采取的行为①。

非营利组织营销的渠道策略包括直接渠道与间接渠道，长渠道与短渠道，宽渠道与窄渠道，单渠道与多渠道。

8.2.5.1　直接渠道与间接渠道

在其他条件都相同的条件下，组织更愿意与目标受众直接接触，而不是通过中介。直接渠道具有如下优势：任何从交换中获得的组织利益，包括品牌与关注度没

---

① 安德里亚森，科特勒. 战略营销：非营利组织的视角：第 7 版［M］. 王方华，周洁如，译. 北京：机械工业出版社，2010：183.

有必要与其他组织或个人分享；组织可以控制所有渠道活动；能够直接与目标受众接触更好地了解他们的需求与需要，便于及时反馈，产品或服务中存在的问题也能够及时获知；能够对市场的改变做出迅速的回应；更为有效地通过尝试的方法来确定营销渠道；可以制定出针对不同目标受众的精准战略。但是要独自建立一个渠道是很昂贵的，使用已有的渠道会便宜很多。使用中间商是因为他们的营销效率更高，营销效果更好。中间商可以借助自身的经验、专业化程度、联系网络和规模，为非营利组织的产品提供更好的营销。

 知识拓展

腾讯公益平台

截至 2022 年 5 月 18 日，腾讯公益平台累计筹款超过 180 亿元，用户捐款超过 6 亿人次，超过 1.5 万个公益机构入驻平台帮助逾 11 万个公益项目筹集资金，成为互联网公益的先行者。依托移动互联网科技和社交媒体，腾讯公益平台广泛连接慈善组织、爱心企业、学界媒体等专业机构、政府部门及公众"一块做好事"，通过全面数字化助力公益机构升级、提升全民公益服务，构建可持续公益生态，成为用户首选的、可信赖的数字化公益服务平台。

2019 年腾讯公益推出"回响计划"，以传播为路径，让爱心有回响。回响计划致力于打通、简化公益项目和爱心网友之间的传播链路，通过联动行业和生态，以媒体报道、短视频、直播等传播形式，并以星火计划、公益股东人大会、公益自媒体合伙人、公益监督联盟等传播项目为载体，带动上万家机构建设和完善自传播能力，让 6 亿腾讯公益爱心网友看到善款流向。

2022 年 5 月，平台推出"小红花来信"功能，通过微信提醒，让捐赠人更清晰地看到自己所捐助公益项目的进展，也让越来越多透明有效的公益项目让更多公众看到并参与。腾讯公益持续探索以具象化、数字化的反馈工具，将公益机构服务及时、透明、有效地提供给捐赠人，将传统信息录入性的反馈，变成信息自动化的反馈，促进公益透明化的建设，构筑公益行业透明的制度化、标准化，形成良性循环的闭环。

资料来源：腾讯公益平台介绍，https://gongyi.qq.com/public/pcabout.htm

8.2.5.2 长渠道与短渠道

依据渠道中间商的数量多少，渠道可划分为长渠道与短渠道。长渠道的优点是市场覆盖面大，减轻组织费用、管理与风险压力；缺点是组织对渠道的控制力弱，组织对经销商协调的工作量加大，同时，目标受众服务水平决定中间商服务的差异化影响，也会因经销商的忠诚度不够，造成组织市场发展与控制的被动。短渠道的优点是组织对渠道和终端的控制力强，市场管理与控制的基础好；缺点是组织承担大部分的渠道功能费用，市场投入资源与费用较大，同时，组织市场覆盖面相对较弱，风险也较大。

8.2.5.3 宽渠道与窄渠道

依据渠道同一层面的中间商的数量多少与市场覆盖面密度的高低，渠道可划分为宽渠道与窄渠道。宽渠道的优点是同一层面的经销商数量多，市场覆盖密度较高，市场销售力量较大，中间商之间的竞争度高；缺点是区域中间商的矛盾冲突较大，市场管理力度较大。窄渠道的优点是组织与中间商关系比较密切，合作程度较好；组织容易被中间商左右，中间商有可能过分依赖组织，市场覆盖密度相对较低。宽渠道的经销商数量较多，能大量接触消费者，大批量地销售产品。窄渠道的经销商数量少，一般适用于专业性强的产品或服务。

渠道的宽度结构受产品的性质、市场特征、目标受众分布以及组织分销战略等因素的影响。渠道的宽度结构分成如下三种类型：第一，独家分销渠道，是指在某一渠道层级上选用唯一的一家渠道中间商的一种渠道类型，这是最经济的；第二，密集型分销渠道，也称为广泛型分销渠道，就是指在同一渠道层级上选用尽可能多的渠道中间商来经销自己的产品的一种渠道类型；第三，选择性分销渠道，是指在某一渠道层级上选择少量的渠道中间商来进行分销的一种渠道类型。

通常而言，分销面越大，渠道就越长。如果非营利组织只想在几个主要地区进行独家经销，那么只需要两个等级的渠道就够了，即产品营销者到零售商，零售商到消费者。如果采用选择性分销渠道，那么既要有零售商又要有批发商。

8.2.5.4 单渠道与多渠道

单渠道是组织只采用一种渠道进行产品分销，如仅仅采用专卖店分销，或者仅仅采用经销商分销，或者仅仅采用直销等。多渠道是指组织采用多种渠道实现产品的分销，如组织除了采用经销商渠道进行产品分销外，还由组织直供实现产品的分销。

8.2.6 促销策略

促销就是营销者向消费者传递有关本企业及产品的各种信息，说服或吸引消费者购买其产品，以达到扩大销售量的目的的一种活动。促销实质上是一种沟通活动，即营销者（信息提供者或发送者）发出作为刺激消费的各种信息，把信息传递到一个或更多的目标对象（信息接收者，如听众、观众、读者、消费者或用户等），以影响其态度和行为。常用的促销手段有广告、网络营销等。

8.2.6.1 广告

广告即"广而告之"之意。广告作为一种传递信息的活动，是企业在促销中应用最广的促销方式与营销手段。它以促进销售为目的，是需要付出一定的费用，通过特定的媒体传播产品或服务等信息的大众传播活动。非营利组织的广告策略是指非营利组织通过广告的方式来进行营销宣传，从而使公众了解该组织的产品与服务，以获得公众的支持。

我国《公益广告促进和管理暂行办法》由国家工商行政管理总局局务会议审议通过，并经国家互联网信息办公室、工业和信息化部、住房和城乡建设部、交通运输部、国家新闻出版广电总局同意，自2016年3月1日起施行。该办法所称公益广告，是指传播社会主义核心价值观，倡导良好道德风尚，促进公民文明素质和社会文明程度提高，维护国家和社会公共利益的非营利性广告。国家鼓励、支持开展公益广告活动，鼓励、支持、引导单位和个人以提供资金、技术、劳动力、智力成果、媒介资源等方式参与公益广告宣传。各类广告发布媒介均有义务刊播公益广告①。2021年，我国播出广播公益广告时长 56.38 万小时，占播出广播广告节目时间的 39.31%；播出电视公益广告时长 108.08 万小时，占播出电视广告节目时长的 47.82%。据测算，2021 年中国全年广播电视媒体投入的公益广告资源超过 600 亿元②。

 知识拓展

人民日报微信公众号是如何报道器官捐献的？

主流媒体的报道实践深刻影响着公众对器官捐献的认知。就现状而言，媒体对于器官捐献议题报道比较单一，大多停留在器官捐献者的动人事迹上，传播范围有限，公众的认知度和接受度不高，甚至存在误解或偏见。器官捐献的社会动员任重而道远，需要形成多方合力。作为公益传播的载体，媒体尤其是主流媒体，更需要担负起引导舆论、正面宣传的社会责任。文章采用新闻框架分析法，通过对近五年人民日报微信公众号 114 篇报道文本进行量化分析，发现其在报道议题、报道倾向、报道体裁、报道规模、报道形式、影响力等维度建构了器官捐献的报道框架，并呈现两大传播特征：在叙述上以真实故事打动人，在表达上语言含情、细节融情从而引发受众共情。为进一步增强主流媒体的公益传播效果，还需要在报道捐献者故事的同时，多关注捐献者的权益是否得到维护、器官捐献的透明性等问题，形成多维报道视角。同时，积极发挥节日效应，主动策划，精心选择报道角度、报道对象等，发布更多能吸引受众的报道，扩大传播声势。加强与其他媒体的跨媒体、跨地域合作，避免信息的碎片化呈现，形成器官捐献议题的合力报道。

资料来源：张子娟. 融媒体时代主流社交媒体器官捐献报道的传播策略探究：基于人民日报微信公众号的实证考察 [J]. 新闻研究导刊，2023（14）18：14-18.

8.2.6.2 网络营销

随着社会的发展，时代的进步，网络营销正成为一种新的营销方式。网络营销具有独特的优势：一是网民数量巨大。2022 年 2 月发布的《中国互联网络发展状况统计报告》指出，截至 2021 年 12 月底，我国网民规模达 10.32 亿，较 2020 年 12 月增长 4 296 万人，互联网普及率达 73.0%。网民数量的增加，网络资源也随之更为丰富，这就为非营利组织的网络营销提供了巨大的机遇和潜力。二是网络营销形式多样化。网络营销的形式多样，既可以在微博、QQ、微信上宣传营销，也可以在

短视频等平台上进行营销，且每种形式都有其优缺点，非营利组织则可以选择一种最适合于产品或自身的营销形式来进行宣传。三是网络营销具有成本低、传播速度快、操作较为简便等特点。网络四通八达，能够到达世界的各个地方，传播较快；同时网络营销没有实体组织，只是一个虚拟组织，且其门槛较低，所以其成本相对传统的营销方式来说较低。

以短视频为例，短视频是指时长在几秒到几分钟不等，以网络和移动智能终端为手段，依托移动短视频应用的一种移动社交媒体，国内以快手、抖音为代表。依托生产过程简单、制作门槛和成本低、制作周期短、趣味化程度高、参与和互动性强等特点，移动短视频以其短平快的大流量传播模式，受到公众青睐，并成为行业发展、信息传播的新渠道。许多企业、基金会、公益机构纷纷入驻短视频平台，讲好公益故事，发起公益行动，动员公益力短视频以其短平快的大流量传播模式，受到公众青睐，并成为公益动员的重要阵地。越来越多的公益项目利用短视频进行动员，产生了爆炸性的影响力。如为了引起人们对"渐冻人症"患者的关注，"冰桶挑战赛"风靡网络。研究结果表明，公益项目利用平台通过共意构建、共意扩散和共意提升的阶段策略实现共意；呈现"阶段递进，共意动员""依托媒介，自我赋权""话语引导，情感传递"以及"搭建网络，构建联盟"的策略独特性；但仍存在动员止于意识、视频内容同质化娱乐化、集聚效应不足等动员阻碍；需规范行业秩序，加强产品开发，创新合作模式，进一步增强移动短视频平台的公益动员效力[1]。

219

 知识拓展

抖音"橙子微信挑战"

每年的 6 月 20 日是世界 FSHD 关爱日，FSHD（面肩肱型肌营养不良症）患者意识清醒却不能运动，努力生活却无法微笑，这是他们的日常。在这个关爱日期间，抖音推出了"橙子微笑挑战"的接力公益行动，通过移动互联网平台放大公益声量，呼吁全社会关注罕见病患者群体。挑战发布当天，这一活动就迅速在抖音和今日头条平台上获得关注。数十位知名人士纷纷录制抖音短视频参与挑战。抖音也在用它惯有的传播形式，让头部大 V 带动优质内容进行传播，当名人撬动第一块砖后，粉丝的加入像催化剂一般引发了"橙子微笑挑战"的进一步发酵。短视频的创新形式也给严肃的公益注入了趣味性，是一种新鲜的尝试。

资料来源：2018 营销盘点之十大公益营销，https://www.sohu.com/a/294181961_119248

---

① 刘蕾，史钰莹，马亮．"公益"与"共意"：依托移动短视频平台的公益动员策略研究：以"快手行动"为例［J］. 电子政务，2021（3）：112-124.

8.3 非营利组织的公共关系

公共关系是指组织为改善与社会公众的关系，促进公众对组织的认识，理解及支持，达到树立良好组织形象、促进商品销售的目的的一系列公共活动。它本意是组织、集体或个人必须与其周围的各种内部、外部公众建立良好的关系。它是一种状态，任何一个组织或个人都处于某种公共关系状态之中。非营利组织的公共关系就是非营利组织运用沟通、传播等手段，与公众、捐赠者、利益相关者、政府、合作伙伴等群体进行有效的沟通和互动的管理职能与艺术。以提升组织形象、增进影响力、加强合作、解决危机等为目的的公共关系活动在于树立非营利组织良好的形象。随着社会与经济的不断发展，信息化、网络化的发展也随之加快，使得非营利组织的公共关系变得愈来愈重要，甚至在一定程度上会决定整个非营利组织的生死存亡。

在组织层面的公共关系，主要包括以下内容：确定与组织相关的公众；估量组织在公众中的形象与公众的态度；面向主要公众确立组织的形象、态度和行为目标；制定有成本效益的公关策略；做好面对公关危机的准备；做好宣传工作；监测互联网信息；评估成效。其核心的原则是要强调责任意识，树立公益良好形象；履行告知义务，打造阳光公益；做到互惠互利，打造良好公益体验；致力于长远关系，巩固机构公信力①。

8.3.1 塑造组织形象

组织形象指社会公众和组织内部员工对组织整体的印象和评价，是社会公众对一个组织的完整信念。决定组织形象的因素，对组织内部而言，取决于组织的运行、管理情况和全体员工的精神风貌；对组织外部而言，取决于组织在公益事业中的表现。在"产品趋于相同"的情况下，组织形象内容不仅限于产品的质量和价格，更重要的是组织整体所表现出来的正直、友善、活力、想象力、进取、能力等精神面貌。组织形象要通过公共关系活动来建立和调整。组织形象的优劣，直接影响组织目标的实现。塑造良好的公益形象能够使非营利组织得到更多的社会支持和认可，从而获得广泛的社会资源，以更好地从事公益性服务工作。2011 年"郭美美"事件之所以给公益事业与公益组织造成灾难性的影响，就是其"炫富"与"公益组织"不协调、"规避责任"与"事实真相"不协调、前后口径不一不协调等造成的。因此公益组织在形象传播方面更需要做到公开透明地传播信息、及时回应公众疑问、重要事件及时担当、形成第三方监管机制等②。

传统的 CIS 理论（corporate identity system），将企业识别系统分为三个模块，即

① 石晶. 公共关系视角下公益组织的规范化建设 [J]. 国家治理, 2017 (18)：37-48.

② 肖灵, 孙海龙. 认知不协调理论视域下公益组织形象传播研究：以中国红十字会为例 [J]. 赣南师范大学学报, 2019, 40 (1)：119-123.

理念识别（MI）、行为识别（BI）和视觉识别（VI），而企业文化也相应地被划分为三个层面，即器物层、制度层和理念层。对于非营利组织而言，组织形象符号的传播，主要包括视觉符号、理念符号、行为符号的传播，如果这些符号的传播整合得当、能够同频共振，则能帮助公益组织创造出独特且富有魅力的形象，构建起强大的公益品牌，并赢得良好的社会声誉[①]。

非营利组织隶属于公益性组织，不带有营利性色彩，因而就面临了更为广泛的利益相关者，这就要求非营利组织需要对社会公众予以更多的关注，增加公众对组织的了解和认可，以便取得公众的广泛支持。可以将非营利组织面临的公众分为四类：一是非公众，二是潜在公众，三是知晓公众，四是行动公众。非公众是指这些公众虽然会受到非营利组织的影响，但是却与该组织无关，公众是独立于非营利组织的，其观点、态度、情绪等都不会受到非营利组织的影响。而潜在公众则是指这类公众极有可能成为非营利组织的支持者，因而对于非营利组织来说，要争取潜在公众的支持，就需要非营利组织采取公关行为来进行转换。知晓公众不同于潜在公众，但知晓公众是在潜在公众基础上的进一步发展，是指这类公众对非营利组织的行为已经知晓，且希望有机会能够和非营利组织开展进一步的沟通以获得更多的信息并采取相应的行动。行动公众，顾名思义，这类公众是指对非营利组织的行为极为认可，并采取行动进行实际支持的工作，且这类公众往往是非营利组织中最重要的公众。

非营利组织要塑造良好的公益性形象来获得公众的支持，就需要提升非营利组织的知名度和美誉度。知名度是指非营利组织被公众知晓、了解的程度，是评价组织名气大小的客观尺度，其侧重于"量"的评价，即非营利组织对社会公众影响的广度与深度。而美誉度则是指非营利组织获得公众信任、好感、接纳以及受欢迎的程度，是评价组织声誉好坏的社会指标，侧重于"质"的评价，即非营利组织的社会影响的美丑、好坏或公众对于非营利组织的信任和赞美程度。因此，对于非营利组织塑造良好的公益性形象而言，知名度与美誉度二者缺一不可。因而非营利组织开展的公共关系活动等都要紧紧围绕增加组织的知名度与美誉度来进行。

对于社会公众而言，其对非营利组织的评价主要是根据以下几个方面来进行的：第一，是对非营利组织管理水平的判断，如管理者的素质、决策水平的高低以及经营效率等。第二，是对人员组织的评价，如工作人员的素质高低、服务水平以及办事能力等。第三，是对机构本身的评价，如机构是否完整、制度是否完善、人员是否精干等。最后是对价值层面的判断，如诚信建设、公信力等。因此，非营利组织应当着重从以上方面并辅之以其他方式来塑造其形象，从而获得广泛的公众支持。

---

① 肖灵. 公益组织形象的符号传播探析［J］. 新闻爱好者，2022（8）：59-61.

《看我，看见我》乳腺癌术后乳房重建公益宣传片

第十八届中国公共关系行业最佳案例大赛获奖名单于 2023 年 1 月发布。《看我，看见我》乳腺癌术后乳房重建公益宣传片获得医疗健康传播类的金奖。短片的申报单位是中国初级卫生保健基金会与强生医疗科技。

每年 10 月是国际乳腺癌防治月。2020 年，在中国初级卫生保健基金会倡议下，强生医疗的大力支持下，将 10 月 16 日设立为以关注乳腺癌术后乳房重建为主题的公益健康宣传日——"粉红绽放日"，并以此为起点在全国范围内开展科普教育系列活动，取得了积极的影响力。

2021 年，"粉红绽放日"再度启航，以国内首支关注乳腺癌术后乳房重建为主题的公益宣传片《看我，看见我》为载体，并邀请蒋勤勤作为"粉红绽放公益大使"，为女性发声，呼吁关注和支持女性在对抗病痛、重建生活的过程中所绽放出的勇气和力量；同时，该公益宣传片和相关科普知识通过微博、微信、视频号、知乎等多个社交网络渠道和媒体平台扩散传播，引发社会关注及网友热议的同时，持续提升了患者、医疗从业者及公众对乳房重建的认知水平。

资料来源：http://www.prawards.com.cn/entryinformationdetails

8.3.2 公共关系的基本形式

非营利组织为了获得社会公众的广泛支持，以达到推广其公益使命的目的，往往会举办丰富的公共关系活动。具体来说，非营利组织常见的公共活动方式有：

（1）庆典活动。

庆典活动是指非营利组织面向社会和公众时，向他们展现自身、体现自身的领导和组织能力、社交水平以及文化素养所举行的具有特殊文化、社会意义的活动项目，因而对组织具有重要的意义。庆典活动的模式包括开业典礼、奠基典礼、落成典礼、周年纪念等。

（2）赞助活动。

赞助活动，又称为捐赠或资助活动，是指非营利组织为了实现其自身的社会公益使命和宗旨，从其他组织那里获得举行活动所需的资金、设备、人员等来资助社会公益事业，以取得某一特定形象传播的社会活动。

（3）展览活动。

非营利组织举办展览活动的目的之一就是进行宣传，增进社会公众对非营利组织的了解，从而获得其支持，以达到宣传其公益使命获得社会资源用于公益事业目的的活动。

（4）联谊活动。

联谊活动是指非营利组织为了加强组织内与组织间的沟通，与公众进行情感交流，从而产生共鸣，达到有效信息沟通的一种特别的群体传播形式。这种方式的传播是"感情投资"的一种主要手段。其具体的活动形式主要包括音乐会、座谈会、文艺晚会等。

（5）开放参观活动。

开放参观活动是指非营利组织开放组织内部的活动让社会公众进行实地参观，从而能够使公众对组织的了解更加深入，加深公众的认知，使得非营利组织在开展事业和完成任务更加顺利和便捷的活动。

（6）新闻发布会。

新闻发布会是指通过官方的渠道，如举办记者招待会、网络直播的形式等，对社会公众急需了解的信息和事项向社会公开的活动。其特点是具有官方性、可信服性等。

（7）捐赠会。

捐赠会是指非营利组织为了开展特定的公益活动、吸纳社会公共资源，而运用各种途径所举办的以捐赠为目的的活动。

（8）政策倡导。

政策倡导是指非营利组织通过演讲、谈判等活动来宣传政策主张，以获得社会支持，实现其社会使命的活动。随着非营利组织在社会发展中扮演的角色愈加重要，他们以"政策企业家"角色在推动议程设置、推进政策创新、促成政策变迁等方面发挥重要影响。在政策过程中，他们会采取多样化的行动策略来吸引公众对特定问题的关注、促成特定的政策方案的出台①。

值得注意的是，上述的八项活动只是非营利组织公共关系的主要形式，并不是全部的形式；同时这些方式可以单独使用，也可以几种相结合使用以完成非营利组织的社会使命。

知识拓展
社会组织何以能推动公共政策改善？

本研究以资源依赖理论为分析视角，以政策过程的五个基本阶段为框架分析Z市相关社会组织的倡导策略，探究了它们在不同阶段所依赖的外部资源。研究发现：政策议程阶段，社会组织借助问题源流、政策源流和政治源流的交汇点，扮演"政策企业家"的角色，打开政策窗口；政策规划阶段，依靠家长社群、融合教育专家等人力资源，通过对话、研讨、宣讲、调研等方式，提供可行政策方案，反馈意见和需求的策略，做好政策预热；政策决策阶段，依靠家长社群进行联名建议，推动政策决策；政策执行阶段，依靠诉求反映、温情礼物、媒体宣传、建议提案、社群赋能五种策略资源，依赖家长社群、党报记者、代表委员等确保政策执行不走样；政策评估阶段，依赖学者、专业性社会组织的调研报告进行评

---

① 朱亚鹏. 政策过程中的政策企业家：发展与评述［J］. 中山大学学报（社会科学版），2012，52（2）：156-164.

估。整体呈现从资源依赖到能力建设的路径，以能力建设突破资源困境。政策前期尤其是政策议程阶段依赖的策略资源更为多样，人力资源更为多元，偏向于体制外渠道，强调资源依赖；中后期政策执行和政策评估阶段依赖的策略资源更为精准，人力资源更为集中，偏向于体制内渠道，建设性更强，而社会组织所代表的家长社群则需要自始至终地参与。政策倡导同盟建设有赖于社会组织的使命感。

资料来源：纪文晓，韩青. 社会组织何以能推动公共政策改善?：Z市孤独症儿童随班就读"零拒绝"政策倡导案例分析［J］. 都市社会工作，2023（1）：133–153.

本章小结

本章重点阐述了非营利组织的营销内涵。学生通过本章的学习，应该明确非营利组织营销的特征，了解非营利组织的市场细分、确定目标市场与定位，了解非营利组织的产品、价格、渠道与促销，了解非营利组织的公共关系及其基本形式。

关键词

营销管理　市场细分　目标市场　市场定位　产品策略　品牌策略　价格策略
渠道策略　促销策略　公共关系　组织形象　政策企业家

思考题

1. 非营利组织营销相对于营利组织的营销，有哪些特征？

2. 非营利组织需要开展市场营销吗？

3. 非营利组织可以依据哪些标准进行市场细分？如何进行市场定位？

4. 请设计一个非营利组织的产品组合策略。

5. 非营利组织可以采取哪些品牌策略？

6. 如何对非营利组织的产品或服务进行定价？

7. 非营利组织的产品或服务是否需要"中间商"？

8. 请查找一个公益广告，说说你对其传播效果的体验。

9. 非营利组织如何承担政策企业家的责任？

拓展阅读

［1］陈涛，郭雪萍. 共情式营销与专业化嵌入：民间环保组织重构多元关系的实践策略［J］. 中国行政管理，2021（2）：59–67.

［2］张子娟.融媒体时代主流社交媒体器官捐献报道的传播策略探究：基于人民日报微信公众号的实证考察［J］.新闻研究导刊，2023（14）18：14-18.

［3］纪文晓，韩青.社会组织何以能推动公共政策改善?：Z市孤独症儿童随班就读"零拒绝"政策倡导案例分析［J］.都市社会工作，2023（1）：133-153.

［4］刘蕾，史钰莹，马亮."公益"与"共意"：依托移动短视频平台的公益动员策略研究：以"快手行动"为例［J］.电子政务，2021（3）：112-124.

9 中国非营利组织的项目管理

案例导入：

预防校园欺凌项目入选南山区妇儿公益民生服务项目

2017年9月6日，深圳市南山区举办第三届"簕杜鹃·幸福荟"妇儿公益民生服务项目复审会，经过现场讲解、评委提问以及项目申报综合打分，5个项目最终入选，将落地实施。

南山区妇联主席杜屏介绍，"簕杜鹃·幸福荟"妇儿公益民生服务项目征集活动已经连续举办三年，希望通过这项活动推动社会各界共同关注妇女儿童及其家庭的需求，为妇女儿童及其家庭提供人性化、个性化、专业化的服务。同时搭建起慈善公益平台，引导社会组织主动发现民生需求，设计并开展具有创新性、贴近民生需求的公益项目，进一步提升社会组织参与社会建设的能力。

本届征集活动自7月25日启动以来，共收到18个项目申报，经筛选，有10个项目通过初审，最终5个项目通过复审。入选项目包括：彩虹花公益小书房申报的"彩虹花人文行走在南山"，南山区关爱特殊儿童中心申报的"星娃职业初体验——特殊儿童职前教育工作坊"，南山区粤海街道紧急救助志愿者协会申报的"风行亲子应急训练营项目计划书"，南山区田野社会服务社申报的"城中村流动儿童核心能力成长行为训练"，新现代社工服务中心申报的"'叮当伴你行'校园欺凌预防项目"。

"校园欺凌预防项目"申报方新现代社工服务中心介绍，数据显示，中小学生中经常受欺凌的学生比例占到6.1%，偶尔受欺凌的占到32.5%，媒体报道中关于校园欺凌的事件层出不穷。小学五六年级学生逐渐进入青春期，此阶段的儿童心理发展还不成熟，整个社会的"失范"状态对校园环境的负面影响等因素，导致欺凌现象普遍，欺凌事件频发。

该项目将以五六年级学生作为项目的直接服务对象，联动家长、学校和社区社工，在初级介入层面重点进行友善环境的营造；在二级介入层面与学校，特别是与学校班主任合作开展小组服务、个案辅导或家庭辅导；在三级介入层面针对欺凌者和被欺凌者开展个案辅导、家庭辅导，从而提升儿童的自我保护技巧与方法，预防和减少校园欺凌事件的发生。

资料来源：http://static.nfapp.southcn.com/content/201709/06/c659082.html

9.1　非营利组织项目管理概述

9.1.1　非营利组织的项目

美国项目管理协会（project management institute）认为，"项目是为创造独特的产品、服务或成果而进行的临时性工作"。对非营利组织而言，项目为直接或间接满足公众、会员尤其是脆弱群体的需求，以及实现非营利组织生存与革新，紧紧围绕组织宗旨，以创造性生产一个或一组可交付公益产品、服务、研究或流程等高质量成果为目标，所开展的跨组织内部、跨组织，甚至跨非营利组织—政府—企业的、具有很多不确定性的、一次性活动的总和①。

与组织的日常工作相比较，项目有明确的目的或目标，必须在一定的规范内，受时间预算、资源等方面的限定。与政府、营利组织相比较，非营利组织的项目还具有以下特点：项目是非营利组织紧密围绕组织宗旨开展的以直接或间接服务目标群体的活动；项目对于非营利组织有着生存与创新的双重意义，可以说非营利组织几乎都是项目驱动型组织；非营利组织的项目流程与日常工作流程往往密切交织在一起，相互支持，组织的日常工作往往围绕着项目运行，可以说，如果没有项目，大多数非营利组织就无法维持生存，大多数组织都会设立独立的项目部。

为了实现组织特定的战略目标，项目可以整合为项目群，也可以分解为不同的子项目。

项目群可以等同于组织的战略目标，是组织品牌的核心，是一个组织竞争力中最重要的组成部分。项目群的架构与设计由理事会决定；项目群意味着集中组织的人力物力进行投入；项目群的分布范围、层次与数量取决于组织的宗旨、战略、筹款能力与组织的可控能力；项目群具有高度整合的特征；项目群在很大程度上受制于外部环境，例如政府部门发布的购买服务项目指南；项目群可以分为子项目群、项目、子项目等不同层次的活动；项目群的开展几乎不受时间周期的限制，但在一定阶段需要适当调整；通常适用于大型非营利组织。

项目更接近组织的技术目标，是指除了人力资源管理、财务管理等组织日常管理活动之外的一系列活动的总和。一般组织都会实施多个项目，不同项目分别有独立的、较为稳定的实施团队和项目负责人、不同的操作化指标体系以及可区分的项目内容；项目服务于组织战略；对一个具体的项目点来说，项目有明确的周期。

子项目是组织具体活动的微观环节。子项目直接服务于项目，有着更为具体的操作指标和周期；有较小规模的执行团队。是否需要细分子项目，要依据项目的具体程度与规模而定。

非营利组织可以通过自身能力与需求决定是否需要项目群或子项目。就活动周期而言，项目群耗时最长，项目次之，子项目再次之；项目群的定位对项目或子项

---

① 韩俊魁.非营利组织项目管理［M］.北京：社会科学文献出版社，2015：6.

目具有更强的决定性作用；无论是项目群，还是项目与子项目，其开展的整个周期都不仅是组织内部某个部门或团队的事，需要跨部门开展合作；目标群体面临的需求消失或解决之后，意味着项目即将终结。对于大型的跨地区开展多个项目的非营利组织而言，区分三者显得格外重要。需要结合组织的宗旨、投入与产出等角度考虑设立项目或子项目的必要性；要按照项目或子项目的重要程度进行排序，筛选对目标群体最重要的项目并确定实施的优先顺序；然后从资金预算、执行风险以及组织战略规划角度考量项目或子项目之间的逻辑关联性。对于大型非营利组织而言，项目与子项目之间如何通过逻辑关联形成合力是至关重要的战略问题①。

项目点是指特定项目活动发生的地域范围。同一个项目可以有多个项目点，一个项目点也可以同时实施多个互为补充的项目。项目点一般比较小，一般在一个街道或社区、学校的辖区范围内。项目点的选择通常要立足于当地的需求与组织发展战略。

非营利组织项目依据不同的划分标准，可划分为不同类型。按项目资金来源，可以划分为来自组织内部的项目和来自组织外部的项目；按项目的国别来划分，可以划分为国内项目和国外项目；按项目的领域划分，则可以划分为扶贫类项目、教育类项目、医疗卫生类项目、环保类项目等。

 知识拓展

这三类社会组织参与社会服务项目，中央财政重点支持！

2023 年 5 月 12 日，民政部办公厅印发《2023 年中央财政支持社会组织参与社会服务项目实施方案》，进一步优化对中央财政支持社会组织参与社会服务项目的投入与管理，支持引导社会组织更加精准、规范、有效地做好惠民生、暖民心、顺民意的工作。此次中央财政重点支持的项目类型聚焦三个方面："一小一老"服务、乡村振兴和社会组织能力建设。重点面向"工作条件相对薄弱、基层需求强烈、示范引领带动作用大的区域"。

资料来源：民政部，https://xxgk.mca.gov.cn：8445/gdnps/pc/content.jsp? mtype = 1&id = 1662004999979993963

9.1.2 非营利组织的项目管理

非营利组织项目管理即在秉承非营利理念的前提下，项目团队充分运用知识、技能、工具，为实现项目目标所开展的一系列协调、组织和实施的活动②。非营利组织为了实现组织宗旨，通过项目申请的形式获取资金、人力等社会资源，并对所获取的资源进行优化配置，从而有效地组织、计划、控制项目的运作过程，达到既定的项目目标③。

① 韩俊魁. 非营利组织项目管理［M］. 北京：社会科学文献出版社，2015：14.
② 韩俊魁. 非营利组织项目管理［M］. 北京：社会科学文献出版社，2015：14-15.
③ 王名. 非营利组织管理概论［M］. 北京：中国人民大学出版社，2010：190.

9.1.2.1　非营利组织与营利组织项目管理的区别

非营利组织项目管理与营利组织项目管理的相同点在于都是科学地运用项目管理的技术完成既定的目标，以最小的投入获得最好的产出。两者区别主要表现在投资规模、资金申请对象、利益相关者的关注程度、最终目标等方面。

（1）投资规模。非营利组织的投资额度一般都比较低，原因在于项目的侧重点为服务类项目，需根据社会需求启动项目，投资额较小，周期较短。

（2）资金申请对象。非营利组织的项目大多数是向组织外部进行申请，项目资金的来源以外部资助为主，内部申请的项目较少。因此，项目资金申请环节对非营利组织来说非常重要，需要做好充足的准备，以提高项目申请的成功率。

（3）利益相关者的关注程度。非营利组织拥有较多的利益相关者，并且其会受到利益相关者的更多关注。比如国外合作者、外部服务供应商、政府部门与社会公众，都是非营利组织的利益相关者。非营利组织必须协调好各利益相关方的关系，以获得项目的成功。

（4）最终目标。非营利组织的项目管理，是为了实现特定项目目标，实现组织的宗旨和理念，更关注环境效益和社会效益。

9.1.2.2　非营利组织实施项目管理的原则

根据非营利组织项目管理的特殊性，非营利组织在实施项目管理时，需要遵循下列原则：

（1）紧扣组织宗旨。非营利组织的属性客观上要求非营利组织的项目立项及项目运作必须紧密结合其宗旨。

（2）目标管理的思想。目标管理亦称"成果管理"，俗称责任制。目标管理是指以目标为导向，以人为中心，以成果为标准，而使组织和个人取得最佳业绩的现代管理方法。在员工的积极参与下，自上而下地确定工作目标，并在工作中实行"自我控制"，自下而上地保证目标实现。

（3）团队的开放性。根据项目组建团队，根据项目进展的阶段和状况来灵活调整团队成员，使得项目团队在人员规模、专业背景、工作时间上保持足够的弹性，有利于降低人力资源成本。

（4）注重项目运作的效率。非营利组织项目管理同样需要控制成本，优化资源，提高效率，由于面对的利益相关者的多元化，往往在提高效率和绩效考核方面会面临更加复杂的局面。

（5）坚持项目管理的可持续性。项目管理的可持续性不仅是一个项目从开始到结束的过程，还包括多个项目之间的连接和持续。项目的专业化也加大了可持续性发展的要求。

9.1.2.3　项目管理对非营利组织的必要性

项目管理对非营利组织的重要性是不言而喻的，主要表现为以下方面：

（1）规范的项目管理是机构生存的保障。规范的项目管理有利于提升机构的公信力，有利于机构的筹资工作，是机构可持续发展的生存保障。

（2）项目化生存是当前非营利组织的生存生态。活动的项目化是非营利组织发展的趋势，有利于机构品牌活动的形成、知名度的扩大。非营利组织需要依靠出色的项目管理赢得捐赠和合同。

（3）规范的项目管理是满足服务对象需求、践行机构使命的保障机制。规范的项目管理，有利于满足利益相关人需求的多元化。

（4）项目管理是社会创新的需要。项目管理要以服务对象需求为前提去设计和实施项目，强调成效既有量的产出又有质的变化，达到社会创新与社会价值投资最大化的目的。

（5）随着非营利组织的不断壮大，其服务对象的需求不断细分，捐赠人市场也在不断细分，组织之间的竞争日益激烈，设计和实施优秀的项目是组织立于不败之地的重要手段。

非营利组织项目管理通过以下周期得以实现，即前期评估、项目设计、监测实施、终期评估、收尾（反思过渡及项目延续）五个环节。这些环节环环相扣：通过前期评估锁定问题，在问题的基础上设计并实施项目，通过评估控制项目风险、瞄准可交付成果，最后再通过反思过渡延长项目成效，或以结果为导向开展新的项目，从而在逻辑上形成首尾呼应的闭合系统①。

 知识拓展

公益项目管理必修课——Project DPro 认证课程

深圳国际公益学院与广州市汉达社会工作服务中心合作开发了 Project DPro 发展领域项目管理系列。本系列课程"发展领域国际项目管理专业指南"（Project DPro Guide），7 门课程共计 378 分钟，能学习和掌握全面、系统、专业的项目管理知识和相关管理工具，让项目管理事半功倍，大大提高项目管理的专业性和有效性。

Project DPro 发展领域项目管理系列网络课程以《发展领域项目管理专业指南》（Project DPro Guide）为大纲，希望借此推动国内公益人了解和掌握该标准，为获得国际发展领域项目管理资质认证夯实基础，共同推动国内公益事业向更加规范和完善的方向发展。

资料来源：公益项目管理必修：Project DPro 认证课程上线!，2022 年 4 月 2 日，微信号深圳国际公益学院。

9.2 非营利组织项目的前期评估与项目设计

9.2.1 前期评估的内容与流程

9.2.1.1 非营利组织项目评估环节的主要内容

非营利组织项目的前期评估又叫项目调研。项目管理的前期评估是指通过多种

专业化的手段和方法及调研者的经验对项目服务的对象的需求和现状、项目的背景、各方资源等所做的调研。非营利组织的类型不同，所面向的服务对象不同，其评估的内容也有所不同。下面是大部分非营利组织项目评估环节的主要内容：

（1）潜在项目点基本情况。项目基本情况的评估主要是为了了解潜在项目点的基本情况。评估的内容主要包括：项目点所在的行政区划、自然环境、社区的历史沿革、土地、民族、宗教、民俗、人口结构、性别结构、受教育水平、经济水平、弱势群体状况、社区资源、利益相关方等信息。

（2）项目执行潜在风险的评估。一是分析项目执行过程中将面临的政治与体制、经济环境、社会与文化、政策法律、自然环境、技术等方面的风险；二是组织自身层面的风险，如项目是否偏离组织的宗旨、执行团队是否稳定、是否存在来自资助人的压力等。

（3）项目执行可能的资源与机会分析。在项目执行过程中涉及的个人、群体、社区、部门和组织在资源、权力、利益等方面拥有的资源和机会，非营利组织可以从其中获取。此外，还可以分析权力关系结构、挖掘潜在的合作伙伴。

（4）针对服务对象的评估。服务对象的情况和需求是非营利组织项目设计的起点，因此要对服务对象的情况和需求有清楚的了解。服务对象的评估，主要包括目标人群的基本情况（性别、民族、信仰、受教育情况等）、目标人群面临的问题及其成因。

（5）潜在的利益相关者对社区脆弱性及社区问题成因的认知。这对未来开展项目很重要，对深入了解潜在的利益相关者的立场并引导其思考也很有益处。

（6）政策环境的评价。政策环境以及政府部门的态度对未来项目的成败影响很大。需要对与组织自身紧密相关的政策以及未来变化情况进行全面预判。

9.2.1.2　非营利组织前期评估的流程

非营利组织前期评估的流程可以分为非紧急状态下与紧急状态下两种类型[①]：

非紧急状态下的前期评估流程通常是：①通过少数关键知情人发现问题；②全面审视发现的需求或问题是否与组织发展策略相吻合，初步论证前期评估的必要性和可行性；③前期评估资金的落实，资金可以来源于组织内部，也可以来源于资助方提供的前期评估资金；④组建前期评估团队，团队成员可以完全是组织内部成员，也可以聘请外部专家共同完成；⑤搜集各类相关资料；⑥在分析整理资料的基础上完成前期评估报告，并决定是否进入设计环节。

当自然灾害发生时，有相关业务宗旨并具备专业能力的非营利组织要开启紧急状态下的前期评估流程。与非紧急状态下的前期评估流程相比，紧急状态下的前期评估流程的特点是：日常项目流程步骤、程序或实施内容更加简化；紧急状态下的前期评估具有更多的不确定性；评估内容略有不同。简化的紧急状态下前期评估流程通常是：①检查回应灾害是否与组织发展策略相吻合；②一旦发现组织有回应灾害的必要性和能力，接下来的工作就是组成灾情评估团队；③筹集必备的评估资金；

① 韩俊魁. 非营利组织项目管理［M］. 北京：社会科学文献出版社，2015：39-47.

④搜集资料，包括官方渠道发布的相关信息，地方合作伙伴的信息，尤其需要关注潜在的合作伙伴资源能力以及合作意愿，是否有与本组织相同或相似的组织的潜在竞争关系；⑤完成前期评估报告，并结合组织能力考虑是否回应，如果不回应需要考虑必要的关系维持手段；如果回应，则需要确定介入的方式和深浅程度。

前期评估的原则包括：专业性原则；全面、系统性原则；多次评估；避免伤害评估团队和潜在目标人群；尊重目标人群的意愿，但不能完全按照本地人想法行事的原则。

 知识拓展

壹基金启动一级救灾响应机制

应对新冠病毒感染疫情，壹基金自 2020 年 1 月 22 日启动一级救灾响应机制，是行业内启动应急响应很早的公益机构之一。壹基金启动救灾响应，不仅意味着是壹基金的员工在行动，还意味着必须还有我们的伙伴的加入。壹基金救援联盟项目的武汉云豹队在 1 月 21 日已经开始在武汉协助医院开展相关工作，去医院当志愿者，帮忙给病人量体温等。我们 1 月 21 号已经通知了壹基金联合救灾项目湖北伙伴准备响应。和湖北省慈善总会取得联系，得到他们的支持，密切沟通合作。壹基金在以下四个方面开展疫情响应工作：①用于一线医护和执勤等人员的防护物资；②用于病人确诊的检测试剂盒等物资；③用于病人治疗的医疗设备等物资；④用于社区防疫和公众在线问诊。

随着疫情形势的发展和变化，我们还关注到了另外一个特殊群体，孕妈。我们了解到，武汉一年的新生人口大概有 12 万~13 万，粗略算下来，一个月，武汉面临或者即将面临生育的孕妇至少有 1 万人。新冠病毒感染疫情暴发后，武汉多家医院因成为新冠病毒医疗救治定点医院而停止提供产检服务；武汉市内实行居民出入小区和交通限制，出行困难；2 月初公众的关注重点仍在疫情，针对孕妈群体的关注少；再加上关键时期频繁外出会给孕妇和胎儿带来额外的感染风险，特殊情况也给孕妇心理造成一定压力。

针对这种情况，在黑石基金会的支持下，壹基金与萌动聚焦关注湖北省内的孕妇健康保障，联合发起"武汉安心孕期公益行动"，为湖北的孕晚期妈妈免费提供"检测硬件+三甲妇产医生线上咨询服务"，帮助她们在不便出门产检的情况下，每天在家了解到胎儿情况。"武汉安心孕期公益行动"共发放了 1 300 台胎心监测仪，既方便了产检，还避免了出行感染风险，尤其是预警了好多例高危孕妇和胎儿，帮助她们在关键时候前往医院成功分娩。

资料来源：刘园月：壹基金战"疫"，与 864 家社会组织、9 037 名志愿者凝心聚力，凤凰新闻，https://ishare.ifeng.com/c/s/7yJ8oH7Qbw5

9.2.2　项目设计

项目设计是项目管理者根据项目资助方要求、项目服务对象需求、组织自身情况等因素确定项目主题、内容和目标等信息的工作过程。一般情况下，非营利组织项目设计需要考虑以下因素：

（1）分析组织自身的情况。组织的愿景使命是通过一系列的战略规划体现出来的，所以必须在设计项目的时候充分考虑，力求和战略目标方向一致。例如一个为弱智儿童开展服务的组织把主要精力放在环保类项目上，这显然不合理。

（2）分析资助方的情况。非营利组织的项目需要寻求合作方（资助方），需要向资助方申请服务项目所需的资金。所以，要想提高项目申请的成功率，就需要分析资助方关注的领域、以往的合作经历、以往资助项目开展情况及双方的合作意向等。

（3）分析服务对象的情况。结合当地的实际情况，分析服务对象的需求、当地的自然环境和人文资源等实际情况。只有根据服务对象的实际需求、当地的情况和特色设计出来的服务项目，才能更顺利地得以实施。

（4）注重效率。在项目设计上要坚持少花钱多办事的原则。良好的项目运作效率同样能够使非营利组织获得项目资助的概率大大增加。

（5）替代方案。对于一个项目的思路，不能只有一种方案，而应有若干种不同的选择方案，把各种思路都罗列出来，提供各种可供挑选的方案，便于项目合作方选择。

（6）注重参与性。在项目的设计和实施过程中要主动吸收项目人员的参与，有利于在项目设计阶段就调动项目参与人员的积极性和责任感，同时也可以集思广益，使项目设计更为全面。

（7）注重创新性、可持续性和可复制性。单个非营利组织的资源总是极为有限的，能够做的具体的事业是非常有限的，因此需要发现新的需求，开创新的解决问题的方式，提出一种新的理念，并通过发挥示范作用有效地扩大实际影响，让新模式可复制、可推广，被更多的人使用。

（8）退出机制。好的项目设计应该确保在项目结束，非营利组织退出之后，项目所确立的模式依然能够健康地运行。在设计退出机制时应追求如下目标：项目理念能够被对方接受，所需的专业技能被对方掌握，组织结构和管理流程持续存在，资金有保障，后继有人。

 知识拓展

爱有戏：用"义仓"文化，让居民互助成为常态

在"协力构建更具幸福感的社区"的宏大议题下，爱有戏针对城市社区"邻里关系疏离、社区公共生活匮乏"的社会问题，运用高度标准化的义仓发展网络，推动社区互助，将自身打造成为全国知名的品牌，在不同地市社区复制推广。与此同时，爱有戏亦在社区开展针对儿童、妇女、长者在内的不同群体的社会工作，与不同的社会组织形成社区发展的合力。

233

在长期社区服务当中，爱有戏发现，如今的社区人际关系冷漠，以致居民对社区服务的参与度不高。古代"义仓"的互助理念有助于解决当下社区问题治理难题以及重建邻里间的信任。因此，爱有戏在 2011 年于成都建立"现代义仓"，邀请志愿者一起去若干居民家里募一勺米，募集到的米将在月底的义集上做成百家饭，免费提供给现场社区居民，以"义仓"文化为核心，为社区困难家庭募集米面油等食用品、日化品、衣物等基础生活物资，每位社区居民都可通过捐赠的方式参与社区建设。

资料来源：爱有戏：用"义仓"文化，让居民互助成为常态，2023 年 5 月 17 日，https：//www. 163.com/dy/article/I4UD02390534HOSB.html？ spss＝dy_author

9.2.3 项目申请书的撰写

大多数非营利组织的项目资金来自外部，需要向基金会、政府、企业申请，或向公众募集。对于一个清晰的项目来说，首要的任务是要找到适合的资助方。从营销的角度看，申请项目相当于是把产品（项目）销售给客户（资助方），如果客户（资助方）需要这个产品（项目），而且觉得价格（申请资助额度）合适，它就会买下产品（给予资助）。申请方如果了解资助方的使命、资助范围、工作方式和特点，申请的成功率就越高。同时，一份专业、表述清晰、详略得当的项目书能够让客户（资助方）相信组织是有足够专业能力完成项目的。项目申请书是整个项目申请环节的主要产品，是向项目资助方展示项目内容、项目实施过程和预期成果等内容的正式文件，项目申请书的好坏直接关乎项目申请的成功与否。一般各个资助机构都有自己的申请书格式与要求，但项目申请书通常包含以下内容[①]：

（1）目的与意义。

需要阐明为什么做这个项目，做这个项目的目的，项目对于受助者的意义、对组织本身的意义、对社会的意义以及对资助方的意义。一般还需要交代项目的大背景，包括社会、经济、政治和文化背景。

（2）具体目标与工作内容。

要把宽泛的目的分解为具体的目标，把具体的目标与相应的工作内容对应起来。具体的目标是项目执行团队、组织以及资助方对项目进行监测和评估的基础性依据。要注意，总体目标、具体目标与工作内容之间要保持紧密的逻辑关联。

（3）实施方案。

实施方案是整个项目申请书中最重要的内容。资助方主要根据这部分内容决定是否批准或资助该项目。包括：①确定项目的目标群体，要详细描述目标群体的各项特征，尤其是地域分布；②确定并描述项目要满足的目标群体的需求；③描述为满足目标群体的需求而设计的各项活动；④描述各项活动之间的逻辑关系与工序流程；⑤描述各项活动与项目的各项具体目标之间的因果关系；⑥确定支持条件，即

---

① 康晓光. 非营利组织管理 ［M］. 2 版. 北京：中国人民大学出版社，2020：43-46.

内部与外部的支持条件；⑦制订风险防范方案；⑧制定退出机制；⑨论证项目的创新性、可持续性、可复制性。

（4）预期成果。

成果极为重要，没有成果就没有做项目的必要。目标是项目的期望，成果是项目的结果。组织内部、资助方都要求看到结果，并根据结果做出奖惩判断。执行团队也需要根据预期成果做出自我评估。如果设计合理而且执行得力的话，目标、活动、预期成果之间应该具有紧密的逻辑联系。对预期成果的描述必须具体化、可观测、可量化，否则不利于后期监测与评估。

描述预期成果的方法通常包括：①产出，活动"做了什么"；②效果，"做的事情对受助者有什么直接收益或直接影响"；③影响，"做的事情有什么间接作用"，影响的对象，可以是受助者，也可以是其他群体；影响所及的领域，可以是项目锁定的受助者的需求，也可以是更广泛、更长远的社会利益。

（5）人员配备。

人员配备主要包括参与人员基本情况和合作机构两部分。项目人员包括项目主持人和执行负责人的个人简历，重点强调其职业经历、项目运作经验和在该领域内的研究经历等。有的项目要求有各种不同类型的合作者，包括国际合作者、政府部门、大学或科研机构等。如果需要合作者，应该在项目建议书中列出合作机构的基本情况及双方合作形式和合作内容，并附上相应的书面合作承诺。

（6）日程表或进度表。

项目申请书要求有详细的日程安排，明确交代整个项目实施的具体进度，要求附上详细的日程安排、阶段划分等具体的时间安排，具体包括何时启动、何时截止、召开几次联络会等。

（7）项目的预算和资金筹措。

详细的预算计划可以便于资助方提供资金支持和监控。在撰写项目申请书的时候，要注意提出项目预算的理论和现实依据，强调预算的科学性。预算内容尽可能详细具体，包括申请资助部分和配套资金部分。还要相应附上计划需要的资金共有哪些来源、需要资助方提供哪些部分的资金。

（8）附件部分。

附件部分主要包括一些证明材料、申请书中涉及的数据来源等文字材料，如市场需求情况、合作机构的意向书、初步调研和预测报告、有关部门对资金安排的意向书，或相关主管部门对该组织项目的意见等。

 知识拓展

公益项目的钱从哪里来？

一个好的公益项目会对具体的社会痛点提出解决方案，进而将想法变成现实，但维持公益项目的钱从哪里来？

2013年，广州市社会组织管理局出台《广州市社会组织公益创投项目管理办法》（以下简称《办法》），2014年至2022年，连续9年申请市福利彩票公益金立项，累计投入 15 886 万元资助 1 201 个公益创投项目，涵盖了为老服务、助残服务、未成年人保护、救助帮困、社区治理五大类别符合本地实际的创新性公益服务项目，拓宽了公共服务提供渠道，打破了政府购买服务的单一思维，初步形成了政府、市场与社会"1+1+1>3"协同共治的"善治"平台。由广州市社会组织管理局主办的广州市社会组织公益创投通过每年征集挑选本地公益项目，然后根据项目预算，为本地社会组织提供最多 60% 的资金资助，剩余费用需机构自筹。

新《办法》强调项目评审过程中的公平公正。通过增设承办单位回避条款，对项目评审实行盲评、评审专家随机抽取产生，项目评审实行专家回避制度和专家集体商议制度，制定新的公益创投项目评分标准等措施，确保福彩金合理分配，实现社会组织公益创投项目"多中选好、好中选优"。

社会组织公益创投是指遵循"扶老、助残、救孤、济困"的宗旨，整合政府、企业、社会等多方资源，为社会组织实施创新性高、可行性强、社会效益好、与政府目标契合的公益性项目提供资金资助、资源链接、平台支撑、能力建设支持，有效回应和解决社会需求及问题的公益活动。

资料来源：1. 新修订的《广州市社会组织公益创投项目管理办法》正式印发实施，广州市民政局，2023 年 1 月 20 日，http://mzj.gz.gov.cn/zwgk/zfxxgkml/zfxxgkml/gzdt/content/post_8775081.html；

2. 广州公益创投调整资助规则，对社会组织意味着什么？https://finance.sina.com.cn/jjxw/2023-01-25/doc-imycktfs1200191.shtml

9.3 非营利组织项目的实施与监测

项目申请书完成并经批准或资助方同意之后，就可以进入项目实施阶段了。一个好的项目设计可以引导项目正确实施。但再好的项目设计并不能避免项目实施中出现偏差，因此在项目实施过程中有必要加以持续的监测。

9.3.1 项目实施

9.3.1.1 项目启动

一般地说，项目需要举行相应的启动仪式，向利益相关方介绍项目计划和财务预算等，组织内部也需要一个类似动员大会性质的项目启动会，使项目管理人员与需要配合项目工作的其他同事更多地了解项目。项目启动会的主要内容包括：

（1）组织的基本情况及任务。具体包括：组织的基本情况，使命与愿景等；在此地开展工作的目的；项目资金来源。

（2）项目介绍。拟解决的社会问题；选择这些社会问题作为项目目标的原因；工作周期及进度的大致安排；工作计划；工作手法；受益者是谁？非营利组织能提供什么？当地人能做什么？应该做什么？如何参与到项目中去？参与的好处是什么？

（3）当地政府在内的合作伙伴介绍。简要介绍合作伙伴的角色、任务、责任以及合作方式等。

9.3.1.2   项目实施计划

计划的作用在于确定具体的项目实施行动方案，使执行人员有所依循，消除执行过程中的不确定性，也为项目监测和奖惩提供依据。一个完备的项目实施计划包括责任人、负责人、完成任务的期限、成果，也包括项目主持人对完成任务的支持条件的明确承诺。应估计到项目实施环境可能发生的变化，对实施计划进行局部调整。项目计划是将项目任务分解到不同的时间段并进行合理安排的行动。项目的计划最好能结合项目的分目标来做——对应的项目实施计划设计，同时在计划中设定项目的产出指标、所需资源和分工等。项目计划与项目设计是不一样的，计划更加注重项目执行过程的具体安排与任务。

项目总计划一般由项目经理来完成，其内容包括：再次确定项目目标、资金到位情况、各项活动达到预期情况，经过项目参与人员的充分讨论之后，最终制订出项目总计划。制订项目总计划的主要目的：一是减少项目执行过程中的不确定性，减少无把握性；二是提高项目运作效率，改善运行效果；三是进一步明确项目的总目标；四是为后面的评估工作做好准备。在编制总计划的时候，应该注意：进一步明确项目目标、资金到位情况、各项活动和预期成效，如果最新实际情况有所变化，则需要重新审定工作计划；总计划通常包括项目总目标和分阶段目标、各项活动目标、各项活动时间估算，并做好优先次序计划、资金预算、人员配备、设施要求、详细的时间安排等；在设置总计划的时候，应该从易到难，从小到大，才可以充分调动参与者的积极性，为后面的大型活动执行打下良好的基础。

超过一年的长期项目还需要制订年度工作计划。年度工作计划是在项目总计划和项目预算的基础上制订的，主要目的是明确年度的实施各项活动及其优先次序，年内时间表，需要组织提供的资金量及筹资方案，人员需求量及人员培训方案，参与人员及详细分工，合作伙伴，评估及激励机制，进度监控方案等。

9.3.1.3   项目实施的组织

项目实施是调动项目资源、执行具体项目计划、实现项目目标的过程，这个过程主要是通过设置合适的项目管理机构、结构、团队与人员，协同合同，充分发挥作用，按计划推动项目。对于实施的组织主要有三种形式：

（1）项目管理机构。机构主要负责整合整个项目的活动，一般由项目经理担任这个机构的最高领导者，各分活动负责人参与，统筹整个项目实施、管理和协调的部门，以保证项目预期的效果。为确保项目的成功实施，要求项目实施机构人员相对稳定。

（2）项目管理结构。非营利组织内部的项目管理往往采取网络式管理结构，秘书长下的各职能部门不变，新增一个项目主管，项目主管下再分设项目经理，项目经理就不需要直接面对秘书长，项目经理和各职能部门之间更多的是横向合作的关系。这样的管理结构以项目为导向，促进了项目组内部与项目同职能部门之间的沟通与合作，使其更加顺畅，同时也能够让项目管理机构更加独立，自主性更强。

（3）项目经理。项目经理是整个项目的总体运作中最为关键的一员，项目经理需要具备丰富的项目运作经验、较强的组织沟通能力和较好的个人魅力。项目经理的权力可以被视为秘书长等组织最高管理层授予的权力，项目经理可以在项目总计划和年度工作计划的框架内自主地安排和调整工作的方向和内容，掌握项目进度；而项目主管主要协助项目经理对项目的进度和具体执行内容进行监督和控制。

9.3.2　项目监测

9.3.2.1　项目监测

项目监测也称项目跟踪，是指项目的管理人员根据项目的计划和目标，在项目实施的过程中对项目状态以及影响项目进展的内外部因素，进行及时、连续、系统记录和报告的活动过程。

项目监测的目标是为了解项目的实际进展情况而进行的，主要针对计划、任务和项目成员三个方面，如了解成员工作的完成情况、整个项目计划完成情况等内容。其基本目标是找出项目实施过程中潜在的问题，从而采取相应措施或制订修复计划。

项目的监测主体主要包括：项目实施团队的自我监测；资助方对项目实施进行监测；邀请第三方对项目的实施情况进行监测，如组建项目监督委员会等；项目团队邀请捐赠人探访也是一种监测方式。

项目的监测主要包括以下内容：评价项目实施的实际情况和计划的完成程度、检验各项指标、进行需求和变更批准、检查工期进展与项目要求是否一致、监视资源的使用情况、项目成本监控等。

项目的监测一般分为两大类型，即过程监测和绩效监测。

过程监测指的是以项目的实施过程为对象的监测。公益性服务项目不但看重服务效果，也看重服务过程。项目的过程监测既可能是对项目实施过程的全程监测，也可能是重点监测。全程监测是跟踪式监测，重点监测是选择项目实施过程的关键环节进行的监测。

绩效监测是对项目实施效果的监测，即考察项目的执行行动是否有效，是否朝着有利于项目预期目标的达成方向发展。绩效是对投入和产出的考量，绩效监测既要考察项目的投入，也要考察项目的产出，并将这两项进行比较，以明确项目实施活动的绩效。

9.3.2.2　项目控制

项目控制是项目管理人员在了解项目运行状况的基础上，对项目进度、项目投入、成本费用和产出进行干预，以使其按照既定方案进行的活动。项目控制包括项目进度控制、项目风险控制、项目质量控制、财务管理和顺畅的信息沟通等内容。

（1）项目进度控制。

组织要依据项目实施计划确定的各项指标，对项目的实际执行情况进行测量和评估，在此基础上，发现差距，寻找原因，提出解决问题的方案，并按照方案采取行动，以确保计划的实现。

项目进度控制可以通过编写项目进展报告实现。编制项目进展报告的时候要对照原有项目计划中的目标和各项指标，对实际运作情况进行定量分析，对项目进展情况做文字性概述，而且要对项目实施过程中出现的问题进行分析并提出意见。

（2）项目风险控制。

由于项目总是在变动着的环境中运行，它有可能会受到不确定、不可控因素的影响。非营利组织在项目运行中应当尽量避免严重损害项目目标实现的风险。为避免风险，在风险控制方面应注意：制订应急方案，组织应充分考虑各种可能出现的突发情况，提前制订多种风险应对方案，当出现危险情况时可以按照预案及时处理，不致出现手足无措的局面；定期进行风险分析，并编写报告，报告应包括风险描述、可能性分析、影响、应对措施等；发现风险并及时处理。

（3）项目质量控制。

项目的质量控制，是保证项目最终成果和项目的工作过程符合项目预期计划所要达到的目标。在项目管理的过程中，各级项目负责人需要采取各种预防措施防止工作失误或错误，避免错误重复发生。进行项目质量控制的主要做法是在书写项目计划阶段制订一个质量管理规划或计划。

（4）财务管理。

健全的财务管理是项目顺利实施的重要保障，财务报告是必需的，项目管理机构需要，组织需要，资助方也需要。项目结束时还需要接受独立审计并对外公开。组织应为项目设立独立账户，保证专款专用，由专业财务人员管理。严格执行预算，根据预算控制支出。除非有特殊理由，否则不得修改预算。需要修改预算时，必须征得上级主管和资助方的同意。尽早发现财务缺口，并尽快寻找妥善的解决办法。一旦发现财务问题，不能隐瞒，不能无视，要迅速采取措施予以解决。

（5）顺畅的信息沟通。

顺畅的信息沟通是有效的项目控制的前提条件。有效的项目控制需要充分的、高效率的信息沟通机制。信息沟通能提高项目执行的效率，能使组织管理者及时了解项目进度及项目实施中遇到的问题，从而实现对项目实施的有效监督和指导。

 知识拓展

政府和非营利组织项目运作机制、策略和逻辑

从社会现象中提炼出"项目机制—策略—逻辑"的概念框架，运用社会学定性分析方法，对上海浦东新区、深圳的政府相关部门、8个非营利组织及服务对象进行了调查，深入探讨了政府和非营利组织项目运作机制、策略和逻辑。政府购买社会工作服务项目机制是项目外包机制，包括招标发包、委托发包和举办公益创投活动。政府购买社会工作服务项目遵循效率和效益的逻辑。非营利组织的项目机制是项目承包机制，包括项目投标和竞标、承接政府部门的委托项目和参加公益创投活动。非营利组织采用多种项目运作策略，遵循多重项目运作逻辑。政府购买社会工作服务项目存在风险和挑战，如交易成本增加、服务对象瞄准问题、腐败和寻租现象、机构丧失独立性、目标置换现象等。社会工作服务项目是把服务对象整合进公共制度的桥梁，政府购买社会工作服务项目不仅是政府与非营利组织构建合作伙伴关系的重要途径，还是一种新型的社会服务双轨制。

资料来源：陈为雷. 政府和非营利组织项目运作机制、策略和逻辑：对政府购买社会工作服务项目的社会学分析 [J]. 公共管理学报，2014，11（3）：93-105，142-143.

9.4 非营利组织的项目评估

9.4.1 项目评估的意义与原则

项目评估是运用系统的科学方法对项目所做的研究和评价。管理大师彼得·德鲁克指出，财务账目的盈亏不能反映社会组织服务是否卓有成效，社会组织的使命是组织一切服务的出发点①。因此，对项目进行评估，既包括在组织外部是否满足了服务对象的需求，也包括在组织内部的组织自身与组织成员是否得到了成长。项目评估是对非营利组织实施的项目的效益、效果以及对服务对象所产生的短期和长期的影响的评价。

9.4.1.1 项目评估的理由

项目评估的理由包括：①对利益相关者负责。非营利组织有义务向利益相关者和公众问责交代资金使用、项目执行情况、项目的结果和影响等项目评估信息。没有科学、公正的项目评估，问责机制将流于形式。②提升社会组织的公信力。项目评估能够将项目资金使用情况、项目执行情况等信息对外披露从而接受公众监督，扩大组织的知名度和美誉度，有利于提升组织的社会公信力。③有利于组织能力提升，帮助组织明确项目的优势，发现项目运作管理过程中存在的问题，总结其中的经验教训，帮助组织做出明智的决策。④有助于组织筹集资金，项目评估提供的数据为组织竞争有限的慈善资源和政府购买合同提供了有力的支撑，不仅有助于维系现有资金渠道，而且有助于开辟新的资金渠道，吸引潜在利益相关者的支持。⑤有助于知识积累。项目是基于理论进行设计的。评估的数据检验理论，有助于推动理论研究。⑥帮助利益相关者决策。项目评估有助于政策制定者制定相关领域的公共政策，也有助于出资方、合作伙伴、服务对象、公众等利益相关者就是否要支持或接受该组织的服务。

9.4.1.2 项目评估原则

非营利组织项目的评估原则主要包括如下几个方面：

（1）客观、公正且科学的原则。非营利组织项目评估必须保证评估的客观性、科学性和公正性，评估的过程中必须用数据和事实说话，避免在分析原因和形成结论时做出不客观的评价，最好是让没有参加该项目的第三方人员担任项目评估者。

（2）规范性原则。评估项目的时候，应该具备相应的一整套标准的流程和体系，包含以下两个主要方面：一是项目的运作应符合相关政策和法律法规的要求；二是项目运作流程应有"论证—设计—执行—管理—总结评估"等关键内容环节。并且在评估过程中应当使用科学规范的评估方法，设置科学有效、可行的评估指标。

（3）可比性原则。评估的目的在于通过比较判断、综合评价之后选出较优者。因此，在项目评估的指标设置上，应该强调可比性原则，采用含义明确、口径一致的评估指标。

---

① 德鲁克. 管理新现实［M］. 吴振阳，译. 北京：机械工业出版社，2019：85.

（4）定量分析与定性分析相结合的原则。非营利组织项目目标以提供服务为主，导致其项目评估的测量指标较难量化。因此，在项目评估的评估指标设置过程中，必须采用定量分析与定性分析相结合的方式，才能客观公正且科学地做出评价。

（5）公开性和反馈性相结合的原则。项目评估结果的公开有助于提高非营利组织的社会公信力，也有助于资助方和社会公众对非营利组织及其项目活动进行监督和建议。同时，项目评估结果往往会作为下一个阶段工作的起点或新项目申请工作的基础，必须注重项目评估的反馈性。

（6）微观效益分析与宏观效益分析相结合的原则。既要分析项目实施过程中组织宏观效益情况，也要分析各个项目组具体的效益情况。在此基础上，不断地提高各项目小组的效益，从而实现项目的整体效益。

9.4.1.3 项目评估涉及主体

非营利组织项目评估涉及的主体主要包括非营利组织、政府、捐赠方或出资方、受益对象和第三方评估机构。

（1）非营利组织。非营利组织是最重要的项目评估主体，因为其原本就是项目开展的主要设计者、执行者、评估者。项目评估可以贯穿整个项目的开展执行过程。

（2）政府。对于接受政府补贴或政府购买、政府公益创投的公益项目，有必要有责任接受政府相关部门或第三方评估机构的评估。政府的评估活动一般为结果导向的评估，过程评估较少。

（3）捐赠方或出资方。对于接受社会公众善款的公益项目，应该接受捐赠方的评估，或者将捐赠方的意见涵盖于项目评估中，向项目的捐赠者或出资方提供评估的结果。

（4）受益对象。受益对象是非营利组织开展项目的直接服务人群，他们对项目的满意度是项目最直接的反映。

（5）第三方评估机构。第三方评估机构是指政府和被评估的组织之外，社会上具有相应评估资质的、独立的第三方机构。第三方评估机构作为政府对项目评估的另一种形式，同样具有权威性。

241

 知识拓展

社区社会组织的服务绩效何以提高？

从服务成效和服务满意度两个维度衡量社会组织社区服务绩效。影响社会组织社区服务绩效的制度由正式制度和非正式制度构成。正式制度可以划分为管控型制度和支持型制度，非正式制度包括社区共同体意识、政府以及公众对社会组织的认同度。将社会组织能力解构为使命驱动能力、内部治理能力、服务供给能力以及资源链接能力，四大能力彼此耦合，既深受制度环境的影响，又决定着社区服务绩效。制度环境与社会组织能力可相互支持、相互促进。伴随着制度环境的优化和组织能力的增强，社会组织社会服务绩效将随之提高。

资料来源：郭梓焱，李青. 制度、能力与服务绩效：社会组织社区服务的三维分析框架 [J]. 湖南科技大学学报（社会科学版），2022，25（5）：133-143.

9.4.2 项目评估的内容与标准

9.4.2.1 项目评估的内容

一般而言，在进行正式的项目评估之前，必须先拟定一个评估提纲。评估提纲包括项目背景、项目目标、项目主要内容、各阶段实施情况、评估目的、评估问题、评估员、评估时间和评估报告等内容。评估提纲是项目评估的依据和基础。在评估提纲的基础上，各方面的评估内容主要有以下几个方面[①]：

(1) 项目的战略性评估。项目的战略性评估主要围绕项目和组织的关系进行，更多的是评估组织的使命、组织的制度完善、组织的架构和人力资源配备等，以及项目的实施是否符合非营利组织的发展战略，是否有助于组织使命的达成，给组织带来了哪些影响、变化甚至创新。

(2) 项目的必要性评估。项目的必要性评估包括评估项目实施的合法性、必要性、需求是否明确等。通过对项目在政策环境中的定位，反思和评价实施项目的合法性基础。

(3) 项目的优先性评估。这部分内容是回答"为什么是 A 项目点而不是 B 项目点""为什么是目前的受益群体而不是其他群体""为什么在该项目点选择这一项目而不是其他项目"等问题。

(4) 项目实施的过程评估，即项目的效率评估，包括：项目实施过程是否公正？项目受益人群的遴选是否公平？决策以及必要的调整是否及时？是否与项目设计中的进度管理计划大致吻合？风险管理是否得当？利益相关者对资金拨付和到账速度等的满意度如何？

(5) 项目的产出和结果评估。要注重区分产出和结果的差异性，前者只是表达做了什么，后者需要展示做了之后的改变如何。

(6) 项目的可持续性评估。包括：①资金的可持续性，通过该项目的实施，是否有效维系了与既有捐赠方的良好合作关系，或激发了潜在捐赠者的热情，或推动了政府购买服务等；②组织的可持续性，包括该项目实施结束后该组织是否继续存在以回应项目点的需求，还是成功地培育了当地组织以承接组织退出之后的公益事业；③项目可复制模式的提炼，是否提炼了可持续复制的项目理念的核心要素，是否通过成功的倡导，将项目经验转化为政策。

(7) 项目的创新性评估，如理念的创新、模式的创新、技术的创新、方法的创新。

9.4.2.2 项目评估的标准

不同类型、层次和规模的非营利组织对项目的评估标准会有所不同，通常会有以下共同的标准：

(1) 公益性程度。公益性程度是指该项目是否为组织原先计划服务的目标群体，其开展是否具备公益性，是否服务于社会公益慈善事业发展的领域。

---

① 韩俊魁. 非营利组织项目管理 [M]. 北京：社会科学文献出版社，2015：136-149.

（2）专业性程度。专业性程度是指项目的设计目标是否瞄准了明确的社会问题，是否在项目实施中体现了过程和结果的专业控制手段，其评估是否专业。

（3）目标完成率。目标完成率是最基本的项目评估指标之一，一个好项目应该是按时按量完成的。评估指标包括服务原本计划的人数、开展的活动次数等。

（4）完成及时率。项目完成及时率涉及项目执行方的执行效率，比如是否将时间和资金、人力都用在必要的活动上了。

（5）社会价值。社会价值包括社会影响力与社会评价等。这一方面的标准较难量化。

（6）团队与治理。团队与治理是指项目团队的人员配置、组织内部治理机制是否符合项目开展的要求。

（7）财务管理。财务管理是指评估项目财务的管理控制，包括预算计划、预算保障、预算支出是否具有具体明细的管理方法和实施程序。

（8）社会责任。这部分主要评估项目实施过程中的资金、进度是否足够公开透明，便于接受社会或相关方监督。另外，是否有安全事故、信任危机、违法乱纪等不良现象发生。

💡 知识拓展

为什么在不同"项目点"执行相似政府购买服务项目的效果却存在显著差异？

即使处于相同的制度环境，为什么社会组织在不同"项目点"执行相似政府购买服务项目的效果却存在显著差异？基于三个典型案例的比较分析，本文从社会组织执行项目的过程视角提出"嵌入结构—资源动员—执行效果"的资源归因解释逻辑。研究发现：①政府购买构建了超越"发包方—承包方"关系的社会服务网络，社会组织对"项目点"社会服务网络的嵌入结构影响其资源动员能力，进而影响项目的执行效果。②"项目点"作为制度环境，形塑了社会组织的嵌入结构与资源动员的对应关系，即政绩互惠的政治关联嵌入动员体制内资源，强中心性的合作网络嵌入动员体制外资源。③嵌入失灵导致资源动员不足使得项目执行效果较差，但是理性的社会组织则以"项目景观化"的生存策略延续政府购买服务。因此，本文的创新在于以"项目点"为制度环境分析项目执行过程，揭示了社会组织的嵌入结构与资源动员对项目执行效果的影响机制。

资料来源：杨宝. 嵌入结构、资源动员与项目执行效果：政府购买社会组织服务的案例比较研究［J］. 公共管理学报，2018，15（3）：39-50，155-156.

243

9.4.3 项目评估的流程

项目评估流程的通用步骤一般为"确定任务和评估计划—组成评估团队—设计评估框架—细化评估指标—实施评估方案—撰写评估报告"。在评估团队的组建上，政府招投标项目一般采用第三方评估，基金会资助项目一般采用外部专家+内部评估团队联合评估的方式。评估团队需要根据资助方和项目的实际情况设计合适的评估框架，并细化相关的评估指标，使其具备科学性、专业性并且符合项目的实际环境和条件，进而根据设计好的评估方案和计划，通过项目资料书面检查、实地核查等方式进行项目评估，最后根据评估的记录和结果整理编写成正式的评估报告。具体的步骤包括①：

（1）确认评估目标。明确项目评估的目的是什么，为什么要进行评估。

（2）组织安排评估。组织评估者进行评估，评估者可以是项目内的项目成员，也可以是项目以外的专业评估人员或者项目成员和外部专业评估人员组成评估小组共同进行评估。项目管理者应该根据既定的目标、可用的资源以及自身的能力选择适当的评估模式，并设计和研究项目绩效评估方法。

（3）确认项目的目标。在评估前确认项目的目标和变量，并据此来测量是否达成目标。

（4）确认评估的变量。确认评估的变量包括：确定分析的对象；确定分析的变量，即确定真正要被研究的可量化的变量，一个完整的项目评估也包括一些非量化因素的测量；确认资料的来源，资料可从项目现有的资料中获取，也可以通过调查、问卷或面谈的方式收集。

（5）收集项目信息与分析资料。要根据被评估项目的大小和重要性来决定分析的复杂度与方式。在收集分析资料的过程中，还需要检验项目有没有实现预期的目标，有时没能够达成项目的目标也是正向的，这将有助于了解项目的意义和价值。如果发现有非预期的结果有严重的危害性存在，就应当停止项目的实施。

（6）形成项目评估结果。项目评估的结果要确认项目的优缺点，优点可作为改善和修正的基础，缺点则是需要被加强和改进的环节。同时，项目评估结果还需要描述项目的效果是否为预期中的效果。

> 💡 **知识拓展**
>
> **杭州市民政局关于 2020 年市级公益创投项目绩效评估结果的通报（节选）**
>
> 　　资金使用。2020 年市级公益创投立项项目共计 111 个，项目资助资金共计 1 891.731 万元。项目资金来源分别为市福利彩票公益金和市社区服务业资金，其中市福利彩票公益金资助社会组织公益服务公益创投项目 78 个，资助资金 1 421.911 万元（其中为老服务类项目 61 个，资助资金 1 137.731 万元；社会救助类项目 17 个，资助资金 284.18 万元）；市社区服务业资金资助社会组织公益服务公益创投项目 33 个（均为社区治理和服务类项目），资助资金 469.82 万元。社会组织自筹创投实际到位项目配套资金 126.40 万元。
>
> 　　项目评估。2021 年 6 月至 10 月，第三方机构对 2020 年度市级公益创投中主动接受评估的 105 个项目开展结项评估。结项评估经过评估准备、自查自评、项目初评、项目整改、终评复核等阶段，充分综合了项目受益对象回访、项目落地街镇、社区以及项目中期督查和项目实施过程监测等情况。2020 年度市级公益创

　① 涂斌，朱祥磊，贾晶晶，等. 社会组织管理［M］. 北京：人民出版社，2020：242-243.

投项目执行情况整体综合总评为"中"。参与评估的 105 个项目中评为"优"等次的项目 13 个，"良"等次项目 20 个，"中"等次项目 68 个，"差"等次项目 4 个。未评估的项目 6 个，其中提前终止的 5 个，未主动参与评估的 1 个。105 个项目能认真按照项目方案和要求开展活动、提供服务，基本实现了项目目标。

存在的问题和不足。①项目申报阶段存在的问题。一是少数单位对自身服务能力和链接外部资源能力把握不准，导致 5 个项目不能实施而申请终止。二是预算编制不合理。部分项目单位在项目申报前调研不深入、考虑不周全，编制预算时存在预算漏报或编制不符合实际问题，导致项目期内调整预算、浪费项目资金或结余资金情况较多等。②项目实施过程中存在的问题。一是少数项目执行团队对项目要求理解不到位，出现了项目实施偏差。二是人员不稳定、交接不到位、内控制度不完善、项目风险预估和处置方案不充分等，导致部分项目活动场次未达标或未覆盖相应区域，未完全实现项目目标。三是少数项目台账管理不规范。少数单位未按项目协议书要求认真做好项目实施过程的留痕，项目台账简单、内容不全、归档不及时，真实性存疑。四是少数单位专业服务能力与项目要求不匹配，服务方式不科学，公众参与度和受益对象认可度不高，未能有效发挥公益项目的社会效益。③项目财务管理方面存在的问题。一是少数项目配套资金未完全到位。少数社会组织为了在申报项目时占优势，盲目承诺大额自筹资金。二是少数资金支出不合规。少部分社会组织的财务管理相对薄弱，存在列支与项目无关的支出、或支出凭证不合规、报销手续不全等现象。三是账务处理不规范。少数项目账务处理不及时，不能日清月结，导致经费支出与项目进度不匹配。④项目结项中存在的问题。一是少数项目单位不重视项目结项工作，项目结项工作质量不高；二是少数单位缺乏契约意识，不及时或不参加结项评估。

资料来源：杭州市民政局关于 2020 年市级公益创投项目绩效评估结果的通报，http://mz.hangzhou.gov.cn/art/2021/11/16/art_1535309_58928564.html

9.4.4 项目管理中常见的问题

非营利组织在项目设计、申请和执行中面临的自身问题主要有：①项目的领域与机构的宗旨不符合，属于资源导向型项目管理意识；②项目申请后被束之高阁，没有及时召开项目推进会，耽误了项目的进程；③项目执行力不强，出现人员流动、内部矛盾等问题；④项目的监督和监测不力，导致项目进度和效果受到较大的影响；⑤项目流于形式，不注重成果，为了完成项目而开展项目活动；⑥没有与利益相关方及时沟通，没有得到相关方的理解和支持。

面对自身存在的问题，非营利组织可通过以下途径加以解决：①明确机构使命，不为金钱所诱惑；②学习项目管理知识，将项目管理工作纳入每月绩效考核中；③将项目监测工作列入日常工作中；④安排专业人员对项目人员进行定期培训，争取把项目做专做新；⑤保持机构始终处于合法状态。

非营利组织项目管理中常见的外部因素导致的问题有：①项目资助方突然中断

资助; ②利益相关方尤其政府相关部门没有给予大力支持甚至阻挠; ③项目得不到受益群体的支持, 反而在项目点产生了负面影响; ④由于涉及外资, 项目可能被叫停; ⑤项目资助方事先没有安排第三方评估的预算和工作, 导致评估工作拖延, 资金迟迟没有拨付; ⑥项目遇到风险事故, 遭遇官司。

面对外部因素造成的项目管理问题, 非营利组织可以通过以下途径应对: ①取得项目利益相关方的支持, 保持沟通和汇报; ②严格办理涉外事宜的报备与申请手续, 公益无国界, 公益人有国界; ③走专业化发展道路, 逐步将项目管理或政府购买社会力量服务的工作专业化; ④聘用法律顾问, 学会依法自我保护; ⑤加强风险管理意识, 做好风险预估和规避方案。

 知识拓展

社会组织项目开展的情境合法性

社会组织可在社会建设过程中切实发挥作用, 而实际效果如何取决于情境性因素。本文通过讨论社会组织和社区不同主体之间的互动, 提出情境合法性这一概念, 并以此为中心探究当前社会组织参与社会建设的一些特征。所谓情境合法性, 是指享有总体合法性的社会组织在开展具体的项目时需要获取来自服务对象和基层精英的认可与支持。享有较高声誉的社会组织, 往往比较容易获得项目支持, 并与社区权力精英建立合作关系, 甚至取得初步的绩效成果。但是, 组织声誉并不一定有利于情境合法性的维系。高度的组织声誉一方面有可能提高服务对象的预期, 约束组织的策略选择, 使其绩效表现难以满足服务对象, 进而失去他们的认可与支持; 另一方面, 高度的声誉使社会组织在项目开展过程中拥有相当的自主性和议价能力, 但当这些优势发挥到超过社区权力精英能够容忍的程度时, 权力关系将会恶化, 社会组织的情境合法性逐渐流失。失去服务对象和社区权力精英的认可与支持, 社会组织的项目无法持续, 相应的社会建设也就难以推进。

资料来源: 邓燕华. 社会建设视角下社会组织的情境合法性 [J]. 中国社会科学, 2019 (6): 147-166, 207-208.

本章小结

本章重点阐述了非营利组织项目管理的基本内容。通过本章的学习, 学生应该明确非营利组织项目、项目群与子项目的含义; 了解非营利组织项目管理的原则与重要性, 熟悉项目设计的前期评估, 包括紧急状态与非紧急状态的前期评估; 学习项目申请书的撰写; 掌握项目实施与项目监测, 项目评估的内容、标准与步骤, 以应对项目管理中的常见问题。

关键词

项目 项目群 子项目 项目管理 项目管理原则 前期评估 项目申请书 项目实施 项目计划 项目监测 项目评估 评估流程

思考题

1. 非营利组织项目依据不同的划分标准可分为哪些类型？
2. 非营利组织项目管理的原则有哪些？
3. 非营利组织项目设计需要考虑哪些方面的因素？
4. 请选择一个你所熟悉的非营利组织项目，尝试分析它成功或失败的原因。
5. 假设你是一家非营利组织的项目经理，请自主选题，尝试撰写一份项目申请书。

拓展阅读

[1] 杨宝. 嵌入结构、资源动员与项目执行效果：政府购买社会组织服务的案例比较研究 [J]. 公共管理学报，2018，15（3）：39-50，155-156.

[2] 陈为雷. 政府和非营利组织项目运作机制、策略和逻辑：对政府购买社会工作服务项目的社会学分析 [J]. 公共管理学报，2014，11（3）：93-105，142-143.

[3] 邓燕华. 社会建设视角下社会组织的情境合法性 [J]. 中国社会科学，2019（6）：147-166，207-208.

[4] 郭梓焱，李青. 制度、能力与服务绩效：社会组织社区服务的三维分析框架 [J]. 湖南科技大学学报（社会科学版），2022，25（5）：133-143.

10　中国非营利组织的评估

案例导入：

爱佑慈善基金会获评为 5A 级基金会

2016 年 10 月 11 日，民政部公布了"2015 年度全国性社会组织评估等级"结果，爱佑慈善基金会获评为 5A 级基金会，是基金会等级评估中的最高级别，也是该批次中唯一一家 5A 级基金会。

此次评估爱佑慈善基金会先后经历了资料送审、专家组实地考察、评估委员会终审、媒体公示等评估阶段。在实地考察期间，专家组听取了爱佑慈善基金会的工作汇报，对爱佑慈善基金会的内部综合治理、项目管理与绩效、财务管理等方面工作进行了全面、严谨的审核，并提出了宝贵的意见和建议。

在企业家精神的指引下，爱佑慈善基金会始终坚持创新并不断摸索能解决社会问题、促进公益慈善行业发展、产生更大社会影响力的新模式，不断尝试探索适合中国公益慈善行业发展的理念和手法，以丰富的项目实践逐渐形成一套独特的慈善方法论，其承载的更大价值在于为中国公益慈善领域提供可鉴范本。

在民政部的业务指导下，爱佑慈善基金会不断完善各项内部管理工作，已逐步实现了组织完善、制度健全、信息公开，成为一个更加透明、高效、可持续发展的慈善公益平台。

资料来源：公益中国 http://gongyi.china.com.cn/2016-10/12/content_9084141.htm

10.1　非营利组织评估的概念及类型

10.1.1　非营利组织评估的概念与意义

10.1.1.1　评估的概念和类型

评估是指人们对某个特定的评估客体进行评价，是一种主观的认识活动。广义的评估是指按照一定的标准对人或物进行的一种价值判断过程；狭义的评估是指为达到一定的目的，运用科学的方法，按照一定的程序，采用规范的指标体系，对特定的组织或项目某一方面或整体状况进行系统评价、判断、分析的过程。按时间顺序，评估可分为前评估、中期评估与后评估；按评估者来源，可分为自我评估与外部专家评估；按评估过程，可分为形成性评估与累计性评估。

10.1.1.2　非营利组织评估

非营利组织评估是依据一定的框架和指标对非营利组织活动及其活动进行评价的过程，其核心是非营利组织的诚信评估和战略评估，包括对非营利组织的使命、绩效、组织能力的综合评估。评估能够彰显一个非营利组织发展的健康程度，是实现非营利组织健康发展的重要保障①。在我国的社会组织管理体系中，社会组织评估，是指各级人民政府民政部门为依法实施社会组织监督管理职责，促进社会组织健康发展，依照规范的方法和程序，由评估机构根据评估标准，对社会组织进行客观、全面的评估，并做出评估等级结论。

10.1.1.3　评估的框架与指标

非营利组织的评估框架是多元的，全方位的。评估指标包括定性指标与定量指标两类。非营利组织以提供服务为主，测度指标相对较难定量，更多是通过定性的方式进行测度。评估指标包括诚信评估指标、使命与战略评估指标、项目绩效评估指标、组织能力评估指标。

10.1.1.4　评估的意义

开展社会组织评估是加强社会组织监督管理、促进社会组织健康有序发展的重要举措，是社会组织强化规范管理、提升发展能力的重要途径。非营利组织评估具有重要的意义：第一，随着非营利组织的迅速发展，个别非营利组织负面事件的发生使得非营利组织的公信力受到损害。非营利组织评估能使社会公众认识哪些非营利组织是规范的和值得信任的。第二，非营利组织评估，有助于为非营利组织的发展提供正确的方向，纠正发展过程中的问题，走上健康发展的道路，避免负面事件的发生。第三，非营利组织使用的是公益资产，是基于组织使命为社会公众提供公益服务的，会受到社会公众的检视与关注，评估可以促进非营利组织更好地履行组织使命。第四，政府向非营利组织购买公共服务已经成为未来发展趋势，购买的资金与服务领域不断增长与扩大，通过评估来确定政府购买非营利组织服务的范围、数量、质量与效果，可以促进政府购买公共服务的规范化与制度化。第五，对于非营利组织自身而言，评估是非营利组织提高自身能力、自我学习的过程，有助于管理者对后续的组织管理和活动进行更有效的决策和规划。

10.1.1.5　评估的原则

如何在评估非营利组织提供的服务时避免主观性是一个挑战，加上开展评估是一项耗时、耗力、耗钱的工作，因此把握原则是评估的灵魂与落脚点。具体而言，非营利组织的评估原则包括以下几个方面：

（1）公平公开原则。评估主体不能偏向某一个组织设定评估指标，或随意取缔评估资格，评估的标准应统一设定、一视同仁。评估指标应采用定量与定性相结合，尽量减少评估过程中主观因素和评估者个人感情色彩的影响。评估过程与评估结果

---

① 王名，王超. 非营利组织管理 [M]. 北京：中国人民大学出版社，2016：153-154.

要做到公开透明，向社会公布，以增强公众对评估结果及被评估机构的信任感。

（2）科学合理原则。科学的评估不是随意设定评估方法和标准，而是针对不同类型的社会组织，采取科学合理的方法，设定更加有效的评估指标，保证评估程序的合法性、评估内容的可信性、评估标准的合理性等。

（3）评估多元化原则。评估过程中，从评估内容上，既有对硬件的评估，也有对软件的评估；从评估方法上，既有定量评估，也有定性评估；从评估对象上，既有专家评分，也有资助方、合作方、服务对象等不同利益相关方的评价。

（4）积极反馈原则。评估的目的是帮助非营利组织诊断问题，梳理发展方向，明晰优秀的标准，从而推动非营利组织健康发展，达到"以评促建"的目标。

10.1.2　非营利组织评估的发展与现状

从中华人民共和国成立至改革开放前，我国非营利组织受国内政策环境的影响，几乎不存在独立于政府之外的市场和第三部门。非营利组织的重新发展始于 1978 年，对非营利组织评估可以分为四个时期，即探索、建立、深化与高质量发展时期[1][2]。

10.1.2.1　探索时期（1978—2003 年）

1978 年改革开放全面推行之后，非营利组织得到较快发展，体现为组织数量增加、种类增多、独立性增强、合法性增大等。非营利组织的法律法规在发展中不断完善，《基金会管理办法》（1988 年）、《社会团体登记管理办法》（1998 年）、《民办非企业单位登记管理暂行条例》（1998 年）等侧重点是加强对非营利组织的管控和评价，还没有独立提出统一的评估概念。

10.1.2.2　建立时期（2004—2009 年）

2004 年，民政部做出加强民间组织管理的重大部署，要求各地积极探索评估机制。2005 年，社会组织评估工作被正式提上议事日程，明确提出要"探索建立民间组织评估机制，逐步实施分类管理、指导"。民政部民间组织管理局针对民间组织评估理论、指标与实践方面开展了研究。2006 年 10 月，党的十六届六中全会提出要"发挥各类社会组织提供服务、反映诉求、规范行为的作用"以及"引导各类社会组织加强自身建设，提高自律性和诚信度"。同年底，行业类社团、公益类社团、学术性社团、联合类社团、基金会及民办非企业 6 类社会组织评估指标基本理论研究框架形成。2007 年，民政部发布了《关于推进民间组织评估工作的指导意见》，对评估的定义、原则、费用、参评资格、评估主体、程序等相关内容作出了规定。同年，《全国性民间组织评估实施办法》对重要意义、基本要求、指导思想、主要原则、评估机构、评估内容、评估程序、评估登记、具体要求等作出了说明。2008 年，全国性行业协会商会评估工作启动。2009 年，民办非企业单位评估工作启动。一系列文件的出台与评估工作的启动，标志着我国非营利组织评估机制逐渐确立。

①　陈德权. 社会组织管理概论 [M]. 北京：清华大学出版社，2016：191-193.
②　中国社会组织动态，十年评估 砥砺前行：新时代中国社会组织评估创新与发展，2018 年 11 月 5 日，https://baijiahao.baidu.com/s? id=1616300291702004933&wfr=spider&for=pc.

10.1.2.3　深化发展时期（2010—2015 年）

2010 年 4 月，民政部发布了《关于全国性行业协会商会、基金会和民办非企业单位评估工作的通知》，对社会组织的评估范围、评估内容、时间安排、评估材料、具体要求等作出了说明。2010 年 12 月，民政部颁布了部门规章《社会组织评估管理办法》，明确了总则、评估对象和内容、评估机构和职责、评估程序和方法、回避与复核、评估等级管理、附则等内容。可以说，该办法的出台是我国社会组织评估历史中"里程碑式的一页"。

2011 年 3 月，"十二五"规划纲要中明确提出，实行社会组织信息公开和评估制度，完善失信惩罚机制，强化社会监管，为开展社会组织评估工作提供了依据和保障。2011 年，民政部颁布了《关于开展 2011 年度社会组织评估工作的通知》，更加明确了评估范围、评估内容、时间安排、评估材料、评估要求等。2011 年 8 月，民政部印发了《关于各类民间组织评估指标的通知》，制定了全国性学术类社团和非内地居民担任法定代表人的基金会的评估指标，并对全国性行业类社团评估指标、基金会评估指标和民办非企业单位评估指标进行了修订。2012 年 11 月，民政部印发了《关于全国性公益类社团、联合类社团、职业类社团、学术类社团评估指标的通知》，新增全国性公益类社团、联合类社团、职业类社团评估指标，同时对学术类社团评估指标进行了修订。至此，制定完成了行业类社团、学术类社团、公益类社团、联合类社团、职业类社团、基金会、非内地居民担任法定代表人的基金会和民办非企业单位 8 类社会组织评估指标体系。

2012 年 11 月，《社会组织评估指引》出版发行，这是我国第一本系统指导评估工作开展的专业性书籍。该书详细梳理了社会组织评估的开展情况、工作原则和工作程序，分析了社会组织评估的重点和难点，解读了全国性行业类社团、学术类社团、公益类社团、职业类社团、联合类社团、基金会、非内地居民担任法定代表人的基金会和民办非企业单位的评估指标。该书的出版极大地推动了各地社会组织评估的规范化建设，特别是为各类社会组织评估指标的实际操作提供了标准依据，避免了各行其道，偏离方向，提高了社会组织评估的整体质量。

2013—2015 年，全国各地陆续开展社会组织评估工作。2015 年 3 月，民政部颁发了《民政部关于探索建立社会组织第三方评估机制的指导意见》，从政策层面扩大评估的主体。总体而言，这一时期的工作重点是推动分类评估、细化评估指标、扶持第三方评估主体，评估工作逐步深入。

10.1.2.4　高质量发展时期（2016 年至今）

2016 年 8 月 21 日，中共中央办公厅、国务院办公厅发布《关于改革社会组织管理制度促进社会组织健康有序发展的意见》，首次明确"社会组织是中国社会主义现代化建设的重要力量"，提出"充分发挥社会组织服务国家、服务社会、服务群众、服务行业的作用"，为社会组织发展及作用发挥指明了方向，明确提出"走中国特色社会组织发展之路"。社会组织发展的核心是制度建设。强化落实党领导社会组织工作的制度安排，推进社会组织登记管理法治化建设，深化行业协会商会脱钩改革，建立综合监管体制，完善执法监督制度，推动社会组织内部治理等制度

251

建设，加快形成政社分开、权责明确、依法自治的现代社会组织体制。这一时期的工作重点包括积极引导发展和严格依法管理。一方面，用好政府转移职能、购买服务、税收优惠、人才保障等政策，充分发挥社会组织在经济社会发展尤其是在基层治理中的积极作用；另一方面，依法严格社会组织管理，坚决打击危害社会稳定的非法社会组织活动，严肃查处社会组织违法非法行为，维护社会组织良好发展秩序。

2016 年 9 月 1 日施行的《中华人民共和国慈善法》将民办非企业单位改为社会服务机构。相较于民办非企业单位，社会服务机构这一命名更能准确反映此类组织的社会组织性质和社会服务功能。2016 年 8 月 30 日，民政部召开全国民政系统视频会议学习贯彻中共中央办公厅、国务院办公厅发布的《关于改革社会组织管理制度促进社会组织健康有序发展的意见》。根据批复，民政部民间组织管理局（民间组织执法监察局）正式更名为社会组织管理局（社会组织执法监察局），对外可称国家社会组织管理局。社会组织登记管理业务司局名称的变迁是社会组织发展的一个缩影。更名后，社会组织管理局的职责更加清晰：一是负责拟订社会团体、基金会、社会服务机构等社会组织登记和监督管理办法；二是按照管理权限对社会组织进行登记管理和执法监督；三是指导地方的社会组织登记管理和执法监督工作。

中共中央办公厅于 2015 年 9 月 28 日印发并实施《关于加强社会组织党的建设工作的意见（试行）》之后，社会组织评估中增加了党建的指标。例如陕西省民政厅规定在社会组织的评估指标中，一要将党的建设作为一级指标，对具备条件但未建立党组织或建立党组织但长年不开展活动的社会组织，一律不得被评为 4A 及以上等级；二要加大分值权重，社会组织党的建设相关内容评估指标分值不低于总分值的 10%；三要细化评分标准，围绕党组织建立情况、组织生活制度落实情况、组织党员开展活动情况和党组织发挥作用情况进行考察。

2017 年，党的十九大首次提出"高质量发展"的表述，表明中国经济由高速增长阶段转向高质量发展阶段。2021 年民政部专门出台了《全国性社会组织评估管理规定》，该规定针对经民政部登记成立的社会团体、基金会、社会服务机构的评估管理，以推动社会组织高质量发展。

2022 年 10 月 16 日，在党的二十大开幕会上，习近平总书记提出，高质量发展是全面建设社会主义现代化国家的首要任务。社会组织评估机制作为约束机制之一，需要进一步完善，围绕社会组织的等级评估，覆盖社会组织的项目评估、信用评估、透明度评估等，以评促建，以评估引导资源有效配置到高质量的社会组织上去，倒逼社会组织质量提升。

未来，社会组织的高质量发展意味着从过去的粗放型发展转向集约型发展，从注重数量转向注重质量。对社会组织的评估最终目的是促进社会组织激发活力、创新驱动、提升能力与竞争力，推动社会组织高质量发展。

10.2　非营利组织评估的理论基础及实践

10.2.1　非营利组织评估的理论基础

10.2.1.1　"3E"评估理论

所谓"3E"，是指经济（economy）、效率（efficiency）与效果（effectiveness）三个指标。经济指标是指以最低可能成本维持既定服务品质的公共服务，该指标强调对成本的控制，对产出和服务品质有所忽略。效率指标强调投入与产出的比例，如每项服务的单位成本等。效果指标指的是公共服务实现目标的程度，关注的是服务的目标或结果。

"3E"评估理论是当前国际上最为流行的非营利组织评估理论。"3E"评估理论从经济的角度将服务项目的成本纳入评估，可以促进非营利组织服务或项目的高效执行。但这可能导致非营利组织过分关注资金来源而忽视了组织自身的能力建设，或者忽略了问责的要求，资助到期即意味着项目终止，非营利组织自身没有获得可持续发展的能力。另外，非营利组织以实现公共价值达成组织使命为目标，有些服务难以通过转换成经济意义的"价格"来衡量，这会使得基于"3E"评估理论的评估判断容易失真。

10.2.1.2　"3D"评估理论

随着对"3E"理论的批评与质疑，出现了"3D"评估理论。所谓"3D"是指诊断（diagnosis）、设计（design）与发展（development）三个指标。诊断指标是指非营利组织能够识别并整合各方利益相关者的需求，协调各方利益，对组织或项目存在的问题进行准确判断。设计是指在诊断问题的基础上设计解决问题所需的解决方案。发展是指对设计出的方案进行实施，有针对性地提升非营利组织解决问题的能力，促进非营利组织在学习的过程中获得发展。

"3D"评估理论优点是关注非营利组织自身的能力建设，强调在评估中及时精准地发现问题，并针对问题设计改进方案，并以此促进组织发展。"3D"评估理论的局限是通常难以进行定量，更多是采用定性评估，评估结果难以进行比较、排序和奖惩。

10.2.1.3　顾客满意度理论

"3E"评估理论关注的是非营利组织及其项目的产出结果，"3D"评估理论关注的是非营利组织在实施项目或服务的过程中组织能力的提升，两者都是以实施项目或服务的非营利组织为中心的自上而下的评估方式。但是，非营利组织是为社会公众提供公共产品，服务对象是社会公众，只有公众对非营利组织的项目或服务的服务质量与服务效果有真正的发言权。因此，单纯依靠自上而下的评估难以全面客观。评估应面向服务对象，即把服务对象当作非营利组织的顾客，进行顾客满意度评估。

253

顾客满意度发源于工商企业界，是指顾客对服务质量或服务效果是否达到预期值的主观感受。其包括：了解顾客的需求并迅速回应；充分具备提供服务所需的知识与技能；耐心倾听顾客意见和要求；服务态度热情有礼；尊重顾客的隐私。顾客满意度评估理论在公共部门尤其是非营利组织中的应用还有待检验。在中国，非营利组织的民间背景常常不被服务对象所信任，通常要借助政府购买公共服务的机制向服务对象执行服务项目。服务对象往往无法分清政府与非营利组织之间的关系，将非营利组织工作人员等同于政府工作人员，同时对政府的期望值会高于非营利组织，甚至认为政府理所当然提供服务，服务好则是政府做得好，服务不好则是非营利组织工作人员做得不好。加上服务对象对非营利组织的项目与服务的了解仅限于直接获得服务的质量与效果，因此，以单一的顾客满意度来评估非营利组织的绩效并不是一个理想的全面的指标。

10.2.1.4 "APC"评估理论

评估本身不是目的，而是促进非营利组织实现组织使命，提升组织能力的手段。当前中国非营利组织的公信力不足，治理结构不完善，组织能力弱小。"3E"理论有助于提升非营利组织的效率，但是在提升非营利组织的公信力与组织能力方面有局限；"3D"理论虽然聚焦在非营利组织的组织能力方面，但是在提升非营利组织的效率与公信力方面有其局限性；"顾客满意度"理论将服务对象纳入评估主体，有助于提升非营利组织的服务质量，但是对组织的其他方面作用相对较小。针对这一评估理论困境，清华大学邓国胜教授结合中国非营利组织发展的实际情况提出"APC"评估理论。所谓的"APC"是指问责（accountability）、绩效（performance）和组织能力（capacity）①。

问责是指非营利组织对其使用的公共资源的流向及其使用效果的社会交代。问责性评估则是对非营利组织或其他公共组织问责程度的评价。通常，非营利组织问责性评估包括：非营利组织的治理结构是否健全；非营利组织的活动是否与组织的宗旨一致；组织的有关信息是否进行了必要的、准确的披露；非营利组织的财务是否透明等方面。问责性评估是确保非营利组织诚信的一种制度安排，它的功能在于帮助非营利组织树立社会公信度。

绩效评估是对非营利组织的适当性、效率、效果、顾客满意度、社会影响及其持续性的评估。这一绩效评估框架吸取了"3E"理论、"4E"（经济、效率、效果和公平）和"顾客满意度"理论的优点，并增加了适当性、社会影响和持续性等方面的内容，更适合非营利组织的绩效评估。绩效评估的功能在于通过评估提高非营利组织的效率、促进组织服务品质的提高。

组织能力是指组织开展活动和实现组织宗旨的技能和本领，包括对非营利组织基本资源、组织内部的管理能力、组织外部的公共关系与动员资源的能力和组织自我评估与学习的能力评估。组织能力评估的功能在于促进非营利组织自我生存与发展能力的提高、促进非营利组织达成组织使命。

① 邓国胜. 非营利组织"APC"评估理论［J］. 中国行政管理，2004（10）：33-37.

非营利组织的问责、绩效与组织能力是密切相关、相互作用的。问责评估是保证非营利组织公信力的制度体系，有助于监督非营利组织在合法性的前提下做正确的事情，提升社会责任感与社会声誉；绩效评估是保证非营利组织有效使用组织资源的制度安排，有助于非营利组织在服务投入与产出、服务对象的满意度方面进行资源配置；能力评估是保证非营利组织提升组织能力的工具，是持续提升组织的问责与绩效的基础。该理论既能较好地吸收"3E"理论、"3D"理论及顾客满意度理论的优点，又能克服这些理论的不足，更适合中国的非营利组织，更有助于中国的非营利组织的健康与可持续发展。

10.2.2　中国非营利组织评估的实践

根据《民政部关于推进民间组织评估工作的指导意见》以及最新的《全国性社会组织评估管理规定》《民政部办公厅关于开展全国性社会组织评估工作的通知》的要求，根据社会组织类型实施分类评估。对照评估标准，从基础条件、内部治理、工作绩效和社会评价四个方面，对参评社会组织进行综合评价。评估内容从基础条件、组织建设、工作绩效（自律与诚信建设）、社会评价四个一级指标进行评估。所有社会组织均为四个一级指标，二级、三级指标根据不同类型组织有所区别，指标总分合计为1 000分。

10.2.2.1　社会团体评估内容框架

（1）行业性社会团体评估内容框架。

基础条件，包括法人资格、登记管理；内部治理，包括组织机构、党建工作、人力资源、档案和证章管理、财务资产等；工作绩效，包括提供服务、反映诉求、行业自律、会员管理、国际交流、信息公开与宣传等；社会评价，包括内部评价与外部评价等。其中分支（代表）机构设立程序符合规定、党组织"应建尽建"情况、经费来源和资金使用、账务处理、投资管理、支出管理、分支机构财务管理情况、按规定开展评比达标表彰活动等是重点考察指标。

（2）公益性社会团体评估内容框架。

基础条件，包括法人资格、登记与管理；内部治理，包括组织机构、党建工作、人力资源、财务资产等；工作绩效，包括公益项目、提供服务、信息公开等；社会评价，包括内部评价与外部评价等。其中遵守社会组织管理政策情况、分支（代表）机构设立程序符合规定、党组织"应建尽建"情况、经费来源和资金使用、资金列入符合规定的单位账簿、账务处理、投资管理、支出管理、分支机构与专项基金、项目风险防控、公益倡导、维护会员权益是重点考察指标。

（3）学术性社会团体评估内容框架。

基础条件，包括法人资格、登记管理；内部治理，包括组织机构、党建工作、人力资源、档案和证章管理、财务资产等；工作绩效，包括学术活动、建议咨询科普公益、人才建设、信息公开与宣传、国际交流与合作等；社会评价，包括内部评价与外部评价。其中分支（代表）机构设立程序符合规定、党组织"应建尽建"情况、经费来源和资金使用、账务处理、投资管理、支出管理、分支机构财务管理情况、按规定开展评比达标表彰活动等是重点考察指标。

10.2.2.2　基金会（慈善组织）评估内容框架

基础条件，包括法人资格、登记管理；内部治理，包括组织机构、党的建设人力资源管理、档案和印章管理、财务管理等；工作绩效，包括社会捐赠、规划与计划、公益项目、信息公开等；社会评价，包括内部评价与外部评价等。其中党组织"应建尽建"情况、经费来源和资金使用、资金列入符合规定的单位账簿、账务处理、投资决策程序、项目资金使用及监督、关联交易管理、项目内容具有公共利益属性是重点考察指标。

10.2.2.3　社会服务机构评估内容框架

基础条件，包括法人资格、登记管理；组织建设，包括组织机构、党组织、人力资源、档案和印章管理、财务资产管理；工作绩效，包括业务（项目）管理、提供业务服务、诚信建设、特色工作等；社会评价，包括内部评价、公众评价与管理部门评价。其中党组织"应建尽建"情况、经费来源和资金使用、账务处理、项目支出管理、投资管理是重点考察目标。

10.3　非营利组织评估的主体、程序及结果的运用

10.3.1　非营利组织评估的主体

按照民政部门的要求，各级人民政府民政部门要设立相应的社会组织评估委员会和社会组织评估复核委员会，并负责对本级评估委员会和复核委员会的组织协调和监督管理。评估委员会负责社会组织评估工作，负责制订评估实施方案、组建评估专家组、组织实施评估工作、做出评估等级结论并公示结果。复核委员会负责社会组织评估的复核和对举报的裁定工作。评估委员会和复核委员会由有关政府部门、研究机构、社会组织、会计师事务所、律师事务所等单位推荐，民政部门聘任。

 知识拓展

谁负责非营利组织评估？需要具备哪些专业背景和条件？

第九条　各级人民政府民政部门设立相应的社会组织评估委员会（以下简称评估委员会）和社会组织评估复核委员会（以下简称复核委员会），并负责对本级评估委员会和复核委员会的组织协调和监督管理。

第十条　评估委员会负责社会组织评估工作，负责制定评估实施方案、组建评估专家组、组织实施评估工作、作出评估等级结论并公示结果。

复核委员会负责社会组织评估的复核和对举报的裁定工作。

第十一条　评估委员会由7至25名委员组成，设主任1名、副主任若干名。复核委员会由5至9名委员组成，设主任1名、副主任1名。

> 　　评估委员会和复核委员会委员由有关政府部门、研究机构、社会组织、会计师事务所、律师事务所等单位推荐，民政部门聘任。
>
> 　　评估委员会和复核委员会委员聘任期 5 年。
>
> 　　第十二条　评估委员会和复核委员会委员应当具备下列条件：
>
> 　　（一）熟悉社会组织管理工作的法律法规和方针政策；
>
> 　　（二）在所从事的领域具有突出业绩和较高声誉；
>
> 　　（三）坚持原则，公正廉洁，忠于职守。
>
> 　　第十三条　评估委员会召开最终评估会议须有 2/3 以上委员出席。最终评估采取记名投票方式表决，评估结论须经全体委员半数以上通过。
>
> 　　在实践中，由于非营利组织的数量庞大，服务领域丰富，需要建立多元多层次的评估主体。
>
> 　　资料来源：民政部，《社会组织评估管理办法》中华人民共和国民政部令第 39 号，https://xxgk.mca.gov.cn：8445/gdnps/pc/content.jsp？mtype＝1&id＝15284

10.3.1.1　继续发挥民政部门的年检约束作用

各级民政部门要加强社会组织规范管理，依法实施监督。一方面，要对社会组织进行积极指导、提升服务，改进年检流程；另一方面，要对社会组织严格标准强化监管，对不参加年检或活动异常的社会组织依法依规严肃处理，确保社会组织健康有序发展。

10.3.1.2　建立政府支持的独立第三方评估机构

由于公众对具有公募资格使用公益资产的非营利组织期望更高，因此我们可以探索建立一个由政府授权、政府财政支持的独立第三方评估机构开展非营利组织的评估工作。与民政部门的年检相比较，第三方独立机构在专业性上有更强的优势与针对性。

2015 年 5 月 13 日，民政部发布了《民政部关于探索建立社会组织第三方评估机制的指导意见》（以下简称《意见》），明确了建立社会组织第三方评估的总体思路、基本原则、政策措施和组织领导，以加快转变政府职能，激发社会组织活力，完善社会组织综合监管体系的目标。第三方评估机制是为了应对社会组织评估工作中存在的发展不平衡，评估机构独立性不强、专业化水平不高和评估结果运用不充分等问题而出现的。社会组织第三方评估将过去由民政部门直接操作的评估工作交给了第三方专业机构去实施。《意见》首先明确了承担社会组织评估的第三方评估机构要具备四个方面的资质条件：一是能够独立承担民事责任；二是具有相对稳定的专业评估人才队伍；三是内部管理规范；四是社会信誉良好。其中能够独立承担民事责任的硬性资质是从事社会组织评估的最低要求，人才队伍、管理水平、社会信誉情况等软性资质决定了该机构是否拥有足够的能力及其评估的专业认可度及结果的权威性。那么哪些类型的组织能够作为第三方评估机构？《意见》提出民政部门要充分利用现有资源，大力发展民办非企业单位、社会团体、市场中介机构和事业单位等多种类型的专业机构。

例如，广东省社会组织评估中心（以下简称评估中心）于 2008 年 12 月经广东省民政厅依法登记，是具有独立法人资格的民办非企业单位，被广东省民政厅列入具备承接政府职能转移和购买服务资质目录（第一批），2015年被评为5A级社会组织。在广东省民政厅、省社会组织管理局和省社会组织总会的领导下，评估中心健全内部管理制度和评估工作完整流程，制订严谨的工作规范和详细具体的实施方案，拥有经省民政厅审核聘用的熟悉社会组织评估工作的评估专家。共组织实施评估广东省各级社会组织628家，具有丰富的社会组织等级评估工作经验[①]。

 知识拓展

失效的第三方：组织自利性下的社会组织评估

近年来，第三方评估被认为是一种保证结果客观公正的评估手段，但在实践中却并不尽如人意，甚至被诟病为伪独立、伪专业、伪客观。第三方评估机构的自利动机和谋利行为是第三方评估失效的主要原因，指标模糊、专家抽调局限、过程监督缺乏使得第三方机构拥有了较大的评估裁量权，进而衍生出一系列谋利策略，造成"合谋""劣币驱逐良币""利益链滋生"等负面后果。从更深层次讲，约束不足是第三方评估失效的根源，过去粗放式的发展思维和相对形式化的监管方式为第三方评估机构的逐利行为提供了运作空间，公共部门对评估结果合法性和形式客观性的需求又进一步加强了逐利行为的负面后果。新时代，政府部门应更加注重第三方评估机构的发展质量及其社会效益，采取更为精细和务实的监管策略。

资料来源：郑佳斯，卜熙. 失效的第三方：组织自利性下的社会组织评估 [J]. 华南师范大学学报（社会科学版），2020（5）：98-112，191.

10.3.1.3 鼓励民间兴办非营利性的评估机构

民间自发的评估机构是未来评估发展的一个重要趋势。这一类的评估通常源于行业自律，由行业与学术机构共同探索发起，基于雄厚的理论背景与学术基础提出各种指标。政府没有给予评估授权，其独立性、权威性与公正性取决于该评估机构作为非营利组织的公信力与社会声誉。

 知识拓展

中基透明指数 FTI

作为基金会行业自律的倡导机构，基金会中心网自2010年成立以来，一直致力于改善基金会行业信息公开的状况。2012年，基金会中心网联合清华大学廉政与治理研究中心开发了"中基透明指数 FTI（Foundation Transparency Index）"，以此作为反映我国基金会行业自律透明水平的工具性指标。

[①] 广东省社会组织评估中心：规范建设，服务为先，提高中心影响力 [J]. 大社会，2020（8）：26-27.

中基透明指数 FTI 是一套综合指标系统，主要以《中华人民共和国慈善法》和《慈善组织信息公开办法》等有关信息公开的法律法规作为指标设计的参考依据，指标内容涵盖基金会在治理、财务、项目和募捐四个方面的信息披露情况。中基透明指数 FTI 的观测结果以分数形式呈现，由基金会中心网每年总体发布一次。中基透明指数 FTI 每年均会基于法律法规的要求、行业的反馈对指标进行不同程度的调整。2020 年，在广泛征集行业意见后，中基透明指数 FTI 进行了第五次版本迭代升级，以信息公开相关法律法规为框架基础，以"面向公众披露"的视角为整体设计思路，力图促进基金会主动与公众进行互动和沟通，让公众能够对基金会行业的公益主体、公益行为、公益结果"看得见、看得清"，从而达到促进中国公益基金会提升公信力的目的。

资料来源：中基透明指数 FIT 官网，http://fti.foundationcenter.org.cn/

10.3.2　非营利组织评估的程序

非营利组织评估需要设计并遵循科学的程序，进行严密的操作程序设计，并对评估人员进行遴选与培训，以减少评估过程中随意性和人为因素的干扰给评估结果带来的影响。根据我国非营利组织评估的实践经验，非营利组织评估程序通常可分为以下几个步骤。

（1）自我评估。

自我评估是指非营利组织按照评估中心的要求对组织自身一定时期内的管理、运行、制度以及活动成效等方面进行自我总结和自我评价。自我评估不仅要完成自我评估报告，还需要准备相应的证明材料。因此在日常管理中应注重痕迹保留，对于常规活动和项目记录等内容应形成规范的书面材料并妥善保管。自我评估可以为外部评估提供基础信息，内部人员评估也比较熟悉情况。但是自我评估往往难以保证公平公正。

（2）自我审查。

评估机构收到被评估的非营利组织的自我评估相关材料，会同非营利组织的业务主管部门对自我评估材料进行初步审查。审查重点是非营利组织的基本情况、内部建设情况、党建情况、财务会计报告、业务活动情况等方面的书面记录，严格规范审查内容、程序和标准。之后评估机构的工作人员查看评估材料，为实地评估做好信息准备。

（3）实地评估。

在对书面形式的评估材料进行审查后，评估机构会安排工作人员结合书面材料的记录和非营利组织实际情况进行实地走访，既可以是全部进行实地评估，也可以抽取一定的样本。在抽选非营利组织时应注意设计科学合理的抽样方案，以保证公平公正性。可重点关注大型的或者曾有过不良记录、在社会中产生过消极影响或者被群众举报过的非营利组织。实地考察获取信息的方式有：观察法、访谈法、资料查询等，通过实地考察掌握更加全面准确的信息，并根据评分标准为非营利组织进

259

行评分，综合汇总后得出组织评估的初步结果，将评分结果上报评估中心。在实地评估中，通常党建工作、安全隐患、疫情防控等现场情况是重点内容。民政部门社会组织管理局具有执法权，通常实地评估会与执法检查相结合，有权下发整改通知书，要求社会组织就发现的问题限期整改。

 知识拓展

在社会组织评估中重视"听、说、读、写"

　　总的来说，作为社会组织等级评估的重要环节，实地考察评估开展的好坏关系到整个评估工作的成功与否。评估小组到现场开展实地评估责任重大、任务艰巨，必须以认真、负责、诚恳、公正的态度去实施，做到"听得进、说得好、读得通、写得佳"，避免出现匆匆走过场、蜻蜓点水般的旋风式评估，力求使评估结果经得起推敲、耐得起询问，体现出评估小组应有的素质和作风。

　　资料来源：陈智勇. 在社会组织评估中重视"听、说、读、写"［J］. 学会，2013（11）：40–42.

　　（4）评估反馈。

　　实地评估完成后，评估机构需要将评估结论向被评估的非营利组织进行反馈。如果被评估组织对评估结论有异议，可以提出申诉。同时，评估结果的反馈不仅面向非营利组织，也要面向公众。评估机构也需要将评估结论及申诉途径进行公示，在公示期内接受公众的质疑和检举。如有公众提出意见或申诉，评估委员会或评估机构应再次组织专家对初步评估结论进行复议，然后在规定的时间内，公示最终结果。

　　（5）公示结果。

　　评估的最终结果由民政部门统一向公众公开，接受公众和媒体的监督，确保评估结果公开透明。

 知识拓展

哪些社会组织被降低评估等级？为什么？

　　2020 年 9 月 9 日，民政部发布《关于降低 23 家社会组织评估等级的公告》（以下简称《公告》）。《公告》表示，决定对中国青少年宫协会等 23 家社会组织降低评估等级。

　　《公告》显示，被降低评估等级的 23 家社会组织中既有社团、基金会，也有民非［民办非企业单位（组织）］，它们分别是：

　　1. 鉴于中国青少年宫协会等 13 家社会组织连续 2 年年度检查基本合格，现决定将中国青少年宫协会、中国家用电器服务维修协会、中国土木工程学会、中国饭店协会、中国快递协会的评估等级由 4A 级降为 3A 级，将中国工作犬管理协会、中国药品监督管理研究会、中国民族建筑研究会、中国电子企业协会、中国网络视听节目服务协会、中国检察官文学艺术联合会、中国矿业权评估师协会、中国冶金教育学会的评估等级由3A级降为2A级。

2. 鉴于中华出版促进会等4家社会组织年度检查不合格，现决定将中华出版促进会、中国保健协会、中国兽药协会、仲和视觉康复发展中心的评估等级由3A级降为2A级。

3. 鉴于新时代青少年体质健康促进中心、历道证券博物馆2家社会组织未参加2018年度检查，现决定将新时代青少年体质健康促进中心、历道证券博物馆的评估等级由4A级降为3A级。

4. 鉴于中国建筑业协会、中国烹饪协会2家社会组织受到民政部做出的警告并处没收违法所得的行政处罚，现决定将中国建筑业协会的评估等级由5A级降为4A级，中国烹饪协会的评估等级由4A级降为3A级。鉴于增爱公益基金会受到民政部做出的警告行政处罚，现决定将增爱公益基金会的评估等级由3A级降为2A级。

5. 鉴于中国中药协会连续2年年度检查基本合格，同时受到民政部作出的警告并处没收违法所得的行政处罚，现决定将中国中药协会的评估等级由4A级降为2A级。

资料来源：公益时报，民政部降低23家社会组织评估等级，为什么，又意味着什么？http://www.gongyishibao.com/html/shehuizuzhi/2020/09/15584.html

10.3.3   非营利组织评估结果的运用

评估的结果是为了运用，根据民政部的文件规定，社会组织评估等级有效期为5年。评估结果分为5个等级，由高至低依次为5A级（AAAAA）、4A级（AAAA）、3A级（AAA）、2A级（AA）、1A级（A）。获得3A级以上评估等级的社会组织，可以优先接受政府职能转移，可以优先获得政府购买服务，可以优先获得政府奖励。获得3A以上评估等级的基金会、慈善组织等公益性社会团体可以按照规定申请公益性捐赠税前扣除资格。获得4A以上评估等级的社会组织在年度检查时，可以简化年度检查程序。

基于"以评促建、以评促改、以评促管、评建结合、重在建设"的评估原则，在非营利组织评估结果的运用中结合评估方针，主要考虑以下几个方面：

10.3.3.1   甄别与识别有资质有能力的非营利组织

一方面，社会组织做了大量工作，得不到认可；另一方面，政府要向社会组织购买服务、转移职能，又找不到合适的承接对象，难以有效推进简政放权和职能转移。评估的识别功能主要体现在结果导向上。评估结果直接影响社会组织的信用等级。一是对社会选择的影响。公信力有助于社会组织赢得社会声誉、吸纳社会资源、承担公共责任。评估促进了社会组织公信力建设，形成了可供社会选择的评价机制，为企业和个人向社会组织进行捐赠、传递爱心提供了参考依据。二是对政府选择的影响。政府部门不仅将评估结果作为非营利组织是否享受政策优待的前提条件，评估结果还与公益性捐赠税前扣除资格、公开募捐资格等相关，获得 3A 级以上等级的社会组织，在评估等级有效期内，可以按照有关规定享受相关政策。《关于公益性捐赠税前扣除有关事项的公告》明确，取得公益性捐赠税前扣除资格，需"社会组织评估等级为 3A 级以上（含 3A 级）且该评估结果在确认公益性捐赠税前扣除资格时仍在有效期内"；《慈善组织公开募捐管理办法》规定，依法登记或者认定为慈善组织满二年的社会组织，申请公开募捐资格，需"按照规定参加社会组织评估，评估结果为 3A 级及以上"。财政部、海关总署、国家税务总局将 5A 级的社会团体和基金会列为慈善捐赠物资免征进口税对象[①]。同时评估结果也与政府购买服务的选择相关联，作为政府向非营利组织购买服务的先决条件，获得 3A 级以上评估等级的社会组织，可以优先接受政府职能转移，可以优先获得政府购买服务和政府奖励。

10.3.3.2　健全完善非营利组织的年检体制改革

完善评估标准制定。随着非营利组织的活动领域与市场细分愈加丰富多元，公益慈善领域的法律法规逐步细化完善，非营利组织的评估标准要遵循评估工作规律并结合管理重点，不断更新、细化评估标准，增强标准的区分度和科学性。推动评估标准的标准化工作，让评估标准成为引领社会组织健康发展的有力坐标。结合评估结果探索分类分级的年检体制，探索针对不同非营利组织类型、级别、工作内容的一般性年检与特殊性年检[②]。

在互联网技术日新月异的背景下，探索利用"互联网 +"技术改进评估工作，提高工作效能。加强对评估大数据的积累和开发，为研究社会组织发展态势、强化社会组织管理提供依据。研究把社会组织的日常表现纳入评估标准，实现社会组织过程性评估与累积性结合，使评估工作更加准确客观；建立评估关键人物访谈制度，探索定性评估的标准化科学化。

10.3.3.3　引导非营利组织的组织能力建设与提升

通过评估标准引导非营利组织进行组织的规范性建设，把评估标准作为规范化建设、提升业务活动能力的航标和方向。科学严谨的评估，必将带来非营利组织观念、管理、能力上的提升。评估指标基本全面覆盖了社会组织的基础条件、内部治理、工作绩效、社会评价等社会组织日常运营的各个方面，为加强和完善社会组织的内部治理结构提供了制度遵循。整个评估和以评促改过程将极大解决社会组织机构不健全、内部治理不完善、组织行为不规范、社会公信力不高等问题，帮助社会组织迅速建立和完善以章程为核心的内部管理制度，有效地发挥权力机构、决策机构、执行机构和监督机构的职能作用，从而促进社会组织持续健康有序地发展。评估不仅是收集资料并依据资料情况进行打分的过程，更为关键的是在整个过程中对于非营利组织的专业解读、定位、把握与判断，这对组织本身的治理和未来发展起到了积极作用。在评估过程中，非营利组织由被动接受管理转变为自觉接受管理，

---

① 刘锋. 充分发挥引导、识别、监督功能 做实做强社会组织评估工作 [J]. 中国社会组织, 2018 (2): 34-35.

② 温庆云. 对社会组织评估工作的再认识 [J]. 中国社会组织, 2013 (2): 21-24.

由组织管理的被动接受评估"旁观者"转变为主动要求参与评估的"参与者",变"要我评"为"我要评",促使非营利组织从一般性的、服务形态的社会组织,逐步发展成为具有连锁形态的、政府支持的、发挥特殊功能作用的规模较大的组织体系。

10.3.3.4 推动非营利组织的守信激励与失信惩戒

评估机构对非营利组织的内部治理、工作绩效等状况做出公正、专业的评价,将评估等级结论通过网络、报纸等媒体向社会公开,将非营利组织置于透明,能够使社会公众更为全面、及时地了解组织的状况。《社会组织信用信息管理办法》(以下简称《办法》)已于2018年1月24日正式施行。该《办法》规定,社会组织信用信息包括基础信息、年报信息、行政检查信息、行政处罚信息和其他信息。该《办法》具有部门规章的位阶效力,以建立信用约束为核心,确立了社会组织信用信息的范畴,规定了社会组织信用信息管理的基本原则、纳入活动异常名录和严重违法失信名单的具体情形,确定了信用监管的程序要求,明确了守信激励和失信惩戒措施[①]。结合评估结果,对信用等级高的非营利组织开放更多的资源,并加快建立非营利组织互助机制,推动形成上中下游衔接配合的组织体系。

 知识拓展

民政部关于印发《全国性社会组织评估管理规定》的通知

民发〔2021〕96号

第六条 全国性社会组织评估结果分为5个等级,由高至低依次为5A级(AAAAA)、4A级(AAAA)、3A级(AAA)、2A级(AA)、1A级(A)。社会组织评估等级有效期为5年。

第七条 全国性社会组织评估等级纳入社会组织信用体系。获得3A以上等级的全国性社会组织,在评估等级有效期内,可以按照有关规定,享受相关政策。

第十条 全国性社会组织评估应当反映社会组织坚持和加强党的全面领导,参与经济建设、社会事业、基层治理,服务国家、服务社会、服务群众、服务行业等方面的情况。评估内容主要包括基础条件、内部治理、工作绩效、社会评价等。

第十四条 实地评估方式主要包括:

(一)座谈问询。了解参评社会组织工作开展情况。

(二)查阅文件。对参评社会组织有关会议纪要、文件资料、财务凭证、业务活动资料等进行查阅核实。

(三)个别访谈。通过与参评社会组织专职和兼职工作人员、党组织负责人、普通党员和群众,社会组织负责人、财务人员等谈话,了解有关工作开展情况。

参评社会组织应当按照评估专家组要求如实提供相关资料,反映有关情况。

---

① 詹成付. 加快社会组织信用体系建设 提升公益慈善的社会公信力 [J]. 中国社会组织,2018(10):11-13.

10.4　非法社会组织的治理

根据民政部公布的 2022 年民政事业发展统计公报数据，2021 年全年共查处社会组织违法违规案件 9 787 起，行政处罚 9 578 起。非法社会组织的非法活动不仅损害了党和政府的形象，侵犯了公民的利益，更危害了社会组织的公益形象，冲击了社会道德，并对社会秩序构成隐患。

非法社会组织治理的意义在于：①有助于政府掌握非法社会组织非法活动的现状及问题，从而为其对非法社会组织的治理决策提供依据；②有助于构建政府对非法组织的监控体系，通过对非法组织的活动特征、危害及成因的深入分析，构建起政府对非法社会组织的监控体系；③有助于维护合法社会组织的公益形象，并有效保护公民的合法权益；④有助于推进社会组织管理体制的创新，并有助于形成"统一登记、各司其职、协调配合、分级负责、依法监管"的社会组织管理格局。

 知识拓展

民政部公布 2022 年第三批涉嫌非法社会组织名单

为进一步加大对非法社会组织的打击整治力度，充分发挥社会监督作用，现公布 2022 年第三批涉嫌非法社会组织名单，请社会公众提高警惕，避免上当受骗。如发现下列组织的活动线索（如活动场所、负责人等），请登录"中国社会组织政务服务平台"（https://chinanpo.mca.gov.cn/）"投诉举报"栏目进行投诉举报。

1. 中国有机产品协会
2. 中国人体工程学研究协会
3. 中国建设施工行业协会
4. 中国舞蹈艺术家协会
5. 中医药民族健康产业委员会
6. 全国企业质量监督管理中心
7. 中国企业产品质量监督中心
8. 中国质量认证品牌评定中心
9. 雷霆爱心公益基金会
10. 同义汇基金会

资料来源：民政部 https://www.mca.gov.cn/article/xw/mzyw/202211/20221100044691.shtml

10.4.1　非法社会组织的界定与危害

10.4.1.1　非法社会组织的界定

从法律上来看，对非法社会组织的概念界定主要见于《社会团体登记管理条例》的条款。该条例第 35 条规定："未经批准，擅自开展社会团体筹备活动，或者未经登记，擅自以社会团体名义进行活动，以及被撤销登记的社会团体继续以社会团体名义进行活动的，由登记管理机关予以取缔，没收非法财产；构成犯罪的，依法追究刑事责任；尚不构成犯罪的，依法给予治安管理处罚。"第 32 条规定："社会团体在申请登记时弄虚作假，骗取登记的，或者取得《社会团体法人登记证书》之日起一年未开展活动的，由登记管理机关予以撤销登记。"第 34 条规定："社会团体的活动违反其他法律、法规的，由有关国家机关依法处理；有关国家机关认为应当撤销登记的，由登记管理机关撤销登记。"2000 年民政部发布的《取缔非法民间组织暂行办法》规定，具有下列情形之一的属于非法民间组织：①未经批准，擅自开展社会团体筹备活动的；②未经登记，擅自以社会团体或者民办非企业单位名义进行活动的；③被撤销登记后继续以社会团体或者民办非企业单位名义进行活动的。

从上述内容可以看出，界定一个组织是不是非法社会组织可以从以下几方面来辨别：一是未经批准，擅自开展社会团体筹备活动的；二是未经登记，擅自以社会团体或者民办非企业单位名义进行活动的；三是被撤销登记后继续以社会团体或者民办非企业单位名义进行活动的；四是虽然登记，但其活动明显属于违法犯罪的。

265

> **知识拓展**
>
> **上海市民政局依法取缔"龙童军总会"等 3 家非法社会组织**
>
> 为净化社会组织生态空间，持续打击整治非法社会组织，上海市民政局于 5 月 25 日分别对非法社会组织"龙童军总会"及其下设 4 个分会，非法社会组织"全国房地产 CIO 联盟"及其下设 18 个分站，非法社会组织"中国出租汽车产业联盟"予以取缔。
>
> 经查，"龙童军总会"及其下设的"上海分会""南京分会""苏州分会""淮安分会"未经登记，擅自以社会团体名义进行活动，损害了社会组织公信力，影响社会组织健康有序发展。
>
> 经查，"全国房地产 CIO 联盟"未经登记，以非营利组织名义在上海举行揭牌仪式，在上海、北京、广东、重庆、天津、江苏、浙江、河南、四川、安徽、江西、广西、陕西、湖南、贵州、云南、山东、福建共 18 个地区设立分站并开展活动。"中国出租汽车产业联盟"未经登记，擅自以社会团体名义进行活动。两家非法社会组织冠以"全国""中国"字样，扰乱社会组织管理秩序，破坏社会组织健康发展环境，属于重点打击整治对象。

非法社会组织"龙童军总会""全国房地产 CIO 联盟""中国出租汽车产业联盟"的上述行为，违反了《社会团体登记管理条例》第三条第一款的规定，上海市民政局依据《社会团体登记管理条例》和《取缔非法民间组织暂行办法》相关规定，依法分别对"龙童军总会"及其下设分会、"全国房地产 CIO 联盟"及其18 个地区分站和"中国出租汽车产业联盟"予以取缔。

近期，上海在全市范围内深入开展进一步打击整治非法社会组织专项行动，截至目前，本市共计排摸涉嫌非法社会组织线索 62 批次，经甄别后受理非法社会组织案件 33 起。上海将进一步加强协调沟通，综合运用取缔劝散、关停网站、没收财产、治安处罚、追究刑责等多种措施，推动形成齐抓共管的工作格局，提高打击整治非法社会组织的系统性、针对性和有效性，全面铲除非法社会组织滋生土壤，净化社会组织生态空间，为庆祝党的百年华诞营造良好环境。

资料来源：上海市民政局依法取缔"龙童军总会"等 3 家非法社会组织，https://mzzt.mca. gov.cn/article/zt_zxxd2021/zfjd/202106/20210600034316.shtml

10.4.1.2 非法社会组织的危害

（1）圈钱敛财为主，冲击市场经济秩序。随着政府出台了一系列鼓励和支持社会组织发展的政策举措，小部分人看到了发展社会组织潜藏的巨大商机，浮现了一些以圈钱敛财为目的的非法社会组织。如 2019 年民政部查处的一家名为"中华民主文化艺术院"的非法组织，谎称自己是一个由国家成立的副部级单位，加盟者只需缴纳 30 万元的代理费用便可以获得省一级的代理权，经过培训普通人三天便可以获得"国学教授"的资格，该案涉案金额巨大，波及范围广泛，可见非法社会组织对市场秩序的破坏不容小觑。

（2）从事非法活动，危害国家安全秩序。部分非法社会组织涉及政治意识形态和宗教。这类非法社会组织冒充政府部门和知名官方媒体，从事着散布谣言、制造恐慌、煽动反动、诋毁政府等非法活动。如 2018 年四川省南充市的刘某华通过网上勾连建立起"老母妈妈"非法宗教组织，通过微信群管理信徒和组织活动胁迫信徒，传播内容包括歪曲佛教和道教的理论，毒化民众，严重危害了社会秩序和正常的宗教秩序。

（3）劣币驱逐良币，破坏社会健康生态。一些非法"山寨社团"采取高仿合法社会组织的方式捞钱敛财。他们利用境内外社会组织登记管理制度的差异，在登记条件宽松的国家或地区完成注册，然后再与国内合法登记的全国性社团取近似的名称，而社会公众一旦受到蒙蔽形成了对"山寨社团"的信赖之后，不仅使得自身的财产蒙受损失，同时也会对依法登记、按章办事的合法社会组织产生不信任，进而演化成对政府部门的不信任。久而久之，合法社会组织的生存空间就会被不断挤压，最终导致社会组织领域内"劣币驱逐良币"的现象出现。

10.4.2 非法社会组织治理的途径

非法社会组织的治理涉及面广，综合性强。绝非依靠单一主体就能实现有效治理，更不可能仅通过开展专项行动就能彻底铲除非法组织的生存土壤。这个过程中不仅需要科学立法、严格执法，更需要依赖多主体、多部门协同共治，齐头并进，只有政府、社会、公民走向合作方能激浊扬清，最终实现社会的善治①。

10.4.2.1   完善制度，规范对非法社会组织的取缔手段

非法社会组织治理的首要任务在于完善相应的法律法规。具体包括：①制定一部专门规制社会组织的法律，充分整合分散在诸多行政法规中的法条，结合近年来非法社会组织的治理实践尽快出台专门法规，使非法社会组织的治理做到有法可依。②分类管理，精准打击。一方面，政府应避免"一刀切"式的粗放式管理，适度降低社会组织的登记和准入门槛，应将"是否对社会造成危害"作为判定非法社会组织的标准，允许一部分未登记但有利于社会发展的民间组织存在；另一方面，对于已经触犯刑法的非法社会组织及负责人，应当及时移交司法机关予以处理。③严格规范非法社会组织的取缔方式。具体包括认定、调查取证、执法和事后监管四个阶段。在认定阶段要明晰相关责任主体，避免部门间推诿扯皮，调查取证阶段必须做到取证的主体、手段、程序合法，避免执法部门在证据不足的情况下做出对相关公民、法人和组织不利的主观裁定；执法阶段应当做到公开、合法和全程记录，防止执法者滥用公权，同时向当事人告知其依法享有向上级行政机关提出行政复议的权利。监管阶段要及时回头看，防止"运动式治理"，避免非法社会组织借机死灰复燃。

10.4.2.2   数据统筹破除部门之间信息壁垒

非法社会组织的治理是一项覆盖范围广、综合性强的工作。现实中民政主管部门往往因自身资源的掣肘而难以独立应对鱼龙混杂的社团组织，为了保证工作的顺利开展必须要破除部门间的信息壁垒，加强部门间的沟通和协调，做到数据共享、情报共享。对于那些涉及多主管部门的案件应当由相关单位联合执法，对涉及犯罪的要移送司法机关处理。此外还应建立起对非法社会组织的相关负责人的失信惩戒机制，提高非法社会组织的违法成本。这同样需要各部门协同联动，共同填补监管的"真空"地带。

10.4.2.3   畅通监督举报渠道，提升公众法治意识

一方面，现阶段对非法社会组织的治理难以做到事前预防，其主要原因是相关部门执法资源有限，故只能被迫采取"民不告官不纠"的被动治理策略；另一方面，上当受骗的民众或秉持"多一事不如少一事"的消极态度接受被骗的事实，或有心举报而投诉无门。违法成本低致使非法社会组织的活动愈发猖獗。鉴于此，一方面，政府部门必须畅通监督举报渠道，线上线下同步开展活动，充分发动群众的力量搜集非法组织的线索，做到露头就打，铲除其生存土壤，挤压其发展空间；另一方面，公众应当自觉提升法治意识，开展活动前应仔细对照政府部门公布的合法组织登记名单严加甄别，不要被非法社会组织制造的表象所迷惑，此外还应培塑良

---

① 李卫兵. 合作治理视域下非法社会组织的整治路径研究 [J]. 国际公关，2022 (6)：73-75.

好的公民精神，自觉抵制知假买假行为，不做非法社会组织的帮凶。唯有在各治理主体的联合围剿下，非法社会组织才能销声匿迹。

 知识拓展

全国打击整治非法社会组织动态（第五期）节选

安徽省民政厅 2021 年 4 月 8 日会同省直有关部门联合召开进一步打击整治非法社会组织电视电话会议。会前，安徽省委书记李锦斌、省长王清宪先后就进一步打击整治非法社会组织专项行动作出批示。会议深入贯彻落实党中央决策部署，全面组织开展进一步打击整治非法社会组织专项行动。会议要求，打击整治非法社会组织要把握任务要求和政策界限，突出六类重点；建立健全非法社会组织发现机制，充分发动群众力量，做好非法社会组织信息搜集排查；加强对非法社会组织的分析研判，及时发现工作中的不足和短板，研究制定工作措施；严格落实国家部委相关文件要求，从根本上铲除非法社会组织的滋生土壤；加强对非法社会组织的执法联动，推进实施对非法社会组织责任人的信用约束和联合惩戒；加大对合法登记社会组织的扶持力度，全面优化社会组织发展环境，发挥社会组织在"双招双引"和参与基层社会治理中的积极作用。

河南省民政厅近日发布《关于开展打击整治非法社会组织有关事项的公告》，将重点打击利用国家战略名义，在经济、文化、慈善等领域活动的非法社会组织；冠以"中国""中华""国家""河南""中原"等字样，或打着国家机关、事业单位的下属机构等名义，进行骗钱敛财等活动的非法社会组织；与合法登记的社会组织勾连开展活动、鱼目混珠的非法社会组织；借庆祝中国共产党建党 100 周年活动开展评选评奖活动的非法社会组织；开展伪健康类、伪国学类和神秘主义类活动，以及假借宗教旗号活动的非法社会组织；其他危害国家安全以及损坏人民群众利益的非法社会组织。公告还公布了举报邮箱和电话。

资料来源：民政部 https://www.mca.gov.cn/article/xw/ywdt/202104/20210400033216.shtml

本章小结

本章重点阐述了非营利组织评估的基本内容。通过本章的学习，学生应该明确非营利组织评估的基本概念与类型，了解非营利组织评估的理论基础与实践，认识不同类型社会组织的评估指标，掌握评估的主体、原则、程序与评估结果的运用，学会识别非法社会组织，了解非法社会组织治理的相关内容。

关键词

评估类型 评估理论 评估原则 指标体系 评估主体 第三方评估 评估程序
评估内容框架 评估机构 评估结果 非法社会组织 非法社会组织治理

思考题

1. 简述非营利组织评估的内涵与意义。
2. 非营利组织评估的理论有哪些？
3. 非营利组织评估有哪些类型？
4. 对非营利组织的评估包括哪些内容？
5. 简述非营利组织评估的程序。
6. 如何运用非营利组织评估的结果？
7. 判定社会组织为非法的标准有哪些？
8. 如何治理非法社会组织？

拓展阅读

［1］徐家良. 中国社会组织评估发展报告（2019）［M］. 北京：社会科学文献出版社，2020.

［2］许文慧，刘丽杭. 社会组织评估的执行偏差与矫正［J］. 中国非营利评论，2022，29（1）：245-259.

［3］何继新，姚换军. 社会治理智能化效能评估：一个"政策基线——组织标靶"框架［J］. 云南行政学院学报，2021，23（4）：65-76.

［4］郑佳斯，卜熙. 失效的第三方：组织自利性下的社会组织评估［J］. 华南师范大学学报（社会科学版），2020（5）：98-112，191.

［5］高一村，王冰洁. 扎实做好评估工作 推动社会组织高质量发展：访民政部社会组织服务中心有关负责人［J］. 中国社会组织，2021（9）：14-15.

［6］北京市民政局. 北京市社会组织评估指标（V22.01版）［EB/OL］.（2022-04-14）［2024-05-30］. https://mzj.beijing.gov.cn/art/2022/4/14/art_371_628134.html.

11 中国非营利组织的问责
与公信力建设

案例导入：

20年来明星基金的那些事儿

　　新冠病毒感染疫情牵动着每个人的心，社会各界都在通过各种方式尽一臂之力，这当中由歌手韩红发起的韩红爱心慈善基金会在疫情中做出了不少贡献，截至2020年2月26日已向武汉及周边城市，累计发放了34批物资。

　　然而近日，韩红爱心慈善基金会却陷入3亿元款项去向不明的质疑中，引发外界激烈讨论。在"战疫"特殊时期，韩红被推至舆论旋涡的中心，明星基金存在的信任危机亦成为大众关注的焦点。

　　时至今日，韩红爱心慈善基金会的质疑风波依旧在延续。"应该辩证地看待韩红基金会被举报事件，《慈善组织信息公开办法》第二十条规定了个人有向民政部门投诉、举报的权利，根据目前民政部门的调查结果，韩红基金会自成立以来虽总体运作规范，但依然存在部分投资事项公开不及时，在未取得公开募捐资格前公开募捐的问题。"知名律师、北京蓝鹏律师事务所合伙人、主任张起淮告诉每经记者。

　　值得一提的是，随着互联网的快速发展，如今的明星基金们也发生显著变化：粉丝从最初单纯跟随明星做公益，逐渐转化为主动组织公益，越来越多的粉丝社群形成，成为助推粉丝公益发展的强大动力。基金会中心网分析认为，"做专业化的公益才是未来的方向。此外，粉丝公益正如火如荼地发展开来，粉丝助力名人上榜、粉丝推动明星专项基金成立……粉丝公益正改变着整个公益生态"。

　　不过，明星专项基金存在的问题也同步暴露出来：这些扁平化的结构，对财务等重要信息的整合与查询提出了很大的挑战。与此同时，明星专项基金的项目同质化严重，活动近九成都集中在医疗、教育和救灾三方面。

　　避开信任危机，最关键是接受监督。明星的庞大粉丝数量，无形中让直接参与公益的人增加了，与此同时，粉丝还具备强大的传播力和资源整合力，利于公益项目的二次传播。但明星想做好基金会并非一件易事，背后还需要完整组织架构和管理团队的非营利公司。

　　作为公众关注的焦点，此次韩红爱心慈善基金会出现的纠纷也说明，明星的公益行动无时无刻不在接受舆论的监督。倘若基金会在信息披露、组织运营方面出现问题，明星本人以及基金都会陷入信任危机。那么，明星基金如何做，才能避开信任危机的坑？

　　资料来源：腾讯新闻，https://view. inews. qq. com/k/20200227A0H9R300？web＿channel＝wap&openApp＝false

中国非营利组织管理理论与实践

11.1   非营利组织的社会责任

11.1.1   非营利组织社会责任的内涵

莱斯特·萨拉蒙（Lester Salamon）教授曾指出，人们应当去除有关非营利组织的三个神话。第一个神话是关于非营利组织"德行完美的神话"。事实上，非营利组织同样具有其他组织的特征，随着规模和复杂性的增加，它们也容易日益官僚化、反应迟钝、行动迟缓、墨守成规。第二个神话是关于非营利组织"志愿主义的神话"，即认为非营利组织主要依赖于个人的捐赠与志愿参与。事实上，非营利组织发达的国家，其资金很大程度上依靠的是政府的资助，非营利组织和政府组织之间的关系更多是以合作而非冲突为特征。另外，近年来非营利组织出现的专业化倾向也导致了非营利组织的志愿性不足，出现了所谓志愿失灵的现象。第三个神话是关于非营利组织"新现象的神话"，即认为非营利组织在世界上大部分地区基本上是新型组织。但事实上，这种活动在世界上几乎每一个地方都有深厚的历史基础①。保罗·斯特里腾（Paul Streeten）则进一步指出，非营利组织并不像人们想象的那样经常到贫困地区；非营利组织经常采用不那么开明的自上而下的管理；在很多情况下，非营利组织的项目并不富有创新意识，只不过是一些众所周知的方法的延伸和应用；非营利组织缺乏可持续性；一般而言，非营利组织能创造并保证人类安全，但它们有时也会对人类和平构成威胁和造成毁灭②。

271

 知识拓展

"环保暴徒"席卷欧洲，多幅世界名画遭袭！

豌豆汤、番茄汤、土豆泥，所谓"环保活动人士"在过去一个月就数次用这些攻击了欧洲各大博物馆的艺术品。由于这些艺术品表面都覆盖有玻璃，因此起到了很好的保护作用。不过这些环保人士疯狂的"行为艺术"已经引发人们的担忧：他们真的像自己口号中那样致力环保，还是一帮披着环保外衣的"暴徒"？

一位在普拉多博物馆搞破坏的"环保人士"表示，"我这么做是因为上周联合国正式宣布，已经不可能将全球变暖控制在 1.5℃，这超出了《巴黎协定》设定的限制并危及我们的粮食安全。"作为回应，他在博物馆的两幅画中间写下了"+1.5℃"。

"最后一代"的活动人士在一份声明中说："这些非暴力行动将继续进行，直到公民得到政府关于停止使用天然气和煤炭以及投资至少 20 吉瓦可再生能源的答复。"

---

① 徐雪梅. 非营利组织管理研究：组织视角的探讨 [D]. 大连：东北财经大学，2005.

② PAUL S. Nongovernmental Organizations and Development [J]. The ANNALS of the American Academy of Political and Social Science, 1997, 554（1）：193-210.

看起来他们的诉求与艺术品本身无关，主要还是停留在环保议题上，但这些说辞显然不被当地警方接受。最近这些试图在博物馆搞破坏的"环保人士"都在事后被警察带走，有些人可能还要面临更严重的处罚。10月底，两名比利时来自"停止石油"（Just Stop Oil）的"环保活动人士"试图破坏约翰内斯·维米尔（Johannes Vermeer）的代表作——《戴珍珠耳环的女孩》，而他们已经被荷兰海牙的法官判处了一个月的监禁。

海牙的检察官在一份声明中表示，"这些环保活动人士的目标，无论你认为它多么重要，都不能证明其手段是正当的"。

资料来源："环保暴徒"席卷欧洲，多幅世界名画遭袭！https://view.inews.qq.com/wxn/20221108A08IT600？qq=670433900&refer=wx_hot&web_channel=detail.

ISO2600是国际标准化组织颁布的全球首个社会责任国际标准，其含义是"组织通过透明和道德的行为，为其决策和活动对社会和环境的影响而承担的责任"。这些行为包括：①致力于可持续发展，包括健康和社会福祉；②考虑利益相关方的期望；③遵守适用的法律，并符合国际行为规范；④融入整个组织，并在其关系中得到践行。其中，"活动"包括产品、服务和过程；"关系"是指组织在其影响范围内的活动。"影响范围"是指政治、合同、经济或其他关系的范围与程度，通过这些关系组织有能力影响个人或其他组织的决策和活动①。该标准适用于所有类型的组织，并且主张组织需要承担过去、现在和将来的全部责任；标准认为组织行为应该保持透明度，以方便利益相关者对其进行必要的监督和评估；标准强调组织的行为必须"合乎道德标准"，并且这个道德标准需要与国际行为规范相适应；ISO2600的绩效标准是"组织的全面协调和可持续发展"，因此需要统筹兼顾经济目标、社会目标和环境目标。需要补充的是，尽管该标准主张的社会责任是组织的主观愿望，即组织的自愿性标准（不用于论证、不用于国际贸易、不用于法律和法规），但代表了全球社会责任的价值标准，也反映了一种新的全球话语体系。因此，该标准必将对包括非营利组织在内的所有组织社会责任的实践活动产生深远的影响。相较于政府与营利组织，非营利组织应该是社会责任感最强的组织，社会责任感可以说是非营利组织的灵魂，没有高度社会责任感也不能称为非营利组织。非营利组织的社会责任是实现社会公共利益的最大化，在这个意义上，非营利组织的社会责任也被称为非营利组织的公共责任。公共责任最直接、最通常的含义就是指个人或组织对其使用的资源的流向及其效用的交代②。

在非营利组织社会责任的具体维度与内容上，一部分学者的观点主要关注非营利组织自身的合法性、组织使命及管理运营方面。万俊人认为中国非营利组织的社会责任包括法律责任、财务责任、绩效责任、职业责任和道德责任③。王名认为我

---

① 李伟阳，肖红军，王欣. 社会责任国际标准 ISO2600 在中国的"合意性"研究［J］. 经济管理，2011（9）：81-89.

② 李莉，舒菲. 中国非营利组织的社会责任失范及其培育［J］. 学会，2013（1）：9-16.

③ 万俊人. 现代公共管理伦理导论［M］. 北京：人民出版社，2005：266.

国非营利组织承担社会责任主要涉及六大方面：使命承诺的责任、对公益性资源进行有效管理运作的责任、多元并充分发挥志愿者作用的责任、提供公益性或互益性社会服务的责任、帮助弱势群体的责任、推进社会公益和社会进步的责任①。汪大海、孙牧认为，慈善组织的公共责任包括涉及组织使命和目标的道德责任，涉及组织地位的法律责任，慈善行为中的契约责任，以及组织管理中的财务责任等②。

有学者更进一步将非营利组织的社会责任扩大到所在行业、对政府与公众、利益相关者及全球视野。涂雪梅认为非营利组织的社会责任可以包括四个维度：组织规范性与组织运行规范性、满足捐赠者期望与增进社会福利、对政府公共政策影响力和国际影响力③。李莉、舒菲认为非营利组织的社会责任是一种复合性的，包含利益相关者责任、行业责任和社会公共责任。具体主要表现在：一方面，非营利组织要努力解决社会问题，促进社会安全，改善社会环境，增进社会福利；另一方面，非营利组织要向政府提供政策咨询，反映公众的利益与需求，参与并影响政府公共政策的制定，投身于包括社区建设和地方自治在内的公共管理过程。同时，非营利组织还应致力于解决全球性的问题，参与国际决策和国际治理④。

以上对非营利组织社会责任维度与内容的分析，可以进一步将其类型划分为低层次公共责任和高层次公共责任两类，前者意味着遵守最基本的法律制度和财务管理的行为，具有被动性特征，后者是指资源的有效使用以实现所追求的目标，具有主动性特征⑤。或者是划分为法律上的社会责任和伦理上的社会责任以及结果意义上的社会责任和程序意义上的社会责任⑥。

归纳而言，基于中国非营利组织的非营利性、非政府性、志愿性、公益性等特点，非营利组织的社会责任主要体现在组织自身及其运行的规范性，向社会公众提供公共产品和社会服务，实现公共利益的最大化，增进社会福利，为政府提供决策咨询，反映公众的利益与需求，投身于包括社区建设和地方自治在内的公共管理过程，还应致力于国际化进程，解决全球性的问题。

 知识拓展

社会责任如何影响体育社团的组织绩效？

在高质量发展背景下，探讨体育社团如何全面深化改革，尤其是如何通过履行社会责任提升组织绩效，具有重要意义。基于相关理论构建体育社团履行社会

---

①　王名. 关于 NGO 问责的思考［N］. 人民政协报，2003-3-24（C01）.

②　汪大海，孙牧. 论慈善组织公共责任的内涵与特征［J］. 中国社会组织，2013（2）：39-41.

③　徐雪梅. 对非营利组织社会责任测度的构想［J］. 管理世界，2005（4）：145-146.

④　李莉，舒菲. 中国非营利组织的社会责任失范及其培育［J］. 学会，2013（1）：9-16.

⑤　许琳，王俊丽. 非营利组织介入社会保障的公共责任研究［J］. 陕西行政学院学报，2007（3）：23-25.

⑥　刘俊海. 论中国非营利组织的社会责任［C］//谢玲丽. NGO 在中国：2002 年民间组织发展与管理上海国际研讨会论文集. 上海：上海社会科学院出版社，2003：407.

责任影响利益相关者满意和政府培育，进而影响其组织绩效的理论模型，提出相关假设。通过问卷调查并结合结构方程模型，对所提假设进行了验证，主要研究结果是：①体育社团积极履行政治责任、治理责任、服务责任与发展责任，能显著提升组织绩效，其中，治理责任的影响较大，政治责任的直接影响较小；②体育社团履行社会责任能够显著提升利益相关者的满意度，更容易得到政府的认可和培育；③利益相关者满意、政府培育在体育社团通过履行社会责任提升组织绩效的过程中起到中介作用；④政府要完善体育社团履行社会责任的规划、评价、监督、激励、问责等推进机制，增强体育社团的社会责任意识。研究结论明晰了体育社团履行社会责任以提升组织绩效的传导作用，为我国体育社团的发展提供了理论参考。

资料来源：汪焱，王凯珍，汪流，等. 社会责任对体育社团组织绩效的影响研究 [J]. 体育与科学，2023，44（6）：90-100.

11.1.2 非营利组织社会责任承担路径分析

当前中国非营利组织的社会责任面临的问题包括：价值失范导致对利益相关者责任失衡，目标失范导致行业责任与行业使命偏离，行为失范导致社会公益责任倒置①。从非营利组织的合法性、内部治理规范与自律、慈善供给、他律四个命题出发，合法性强、自律性、慈善供给充足、他律制度完备是中国非营利组织承担社会责任的关键②。以下结合自律与他律、约束性与支持性两个维度分析非营利组织如何履行社会责任③。

11.1.2.1 建立完善的法律政策体系，保障非营利组织的合法性地位

合法的社会地位是非营利组织承担社会责任的前提。完善相关登记制度，根据实际情况选择双重管理体制或登记备案制，降低非营利组织登记注册门槛，可以提高非营利组织承担社会责任的积极性。"合法性"不仅是体现在非营利组织成立与登记时，还需要始终贯穿非营利组织的日常管理运营与活动中。加强法规的微观可操作性，以便于监督非营利组织提供服务的质量和活动的规范化，促使非营利组织加强管理和活动的规范性。

建立健全的税收政策，畅通非营利组织的筹资渠道。税收是对非营利组织进行管理和监督的有效手段，也是政府对非营利组织发展的一种鼓励和支持。我国的税收优惠是分别针对非营利组织自身的以及进行捐赠的企业和个人的。还需要进一步明确规定税收优惠政策，并出台具体的实施细则，可因地区、因行业有所不同，加强政策的可操作性，保证政策法规的贯彻落实。

11.1.2.2 加大政府扶持力度与社会慈善供给，提高非营利组织承担社会责任的能力

树立科学的监管理念。政府要改进和完善对非营利组织的管理模式，从对非营

---

① 李莉，舒菲. 中国非营利组织的社会责任失范及其培育 [J]. 学会，2013（1）：9-16.
② 韩俊魁. 论中国非营利组织社会责任承担的四个命题 [J]. 社团管理，2009（12）：7-10.
③ 周志忍，陈庆云. 自律与他律：第三部门监督机制个案研究 [M]. 杭州：浙江人民出版社，1999.

利组织严格的准入审查及日常的具体管理退出，将重心转移到宏观管理和监督上来，充分尊重非营利组织自我管理的权力，不直接介入非营利组织的管理和运作过程。鼓励建立更多独立专业的评估机构负责非营利组织的监督评估工作，在全社会营造关注非营利组织参与慈善的氛围，加大社会公众、新闻媒体对非营利组织的监督力度，改革传统的年检制度，完善监督和评估标准，形成多元立体的评估体系。加大资金扶持力度，增强非营利组织承担社会责任的能力。政府可以通过资金支持、财政补贴、税收优惠、场地或设施支持、购买公共服务等多种形式对非营利组织进行直接或间接的资金扶持。

社会慈善供给包括个人与企业的善款、捐赠物，也包括志愿者的奉献，是非营利组织重要的物资与人力资源。健全的慈善供给制度与志愿者管理与激励制度可以为非营利组织提供充裕的资源保障，避免陷入缺人、缺钱、缺物导致服务能力有限进而无法承担项目的恶性循环，提升社会责任履行能力。

11.1.2.3 建立社会监督体系，督促非营利组织承担社会责任

充分发挥新闻媒体的监督作用。新闻媒体是非营利组织与政府、非营利组织与社会沟通的桥梁。新闻媒体对非营利组织行为的报道，一方面，可以成为政府非营利组织管理机构的信息来源，成为政府对非营利组织进行管理与规制的参考；另一方面，媒体的报道也会左右公众对非营利组织的态度和行为，对非营利组织形成巨大的压力，促使其不断完善自身。

提高社会公众的参与意识与监督意识，推动社会公众理性依法对非营利组织进行监督。虽然我国相关法律规定了捐赠人的监督权，但是在实际运作过程中，一方面，捐赠人对于其捐赠款项去向的追踪需要人力成本和物力成本；另一方面，部分捐赠人可能由于捐赠款项较少也不好意思对其捐赠去向进行追踪，这都导致了捐赠人监督的缺位。因此新闻媒体应加大宣传力度，向社会公众展现非营利组织承担公共事务的情况，提高公众对非营利组织的关注度，促进其监督意识的形成；搭建沟通平台，拓宽监督渠道，用畅通的沟通渠道鼓励和支持公众对非营利组织的监督。

11.1.2.4 加强组织与行业自身建设，提升非营利组织承担社会责任的自觉性

非营利组织社会责任的担当归根结底还是要靠非营利组织自身社会责任意识的提升。对非营利组织而言，越能坚持公益宗旨，内部建设和管理越规范，社会责任就越能充分发挥。非营利组织的性质决定了非营利组织是通过其公信力凝聚社会力量来发挥其作用的。公信力是非营利组织承担社会责任的前提。只有得到政府信任、社会信任的非营利组织，才能够更好地承担社会责任。一个严格自律的非营利组织自然会得到社会公众的认可和信任。非营利组织要将人才培养与管理作为内部管理的重要内容，坚持以人为本，始终以人为出发点和中心，提高从业人员整体素质。在组织内部形成定期培训教育机制，加强成员的使命感和服务宗旨意识，提高组织成员的服务水平和服务效率，使成员能够以敬业的态度和专业的水平出色完成自身的社会角色，最大限度地履行好自身的社会责任。

加强非营利行业的同行互律，推动行业自律，可以提高非营利组织的自律水平，促进其社会责任的承担，包括行业协会、行业联合会或公益组织机构等，起到保护

组织成员，对被保护组织进行监督和约束的作用。行业互律有以下三种形式：①行业认可制是指行业协会承认某个非营利组织为其成员，从而在公众中获得某种合法性。②行业赞许制是指行业协会根据行业特点和特定的标准对组织成员进行评估排序，并对卓越者进行表彰。③行业规制，又称私下规制，指的是行业协会对组织成员制定的可操作的工作标准和要求。同行互律是依靠非营利组织自身的力量对组织行为进行互相监督，节约了监督成本，弥补了政府与第三方评估的不足。非营利组织之间的相互联系、相互制约与共同发展，将在非营利部门中形成网络式的互律机制，规范和约束非营利组织的行为，从而逐步形成非营利组织的共同意识、共同规范和共同道德，以相互制约的形式提升非营利组织在本领域社会责任的承担[①]。

可以将以上非营利组织社会责任承担路径分析归纳为他律与自律、约束性与支持性相结合（见表 11.1）。

表 11.1　非营利组织社会责任承担路径

分类	约束性	支持性
他律	政策法律、新闻媒体与社会公众监督	政府扶持、社会慈善供给
自律	组织管理与运营规范与同行互律	组织能力建设与行业发展

💡 **知识拓展**

如何测量非营利组织的社会责任投入？
有哪些因素驱动了非营利组织进行社会责任投入？

参考目前营利性组织的社会责任投入的衡量方式：①慈善捐赠水平；②环保支出水平；③员工福利支出水平；④第三方评级得分。非营利组织的社会责任投入可以按照从"硬"到"软"的顺序，分别定义为三种组织社会责任投入指标：第一种范围最小，仅包括节能环保支出；第二种社会责任投入包括社会保障和就业支出、医疗卫生与计划生育支出；第三种则进一步包括住房保障支出。

以 81 所教育部等部委所属高校为样本，使用非营利组织规模、财政收入占组织收入比、所处区域市场化程度来衡量组织资源富余度、政治关联和外部治理环境压力，研究以上 3 个因素对非营利组织社会责任投入的影响。研究证据表明，与营利性组织的社会责任驱动传导机制不同，非营利组织的组织规模与社会责任投入存在显著负相关的关系，政治关联对组织社会责任的投入存在正向影响，但外部治理环境压力对组织社会责任投入并没有影响。

资料来源：邓敏，徐光华，钟马. 非营利组织社会责任驱动因素研究：基于 81 所部属高校的证据 [J]. 贵州财经大学学报，2018（4）：63-70.

① 李莉，舒菲. 中国非营利组织的社会责任失范及其培育 [J]. 学会，2013（1）：9-16.

11.2　非营利组织的问责

11.2.1　问责的概念与特征

11.2.1.1　问责的概念

所谓"问责"（accountability），从字面上看，有"说清楚""负责任""追究责任"的意思。通常认为，非营利组织的问责即问责对象就其决策、行为、行为结果向问责主体进行说明、解释、辩护的过程，并据此对接受问责主体给予奖励或惩罚。简而言之，问责即问责主体对非营利组织履行责任行为的一种监督行为。

关于非营利组织的问责主要有三个视角[①]：

（1）基于外部控制的视角，即通过外在政策或外在机制对问责进行管理和控制。有学者提出可以根据外部行政命令和组织内部反应把问责划分为商谈型、遵从型、自由裁量型和预期型四种类型。但这种分类在实践中难以操作：一是因为存在"所有者空缺"的问题，由谁扮演委托人往往充满争议；二是因为这种问责更多为"事后评价性"的，难以对问责进行事前的设计或过程的控制。也有学者根据问责控制的来源和自主性，将问责划分为层级型、法律型、专业型、政治型四种类型。但这种问责带有明显的科层制色彩，应用中很难借鉴企业的绩效指标。

（2）基于主动与被动问责的视角，即被动地对外部利益相关者承担责任还是自身主动承担责任。权威与公信力决定了非营利组织不仅要向具有权势地位的政府或捐助者负责，而且要主动向受益人或服务对象承担责任。有研究认为可以从问责的来源和问责关注的时间建立"效益问责、使命问责、结果问责、发展问责"的分析框架，认为问责不仅是外部驱动式的，而且是为了实现使命和愿景主动式的承担责任。也就是说，问责不仅是对外部相关利益者被动式地承担责任，也是组织自身生存和发展的内在需求。

（3）基于问责的过程和结果视角，即问责不仅要关注结果，而且要注重过程。非营利性组织问责一定要强调结果，否则问责就无任何约束力，因此主张需要监督和必要的制裁，因此可以把问责划分为透明性、承担责任性、履行职责性、可控性、响应性五个维度。

基于ISO2600社会责任的非营利组织问责，可以根据问责的时间和强制两个维度，构建非营利组织问责的分析框架，具体包括功能问责、使命问责、商业问责和战略问责四种类型。一是功能问责，即短期内的强制性问责。这是由组织的自身特征决定的，必须向利益相关方提供报告，以接受利益相关方对其责任承担情况的审核、监督和评估。二是使命问责，即非营利组织可以为了全面协调和可持续发展，在ISO2600规定的组织治理、人权、劳工实践、环境、公平运营实践、消费者问题、

① 蔡瑞林，陈万明，陆玉梅. 基于社会责任的非营利组织问责［J］. 天津行政学院学报，2015，17（3）：18-22.

社区参与和发展方面有所侧重，但不能丢失其根本的使命。三是商业问责，即非营利组织通过合乎道德和法律的商业活动获取自身利益的短期性自愿问责。四是战略问责，即非营利组织为了组织使命的实现，在财务、人员、技术、商业模式、运作等各方面拟订的长期计划[①]。

11.2.1.2 问责的特征

由于非营利组织的公共性特征，与政府（行政）问责和营利组织问责相比，非营利组织问责有其独特之处。

（1）问责主体的多元性。政府行使公共权力因而面对来自公民的问责，企业使用股东资本盈利因而接受股东的问责。而非营利组织的利益相关者提出的问责要求并非如此单一和集中。《国际非政府组织问责宪章》识别出来的利益相关者多达十种，包括未来一代在内的其权利受到保护和促进的人，生态系统、组织的成员与支持者、组织的员工与志愿者，提供资金、物品或服务的组织和个人，与组织一起共事的伙伴组织，规制机构、组织希望影响其政策、项目或行为的组织和个人、媒体和公众。

（2）问责动机的复杂性。非营利组织的问责主体由众多力量不同、要求各异甚至冲突的利益相关者组成。在这些利益相关者中，既有处于优势地位的规制机构和资助者，也有缺乏权势的顾客或受益人，还包括理事会、员工、志愿者和社区、合作伙伴、其他非营利组织和媒体等。诸多利益相关者的问责决定着组织的合法性、生存的正当性以及发展的可持续性。非营利组织必须承受诸多利益相关者施加的形式各异、程度不同的后果。这些后果既有激励性的，如增加拨款、扩大合作、评定等级上升、晋升和奖励等，也有惩罚性的，如撤资、终止合作、拒绝接受服务、降级、退出组织和注销等。值得强调的是，非营利组织面临的多元利益相关者问责要求具有多样性，甚至各种要求之间具有矛盾性和竞争性。多重利益相关者（如理事会、顾客、拨款机构、选举官员、社区、倡导群体和项目管理者）中存在各自不同的问责动机，使得非营利组织问责复杂化。政府作为主要的规制者主要是出于有序的服务递送、社会稳定和秩序的目的进行问责。基金会期望它们资助的项目成效显著，捐赠者和公众要求组织卓有成效，资金使用得当且高效率与高效益，理事会成员则需要了解项目的详情，顾客或受益人提出问责要求则是希望得到非营利组织承诺的服务，员工和志愿者因期待与非营利组织一致的价值和目的能够实现而质疑组织行为等。

（3）问责标准的难以量化。彼得·德鲁克认为："对企业，可以把是否盈利当作评价领导能力的一条充足标准；对政府来说，领导能力的最终标准是能否获得连任。但对非营利组织的管理者而言，就没有这样一条主导性的标准。"[②] 所以，非营利组织问责是一个复杂的议题，不能被简化为单一的、定量性的标准。毕竟，非营利组织的组织目标是多元化的。

---

① 蔡瑞林，陈万明，陆玉梅. 基于社会责任的非营利组织问责［J］. 天津行政学院学报，2015，17（3）：18-22.

② 德鲁克. 非营利组织的管理［M］. 吴振阳，译. 北京：机械工业出版社，2009：13.

11.2.2　非营利组织的外部问责与内部问责

依据问责的主体来源不同，可以将非营利组织问责区分为外部问责与内部问责，外部问责的主体包括政府、捐赠者、受益人、社会公众；内部问责的主体包括员工与志愿者。

11.2.2.1　外部问责

（1）政府与非营利组织问责。在中国，政府无疑是非营利组织最重要的利益相关者，因而也是非营利组织主要的问责主体。政府独有的强制力是有效问责的基本保障。政府问责的主要形式是政府立法和政府规制。相关法律构成了非营利组织的基本环境，既是对非营利组织行为的系统约束，又是判断其行为正当性的基本标准。政府规制由独立规制机构或行政机关实施，包括规则制定（准立法职能）、执行（行政职能）、裁决（准司法职能）。

目前，规范我国非营利组织行为的主要是国务院1988年和1989年先后制定的《社会团体登记管理条例》、《民办非企业单位登记管理暂行条例》、2004年公布的《基金会管理条例》及2016年的《中华人民共和国慈善法》，这些法规奠定了对非营利组织规制和问责的法律基础。非营利组织接受登记机关和业务主管部门的双重管理或指导。根据这些规定，我国非营利组织注册成立必须符合以下条件：一是有活动宗旨和章程草案，且必须从事符合其宗旨的社会活动；二是有规范的名称、组织机构，有固定的场所，有与其业务活动相适应的从业人员，有必要的场所，有独立承担民事责任的能力（民办非企业单位可以法人登记、合伙登记和个体登记）；三是有合法的资产和经费来源。注册成立非营利组织还有两个前提：一是合法性前提，即非营利组织必须遵守宪法、法律、法规和国家政策，不得违反宪法规定的基本原则，不得危害国家、安全和民族的团结，不得损害国家利益、社会公共利益以及其他组织和公民的合法权益，不得违背社会风尚；二是非营利性前提，即非营利组织本身不得从事营利性活动。

政府对非营利组织行为的问责和规制凸显出对非营利组织财务控制的关注。政府对非营利组织的财务运行的规制主要见于《中华人民共和国公益事业捐赠法》《中华人民共和国审计法》《中华人民共和国会计法》和事业单位的财务规范等相关法规中，在登记管理条例中并无明确规定财务公开制度，只是规定非营利组织的财务账目应该接受政府有关部门的监督，同时以适当的形式向社会公众和捐赠人公开。例如，《民办非企业单位登记管理暂行条例》第二十二条规定："民办非企业单位必须执行国家规定的财务管理制度，接受财政部门的监督；资产来源属于国家资助或者社会捐赠、资助的应当接受审计机关的监督"；第二十一条规定"民办非企业单位接受捐赠、资助，必须符合章程规定的宗旨和业务范围，必须根据与捐赠人、资助人约定的期限、方式和合法用途使用。民办非企业单位应当向业务主管单位报告接受、使用捐赠、资助的有关情况，并应当将有关情况以适当方式向社会公布"。

从政府问责的形式和程序而言，现有法律规定了如报告、信息公开、财政监督、审计和年度检查等问责形式。《社会团体登记管理条例》第二十八条规定，"社会团体应当于每年 3 月 31 日前向业务主管单位报送上一年度的工作报告，经业务主管单位初审同意后，于 5 月 31 日前报送登记管理机关，接受年度检查。工作报告的内容包括：本社会团体遵守法律法规和国家政策的情况、依照本条例履行登记手续的情况、按照章程开展活动的情况、人员和机构变动的情况以及财务管理的情况"。

就政府对非营利组织规制和问责实践来说，上述政府问责形式可整合为年度检查、评估、信息披露。

一是年度检查。上述三大条例均明确规定登记管理机关对社会团体、民办非企业、基金会实施年度检查，随后民政部发布的《社会团体年度检查办法》《民办非企业单位年度检查办法》《基金会年度检查办法》对年度检查制度进行了详细规定。业务主管单位负责年检的初审。年检的内容主要包括遵守法律法规和国家政策的情况、依照本条例履行登记手续的情况、按照章程开展活动的情况、人员和机构变动的情况以及财务管理的情况。

对于年度检查的结果使用，《社会团体年度检查办法》第十二条明确了年度检查"不合格"的后果："年检不合格社团由登记管理机关责令其限期整改。整改后仍不合格的社团，按照有关规定另做处理，并由登记管理机关在报刊上予以公告，公告费由社团承担。"《民办非企业年检办法》第九条规定："'年检基本合格'和'年检不合格'的民办非企业单位，应当进行整改，整改期限为 3 个月。整改期结束，民办非企业单位应当向登记管理机关报送整改报告，登记管理机关对整改结果进行评定并出具意见。对'年检不合格'的民办非企业单位，登记管理机关根据情况，可以责令其在整改期间停止活动。民办非企业单位被限期停止活动的，登记管理机关可以封存其登记证书、印章和财务凭证。"《基金会年检办法》第八条规定："年度检查不合格的基金会、境外基金会代表机构在整改期间，登记管理机关不准予变更名称或者业务范围，不准予设立分支机构或者代表机构。登记管理机关应当提请税务机关责令补交违法行为存续期间所享受的税收减免。"

二是评估。在我国，对非营利组织进行评估是一种新的问责方式。2011 年 3 月 1 日开始施行的《社会组织评估管理办法》对评估对象和内容、评估机构与职责、评估程序与方法、评估等级管理等方面进行了规定。该办法规定社会团体、基金会、民办非企业单位都可申请参加评估。评估按照组织类型的不同，实行分类评估。社会团体、基金会实行综合评估，评估内容包括基础条件、内部治理、工作绩效和社会评价。民办非企业单位实行规范化建设评估，评估内容包括基础条件、内部治理、业务活动和诚信建设、社会评价。《社会组织评估管理办法》初步明确了评估等级管理，区分为激励性后果和惩罚性后果。激励性后果包括优先与政府合作、获得奖励、免税资格和简化年度检查程序。

三是信息披露。信息披露状况是衡量组织透明度的最重要指标。民政部于 2006 年 1 月发布的《基金会信息公布办法》规定，基金会、境外基金会代表机构是信息公布义务人。其第四条规定，信息公布义务人应当向社会公布的信息包括：①基金会、境外基金会代表机构的年度工作报告；②公募基金会组织募捐活动的信息；

③基金会开展公益资助项目的信息。2018年7月发布的《慈善组织信息公开办法》对需要公布的信息与公布的时限有了更为明确的规定，并要求在民政部统一信息平台进行公布。并规定，慈善组织不及时公开应当公开的事项或者公开的事项不真实的，所面临的约谈、处罚、惩戒等方式。

此外，根据《中国共产党问责条例》《中国共产党纪律处分条例》《行政机关公务员处分条例》等相关规定，党委（党组）履行全面从严治党主体责任，加强对本地区本部门本单位问责工作的领导；纪委履行监督专责，协助同级党委开展问责工作；党的工作机关依据职能履行监督职责，实施本机关本系统本领域的问责工作。除了党的政治、思想、组织、作风、纪律建设不力外，如职责范围内发生重特大生产安全事故、群体性事件、公共安全事件，或在教育医疗、环境保护、食药安全、扶贫脱贫、社会保障等涉及人民群众最关心最直接最现实的利益问题上不作为、乱作为、慢作为、假作为，都将受到问责。

 知识拓展

湖北红会，多个领导被问责！

2020年2月4日，湖北省纪委监委公开通报，对湖北省红十字会有关领导和干部在疫情防控期间接收和分配捐赠款物工作中存在的失职失责问题，予以严肃问责。

针对反映湖北省红十字会在捐赠款物接收分配中的有关问题，湖北省纪委监委迅速开展调查核实工作。

经调查，湖北省红十字会有关领导和干部在疫情防控期间接收和分配捐赠款物工作中存在不担当不作为、违反"三重一大"规定、信息公开错误等失职失责问题，依据《中国共产党问责条例》《中国共产党纪律处分条例》《行政机关公务员处分条例》等规定，经湖北省纪委监委研究并报省委批准，决定免去张钦省红十字会党组成员、专职副会长职务，并给予其党内严重警告、政务记大过处分；给予省红十字会党组成员陈波党内严重警告、政务记大过处分；给予省红十字会党组书记、常务副会长高勤党内警告处分。省红十字会其他责任人员按照干部管理权限由有关党组织依纪依规处理。

打赢疫情防控阻击战是当前的头等大事，在这场事关人民群众生命安全和身体健康的战斗中，纪检监察机关坚决贯彻落实习近平总书记重要指示精神，坚决贯彻落实党中央和中央纪委、省委重要决策部署，强化监督执纪，严肃追责问责，切实为疫情防控工作提供坚强有力纪律保障。

资料来源：湖北红会，多个领导被问责！新京报，2020年2月4日，https://baijiahao.baidu.com/s？id＝1657587783305578915&wfr＝spider&for＝pc

（2）捐赠者与非营利组织问责。慈善捐赠是指自然人、法人和其他组织基于慈善目的，自愿、无偿赠与财产的活动。作为社会资源的第三次分配形式，慈善捐赠有利于优化资源配置、调节贫富差距，促进社会良性运行与整体和谐。捐赠者可以分为两类：第一类捐赠者就是公益类非营利组织的设立人，通过捐赠行为设立非营利组织；第二类是向业已成立的非营利组织捐赠财产的自然人、法人或组织。

由于我国对基金会的设立条件与管理是非常严格的，公益类非营利组织的设立人并不常见。《中华人民共和国信托法》中对公益信托的规定也是另外一种选择途径。这一类捐赠应当遵循第六章有关公益信托的规定。公益信托的范围包括：救济贫困；救助灾民；扶助残疾人、发展教育、科技、文化、艺术、体育事业；发展医疗卫生事业；发展环境保护事业，维护生态环境；发展其他社会公益事业。公益信托的信托财产及其收益，不得用于非公益目的。公益信托应当设置信托监察人。信托监察人由信托文件规定。信托文件未规定的，由公益事业管理机构指定。就作为非营利组织的设立人而言，其捐赠行为是以设立非营利组织为目的，订立章程，捐出一定财产的无偿行为。非营利组织的捐赠者对于组织本身并不拥有成员的身份及相关的权利，其所捐赠的资产，在行为完成时，既要脱离捐赠人的财产控制，也不能以任何形式成为捐赠人财产的延伸。捐赠人可以经由订立的章程获得介入组织管理事务的一定权限，例如选任理事或担任监事等；否则，组织一旦成立，捐赠者就不再享有任何介入组织内部事务的权利。此时，捐赠者已不再是捐赠者的身份，而是在行使组织决策者的职能，而该职能的行使也是遵照章程的有关规定。既然设立人的意愿已经通过章程来明确，那么设立人如果没有参加组织的内部管理，在组织行为有违章程宗旨或规定时，作为设立人则只能通过一定的司法途径寻求问责而不能直接干涉组织的内部管理事务。

第二类捐赠人是考察捐赠者在捐赠行为发生时受赠主体已存在的情况。捐赠者将一笔资产捐献给某个非营利组织，资产形式可能多种多样，例如现金、抵押现金、投资、材料、物料、设施或公共物品的使用权、个人服务和收藏品。不论以何种形式向非营利组织捐出资产，此种捐赠行为是捐赠人为公益目的或资助不特定的社会成员而向非营利组织捐赠财产、权利的意思表示，经受赠主体接受捐赠的意思表示，而成立并履行的双方法律行为。捐赠者捐出资产的行为属于目的性赠与，是附义务的赠与。作为捐赠者，有权就该笔资产指定特别用途，即使捐助人没有为所捐资产设定特别用途，也同样期望非营利组织提供某种公益服务，因而非限制性捐赠并非意味着非营利组织可以随心所欲，任意处置。根据《慈善法》的相关规定，捐赠人在向慈善组织进行捐赠时，可以要求签订书面捐赠协议。捐赠完成后，捐赠人有权查询、复制其捐赠财产管理使用的有关材料，对于慈善组织违反捐赠协议约定的用途，滥用捐赠财产的，捐赠人有权要求其改正；拒不改正的，捐赠人可以向民政部门投诉、举报或者向人民法院提起诉讼。同时，根据相关规定捐赠人捐赠财产用于慈善活动的，依法享受税收优惠。

从对捐赠人监督地位的考察中，我们发现，法律并未给予捐赠者以特殊的身份以直接介入非营利组织的内部事务，捐赠者并不具有比其他利益相关者更多的直接监督权，不应该直接介入非营利组织的管理和运作过程。然而非营利组织的资源大量来自捐赠者的慷慨解囊。当捐赠者的意愿不能获得满足时，捐助人会直接"用脚投票"表达自己的声音，认为非营利组织不能实现公益使命承诺，所以不对该组织捐款。能否尊重捐赠者的意愿直接关系到组织从环境中获取资源，影响到组织与环境良性互动的可持续性，因此有必要赋予捐赠者一定的权利，在非营利组织问责中发挥作用。

捐赠者问责的一个关键困难是缺乏及时、充分和真实的信息以行使其问责权力。信息是问责的基础，捐赠者在问责中发挥作用的必要前提在于其知情权，捐赠者应该知晓自己捐赠资产是如何使用的并带来何种结果。通常的惯例是定期向捐赠者报告组织的运行信息，特别是年度财务状况报表。

 知识拓展

谁撑起了慈善信托的数十亿市场？

2014年4月25日，阿里巴巴创始人马云和他的合伙人蔡崇信宣布，将共同捐出阿里巴巴集团2%的期权，成立个人公益信托基金。基金将着力于环境、医疗、教育和文化领域。

彼时，阿里巴巴即将赴美IPO，按照当时市场对其上市后的估值，这笔公益信托基金的规模将超过30亿美元，有望成为亚洲最大的公益信托。有分析认为，对于一家准备上市的企业而言，设立公益信托，将有助于提升马云和阿里的公司形象。

8个月之后，已是上市公司董事局主席和CEO的马云发起并捐赠成立了马云公益基金会，依然聚焦在教育发展、环境保护、医疗健康、公益人才培养与基础设施建设四个领域。而蔡崇信也在4年后，成立了个人基金会。

如今，基金会和公益（慈善）信托已经成为高净值人群实现慈善目标可持续的两大载体，并得到快速的发展。然而，一系列争议接踵而来：设立基金会，是否有必要再设立公益信托？公益信托和基金会之间是此消彼长的零和博弈，还是共分蛋糕的合作关系？

资料来源：中国慈善家，谁撑起了慈善信托的数十亿市场？2022年8月17日，https://baijiahao.baidu.com/s？id=1741326089703391248&wfr=spider&for=pc

（3）受益人与非营利组织问责。受益人在不同的语境中也可以称为"服务对象""服务使用者""服务接受者""顾客（客户）""消费者""受助方"。在非营利组织问责体系中，受益人是十分重要但往往容易被忽视的利益相关者。由于非营利组织多是使命导向型组织，其存在的目的在于追求他人利益，为不特定的公众服务，可见受益人是作为组织的服务对象而存在，也是因捐赠人的捐赠行为而享受利益的人，受益人利益是否得到保障关乎组织存在的合法性。

非营利组织的受益人可以在捐助章程或信托契约上明确规定，也可以委托非营利组织来确定，一般由理事会来选定。受益人是一般性或不特定的部分人，但不一定非是自然人，机构团体也可以成为受益人，例如受到资助的学校、研究机构等。在最广泛的意义上，受益人可以是整个社会或全体公众。受益人享有的权利就是受益权。

赋予受益人问责权的理由有三个。最低层次的理由是，受益人问责能够作为规制者和捐赠者问责的补充。所谓补充，并不是被动地、有限地参与到其他问责主体的问责过程中，而是主动地、独立地采取问责行动以补充其他问责的不足。第二个层次的理由是，受益人最有资格评价非营利组织提供服务的质量和绩效。受益人的服务体验是衡量非营利组织的项目和服务是否到位的最有力的证据。如果受益人缺席问责体系，那么问责结果的准确性、客观性和合理性就要大打折扣。最高层次的理由是，受益人的状态改变是公益性非营利组织的使命、价值和目标的体现，受益人的问责才能在最大限度上驱动非营利组织健康可持续发展，实现组织所声称的使命、价值和目标。

尽管有足够的理由为受益人问责非营利组织提供支持，但是问责能力的缺乏却不足以使其问责变成现实。受益人是否具有法律意义上的诉讼请求权？

首先，要判断章程是否已经明确赋予受益人以请求权。如果章程规定非营利组织对受益人应给付一定的数额，则应为肯定的解释；假如章程规定给付的数额属于非营利组织的自由裁量的范围，则受益人不具有诉讼的请求权，当然，如果捐赠行为中详细列出受益人，则受益人享有请求受赠人实现公益捐赠目的，或请求主管机关督促受赠人履行合同义务。其次，如果非营利组织已经做出给特定受益人给付一定财物的决定时，那么，受益人就享有一种债权请求权，有权请求捐赠人履行给付，请求捐赠人履行义务的权利人应当包括公益捐赠合同另方当事人和受益人。受益人还有请求赔偿损失的权利，公益捐赠受益人因受赠人不履行合同义务而遭受损失时，或因受赠人故意或重大过失履行合同义务不力致使合同标的灭失或减损时，可以请求受赠人赔偿相应经济损失。由此可知，由于非营利组织提供的服务或公共产品不具有竞争性，受益人缺乏有效的问责手段，不像捐赠者能够撤资，也不像政府能够强加约束条件，很少有什么有效的手段实现他们可能有的问责权利。

（4）社会公众与非营利组织问责。由于非营利组织承担的是社会公益和社会服务的任务，从最广泛的意义上而言，非营利组织行为受益人可以是整个社会或全体公众。从这一意义上讲，"利益相关者"一词可以转换为社会公众。正是非营利组织的这一特性，决定了其对环境资源的依赖形态，以维系组织的运作。社会公众不仅是非营利组织的受益者，还是非营利组织资源的提供者。

《慈善法》第九十七条规定："任何单位和个人发现慈善组织、慈善信托有违法行为的，可以向民政部门、其他有关部门或者慈善行业组织投诉、举报。国家鼓励公众、媒体对慈善活动进行监督，对假借慈善名义或者假冒慈善组织骗取财产以及慈善组织、慈善信托的违法违规行为予以曝光，发挥舆论和社会监督作用。"社会公众是非营利组织举足轻重的利益相关者，理应在非营利组织问责体系中发挥举足轻重的作用。随着现代国家的民主化法治化进程的不断推进，社会公众的问责将越来越借助司法程序手段，以司法保障为后盾。

11.2.2.2 内部问责

除了来自外部的问责外，内部问责也是不可或缺的。非营利组织的一线员工是指在提供公共服务的过程中直接与受益人进行互动的领薪职员。因此，一线员工问责通常指一线员工对上级（项目负责人、管理者和理事会）的决策制定、执行活动（项目）及其绩效提出疑问和投诉，要求后者进行说明、解释或证明其行为的正当性，并承担相应后果的过程。问责的内容包括：决策是否有利于组织使命、价值和目标的实现以及实现的程度，执行活动（项目）是否偏离了决策目标，组织行为产生的短期效益和长远影响是否有利于受益人等。

赋予非营利组织一线员工问责权的重要性可从两个方面得到体现。第一，赋予一线员工的问责权有助于确保公共服务提供的有效性。与组织的管理者和项目负责人不同，那些站在公共服务提供最前线的一线员工最清楚受益人的需求，最了解公共服务本身及提供过程中的问题。他们的问责可以检视公共服务项目设计的不足、项目执行过程中的问题或组织自身的管理漏洞等。第二，一线员工能够成为非营利组织中一名专职工作人员，在很大程度上是因为他们秉承公共服务理念，认同组织的使命、价值和目标。特别是那些掌握专业技术知识和具有丰富公共服务经验的一线员工对组织使命、价值和目标的实现，起到支撑性作用。

非营利组织的志愿者问责可以定义为，志愿者对组织工作人员（主要是决策者和管理者）的决策、行为，对组织的规章制度、活动要求等提出意见和质疑，要求组织工作人员进行说明、解释或证明其行为的正当性，并让其承担相应后果的过程。具体而言，问责的内容包括：决策是否科学合理，活动是否获得预定的绩效及其对受益人产生什么程度的影响，组织规章制度和行为要求是否合理，等等。

11.3　非营利组织的公信力建设

11.3.1　公信力建设的必要性

从非营利组织的角度来看，非营利组织的问责意味着组织的诚信度；从利益相关者的角度来看，非营利组织的问责是诸多利益相关者通过多元方式要求非营利组织交代、说明、解释或证明其行为的正当性，并使之承担相应后果的过程。问责与其公信力直接相关。公信力是指社会公众对一个组织的认可及信任程度，它通过法律约束和自律规范来体现①。公信力作为社会信誉的重要标志，它所体现和反映的是社会的意愿，是公众的认知度，非营利组织承担着服务社会的公益使命，其公信力是通过以正当和合法身份对社会的服务和奉献，得到政府、企业和公众的信任支持，进而获取高度的社会认知和社会认可，体现其自身的社会影响力和号召力。

11.3.1.1　公信力是非营利组织的生命线

由于非营利组织的公益性，其公信力受到社会的广泛关注。非营利组织公信力

285

---

① 王名. 中国社团改革：从政府选择到社会选择［M］. 北京：社会科学文献出版社，2001：230.

重在"公"字，它使用的是公益性的资产，提供的是公共服务，接受的是公众的支持和监督。公信力反映了非营利组织对广大社会公众的影响力与号召力，是非营利组织赢得组织声誉和获取社会捐赠、资助、吸引志愿者以及实现组织终极目标的必要前提，也反映了公众对非营利组织的满意程度、评价水平和支持程度。非营利组织实现良性运作的关键并不在于有多少钱或者有多大的权，恰恰在于其是否具有足够的社会公信力，这也是非营利组织有别于其他类型非营利组织的关键所在。因此，可以说公信力是非营利组织的生命线，如果公信力丧失了，非营利组织的生命线也就不存在了，加强公信力建设对于非营利组织而言极为重要。

11.3.1.2 公信力能促进社会慈善事业的发展

非营利组织只有公开透明，让信息在阳光下操作，接受社会和公众的监督，使暗箱操作无藏身之地，才能有效地预防危机事件。2011 年发生的"郭美美事件"，对中国红十字会形成严重的冲击，使中国红十字会陷入自成立以来最大的信任危机之中，从而也对整个社会的公益事业造成重大损失。民政部数据显示，2011 年 6 月，全国社会捐款为 10.2 亿元，但自 6 月下旬"郭美美事件"等一系列事件发生后，社会捐款数以及慈善组织捐赠数额均出现锐减。其中，全国 7 月社会捐款数为 5 亿元，和 6 月相比降幅超过 50%。慈善组织 6 月到 8 月接收的捐赠数额降幅更是达到 86.6%[①]。这些数据表明，公信力危机已经成为中国慈善事业的瓶颈。非营利组织要预防类似事件的发生，必须加强公信力建设，实行信息公开透明。让非营利组织接受社会和公众的监督，这样才能使非营利组织有效地预防危机事件，并促进慈善事业的发展。

11.3.1.3 公信力能改善非营利组织的形象

非营利组织将内部基本信息，包括业务信息、财务信息以及公众捐赠资源的使用信息进行信息公开，一方面可以反映非营利组织履行社会责任的情况，另一方面也可以接受公众监督，从而有效提高非营利组织的形象。即使非营利组织某些工作做得不到位，但是由于及时将信息公开，展现了非营利组织面临的困难和问题，也容易获得公众理解和支持，从而为非营利组织树立正面的形象。而非营利组织形象的改善，又反过来会影响非营利组织的公信力建设，二者相辅相成，相互促进。

11.3.1.4 公信力建设能预防"公益腐败"

非营利组织虽不以营利为核心，但是也会存在公益腐败现象。"公益腐败"主要包括：公益机构的违规筹款；挪用公益基金及捐赠物资从事不符合组织宗旨的活动和事业；侵占或贪污捐赠的款物；逃税漏税、逃汇骗汇；日常管理中的财务浪费等。

随着非营利组织数量的增多、规模的扩大，公益腐败案件也逐渐受到重视，公信力建设将非营利组织曝光在公众视线内，从而可以有效预防此类事件的发生。2014 年 11 月 6 日，民政部、财政部发布了《关于加强非营利组织反腐倡廉工作的意见》，对非营利组织的反腐倡廉工作进行了规范，有效提高了非营利组织的公信力。

① 郭美美事件后社会捐款降五成，https://news.sina.com.cn/o/2011-09-14/092023152874.shtml

知识拓展

NGO 贪腐何以发生？——基于十二个典型案例的比较验证分析

近年来 NGO 贪腐丑闻屡见报端，关于贪腐的发生虽有多种解释但缺少实证检验和整合性的解释框架。为此，对现有研究进行全面梳理的基础上，提炼出"外部防控-内部廉能-制度规束"3 层涉及政府监管、第三方评估、媒体披露、公众参与、企业监督、廉洁自律建设、公益能力建设、制度健全度、制度执行力 9 大致腐因子。基于所选取的 12 个 NGO 贪腐典型案例，辅之以媒体关于 NGO 贪腐的报道、调研访谈，对 9 大因子进行验证，均被证实的同时，还发现"上级 NGO 监管不力"和"慈善认知偏差"两个新的但仍可归属为 9 大因子类别的因子表现。在此基础上，构建起"NGO 贪腐肇因解释框架"并形塑 NGO 贪腐防控治理机制：从长远看需要针对 9 大致腐因子多管齐下，构建起有效的防控治理机制。但鉴于因子类型的"固化性"不同，应采取分步实施、先易后难的治理策略。

资料来源：韩艺，高天，张瑞. NGO 贪腐何以发生?：基于十二个典型案例的比较验证分析 [J]. 治理研究，2021，37（4）：99-110.

11.3.2　非营利组织公信力建设的途径

11.3.2.1　加强非营利组织信息披露法律法规的制度建设

非营利组织信息披露是指将反映其运营状况的主要信息，如所提供服务状况、筹资进展、财务与投资报告、治理结构变动、年度重大事项等信息，真实、准确、及时、完整地向出资人、政府、受益人及其他利害相关者予以公开的过程。

信息披露分为自律性信息披露和强制性信息披露[①]。非营利组织的信息披露首先选择自愿性，这是由其非营利属性决定的。一方面，非营利组织的公益性属性决定了其目标是追求社会效益最大化，为实现这一目标，组织尽可能地聚积和充分利用资源为社会提供服务；另一方面，非营利组织的资金来源主要是政府的资助或者项目资金、募捐收入、会费和其他经营性收入。组织的性质及其资金来源的不足决定了其具有以下两种路径选择，从而也彰显出组织自愿性信息披露的动机。但是自愿披露的信息有其局限性，例如组织资源的有限性以及管理者机会主义的行为倾向、当信息披露的成本大于收益时以及组织没有信息披露的动机或者信息披露动机不足等。

为了维护公众利益，信息披露管制成为必然。政府在对非营利组织做出强制性信息披露决策的时候，必须充分考虑强制性信息披露的内容和强制性信息披露的适度两个问题。在内容方面，强制性披露的信息包括财务信息和非财务信息。财务信息的强制性披露决策主要体现在会计制度和会计准则的制定上。《民间非营利组织会计制度》对民间非营利组织的会计科目和会计报表有明确的规范。对非营利组织

[①]　倪爱国，程昔武. 非营利组织信息披露机制的理论框架研究 [J]. 会计之友（中旬刊），2009（4）：11-14.

来说，非财务信息的披露显得更为重要，主要涉及非营利组织的宗旨与目标、组织机构、人员构成、决策程序以及管理制度等。2006年民政部发布的《基金会信息公布办法》规定，基金会、境外基金会代表机构是信息公布义务人，明确规定了信息公布义务人应当向社会公布的信息内容，包括基金会、境外基金会代表机构的年度工作报告；公募基金会组织募捐活动的信息；基金会开展公益资助项目的信息。另外还同时规定信息发布的时间与规范。

11.3.2.2　非营利组织加强自身能力建设

非营利组织建立以组织使命为中心的组织文化，是非营利组织获得社会公信力的重要保证。组织的能力问题，也就是该组织有没有能力履行它的义务，以比较有效率的方式提供公益服务。组织的效率就是以有限的资源取得最大的效果，即在不影响目标实现的前提下，力争节约成本。组织如何证明自己的能力呢？唯一的方法就是进行信息披露，公开自己决策、组织、运作与管理及其结果的信息，使捐赠人相信组织有能力将善款按照其意愿投入使用，从而提高捐赠人后续捐赠的信心和水平。组织的主动自愿信息披露，实际上是向公众传递一个信号：该组织能够且有能力履行义务，提供公益服务，满足捐赠人的期望。

公信力是社会组织的生命线，强公信力能够有效帮助社会组织实现高质量发展。有研究引入组织行动和能力视角，构建了一个关于社会组织公信力的有调节的中介模型。实证研究发现，信息传播与组织行动会正向影响社会组织公信力，社会组织行动是社会组织传播影响公信力的重要中介变量；社会组织能力在传播与公信力关系中起调节作用，且社会组织能力能够在"传播—行动—公信力"这一中介关系中也起到调节作用。因此现阶段要提升社会组织的公信力，应该从自律和他律两方入手，不仅要提升组织信息公开传播程度，还要强化组织内部治理[①]。

11.3.2.3　构建以政府为核心的外部监督体系

政府对非营利组织的监督是最具权威性的，我国非营利组织的成长环境要求其必须在一定程度上接受政府的监管。政府一般通过制定相关的规章和日常管理制度两种方式对非营利组织进行监督。前者通过规章的权威性对非营利组织的活动进行系统约束以保证非营利组织目标的实现，而后者就是从微观层面上对非营利组织的主体资格审查、财务运作、税收优惠以及其他活动进行规制。同时，非营利组织享有独特的税收优惠政策，为此政府对非营利组织的税收规制是实行监督的有效手段。在政府的监督下发挥社会监督、第三方评估机构等多元监督主体的作用。加强社会监督，包括新闻媒体、捐赠者与公众的监督，使非营利组织的工作效益能更符合广大人民群众的意愿。第三方评估机构作用的发挥则是一大创新，这种监督方式更具有专业性、技术性，避免问责交代流于形式，同时也可以更客观和公正公平，是提高非营利组织公信力的重要途径。

①　方佳琪，袁小平. 社会组织传播与公信力的关系：有调节的中介效应分析［J］. 社会工作，2022 (5)：92~102，109-110.

知识拓展

区块链技术打造公益"透明账户"

2016 年 7 月 30 日，"听障儿童重获新声"项目在支付宝爱心捐赠平台悄然上线，将在公众全程监督下，筹集 19.84 万元善款，用作孩子们一年的听力语言康复、聋健融合教育和人工耳蜗调机费用。初看它与以往那些项目并无二致，但细心的捐赠人在查看善款去向时有了一个新发现，那就是反馈页面增加了"爱心传递记录"。

用户第一次能够目送自己的捐款从支付宝平台划拨到项目执行方账号，最终进入受助人指定账号，这意味着善款在何时流向哪个账户将一目了然。这一升级不仅是视觉和用户体验上的改进，也是蚂蚁金服将区块链技术应用于公益场景的首次尝试。

北京大学非营利组织法研究中心主任金锦萍曾在接受媒体采访时举例：捐款人捐 3 元后索要免税发票，项目方邮寄发票花了 17.5 元，"这还尚未计算时间和精力成本。"对规模较小、实力薄弱的公益机构而言，提升透明度、打造公信力，确实有心无力。

透明度低下触发的信任危机正在消解公众对中国公益慈善的热情和信心。中华社会救助基金会秘书长胡广华认为，公益透明度影响中国公益的发展速度。除主观意愿外，信息披露所需的人工成本过高，也成为掣肘公益机构透明度的重要因素。

"这就体现出区块链公益的价值了。"胡广华告诉记者，"听障儿童重获新声"项目在支付宝爱心捐赠平台上所有公开的信息，都是后台数据推演生成的，既从技术上保障了公益数据的真实性，又能帮助公益项目节省信息披露成本。

记者了解到，区块链是一种具有不可篡改特性的数字账簿，被称为"信任的机器"。区块链公益账户与普通公益账户最大的区别在于，将原本由特定一方掌握的"账本"分享到公益捐赠环节的每个参与者手中。大家共同记账、信息同步，账目一旦记录将无法篡改，便于监管和审计。

据蚂蚁金服首席技术官程立介绍，在支付宝爱心捐赠平台上，经常有用户捐出几元到几百元不等的善款，但捐款离开公益项目的支付宝账户后，就很难再被用户追踪。而区块链公益平台就像一家专门邮寄善款的互联网邮局。每笔善款都是一个包裹，在投递过程中，经过每个邮寄节点都会被盖上邮戳，每个邮戳都可以被公开查询。

从外观看，区块链公益项目没什么玄机，但后台发生的情况却迥然不同。此前，公众捐款进入公益账户后，项目执行方负责定期上传善款使用明细和受益人近况。而在区块链公益项目中，用户的善款进入系统后，整个生命周期都将自动记录在区块链上，项目执行方甚至支付宝平台都无法更改。

胡广华认为，区块链的"公共账簿"属性将打造一种不需要第三方背书的新信任机制。"区块链技术让支付宝平台、公益机构支付宝账户、受助人支付宝账户无缝链接起来，成为一个可追溯的闭环，这是低成本高效率，专业公益、有效公益的重要尝试，对提升公益透明度和信任度是一次革命性的助推。"

资料来源：新华网，区块链技术打造公益"透明账户"，2016 年 8 月 2 日，http://www.xinhuanet.com//politics/2016-08/02/c_129196401.htm? from=groupmessage

本章小结

本章重点阐述了非营利组织的问责的基本内容。通过本章的学习，学生应该明确非营利组织问责的概念与特征，外部问责与内部问责的主体与内容，了解社会责任的内涵及非营利组织如何承担社会责任和提高公信力。

关键词

社会责任　问责　公信力　信息披露　慈善供给　行业互律　问责视角　问责维度　问责主体　问责动机　问责标准　外部问责　内部问责　公信力建设　公益腐败

思考题

1. 非营利组织的社会责任与政府及企业的社会责任有何异同？
2. 如何衡量非营利组织的社会责任履行或投入？
3. 对非营利组织的问责有什么特点？
4. 谁可以对非营利组织进行问责？
5. 非营利组织的公信力是指什么？为什么非营利组织要加强公信力建设？非营利组织可以如何加强公信力建设？
6. 未来可以如何结合互联网技术加强非营利组织的公信力建设？

拓展阅读

[1] 邓敏，徐光华，钟马. 非营利组织社会责任驱动因素研究：基于 81 所部属高校的证据 [J]. 贵州财经大学学报，2018 (4)：63-70.

[2] International Non Governmental Organizations Accountability Charter, 2005, http://www.ingoaccountability Charter.org / about-the-charter/read-the-charter/.

［3］韩艺，高天，张瑞. NGO 贪腐何以发生?：基于十二个典型案例的比较验证分析 ［J］. 治理研究，2021，37 (4)：99-110.

［4］方佳琪，袁小平. 社会组织传播与公信力的关系：有调节的中介效应分析 ［J］. 社会工作，2022 (5)：92-102，109-110.

［5］汪焱，王凯珍，汪流，等. 社会责任对体育社团组织绩效的影响研究 ［J］. 体育与科学，2023，44 (6)：90-100.

参考文献

[1] 朱珊珊. 我国非营利组织现状分析及其发展问题探讨 [D]. 太原：山西大学，2007.

[2] 陈钊，王雪红，刘悦欣，等. 浅析我国非营利组织的筹资问题 [J]. 现代商业，2019 (16)：107-110.

[3] 邵青. 国际援助中的公民社会组织：凯尔国际研究 [D]. 北京：外交学院，2016.

[4] 李晓明. 国内外非营利组织研究述评 [J]. 西北大学学报（哲学社会科学版），2007 (5)：147-153.

[5] 王名. 非营利组织的社会功能及其分类 [J]. 学术月刊，2006 (9)：8-11.

[6] 郑崇选. 文化类非营利组织培育与现代公共文化服务体系建设 [J]. 上海文化，2014 (12)：11-21.

[7] 李健，荣幸，孙莹. "以人为中心" 的社会组织分类支持体系重构 [J]. 中国行政管理，2021 (2)：47-52.

[8] 徐家良. 2014 年度社会组织评估工作的突破与困境：《中国社会组织评估发展报告（2015）》评析 [J]. 中国社会组织，2016 (3)：29-32.

[9] 中国非营利组织的起源和历史发展 [J]. 大社会，2015 (Z2)：66-67.

[10] 黄冬林. 我国非营利组织参与社会救助的困境及化解途径：以中华慈善总会为例 [D]. 武汉：武汉科技大学，2020.

[11] 张海蓉，任白剑，林文浩. 我国非营利组织发展历程及其存在的问题分析 [J]. 经济研究导刊，2019 (16)：184-185.

[12] 代昕. 非营利组织的发展困境与突围 [J]. 价值工程，2018，37 (6)：232-233.

[13] 虞维华. 从 "志愿失灵" 到危机：萨拉蒙非营利组织研究疏议 [J]. 行政论坛，2006 (2)：91-95.

[14] 孙利荣. 我国非营利组织的发展困境及对策研究 [J]. 中共山西省直机关党校学报，2012 (1)：49-51.

[15] 桑壮，陶泽，程文浩. 捐赠网络与基金会信息公开：基于社会网络方法的实证研究 [J]. 中国非营利评论，2019，24 (2)：138-161.

[16] 张雪. 我国非营利组织（NPO）公信力问题研究 [D]. 大连：东北财经

中国非营利组织管理理论与实践

大学，2013.

[17] 许捷. 我国非营利组织税收制度分析与建议 [J]. 税务研究，2007 (6)：24-27.

[18] 晓林. 当代西方多元主义理论和政治现象评析 [J]. 当代世界与社会主义，2001 (3)：30-36, 56.

[19] 孔媛媛. 十九大关于国家与社会关系研究的新思路 [J]. 天水行政学院学报，2018, 19 (5)：21-25.

[20] 高奇琦. 欧盟民主赤字的争论：国家主义与多元主义的二元分析 [J]. 世界经济与政治，2010 (5)：80-101, 158.

[21] 郭道久. 对抗性竞争与协商合作：多元主义与合作主义的利益集团观比较 [J]. 教学与研究，2006 (8)：71-76.

[22] 景跃进. 比较视野中的多元主义、精英主义与法团主义：一种在分歧中寻求逻辑结构的尝试 [J]. 江苏行政学院学报，2003 (4)：81-87.

[23] 杨岳，许昀. 自律、竞争与监管：美、加非营利组织管理制度考察 [J]. 学会，2007 (2)：30-33.

[24] 翁士洪. 从补缺式模式到定制式模式：非营利组织参与公共服务供给体制的战略转型 [J]. 行政论坛，2017, 24 (5)：30-37.

[25] 赵艳哲. 东西两大古文明的碰撞：希波战争 [J]. 兰台世界，2014 (S1)：153-154.

[26] 颜文京. 调整国家与社会关系的第三种模式：试论组合主义 [J]. 政治学研究，1999 (2)：85-93.

[27] 陈家建. 法团主义与当代中国社会 [J]. 社会学研究，2010, 25 (2)：30-43, 243.

[28] UNGER J. 中国的社会团体、公民社会和国家组合主义：有争议的领域 [J]. 刘庆军，王尧，译. 开放时代，2009 (11)：133-140.

[29] 刘为民. 法团主义与中国政治转型的新视角 [J]. 理论与改革，2005 (4)：5-8.

[30] 周国文."公民社会"概念溯源及研究述评 [J]. 哲学动态，2006 (3)：58-66.

[31] 何增科. 公民社会与第三部门研究引论 [J]. 马克思主义与现实，2000 (1)：27-32.

[32] 郁建兴，吴宇. 中国民间组织的兴起与国家：社会关系理论的转型 [J]. 人文杂志，2003 (4)：142-148.

[33] 何玮. 公民社会视域下的微博公益传播 [J]. 新闻传播，2021 (3)：51-52.

[34] 侯利文. 行政吸纳社会：国家渗透与居委会行政化 [J]. 深圳大学学报（人文社会科学版），2019 (2)：112-121.

[35] 康晓光，韩恒. 行政吸纳社会：当前中国大陆国家与社会关系再研究

［J］. Social Sciences in China, 2007 (2)：116-128.

　　［36］王逸帅. 合作治理：危机事件中政府与社会组织新型关系的构建：以汶川地震危机应对实践为例［J］. 湖北社会科学，2012（12）：31-34.

　　［37］王臻荣，常轶军. 政府失灵的又一种救治途径：一种不同于公共选择理论的分析［J］. 中国行政管理，2008（1）：55-58.

　　［38］王晋. 第三部门：市场与政府的非零和产物：兼论我国第三部门的现状及发展趋势［J］. 政治学研究，2004（3）：107-116.

　　［39］萨拉蒙，谭静. 非营利部门的崛起［J］. 马克思主义与现实，2002（3）：57-63.

　　［40］田凯. 西方非营利组织理论述评［J］. 中国行政管理，2003（6）：59-64.

　　［41］张康之. 合作治理是社会治理变革的归宿［J］. 社会科学研究，2012（3）：35-42.

　　［42］张克中. 公共治理之道：埃莉诺·奥斯特罗姆理论述评［J］. 政治学研究，2009（6）：83-93.

　　［43］孔繁斌. 多中心治理诠释：基于承认政治的视角［J］. 南京大学学报（哲学. 人文科学. 社会科学），2007（6）：31-37.

　　［44］王兴伦. 多中心治理：一种新的公共管理理论［J］. 江苏行政学院学报，2005（1），96-100.

　　［45］王志刚. 多中心治理理论的起源、发展与演变［J］. 东南大学学报（哲学社会科学版），2009，11（S2）：35-37.

　　［46］王飒. 多中心治理理论与和谐社会的构建［J］. 西北农林科技大学学报（社会科学版），2010（5）：96-99.

　　［47］吴志成. 西方治理理论述评［J］. 教学与研究，2004（6）：60-65.

　　［48］陈洪. 竞技体育发展方式转变的多中心治理路径［J］. 首都体育学院学报，2004（1）：3-6.

　　［49］刘海波. 美国地方政府中的特区［J］. 国家行政学院学报，2004（1）：88-89.

　　［50］王海祥. 公共事业改革：中国走向民营化［J］. 北京工业大学学报（社会科学版），2009（5）：30-33，54.

　　［51］胡澎. 日本"社区营造"论：从"市民参与"到"市民主体"［J］. 日本学刊，2013（3）：119-134，159-160.

　　［52］陈国权，李院林. 公共事业民营化：前提与限度［J］. 学术研究，2004（7）：81-86.

　　［53］周云圣. 公私合作模式（PPP）及其在我国的应用［D］. 大连：东北财经大学，2003.

　　［54］杨镭龙，许利平，帅明. 政府与非营利组织合作的新模式：从制度化协同走向联动嵌入模式［J］. 国家行政学院学报，2010（3）：57-59.

　　［55］汪锦军. 浙江政府与民间组织的互动机制：资源依赖理论的分析［J］. 浙

江社会科学，2008（9）：31-37，124.

[56] 汪锦军. 政府与非营利组织合作的条件：三层次的分析框架 [J]. 浙江社会科学，2012（11）：21-26，30，155.

[57] 徐家良. 第三部门资源困境与三圈互动：以秦巴山区七个组织为例 [J]. 中国第三部门研究，2012，3（1）：34-58.

[58] 郑宽. NGO与政府合作策略框架研究：基于对18家草根NGO的案例研究 [D]. 北京：中国人民大学，2008.

[59] 秦洪. 范蠡卖马的启示 [J]. 学习博览，2013（8）：71.

[60] 叶仕华，何雪松. 理事会能够提升社会组织绩效？：基于全国691家社会服务类组织的实证研究 [J]. 公共行政评论，2021，14（1）：132-150，222.

[61] 聂玉梅，顾东辉. 生命周期视角下非营利组织的董事会治理实践研究：以Q社工机构为个案 [J]. 浙江工商大学学报，2019（3）：109-120.

[62] 胡兵. 探索民间组织最佳的生存环境：政党组织对民间组织的影响 [J]. 学会，2007（9）：9-15，43.

[63] 木椿. 2012两会：关于社会组织的话题 [J]. 社团管理研究，2012（4）：4.

[64] 周婷婷，常馨丹. 社会组织党建是否推动了慈善事业的发展？：基于上市公司公益基金会的实证研究 [J]. 外国经济与管理，2021（12）：35-50.

[65] 王羽. 回顾与展望：当代中国社会组织党建研究 [J]. 广州社会主义学院学报，2020（4）：23-27.

[66] 刘蕾，邱鑫波. 社会组织党建：嵌入式发展与组织力提升 [J]. 北京行政学院学报，2019（6）：31-38.

[67] 徐宇珊. 刚性嵌入与柔性融入：社会组织党建工作路径探索：以深圳市社会组织党建工作为例 [J]. 中共福建省委党校学报，2017（4）：47-53.

[68] 李朔严. 政党统合的力量：党、政治资本与草根NGO的发展：基于Z省H市的多案例比较研究 [J]. 社会，2018，38（1）：160-185.

[69] 李健，翟璐. 包容型领导：非营利组织女性领导风格研究 [J]. 江苏社会科学，2023（1）：113-121，243.

[70] 何铨，张实. 基于扎根理论的为老服务社会组织领导者发展路径研究 [J]. 云南民族大学学报（哲学社会科学版），2018，35（1）：62-71.

[71] 文晓立，陈春花. 领导特质理论的第三次研究高峰 [J]. 领导科学，2014（35）：33-35.

[72] 陈树文，高跃. 领导者核心能力评价标准体系研究 [J]. 当代经济管理，2013，35（1）：74-78.

[73] 辛杰，屠云峰. 中国文化背景下的中庸型领导：概念、维度与测量 [J]. 西南大学学报（社会科学版），2020，46（4）：58-66，194.

[74] 李健，翟璐. 非营利组织领导职位晋升过程中的风格演变：基于Y基金会L领导的跟踪观察研究 [J]. 学海，2023（1）：167-176.

[75] 刘颖，魏娜，周东歌. 非营利组织志愿者领导风格对下属行为和动机的影

响研究 [J]. 中共中央党校（国家行政学院）学报, 2019, 23 (2): 119-127.

[76] 张利痒, 唐幸子. 新乡贤、变革型领导力与乡村治理: 基于嵌入式多案例研究 [J]. 农业经济问题, 2022 (10): 40-52.

[77] 丁煌. 林德布洛姆的渐进决策理论 [J]. 国际技术经济研究, 1999 (3): 20-27.

[78] 蒋蕾, 张精华. 领导者如何主导利益诉求分歧大的决策 [J]. 领导科学, 2022 (1): 27-30.

[79] 李国武, 李璐. 社会需求、资源供给、制度变迁与民间组织发展: 基于中国省级经验的实证研究 [J]. 社会, 2011, 31 (6): 74-102.

[80] 姜晓萍, 康健. 官僚式外包: 政府购买公共服务中利益相关者的行动逻辑及其对绩效的影响 [J]. 行政论坛, 2019, 26 (4): 63-68.

[81] 李维安. 非营利组织管理 [M]. 北京: 高等教育出版社, 2005.

[82] 张承蒙, 冷美卿. "波特五力分析" 视角下的社会企业发展战略研究: 以喜憨儿洗车行为例 [J]. 山西财政税务专科学校学报, 2019, 21 (3): 33-38.

[83] 黄伟, 王旸. 官方慈善组织声誉受损、声誉惩罚与民营企业捐赠行为 [J]. 管理评论, 2023, 35 (1): 257-271.

[84] 郭筱娜. 基于 SWOT 分析法的助学类非营利组织的战略管理研究: 以上海真爱梦想公益基金会为例 [J]. 营销界, 2021 (2): 27-28.

[85] 李健, 陈淑娟. 如何提升非营利组织与企业合作绩效?: 基于资源依赖与社会资本的双重视角 [J]. 公共管理学报, 2017, 14 (2): 71-80, 156.

[86] 黄浩明. 社会组织的国际化运作和专业化程度不断提升 [J]. 中国民政, 2022 (13): 39.

[87] 张玉磊. 困境与治理: 非营利组织的市场化运作研究 [J]. 中国农业大学学报 (社会科学版), 2008, 25 (4): 170-180.

[88] 张蕴涵. 社区社会组织市场化的动因与路径: 以杭州市 D 社区服务发展中心为例 [D]. 杭州: 浙江大学, 2022.

[89] 刘丽珑, 张国清, 陈菁. 非营利组织理事社会资本与组织绩效研究: 来自中国基金会的经验证据 [J]. 中国经济问题, 2020 (2): 76-90.

[90] 颜克高, 袁玥. 基金会理事职业背景多样性能改善组织绩效吗? [J]. 商业研究, 2017 (3): 14-21, 42.

[91] 颜克高, 陈晓春. 国外非营利组织理事会研究综述 [J]. 国外理论动态, 2008 (6): 92-95.

[92] 曾守锤, 李筱, 何雪松. 社会工作者离职: 从想法到行动, 差别在何处 [J]. 社会工作与管理, 2020, 20 (5): 14-21.

[93] 崔岩. 当前我国公众的志愿服务参与动机研究 [J]. 中国社会科学院大学学报, 2022, 42 (3): 98-115, 131-132.

[94] 叶金勇, 杨文露. 马拉松赛事志愿服务动机实证研究: 以 2019 年厦门半程马拉松赛为例 [J]. 体育科学研究, 2019, 25 (4): 24-30.

［95］黄大林，黄晓灵.体育赛事志愿者激励机制研究：以2016年重庆国际马拉松赛为例［J］.西南师范大学学报（自然科学版），2018，43（2）：96-102.

［96］徐建玲，周志远，洪娇.高管薪酬激励会增加慈善基金会捐赠收入吗？：基于全国性基金会信息透明度中介效应分析［J］.新疆财经，2021（4）：49-60.

［97］程博.政治特征对非营利组织高管薪酬业绩敏感性的影响：基于实证分析［J］.重庆工商大学学报（社会科学版），2020，37（1）：53-65.

［98］肖婷婷.公益性社会组织薪酬数据解析［J］.中国人力资源社会保障，2021（3）：48-51.

［99］谢晓霞，洪旸，方静波.公益慈善组织的财务信息披露质量对捐赠收入的影响：基于慈善基金会的年报数据分析［J］.商业会计，2022（15）：21-27.

［100］欧翠玲，颜克高.党组织建设是否提高了社会组织筹资收入？：来自中国基金会的经验证据［J］.外国经济与管理，2022，44（12）：51-68.

［101］顾丽梅，戚云龙.政府购买社会组织服务资金管理困境与对策研究［J］.浙江学刊，2019（5）：159-164.

［102］鲁篱，肖琴.非营利组织对外投资规制的路径选择与机制优化［J］.财经科学，2022（11）：138-148.

［103］王郁琛.疫后社会组织税收扶持政策的思考与建议［J］.税务与经济，2021（3）：32-38.

［104］黄震.我国非公募基金会所得税法律问题研究：以"南都"案为中心的探讨［J］.中国城市经济，2008（6）：80-84.

［105］李贞，莫松奇，郭钰瑛.我国慈善捐赠税收政策体系的完善研究［J］.税务研究，2021（2）：127-132.

［106］金锦萍.非营利组织营利性收入税收政策比较研究［J］.社会保障评论，2019，3（4）：118-132.

［107］付聪.中国非营利组织财务透明度现状研究及提升策略浅析［J］.新经济，2021（8）：34-38.

［108］张冉.基于扎根理论的我国社会组织品牌外化理论模型研究［J］.管理学报，2019，16（4）：569-577.

［109］徐腊凤，史秋霞.近十年我国社会组织品牌建设的研究回顾与展望［J］.长春理工大学学报（社会科学版），2021，34（2）：58-63.

［110］刘蕾，史钰莹，马亮."公益"与"共意"：依托移动短视频平台的公益动员策略研究：以"快手行动"为例［J］.电子政务，2021（3）：112-124.

［111］肖灵，孙海龙.认知不协调理论视域下公益组织形象传播研究：以中国红十字会为例［J］.赣南师范大学学报，2019，40（1）：119-123.

［112］肖灵.公益组织形象的符号传播探析［J］.新闻爱好者，2022（8）：59-61.

［113］朱亚鹏.政策过程中的政策企业家：发展与评述［J］.中山大学学报（社会科学版），2012，52（2）：156-164.

297

[114] 石晶. 公共关系视角下公益组织的规范化建设 [J]. 国家治理, 2017 (18)：37-48.

[115] 邓国胜. 非营利组织"APC"评估理论 [J]. 中国行政管理, 2004 (10)：33-37.

[116] 刘锋. 充分发挥引导、识别、监督功能 做实做强社会组织评估工作 [J]. 中国社会组织, 2018 (2)：34-35.

[117] 温庆云. 对社会组织评估工作的再认识 [J]. 中国社会组织, 2013 (2)：21-24.

[118] 詹成付. 加快社会组织信用体系建设 提升公益慈善的社会公信力 [J]. 中国社会组织, 2018 (10)：11-13.

[119] 李卫兵. 合作治理视域下非法社会组织的整治路径研究 [J]. 国际公关, 2022 (6)：73-75.

[120] 徐雪梅. 非营利组织管理研究：组织视角的探讨 [D]. 大连：东北财经大学, 2005.

[121] 李伟阳, 肖红军, 王欣. 社会责任国际标准 ISO2600 在中国的"合意性"研究 [J]. 经济管理, 2011 (9)：81-89.

[122] 李莉, 舒菲. 中国非营利组织的社会责任失范及其培育 [J]. 学会, 2013 (1)：9-16.

[123] 王名. 关于 NGO 问责的思考 [N]. 人民政协报, 2003-3-24 (C01).

[124] 汪大海, 孙牧. 论慈善组织公共责任的内涵与特征 [J]. 中国社会组织, 2013 (2)：39-41.

[125] 蔡瑞林, 陈万明, 陆玉梅. 基于社会责任的非营利组织问责 [J]. 天津行政学院学报, 2015, 17 (3)：18-22.

[126] 倪爱国, 程昔武. 非营利组织信息披露机制的理论框架研究 [J]. 会计之友（中旬刊）, 2009 (4)：11-14.

[127] 邓敏, 徐光华, 钟马. 非营利组织社会责任驱动因素研究：基于 81 所部属高校的证据 [J]. 贵州财经大学学报, 2018 (4)：63-70.

[128] 方佳琪, 袁小平. 社会组织传播与公信力的关系：有调节的中介效应分析 [J]. 社会工作, 2022 (5)：92-102, 109-110.

[129] 汪焱, 王凯珍, 汪流, 等. 社会责任对体育社团组织绩效的影响研究 [J]. 体育与科学, 2023, 44 (6)：90-100.

[130] 张静. 法团主义 [M]. 北京：中国社会科学出版社, 1998.

[131] 达尔. 多元主义民主的困境：自治与控制 [M]. 周军华, 译. 长春：吉林人民出版社, 2006.

[132] 米勒, 波格丹诺. 布莱克维尔政治学百科全书 [M]. 邓正来, 译. 北京：中国政法大学出版社, 2002.

[133] 耿长娟. 从志愿失灵到新治理：萨拉蒙的非营利组织理论 [M]. 北京：中国社会科学出版社, 2019.

[134] 罗辉. 非营利组织管理 [M]. 北京：北京大学出版社，2018.

[135] 哈贝马斯. 公共领域的结构转型 [M]. 曹卫东，等译. 上海：学林出版社，1999.

[136] 奥斯特罗姆，菲尼，皮希特. 制度分析与发展的反思：问题与抉择 [M]. 北京：商务印书馆，1992.

[137] 黄波，吴乐珍，古小华. 非营利组织管理 [M]. 北京：中国经济出版社，2008.

[138] 诺斯. 经济史中的结构与变迁 [M]. 陈郁，罗华平，等译. 上海：三联书店，1994.

[139] 奥尔森. 集体行动的逻辑 [M]. 陈郁，郭宇峰，李崇新，译. 上海：上海人民出版社，1995.

[140] 博兰尼. 自由的逻辑 [M]. 冯银江，译. 长春：吉林人民出版社，2002.

[141] 麦金尼斯. 多中心体制与地方公共经济 [M]. 毛寿龙，译. 上海：上海三联书店，2000.

[142] 奥斯特罗姆，施罗德，温. 制度激励与可持续发展：基础设施政策透视 [M]. 毛寿龙，译. 上海：上海三联书店，2000.

[143] 奥斯特罗姆. 美国公共行政的思想危机 [M]. 毛寿龙，译. 上海：上海三联书店，1999.

[144] 萨瓦斯. 民营化与公私部门的伙伴关系 [M]. 周志忍，译. 北京：中国人民大学出版社，2002.

[145] 彼得斯. 政府未来的治理模式 [M]. 吴爱明，夏宏图，译. 北京：中国人民大学出版社，2002.

[146] 登哈特 B，登哈特 V. 新公共服务：服务，而不是掌舵 [M]. 丁煌，译. 北京：中国人民大学出版社，2004.

[147] 李亚平，于海. 第三领域的兴起：西方志愿工作及志愿组织理论文选 [M]. 上海：复旦大学出版社，1998.

[148] 黄波，吴乐珍，古小华. 非营利组织管理 [M]. 北京：中国经济出版社，2008.

[149] 王世强. 非营利组织管理 [M]. 北京：首都经济贸易大学出版社，2018.

[150] 萨拉蒙. 全球公民社会：非营利组织部门视界 [M]. 贾西津，等译. 北京：社会科学文献出版社，2002.

[151] 邓正来，亚历山大. 国家与市民社会：一种社会理论的研究路径 [M]. 上海：上海人民出版社，2006.

[152] 周恩毅. 非营利组织管理概论 [M]. 西安：西北工业大学出版社，2014.

[153] 彭国甫. 非营利组织管理研究 [M]. 长沙：湖南人民出版社，2005.

[154] 王名. 非营利组织管理概论 [M]. 北京：中国人民大学出版社，2002.

[155] 郭国庆. 现代非营利组织研究 [M]. 北京：首都师范大学出版社，2001.

[156] 王颖，折晓叶，孙耀炳. 社会中间层：改革与中国的社团组织 [M]. 北

299

京：中国改革出版社，1993.

[157] 宋晨枫，等. 非营利组织管理学习指导 [M]. 北京：中国经济出版社，2008.

[158] 徐家良. 社会团体导论 [M]. 北京：中国社会出版社，2011.

[159] 张志杰. 中国公民社会研究 [M]. 沈阳：沈阳出版社，2015.

[160] 张冉. 非营利组织管理 [M]. 北京：北京大学出版社，2014.

[161] 伯恩斯. 领袖论 [M]. 刘李胜，译. 北京：中国社会科学出版社，1996.

[162] 科特. 变革的力量 [M]. 王雯潇，译. 北京：中信出版社，2019.

[163] 布朗. 高效能领导的五个角色 [M]. 姜忠伟，译. 北京：中信出版社，2022.

[164] 赫塞尔本，等. 未来的领导 [M]. 吕一凡，胡武凯，等译. 成都：四川人民出版社，2000.

[165] 罗宾斯，库尔特. 管理学：第 15 版 [M]. 刘刚，梁晗，程熙镕，等译. 北京：中国人民大学出版社，2022.

[166] 古拉蒂，梅奥，诺里亚. 管理学：第 2 版 [M]. 杨斌，等译. 北京：机械工业出版社，2023.

[167] 盖拉特. 非营利组织管理 [M]. 邓国胜，等译. 北京：中国人民大学出版社，2013.

[168] 纳特，巴可夫. 公共和第三部门组织的战略管理：领导手册 [M]. 陈振明，等译. 北京：中国人民大学出版社，2002.

[169] 希特，爱尔兰，等. 战略管理：竞争与全球化（概念）：第 12 版 [M]. 焦豪，等译. 北京：机械工业出版社，2018.

[170] 德鲁克. 非营利组织的管理 [M]. 吴振阳，译. 北京：机械工业出版社，2009.

[171] 德鲁克. 管理新现实 [M]. 吴振阳，译. 北京：机械工业出版社，2019.

[172] 诺顿. 全球筹款手册：NGO 及社区组织资源动员指南 [M]. 张秀琴，等译. 北京：中国人民大学出版社，2005.

[173] 科特勒，凯勒，切尔内夫. 营销管理 [M]. 陆熊文，等译. 北京：中信出版社，2022.

[174] 安德里亚森，科特勒. 战略营销：非营利组织的视角：第 7 版 [M]. 王方华，周洁如，译. 北京：机械工业出版社，2010.

[175] 韩俊魁. 非营利组织项目管理 [M]. 北京：社会科学文献出版社，2015.

[176] 王名. 非营利组织管理概论 [M]. 北京：中国人民大学出版社，2010.

[177] 康晓光. 非营利组织管理 [M]. 2 版. 北京：中国人民大学出版社，2020.

[178] 涂斌，朱祥磊，贾晶晶，等. 社会组织管理 [M]. 北京：人民出版社，2020.

[179] 周志忍，陈庆云. 自律与他律：第三部门监督机制个案研究 [M]. 杭州：浙江人民出版社，1999.

［180］万俊人. 现代公共管理伦理导论 ［M］. 北京：人民出版社，2005.

［181］PEARSON M M. The Janus face of business associations in China：socialist corporatism in foreign enterprises ［J］. The Australian jornal of Chinese affairs，1994，31 (1)：25-46.

［182］SCHMITTER，PHILIPPE C. Still the century of corporatism? ［J］. The review of politics，1974，36（1)：85-131.

［183］UNGER J，CHAN A. China，corporatism，and the east asian model ［J］. The Australia journal of Chinese affairs，1995，33（1)：29-53.

［184］MEYER C A. Step back as donors shift institution building from the public to the "private" sector ［J］. World development，1992，20（8)：1115-1126.

［185］SUNGSOOK C，DAVID F G. A conceptual exploring the dynamics of government-nonprofit service delivery ［J］. Nonprofit and voluntary sector quarterly，2006，35 (9)：493-509.

［186］SAIDEL J. Resource interdependence：the relationship between state agencies and nonprofit organizations ［J］. Public administration review，1991，51 (6)：543-553.

［187］NIELSEN R P. Strategic piggybacking—a self-subsidization strategy for nonprofit institutions ［J］. Sloan management review，1982（6)：65-69.

［188］PAUL S. Nongovernmental organizations and development ［J］. The ANNALS of the American academy of political and social science，1997，554（1)：193-210.

［189］JANE A. Forging nonprofit alliances：a comprehensive guide to enhancing your mission through joint ventures & partnerships，management service organization ［M］. San Francisco：Jossey-Bass Publiers，1998.

［190］SALAMONL. M，ANHEIERH. K. The emerging non profit sector：an overview ［M］. Manchester：Manchester University Press，1995.

［191］SELZNICK P. TVA and the grass roots：a study in the sociology of formal organization ［M］. Berkeley：University of California Press，1949.

［192］PFEFFER J，SALANCIK G R. The external control of organizations：a resource dependence perspective ［M］. Stanford University Press，1978.

［193］John K. Democracy and civil society ［M］. Verso，London/NewYork，1988.

［194］WEISBROD B A. To profit or not to profit ［M］. New York：Cambridge University Press，1998.

301